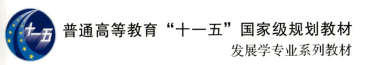

普通高等教育"十一五"国家级规划教材

发展学专业系列教材

# 普通发展学

（第二版）

## Introduction to Development Studies

### (Second Edition)

李小云　齐顾波　徐秀丽/编著

社会科学文献出版社

SOCIAL SCIENCES ACADEMIC PRESS (CHINA)

# 前　言

　　现代发展的概念主要起源于 20 世纪 40 年代中期。第二次世界大战结束后，资本主义和社会主义两大阵营相互竞争的世界格局逐步形成，这种竞争主要表现于意识形态的争夺中。究竟是资本主义的意识形态还是社会主义的意识形态最终有益于社会？两大阵营在经济社会发展和军事发展领域展开了激烈的竞争，并在此基础上形成了两个核心：一个是以美国为中心的资本主义阵营，另一个是以苏联为中心的社会主义阵营。这两大阵营的竞争同时引发了两种发展方式的竞争。1947 年美国国务卿马歇尔提出"欧洲复兴计划"，1949 年 1 月美国总统杜鲁门提出了"开发落后地区"的"第四点计划"，用于协助欠发达国家的发展。这个计划后来逐渐演变为国际双边及多边角度支持全球发展的战略框架。这一战略框架实际上也是两大阵营斗争中资本主义阵营提出的带有操作性的框架。应该说，当代发展的很多概念都源于这样一个战略框架。

　　发展的话语最早可以追溯到西方的殖民主义思潮。在早期的殖民活动中，"海外开发"（oversea development）与殖民开发之间有着直接的联系，西方殖民主义者并不认为自己对海外殖民领地的资源开发属于殖民掠夺，而认为这是用文明改造和开发非文明社会的正常过程。这种大规模的海外殖民伴随着西方工业化的发展，也呈现出其经济发展活动的某种合理性。早期的殖民开发活动包括宗教的渗透、文化语言的传播、经济制度的植入、现代技术的应用等方面。在今天的许多发展中国家中，我们见到的教堂、学校、种植园甚至经济制度，实际上都或多或少地反映了早期殖民主义的遗存。随着国际环境民主化进程的推进以及殖民地人民要求独立的斗争，殖民主义从 20 世纪开始逐渐退出历史舞台，取而代之的是被许多反西方学者称为"发展殖民"的发展思路。

20 世纪 50 年代以后，针对发展中国家的发展问题，在制度方面和理论方面都有了相当大的进步。虽然相关国家在联合国成立前的 1942 年 1 月就已发表《联合国家宣言》，但带有发展性质的下属机构在 1945 年 10 月联合国正式成立后才开始逐步建立：联合国粮农组织成立于 1945 年；同年，世界银行（前称国际复兴开发银行）成立；1948 年，世界卫生组织成立；1965 年，联合国开发计划署成立。这些机构奠定了通过国际多边机制对发展中国家提供财政和技术援助的机制。同时，发达国家如美国、英国、德国、日本、澳大利亚、加拿大等均建立起自己的国际发展援助机构，用于向发展中国家提供双边的财政和技术援助。从理论上讲，以现代化理论为支撑的经济增长理论是战后支持发展中国家的主要发展理论。该理论的核心是按照西方政治制度的模式以及西方技术进步的思想来推动发展中国家的经济发展，并通过经济增长来带动社会发展。该理论在拉美、非洲、东亚及东南亚得到了大规模的应用。这一理论主导了 20 世纪 50~80 年代的世界发展模式。20 世纪 70 年代以后拉美的一批本土化学者开始对这种理论进行深刻的反思，形成了所谓的反现代化理论的发展思想，我们也可称之为非主流的发展思想。本书将对这些思想做一些详细的介绍。

发展研究或者我们今天称之为发展学的学科正是在上述背景下产生的，是这种理论思想的汇集与总结。早期的发展研究在很大程度上受到了环境决定主义者和社会达尔文主义者的影响。因此，在早期的发展研究和发展实践中，都显示出了这种带有歧视性的研究思路。20 世纪 50 年代以后，发展研究以发展经济学为主要思想，立足于现代化的理论背景，依靠多边和双边的发展援助手段，使发展理论与发展实践得以理想地结合。可以说 20 世纪 50~70 年代的发展研究和发展学在某种程度上指的是发展经济学。20 世纪 70 年代以后，发展工作者开始对西方的发展思想进行反思，由此出现了非主流的发展观，这种发展观随着拉美对美国新殖民主义的反抗而开始出现局部的实践应用，然而一直没能成为主导世界发展的主流思想。发展研究和发展学在 80 年代一个最大的进步就是对西方式的发展思想进行了更深入的反思，从而出现了环境资源与发展、性别与发展、参与式发展、社会组织与发展等新的领域。到了 20 世纪 90 年代以后，发展研究的内容更加广泛，有关性别与发展、资源与发展的研究越来越趋向于多学科与交叉学科的视角，在这样一个视角中形成的性别主流化、性别计划、性别预算以及权利与发展等概念使发展研究的框架更加明晰。应该说，虽然发展研究或发展学一直作为一个独立的领域而存在，其主要特点是与发展实践紧密结合，但实际上，发展学或发展研究一直没有成为像经济学或社会学那样独立的学科。直到今天，发展学或发展研究的相对独立的基本框架才开始形成。

当代发展学和发展研究有以下主要特点。**首先，是多学科性和交叉性。**政治学、经济学、人类学对发展研究的影响是十分深远的。发展研究的理论与实践主要来源于经济学、社会学、政治学以及人类学的思想和方法。我们从今天的许多发展研究报告中可以发现，一个非常好的发展研究都是综合了各个学科的长处。**其次，是多视角性。**即以发展问题为核心的多视角性。发展问题不是经济学研究，不是社会学研究，也不是人类学研究，而是研究社会变迁中的问题以及有关干预过程中如何影响社会变迁的政策问题的一个领域。因此，发展研究或发展学研究的一个核心思想是发展问题，但是对于发展问题的关注可以有不同的视角，这种视角可以是不同学科的视角，也可以是不同社会角色的视角。**最后，是实践性。**发展研究不论是早期的发展研究，还是现代的发展研究，都一直把实践问题作为研究的核心。这种实践在宏观、中观和微观三个层面上展开。从宏观来说，主要是以发展政策为核心；在中观上，与发展计划相联系；在微观上，则指导发展项目的运作。

发展研究在融合普通学科思想的同时，也促进了其他学科的发展。以发展思想为核心的各个学科分别形成了发展经济学、发展人类学、发展社会学、发展政治学、发展传播学以及发展生态学等不同的学科领域。应该指出的是，发展研究是一个以研究发展中国家问题为主的学科体系。这样一个学科体系在主流上一直受到西方从事发展研究的学者的影响。虽然发展中国家的学者对这样一个学科有着十分重要的贡献，但其主体思想仍然是西方学术界针对发展中国家发展方式的内容。在国际上，有相当多的有关发展研究的刊物，如《经济发展》（Economic Development）、《文化变迁》（Cultural Change）、《发展学杂志》（Journal of Development Studies）、《发展和变迁》（Development and Change）、《发展政策评论》（Development Policy Review）、《欧洲发展研究杂志》（European Journal of Development Research）、《农村社会学与发展研究》（Research in Rural Sociology and Development）、《人口与发展评论》（Population and Development Review）、《农民研究杂志》（Journal of Peasant Studies）、《世界银行研究观察者》（the World Bank Research Observer）等。这些刊物汇集了当代发展研究的各种思想和思潮，也是发展研究和发展学作为一个相对独立的学科的标志。

中国自20世纪50年代以来，遵循着一条自主发展的道路，其发展轨迹也或多或少地受到了西方发展思潮的影响，这种影响到80年代以后更为明显。但是中国发展面临的很多问题是西方发展理论无法解释的。80年代以后，大量西方当代发展思想和框架开始被介绍到中国，很多学者都开始用这些思想框架理论来观察中国的问题，这在很大程度上丰富了当代国际发展的理论。在诸多领域，如中国传统农村向现代化农村的转型与变化、中国国有企业的改革、中国农村土地制度的改革、中国资本的市场化发育、中国农村劳动力的流动、中国的资源与环境问题等，均交织着中国本土的发展思想和西方的发展思想。非常遗憾的是，我们还没有能够形成一套系统的中国发展理论。本书所介绍的主要内容就是国际发展领域中的一些主要思想。正如前面所述，虽然这些思想都在很大程度上受到西方学术界的影响，但是，这些理论观点的形成都是在发展中国家的发展实践中总结出来的，应该说，是与中国的发展实践相关联的。但也应该指出的是，书中的很多思想受到了社会民主主义思想的影响，甚至一些资本主义、自由主义的影响。从学术的角度来看，以批判的态度对待外部世界的不同思想，对中国的发展是有益的。

21世纪的第一个十年，随着中国经济继续高速发展，中国自主创新的发展模式愈发受到全世界的关注。很多国家在寻求发展与安全的过程中，过于依赖发达国家所提供的援助，大多导致了失败；而中国的自力更生、创新、对平等的关注、对公民权利的新探索等，对其他发展中国家都有着巨大的吸引力，当然也受到发展研究者的青睐。与此同时，发展的多边机构也认为中国已经成为国际经济增长和发展问题上的一个重要合作伙伴，"北京共识"展示了发展的新的路径和希望的同时，也对中国在全球发展中的责任提出了新的要求。本书第二版新增了中国对外发展援助的内容，体现了中国与其他发展中国家分享发展经验的主要方式。

本书着重介绍发展的概念、发展的理论和发展的实践方法，可作为发展领域本科生和研究生的主要参考教材，也可作为研究发展的参考书。通过本书的介绍，我们试图使读者在发展研究和发展实践中树立以下视角。

（1）**动态的视角**。本书强调从动态的角度审视发展，从根本上说，发展理论是关于变化的理论（The Theory of the Change）。发展研究作为一门学科必须专注于阐述发展环境、发展问题和发展结构的变迁，使人们更好地理解发展，并尽可能地推动社会更好地发展。

（2）**实践的视角**。本书的目的不是研究发展理论本身的历史，也不是单纯介绍一种新马克思主义对发展的观点，而是探讨、解决发展实践中的一些争议，并反过来指导发展实践。例如，绿色革命的失败引发了人们对于"技术与发展之间的关系"的争议，而发展研究和发展学就是要厘清这些争议背后所支撑的不同理论和假设，并引导人们采取更好的行动。

（3）**批判的视角**。即将发展研究和发展政策研究中的不断争鸣视为本学科的核心动力，同时要提醒研究者对主流的发展观念要时刻保持清醒而辩证的认识。发展研究就是对不同发展观点的反思和争鸣，而发展研究的方法论是综合的、多学科的和交叉的。因此，在发展研究中，既存在主流的发展思想，也有各种持不同意见的、对主流思想形成挑战的发展思想。

（4）**综合的视角**。必须使学生明确各个传统学科，如经济学、社会学、地理学、人类学和政治学的优点和缺点，尤其是当它们在面对研究对象的整体性、复杂性和系统性时所遭遇的种种不足。发展研究和发展学就是基于此现实之上，让这些学科在相同的发展框架下，进行交叉的研究。多学科协作是在过去20多年所形成的在方法论层面上针对"如何有效认识复杂世界"这一挑战的选择。多学科的研究不是多学科知识的叠加、组合，而是综合与互动。学科的交叉点是发展研究的重点。

（5）**全面的视角**。即将空间立体的角度引入发展研究，不仅要关注微观个体的问题，还要关注农户、社区、国家以及国际等各个层次上的问题。此外，还包括时间上的序列，这表明我们在考虑一个发展策略时，要同时想到长期、中期和短期的效益。在分析发展模型和政策时，应该考虑到这是有顺序的因果关系。考虑空间和代际公平是发展研究的基本立足点。

本书是中国农业大学人文与发展学院发展管理系众多师生的集体成果，没有他们的付出，此书难以成稿。参与编写的人员按姓氏汉语拼音音序排列依次为陈可可、崔海龙、董强、龚利、韩璐、胡春蕾、纪淼、旷宗仁、李琳一、李鸥、李小云、刘久发、刘燕丽、刘永功、罗汝敏、齐顾波、唐丽霞、王丽霞、王妍蕾、王伊欢、王忠平、吴杰、向颖、徐秀丽、薛姝、叶敬忠、殷方升、张丙乾、张克云、张紫琴、赵静娟、赵丽霞、周秀平、周学军、庄涌涛。第二版参与编校的人员按章节顺序排列依次为罗江月、梁振华、张纯刚、徐莉莉、张悦、于圣洁、安普雨。

发展研究在不同的领域中已经有了很多的研究和著述，本书作为一本系统的汇总之作，参考了国内外大量的文献和著作，由于种种原因，来不及和所有的编著者联系，若有引用之处未予以标明，请与本书编者联系。此外，发展学相对独立的基本框架才开始形成，某些概念和理论还需要在实践中不断地厘清和完善，书中有疏漏贻误之处，敬请读者批评指正。

编　者

2005 年 8 月 20 日初版

2011 年 10 月 20 日再版

# 目　　录

# Contents

# 第一章  发展与发展学

第二次世界大战以来，发展一词开始频频出现在新闻媒体、国际组织和各国政府的报告和政策中。发展代表了当代一种主流的意识形态，反映了国际社会和各国政府对国家发展问题的高度关注。然而，什么是发展，以及如何才能更好地发展，却一直是令人困惑的问题。本章通过对发展思想的演变历程、发展的含义、发展研究与发展理论框架和当今世界发展研究的主题等的探讨来认识发展的本质和规律。

## 第一节  发展思想的演变

在人们追求发展的过程中，对于什么是发展以及如何才能更好地发展的问题，不同的发展观有不同的解读，其中所体现的发展思想也在历史的长河中不断演变。通过这种动态的审视，发展的内涵凸显而出。迄今为止，发展思想的演变经历了经济增长观、现代化发展观、综合发展观和以人为中心的可持续发展观几个阶段。

### 一  经济增长观

从 20 世纪 40 年代中期到 60 年代中期是发展理论建立的早期阶段。发展学家们主要以西方资本主义国家从中世纪传统社会转变为现代工业社会的历史经验为基本的立论依据，以近现代西方经济学理论和社会进化理论为基础，对西方国家特别是美、英、德、法等国的历史经验做了分析，探讨了现代化的动力、特征与模式等问题，形成了包括发展经济学和现代化理论在内的早期发展理论和发展观。

经济增长理论是关于发展中国家发展研究的最初形式。第二次世界大战结束以后，随着世界殖民体系的崩溃，出现了一大批新兴独立的发展中国家。一方面，这些国家过去曾经是帝国主义的殖民地、半殖民地或附属国，独立后都面临巩固独立、发展民族经济和改变贫困落后面貌的历史任务，经济增长理论正好适应了它们的这种需求；另一方面，当发展中国家向发达国家学习借鉴发展经验的时候，发达国家的经济学家并没有现成的理论工具来分析这些不具备现代经济结构、主要由小农组成的农业社会的经济增长过程。因此，这一阶段的经济学家大都把发展中国家的发展看做与发达国家前资本主义时期的发展完全相同的问题，并力图将从现代工业国家历史进程中推演出的"一般性"理论照搬到发展中国家，经济增长理论因而成为这一时期发展经济学研究的核心问题。

经济增长理论中，影响较大的有哈罗德—多马增长模式、大推进理论、罗宾逊增长模式、贫困恶性循环论、罗斯托五阶段增长理论、二元结构理论等。这些理论从经济学角度出发，认为资本积累、技术进步、储蓄和投资等因素是落后国家发展的主要动力。

他们的基本假设是：一个社会或国家的贫困或不发达的根源在于人均国民生产总值太低，社会发展就是国民生产总值增长的过程。他们认为，发展中国家之所以处于贫困状态，除了人口增殖过快，生产的增长为人口的增殖所抵消之外，重要原因是资本积累在供求两方面都受到限制。这就形成了一种"贫穷的恶性循环"：由于居民收入水平低，储蓄能力就有限，资本积累和投资能力也就低下，生产率因之难以提高，居民收入水平持续低下。

他们认为，为了打破这种"恶性循环"，重要的是要提高储蓄和投资率，同时采取私人经济和国家控制经济相结合的方法，由国家采取措施，吸引私人储蓄和增加公共储蓄，并合理使用资金，积极引进外国资本和技术。他们看到，发展中国家的主要经济部门大多是传统的农业部门，这成为发展中国家与发达国家经济上的主要差别之一。因此，他们普遍把工业化作为提高商品和劳动生产水平，进而提升生活水准的必由之路。另一方面，工业化也被视为城市化的过程。工业化是吸收农村剩余劳动力的唯一途径，努力实现工业化成为发展中国家的主要目标。

他们提出，发展中国家从二元经济过渡到现代经济通常要经过三个相互交替的阶段：第一个是初级产品出口鼓励阶段，第二个是进口替代阶段，第三个是出口替代阶段。与此相适应，发展中国家也应相继实行上述三种不同的发展战略。

在经济增长理论的指导下，部分发展中国家取得了快速的经济发展，出现了亚洲"四小龙"和拉美等一批新兴工业化国家和地区。然而，以经济增长理论为核心的发展观也遭到了国内外理论界的众多批评。在早期"发展即增长"理论的影响下，很多发展中国家出现了"有增长无发展"甚至"恶增长"的现象。以国民生产总值为核心的经济增长并没有真正消除发展中国家的贫困，也没能解决失业、社会动荡、两极分化等社会问题，反而增添了环境污染、能源浪费等生态问题。1970 年 10 月，纪念《联合国宪章》生效 25 周年大会的决议指出："发展最终必须是为了使个人的福利持续地得到改进，并使所有人都得到好处。如果不正当的特权、贫富悬殊和社会非正义继续存在下去，那么就其基本目的来说，发展就是失败的。"（陈国强，2002）

总而言之，经济增长理论和经济增长观主要是从西方发达国家的角度出发，以西方发达国家作为发展的模型，认为发展中国家贫穷落后的主要原因是储蓄不足，工业不发达，在与发达国家的贸易中处于弱势地位，造成国民生产总值增长缓慢；与此同时，发展中国家的人口增长却非常迅速，因而，人均经济福利也随之下降。为了提高人均经济福利，发展中国家将发展目标锁定为促进国民生产总值的增长，力求通过增加储蓄、引进外资、改进贸易方式等手段促进本国的工业化和城市化，以便解决人口增长和经济不发达的问题。该理论仅仅从经济增长的角度来考虑发展问题，在当时的情况下具有一定的积极意义，但它没有考虑到失业、两极分化、环保等社会问题，其发展思想还远不够全面和成熟。经济增长观的逻辑框架见图 1-1。

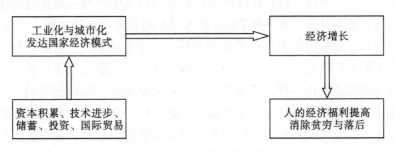

图 1-1　经济增长观的逻辑

## 二 现代化发展观

现代化发展观和现代化理论兴起于 20 世纪 50 年代，它试图克服发展经济学中只注重经济的偏颇，力图从社会和政治的角度探讨发展中国家不发达的原因和发展的道路。它以西方特别是美国的现代化经验为样板，从社会进化论的角度为人们描绘一个内容更加宽泛的西方式现代化图景，力图从人类历史的宏观背景出发勾画出现代化历史过程的所谓一般特征。

美国著名社会学家帕森斯是现代化理论的开山鼻祖和主要代表。现代化理论将社会分成传统社会和现代社会，认为社会发展就是从传统社会向现代社会的变迁过程。能否从传统社会向现代社会转变主要依赖于人们的价值观、态度和规范。传统社会是个缺乏文化适应能力和创新精神、带有浓厚情感色彩和顽强世第制度的社会，人们靠世代相传的经验生活，缺乏主动性和创造性，听天由命。但现代社会则截然不同，门第观念和论资排辈观念淡薄了，人们富有进取心、创业精神以及对待世界的理性和科学态度，能力取代了经验而成为社会发展的主要支撑条件之一。西方国家之所以能实现从传统社会向现代社会的转变或发展，正是因为宗教改革和科学发展向传统社会注入了现代化所需的价值观念、规范，从而推进了社会发展。而发展中国家之所以不发达或欠发达，没有实现社会发展，也正是其社会结构和文化传统阻碍现代化的社会发展进程，只要注入西方国家在现代化过程中所确立的价值观念、创业精神以及合理化意识，那么就能走上现代化的社会发展之路。

政治学家阿尔蒙德在帕森斯理论的基础上，提出了一个结构功能主义的框架，作为分析第三世界政治的基本依据和工具。但显而易见的是，无论是帕森斯还是阿尔蒙德，都自然而然地将西方的民主制作为一种发展的衡量标准和政治发展的目标，而忽视了第三世界国家的发展过程远比发达国家复杂。这种理论具有强烈的西方中心主义的色彩，且过分强调一个国家的内部因素特别是人们的价值观念、意识精神的影响和作用，其缺陷是明显的。现代化理论与经济增长理论一样，都是从各自学科角度出发，以欧洲为中心，对近代西欧、北美国家的现代化历史经验进行单层次的经验描述和实证归纳，并把所描述的经验事实当做现代化的最佳模式和落后国家学习的样板，其观察视角和现实依据只是从一个极端走到了另一个极端。

发展中国家出现的若干经济崩溃、政治动荡的事实，迫使学者们把研究的重点从以民主制作为政治发展的终极状态转移到强调政治稳定与政治秩序上来。这方面的研究首推亨廷顿的《变化社会中的政治秩序》。亨廷顿坚持把考查第三世界各国实际国情放在首位，他率先认识到，政治或政治制度不仅仅是社会与经济变化的被动结果，它本身就是这种变化的决定因素。他再次强调了政治在第三世界发展中的首要性，认为经济的增长要求文化的现代化，文化的现代化要求有效的政治权威，而政治权威的建立则有赖于统治集团或某个领袖人物的正确的谋略和圆熟的政治技巧，"铁腕人物"在变化社会建立政治秩序的过程中往往起着决定性的作用。这种理论，被称为新权威主义，对发展中国家的政治发展影响颇大。

向新权威主义提出挑战的是依附理论。依附论者认为，不发达状态并非第三世界国家的政权虚弱问题，而是由于第三世界经济加入由发达国家控制的世界资本主义体系的结果。以往现代化理论的主要缺陷在于完全忽视经济因素，以及完全用第三世界国家的内在因素去解释其社会政治的变革。依附理论从国际关系格局以及国内社会经济结构角度分析发展中国家的发展问题，提出世界体系由"中心"和"外围"两部分构成，工业国处于中心地位，而第三世界各国处于外围层面，其中外围依附于中心而存在，而中心则通过对外围的剥夺得以发达起来，二者的关系是依附与剥夺的关系。第三世界国家的贫困主要不是自身的原因所致，而是"依附性"的反映，摆脱依附地位，发展中国家才能实现发展的目的。依附理论对第三世界国家未能实现现代化原因的解释令人耳目一新，但其中有的观点，如主张关起门来搞建设以此摆脱依附，显然又走上了另一个极端。根据现代发展观的相关理论，笔者整理出其逻辑框架，见图1-2。

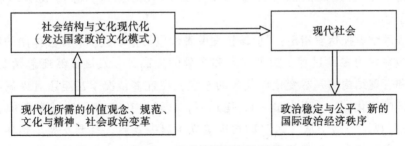

**图1-2　现代化发展观的逻辑**

实际上,在依附与发展的关系上,发展中国家的现代化进程,往往经历了从传统社会的闭关自守到打开国门后的依附状态,再到依附中的发展,最后达到自主开放的发展这样一个动态过程。沃勒斯坦的世界体系理论可以看做对依附理论的补充和完善,他从世界体系的整体动态角度来分析社会发展和探寻世界发展的整体规律,避免了依附论二分法的简单化。他认为发展就是在世界体系中位置的改变过程,即从边陲向半边陲,再向核心升迁的过程,任何国家都有可能上升到核心地位。这实际上消除了第三世界永远依附而不发展的悲观看法,为它们的发展树立了信心。

依附论和世界体系论尽管有些空泛,缺乏应用性和可操作性,但是,它们却使人们注意到不平等的国际分工给第三世界国家的发展所造成的困难,并鼓舞发展中国家为建立和平、稳定、公正和合理的国际新秩序而奋斗。

## 三 综合发展观

经济增长理论片面地追求经济增长,在单纯经济发展观的指导下,强调工业化和城市化,而忽视了社会、生态和人的基本需求问题,因此引发了生态破坏、社会腐败、政治动荡、分配不公、两极分化、精神危机等一系列的恶性后果。现代化理论以西方发达国家为模板,试图从社会、政治、人的价值观念等方面探讨发展中国家落后的原因。依附理论和世界体系理论则从国际的政治、经济关系中追寻第三世界贫困的原因。这些理论都从某一个方面对发展的原因、动力和方法做出了一定的说明,但都不够全面,因而引起了国际上许多学者的反思。进入 20 世纪 80 年代后,西方学术界对社会发展的综合性进行了更加深入的探讨,并形成了综合发展观。

美国学者托达罗指出:"应该把发展看作包括整个经济和社会体制的重组和重整在内的多维过程。除了收入和产量的提高外,发展显然还包括制度、社会和管理结构的基本变化以及人的态度,在许多情况下甚至还有人们习惯和信仰的变化。"(迈克尔·P. 托达罗,1992)1983 年,法国学者佩鲁在《新发展观》一书中从"人"的角度确立了研究视野,强调发展是整体、综合和内生的概念,并强调了文化价值的关键作用,认为发展是经济与社会发展的总和。佩鲁指出,经济并不是一种单纯地局限于自身的孤立现象,经济现象和经济制度的存在依赖于文化价值，如果把共同的经济目标同它们的文化环境分开，最终会以失败告终（佩鲁，1987）。20世纪90年代以后的综合发展观又将生态平衡、工业与环境和人的自身发展等因素考虑进去。发展学家们认识到，发展应该是一个全面的范畴，不仅包括经济增长，还包括社会、政治、文化、科技、生态和人自身等多方面的发展，不仅包括人们生活的物质方面和精神方面，还包括政治参与、社会参与、社会公平、社会保障、卫生保健和生态环境等多个方面。经济发展是社会发展的物质基础和条件，没有经济的发展和繁荣，社会制度的稳定和进步、生存环境的改善、人类生活质量的提高等都难以实现，但是经济发展的最终目标不在于经济本身，而在于推动社会的全面发展和全面进步。

综合发展观主张社会多方面、多目标、多因素的综合发展，拓展了人们对发展内涵的理解，实现了由狭隘的"增长第一"的发展观向广义的综合发展观的整体转换，体现了人们对发展问题更深入的研究和认识，其内在逻辑如图1-3所示。但综合发展观仍然有很大的局限性，它虽然较正确地看到了发展进程中社会内部经济、政治、文化等各因素之间的相互作用与影响，但没有进一步揭示社会系统与自然系统相互协调的必要性，导致了人们对自然资源掠夺性的开发和利用，造成了严重的生态问题。它仅仅考虑了发展的当前状态和当前需要，而没有考虑发展的代际问题，没有把满足当代人发展需求与满足后代人的发展需求结合起来。基于对这些问题的反思，人们提出了可持续发展观。

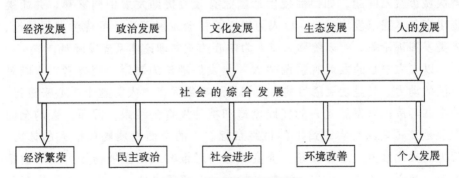

图1-3　综合发展观的逻辑

### 四 以人为中心的发展观

20世纪60年代中期以后，早期的发展观和发展理论受到越来越多的批评，许多观点被"修正"乃至否定。"西方中心论"或"现代化等于西方化"的理论前提已经被大多数人所抛弃。发展工作者开始将考察的视线从西方发达国家的历史经验转向广大落后国家的发展实践，所关注的内容更加丰富，观察的视野也更加开阔。

随着考察范围的逐渐扩大，以人为中心的发展观逐渐取代了现代化发展观，这种转变源于对发展实践的反思。当时，虽然在发展中国家中涌现出一些成功的案例，特别是环太平洋圈的一些国家和地区在工业化方面取得了举世瞩目的成就，然而，对大多数发展中国家来说，其在20世纪60年代的发展努力并没有取得预期的进展。发展中国家的贫困人口仍在增长，社会两极分化日趋严重，统治阶层中贪污腐败成风，社会动荡不安，生态环境也逐日恶化。即使在一些新兴的工业化国家，严重的社会问题，也动摇了人们对"现代化"信念。人们开始对发展中国家的"现代化"感到失望，20世纪60年代也被称为发展中国家现代化过程中"失败的十年"。

于是，发展工作者开始摒弃带有很强理想色彩的现代化理论，认为发展研究必须实事求是，针对发展中国家研究如何实施有效的反贫困战略，如何加快建立和完善社会保障制度，如何在解决农村贫困问题的同时注意解决城市贫困问题，如何促使发达国家有效地援助发展中国家等，并相继提出了基本需求发展理论、以人为中心的社会发展理论、可持续发展理论、人类发展理论等，可以统称为以人为中心的发展理论体系或发展观。

以人为中心的发展观强调"人"是发展理论的制定与完善者，人既是发展的动力，又是发展的目的。一切发展都要围绕"人"这个中心来进行。社会和经济得以发展是人的实践创造和精神发挥的结果，因而，人的全面发展是发展理论与实践追求的最终目标。人的全面发展既包括人的体力、智力、文化素养、道德操守、价值观念和思维方式的发展与提升，也包括生态、社会、政治、民主、法制、艺术、伦理等自然、社会、文化生存环境的改善与提高，以及国与国之间、人与人之间和人类代际之间的公平与和谐发展。发展思想演变的过程正是人对社会主体意识觉醒的过程，人对发展的探索与追求使自然和社会更加深刻而全面地满足人类自身全面发展的需求（详见图1-4）。

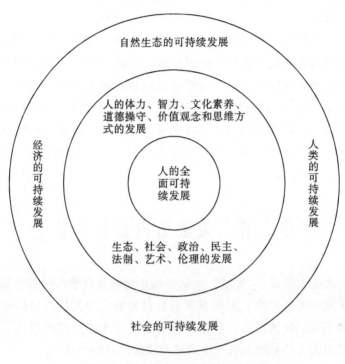

图1-4 以人为中心的发展观的逻辑

当今最能体现以人为中心的发展观是可持续发展理论。1980年3月，联合国大会向全世界发出呼吁，"必须研究自然的、社会的、生态的、经济的，以及利用自然资源过程中的基本关系，确保全球的持续发展"（北京大学中国持续发展研究中心，1995），首先提出了可持续发展的议题。1987年世界环境与发展委员会在《我们共同的未来》报告中给出可持续发展的定义是"既满足当代人的需要，又不对后代人满足其需要的能力构成危害的发展"（北京大学中国持续发展研究中心，1995），将同代人之间的公平问题延伸到代际的公平问题。1995年3月在丹麦首都哥本哈根举行的联合国社会发展世界首脑会议明确指出：人是可持续发展的中心，人类有权享有与环境相协调的健康、有活力的生活；经济发展、社会发展和环境保护既彼此独立又相互作用，是可持续发展的有机组成部分。可持续发展以自然、社会和经济的协调发展为准则，强调经济可持续性、社会可持续性和生态可持续性，其基本内涵是"以人的发展为中心，实现经济与社会、人与自然、当代与未来、个别民族国家与人类共同体协调、持续地发展"（高飞乐，1998）。

综上所述，发展观和发展思想演变的基本趋势表现为三个重心的转移：一是从经济增长转移到人的价值观念、基本需求，接着又转向人的全面发展；二是从国内发展转向国际发展，也就是说仅仅从内部寻找一国的发展根源转向从国际关系上探讨一国的发展；三是从经济转向社会，再转向人，最后转向经济、社会、自然和人四者的相互关系上。与此相适应，对社会发展理论的研究也从单一学科（经济学、政治学或社会学）走向跨学科、多学科的综合探讨。

# 第二节　发展的内涵与外延

第二次世界大战后，"发展"一词开始成为社会科学中的一个新概念。对其含义的不同理解从根本上影响着发展目标的确立和发展战略的选择，进而将人们导向不同的发展道路，产生不同的甚至是大相径庭的结果。本节将在上述发展思想演变的基础上进一步阐述发展的内涵和外延。

## 一　发展的内涵

随着发展理论与实践的不断深入，"发展"的含义在不断发生变化，以便适应时代和社会的需要。在前工业社会的漫长时代里，发展是一个含义宽泛的概念。黑格尔认为，"发展"有两种含义：第一是潜能，第二是自为自在，亦即真在或实在。由潜能发展为自为自在的过程就是发展。此定义源于生物学上的启示。最开始，生物学上的发展就是描述一个过程，即生物达到基因规定的完全释放了潜能的过程。这里的发展概念是中性的，"过程"是发展的中心。

从 18 世纪中叶到 19 世纪中叶，随着工业革命和达尔文《物种起源》的发表，科学家开始将发展赋予进化的含义，发展从"变化"这一含义转变为"向更高级、更完善状态变化前进的过程"。1768 年，莫斯（Justus Moser）首先使用"entwicklung"来描述社会变迁的过程。19 世纪，"发展"成为马克思著作的中心内容，马克思主义强调人的自由发展，主张消灭私有制，消灭剥削。受到进化论影响的社会学和哲学中的进化主义流派逐渐将发展一词由生物学范畴转移到社会领域。他们认为社会进步是必然趋势，并相信社会也按照自然法则，从简单到复杂逐渐前进。发展一词的定义被缩小为"褒义词"，其中性和负面的含义被忽略了。

早期的进化理论在 20 世纪上半叶开始没落，但这一理论对人们意识形态的影响却已根深蒂固。进化理论的思想核心表现了对进步的信任，即认为："人类已经、正在和将要向着一个满足伦理要求的方向前进。"而这个"方向"就是现代社会。从外部来看，现代社会最为明显的特征就是其在经济技术方面所占的优势。这种优势表现为它能向所在国的居民包括比较贫困的居民阶层提供丰富多彩的物质供应。因此，在制定发展目标时，改善人们的物质生活水平总是被当做发展的最终目的而提出。同时，人们也认识到，在现代社会里，生活的高水平与高水平的生产能力紧密相连，生活的高水平来自于高水平的生产能力，反之亦然。因此，社会生产能力的扩大和物质生活水平的提高便成了一切发展模式的目标。

第二次世界大战后，资本主义的经济发展模式在西方发达国家已经取得了显著成就，新的世界格局在此经济基础之上形成。1949 年，美国总统杜鲁门上台后提出了所谓的"第四点计划"（即对落后国家提供经济援助的计划），发展的新篇章由此翻开。杜鲁门在其就职演说中提到："我们必须着力于一项新的计划，这项计划将让我们的先进科学和工业化进程惠及广大发展中国家和不发达国家的经济增长。"杜鲁门通过对"不发达"的定义改变了长久以来"发展"所包含的丰富内容。这是发展的概念首次成为一个局限于"经济和技术"范畴的词汇。从此以后，发展就是"摆脱那种没有尊严的、称之为不发达的状态"（Wolfgang Sachs, 1999）。

具体地讲，杜鲁门所提出的战略就是要用大量的美援来支持和争取发展中国家，以纳入美国所设想的世界格局。美国学者库马提出："这个过程不是自然的社会演进，而是有目的、有计划地以比较短的时间、最有效的途径学习、借用和移植先进国家成果的过程"，"（关于发展）最重要的一点是，未来基本上是根据西方工业发展模型拟想的；西方工业文明乃是它的终点。发展，加布雷斯宣称，乃是对已发展史实的模仿"。在发展战略中，发展就是要把经济增长作为社会发展的目标。对于发展中国家，实现这个战略就是不断地进行出口替代，从而逐渐被吸纳到世界市场中，并使企业甚至国家的管理更加规范，技术更加先进，即与发达国家同步。在这个理论框架下，发展是一个涓流，即社会达尔文主义进化论思想的体现。

　　然而，在发展实践中，人们也在不断地反思：什么是真正的发展？发展的主体是谁？谁从发展中受益？在反思中人们逐渐发现，在传统发展思想中最忽视的问题是发展中国家的社会和人，尤其是弱者、边缘人群和广大穷人的意愿。人们开始认识到，单纯的经济增长不等于发展，要想发展得更快、更好，不仅要注意经济增长，而且要注意解决人口、就业、保健、教育、道德观念、分配制度和政治体制等方面的问题。托达罗指出："发展必须被视为一个多维的进程。这一进程涉及社会结构、公众态度和国家制度等方面的转型，经济增长的积累、不平等的减少和绝对贫困的消除。从本质上讲，发展必须意味着全面的变化，适应个人和全社会各个群体的多种多样的基本需求和愿望，整个社会从普遍不满的生活条件向物质和精神条件更好的方向转变。"（唐纳德·E. 沃斯，2004）

　　1999 年，诺贝尔经济学奖得主阿马蒂亚·森在《以自由看待发展》一书中对传统的发展观做了反思，认为经济增长本身并不是发展的全部内涵，不能被看成发展的唯一目标，因为财富只是一个中介物，它的价值是借助其他的事物来体现的。森选取了"自由"这个维度来看待发展，指出"自由不仅是发展的首要目的，也是发展的主要手段"。他强调自由的实质性，即"个人拥有的按其价值标准去生活的机会或能力"。所谓的自由不仅包括经济方面的，还包括社会、政治方面的，不同类型的自由可以相互增进。

　　综上所述，在早期的发展经济学中，发展的核心含义是经济增长，如罗斯托将工业化和机械化作为发展的一部分。当发展思想扩展到现代化理论后，发展包含了经济增长、政治现代化和社会现代化的过程。在依附理论中，发展的核心含义是整个国家实力的积累以摆脱依附地位。随着替代发展思想的出现，发展的新含义主要集中在社会发展和社区发展方面。而在 20 世纪 80 年代中期后，随着以人为中心的发展思想的兴起，发展的含义在于赋权。在联合国开发计划署（UNDP）《以人为中心的发展报告》中，发展的中心含义是"增加人们选择的机会"。发展含义的历史沿革见表 1-1。

表1-1 发展含义的历史沿革

| 时　期 | 视　角 | 含　义 |
|---|---|---|
| 前工业化社会 | 生物学范畴 | 潜能发展为自为自在的过程 |
| 1750～1785 年 | 自然的法则 | 从简单到复杂的逐渐前进 |
| 19 世纪 50 年代 | 殖民主义经济派 | 工业化，赶上潮流；掌握资源 |
| 20 世纪 40 年代 | 发展经济理论 | 经济增长，工业化，技术化 |
| 20 世纪 50 年代 | 现代化理论 | 经济增长，政治和社会的现代化 |
| 20 世纪 60 年代 | 依附理论 | 国家积累 |
| 20 世纪 70 年代 | 替代发展思想 | 社会发展和社区发展 |
| 20 世纪 80 年代 | 人的发展 | 能力建设，增加人选择的范围 |
| 20 世纪 80 年代 | 新自由主义 | 经济增长与结构改革 |
| 20 世纪 90 年代 | 后发展主义 | 赋权 |

　　此外，在了解发展概念的内涵时，需要把握以下几点：第一，发展是变化，而且是中性的变化，不仅包括由简单到复杂、由低级到高级的变化，也包含由完善到恶化、由稳定到动荡的变化。第二，发展是过程，强调客观发生的变化过程，也强调根据变化不断地调整这一过程，而不是指向一个明确的目的。第三，发展是互动，西方文化在各国文化交流中虽然有压倒性优势，但文明的传播也不是单向的，一个社会有自己的文化结构和历史传统，社会变迁与结构是不断互动的。第四，发展的核心动力来源于发展的主体，而不是外界的干预。第五，发展的关键点是赋权。加拿大国际开发署 1999 年指出："赋权是指人能支配自己的生活、制定自己的生活议程，获得技能，建立信心，解决问题，能够自立。"（林志斌等，2001）第六，"发展"与一个国家的"发达"程度直接相关。它不是泛指任何时间、任何地方的任何变化，而主要是指亚非、拉美"发展中"国家的政治、经济和文化等方面如何达到"发达"状态的。第七，"发展"并不是落后国家"自然而然"的变化状态，而是指改变"自然而然"的变化秩序，加大步伐，摆脱落后，这是有组织、有目标的社会性努力，是社会动员起来的紧张状态。

## 二 发展的外延*

所谓外延是指发展的外部性问题。发展的外延和发展实践紧密相关，许多发展问题，诸如环境、资源、性别等方面的主题已扩展至国际领域，发展所包含的内容也越来越丰富。

从社会角度看，社会发展追求的是社会成员的民主合作，消除两极分化，实现社会公正，改善社会服务体系（包括卫生、教育、福利、能源、交通系统、通信系统和通信救灾），保持适度人口、增加就业机会和提高生活质量，消除贫困。

从政治角度看，发展的前提是建立与政治发展相应的体制和民众参与决策的机制，人民要能够自由选择他们的领导人，而领导人必须对人民负责。个人能够通过合适的方式，对各个层次（包括家庭、社区、城市、国家及整个世界）的决策施加影响，并能参与政策的制定和实施。

从经济角度看，经济发展与经济增长具有不同的含义。经济增长通常指纯粹意义的生产增长，即一个国家或地区在一定时期内实际生产总值或国民收入及其他人均数值的增长。而经济发展所包含的内容和因素远比经济增长广泛，它不仅指国民生产总值或国民收入及其人均数值的增长，而且包括充分就业、公平分配，满足基本生活需要。仅有经济增长不能自然而然地带来社会的全面进步，"有增长而无发展"的现象也时常发生；但经济发展与经济增长又是互相联系的，后者是前者的基础、基本动力和物质条件，前者是后者一定条件下的结果。

从文化发展上看，由于文化具有共享性，且可以超越国界，因而，随着社会交往的增多，各国间的文化交流不断扩展，人们对文化的需求也逐渐形成多元化趋向，并在此过程中，积极主动地学习和引进先进文化。文化发展就是要创造兼容并包的社会文化环境，使文化保持活力，并得以繁荣发展。

人的发展是多方面的，包括人的身体素质的提高，知识技能的增加，观念的改变等。在强调人的发展中，人的素质往往被提高到最重要的内容。人的素质包含人的政治观点、政治信念、价值观念、思想道德、社会责任感、

---

\* 本部分参见叶敬忠（2001）。

科学文化素质和能力素质等方面。人的发展就是要使其掌握新的知识技能，建立对自尊、自信和自立的认可，充分分享民众的自由，并积极参与经济、社会的发展过程。

保护和改善自然环境问题已越来越受到人们的重视，可持续发展也成为发展的一个重要主题。发展实践表明，不少发展中国家试图走西方发达国家"先增长后治理"的老路，以牺牲环境为代价，实现经济的高速增长。但由于人口爆炸、生产技术落后、资源利用率低，以及发达国家有意转移污染严重的工业等方面的问题，一些发展中国家在实现经济起飞前就已陷入了环境恶化的困境，这种情况反过来阻碍了经济的发展，使他们置身于环境破坏→贫困→环境破坏→贫困加剧的恶性循环之中。可持续发展强调的是环境与经济之间的协调发展，并强调把环境保护作为发展进程的一个重要组成部分，作为衡量发展质量、发展水平和发展程度的客观标准之一。

此外，发展还包括很多其他相关的内容，如科技发展、制度创新、新的发展思潮和全球化等各个方面。

在科技发展方面，科技革命加速了社会的发展，科学技术的创新与引进成为科技发展的主要趋势，但科学技术是一把双刃剑，它既能为人类谋福利，也能对人类造成危害。因此，在选择某项技术时，必须尽可能多地预计其各种可能的后果，并在此基础上进行决策和实施，这样才能有利于人、社会和环境的协调发展。此外，科技的引进和创新应该坚持适用原则。

在制度创新方面，为达到利益分配的公平与平等，就必须进行相应的改革以使社会、经济和政治结构与发展的需求相适应。例如，贫困问题只依靠经济的增长是不能解决的，没有相应的政策和制度化、法制化的机制来调节资源和财富的分配与再分配，再富有的国家也无法消除贫困。所以，发展需要制度的创新。当然，改革既要照顾当下，又要考虑长期的发展；同时，改革还需要稳定，否则，无法顺利进行和持续。

在新的发展思潮方面，随着发展研究范围的扩大，人们对发展的理解也不断丰富，出现了许多新的研究思路。一些在以往发展中被忽视的群体，如穷人、妇女的发展问题越来越受到重视。例如，在20世纪70年代后半期出现的妇女发展研究与实践提供了性别与发展的视角，凸显了社会性别在国家及国际发展政策中所起的作用。妇女与发展领域的成长，显示了人们对女性作为发展的受益者及推动者的重新认识，并对以男性为中心的、以西方为主导的发展模式及理论提出了全面挑战。

在全球化方面，尽管发展通常相对于区域、国别或地区而言，但全面发展还有赖于国际经济和社会秩序。随着各国相互之间依赖性的增强，发展越来越具有全球化的性质，许多复杂问题涉及全人类的利益，在规模上也具有全球性，解决这类问题需要全球范围内的共同努力。

综上所述，从不同的角度出发理解发展具有不同的侧重。从整体上来说，发展意味着政治、经济、社会、资源和环境等各个领域的全面进步和协调发展；它不仅包括经济发展，也包括社会平等，妇女地位的提高和生态环境的改善等。发展是一项系统工程，它必须使系统内各要素有序协调地发展，才能保持发展的持续性和稳定性。发展中，经济因素是诸多要素中最重要的条件和物质基础，但是经济的这种决定性作用又是通过其他各种发展要素的"交互作用"来实现的。孤立地、片面地突出经济发展将引起社会经济结构的失调，打破发展诸要素的最佳配置结构，难以获得可持续的发展。

## 三 发展的关键——赋权

赋权概念的提出是现代发展理论的一个标志。20世纪50～60年代，社区发展运动开始兴起，为了改变社区的面貌，发展工作者开始寻求当地社区民众的积极参与。事实证明，此项运动不仅为许多农村和城市社区建设了许多基础设施，同时，也发展了当地人们的技能和能力。

20世纪70年代后期到80年代，人们对欠发达状态和贫困的原因进行了不同的解释，人们逐渐认识到所谓"穷人"，事实上是被排除在广泛的民事社会参与（societal participation）和发展活动的直接参与（direct involvement）之外的边缘化群体。由此，发展策略的制定者和计划者开始采取相应的策略设计和行动计划，促使穷人更直接地参与到发展过程中去。至此，参与式发展逐步形成规模。

参与式发展的目的是要达成社会发展的公正、公平和目标群体受益。所谓公正，其社会学含义是要减少存在于社会或社会成员间的经济、政治、社会和文化等各个方面的不平等和差异。此含义逐步将参与式发展的目标群体锁定在社会弱势群体上，即通常意义上的妇女和穷人。公平是指社区成员能够平等地获得帮助、获取外在和内在资源以及参与公共发展决策的机会。而参与式发展途径的一个重要基础在于对目标群体，尤其是穷人和妇女的知识、技能和能力的重新认识，对造成人们贫困和欠发达的经济、政治、文化和环境等方面的原因进行诊断，并充分考虑目标群体尤其是妇女和穷人的看法。

参与式发展的关键点是赋权，而赋权的核心则是对发展援助活动全过程中参与权力和决策权力的再分配，简言之，即增加社区，尤其是穷人和妇女在发展活动中的发言权和决策权。对政府和发展援助机构来说，首先，是赋权给社区，即通过充分听取社区的意见和放大社区在决策中的声音来实现社区的参与。这是与"社区发展"概念不同的一个地方："社区发展"强调的是社区的被动参与，而参与式发展不仅强调目标社区和目标群体参与发展项目的实施过程，更重要的是参与决策过程，即参与到发展目标和发展内容的决策方面；其次，在社区内部，对社区"精英"（包括社区正式和非正式的领导）来说，是赋权给穷人和妇女等社会边缘化群体的过程。这一过程有着特别重要的意义，因为在大多数情况下，尤其在穷困地区，穷人和妇女不仅在社会经济生活中被边缘化，而且在社会政治和文化生活中也被边缘化了。赋权给穷人和妇女的过程是重新唤回穷人和妇女对自身能力和知识自信的过程以及重建自尊的过程，这对构建社区的自我发展能力和增加社区的社会资本来说，至关重要。

赋权的过程也就是参与式发展途径落实的过程，即目标群体全面参与到发展项目和发展活动的规划、实施、监测和评估中的过程。在这一过程中，参与式农村评估、参与式规划与设计以及参与式监测与评估等技术方法得以广泛应用，从而使其成为一个充满"学习"、"教育"和"谈判"的过程：一方面，通过社区积极参与发展援助活动的预评估、规划、实施、监测和评估过程，社区内成员和社区外成员之间可以相互学习知识、技能和交流信息；另一方面，这一学习或教育过程也存在于社区内成员之间。此外，尽管发展援助活动的各方参与者拥有共同的利益和目标，但同时又有不同的特殊利益和兴趣，参与式过程为此提供了一个场所和机会，使得各方不断进行谈判，并就发展干预的各个方面和各个环节达成共识。这个过程增强了目标群体对发展干预的拥有感，大大降低了发展干预发生偏差的概率，从而奠定了发展干预可持续发展的基础。

# 第三节  发展研究与发展理论框架

发展研究（development studies）兴起于 20 世纪 50 年代，旨在解释错综复杂的发展过程中的运行规律。在第二次世界大战结束之后，许多第三世界国家纷纷独立。如何取得经济增长，成了这些国家所面临的主要问题。发展经济学作为经济学的一个分支应运而生。1950 年，由著名经济学家库兹涅茨提议，在社会科学研究理事会中创立"经济增长委员会"。这个委员会成立以后，曾组织了一系列学术活动，并创办了《经济发展与文化变迁》。这样，在其周围就形成了一个学术圈子，成为发展研究和发展理论的最早班底。

到 20 世纪 60 年代，越来越多的发展经济学家发现，仅仅依靠经济学的知识，是很难分析这些国家的其他问题的。于是，人们开始运用经济学、政治学、社会学和人类学等多个学科的视角，对发展问题展开研究。在发展这个研究领域当中，最主要的几个学科包括经济学、政治学、社会学和人类学。对发展过程的关注，使得这几个学科分别延伸出了发展经济学、发展政治学、发展社会学、发展人类学（development anthropology）以及发展的人类学（anthropology of development）等分支学科。

发展经济学关注贫困落后的农业国家或发展中国家如何实现工业化、摆脱贫困、走向富裕。发展政治学专门研究后发展国家现代化过程中经济发展的政治后果，和政治因素对经济发展的促进或制约作用。发展社会学则以现代社会变迁特别是第二次世界大战以来的社会变迁为研究对象，分析现代在全球或某一国家内发生的背景、方式、过程与目标。发展人类学关注的领域主要是国际发展和发展干预，而且主要研究如何为发展服务，立足解决发展出现的问题。发展的人类学重在用人类学的理论、方法和视角观察和研究发展问题，它把发展本身当做对象来加以研究，具有一定的反思性和批判性。

自此，发展研究成了一个综合的跨学科研究领域。

值得注意的是，在我国，有研究者也将 development studies 称为"发展学"。但成熟的学科往往都有着独特的研究对象、理论体系和方法论，学科边界清晰。相比起来，针对"发展"的研究却大多是由各个学科延伸出来的分支所组成，每个学科都能在特定的发展事件中找到自己的研究对象，运用各自的知识系统和方法来进行分析。很难用单一学科的框架来定义所谓的"发展学"。所以，确切地说，"发展学"更像是一个研究领域，而不是学科。

发展研究有两种视角：第一是以发展中国家的经济、政治、社会和文化的发展为对象，研究这些国家现代化的理论、模式、战略乃至具体政策，可称为狭义的发展研究；第二是探讨社会发展的一般规律，从全球的背景上阐明各地区和各国社会经济发展的现状与未来，可称为广义的发展研究。最初的发展研究主要集中于狭义的发展研究，西方的发展研究机构也主要研究发展中国家如何发展的问题，因此，带有某种殖民主义的色彩；但随着发展问题，如环境、资源、性别等方面问题的日益国际化，发展研究的范围逐渐拓展，广义的发展研究逐渐盛行，其殖民主义色彩也逐步淡化。无论以何种视角看待发展，研究变革和进步的规律是发展研究的最基本特征。

发展理论是随着发展研究的兴起而形成的。在此之前，经典社会发展理论研究，例如孔德、斯宾塞、帕森斯、韦伯和迪尔凯姆等一大批伟大学者所做的社会研究涉及的多是西方社会自身的问题。他们的社会发展理论可归纳为两类范式：第一类是注意社会演进过程的进化论范式；另一类是寻求社会平衡发展的均衡论范式。这两类研究实际上均建立在关于社会起源、发展演变过程及社会未来的一系列假设的基础之上。

虽然经典社会发展理论为后来的研究奠定了基础，但这些理论在很大程度上是以19世纪关于社会进化过程理论为依据的，而这种"依据"与"二战"后大多数发展中国家所面对的"不发达"现实毫无共同之处。因而，以专门研究发展中国家发展问题的发展理论蓬勃兴起；经济增长战略、进口替代战略、基本需求战略、经济社会综合发展战略、人力资本投资战略等频频问世；哈罗德—多马增长模式、刘易斯二元结构模式、罗斯托六阶段发展世界模式、巴里洛克模式等盛极一时。

## 一 发展研究的类别

发展研究可分为以下几个大的方面。

（1）基础性研究：主要用于解释和说明发展的现象、发展的概念，如贫困、环境的脆弱性、可持续发展、社会变迁的理论问题等。

（2）应用基础研究：此类研究以发现及分析问题为导向，重点放在社会的结构、社会变动中各要素的相互关系、性别与权力的配置、制度变迁、人力资源开发与施政等。

(3) 应用研究：此类研究包括实践研究、行动研究以及政策研究。这一类研究主要是在宏观与微观两个层次上进行，其主要特点是能够直接针对实践中的问题。

(4) 部门类研究：这一类研究包括农村发展的研究、农业技术研究、健康问题研究和营养问题研究等。

根据研究的形式，发展研究可分为长期研究、多学科研究、假设演绎研究及分析归纳研究、比较研究、设计性研究、基本状况研究和效益型研究、追踪研究、实验研究、案例研究、历史研究、先导性研究。根据研究方法，发展研究分为文献研究、非数量化研究、量化研究、文化适应性研究和市场研究等。根据发展实践研究的周期，发展研究可归类为确认性研究、前期论证研究、可行性论证研究、回顾研究和监测评价研究。

根据发展研究的性质，发展研究又可分为以下四种。

(1) 描述性研究：此类研究主要关注事物如何变化。要求数据可靠、真实、精确，要求研究者保持中立。

(2) 说明性研究：此类研究除了具有描述性研究的特点外，还应该进一步对造成现象及产生问题的原因进行说明，这些说明可以是量化的，也可以是非量化的。

(3) 分析性研究：在要求数据可靠、精确可信的基础上，从整体上对事物的细节进行研究，从而能将其上升至概念和理论层次。

(4) 行动研究：行动研究更多地强调社会变化的原因、规律，特别重要的是，要提出具有实践意义的建议，及其实践的具体步骤和对实践效应的预测。

## 二 发展理论的逻辑框架

发展理论的发展遵循着社会研究的一般过程：社会问题→探寻试验解决的办法→结果反馈→理论的调整与升华→新的理论。发展理论正是在这种过程的循环往复中不断发展壮大，变得更加全面，更加接近发展的本质。

1. 发展理论的逻辑层次

从学科研究的角度，可以将发展理论分成三个逻辑层次（图1-5）：哲学层面的发展理论、具体学科层次的发展理论和具体主题和研究方法层面的发展理论。它们既相互区别，又相互影响相互贯通，共同组成了人类关于社会发展特别是现当代人类社会发展的知识体系。

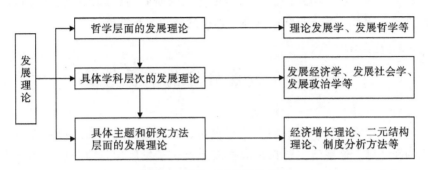

**图1-5　发展理论的层次体系**

说明：本图根据赖晓飞、邱耕田发展学学科体系图改编。详见赖晓飞等（2002）。

哲学层面的发展理论也就是理论发展学，研究发展的哲学基础、方法论、发展的本质、发展的主体、发展的动力、发展的价值、发展的规律、发展的模式、发展机遇、发展的战略等一般性问题。理论发展学来源于实践，又服务于实践；理论发展学通过各门具体分科的发展理论，如发展经济学、发展政治学和发展社会学等，与发展实践相联系，从发展实践中总结出发展的共同规律。与具体的分科发展学相比，它对发展实践的概括度更高，更具抽象性和一般性，对发展活动具有广泛的指导意义。

学科层次的发展理论从某一学科的角度对发展进行研究，是关于社会系统某一方面、某一领域发展的本质和规律性知识，包括发展经济学、发展社会学、发展政治学、发展战略学、发展生态学等。它们研究各种具体发展实践的发展规律、模式、方法和实现机制等。

具体主题与方法层面的发展理论则属于微观层次的发展理论，是从微观层次对具体的发展问题进行分析与研究，如恶性循环理论、平衡增长理论、不平衡增长理论、增长极理论等；或者说是某一种微观的分析方法，如参与式发展方法、制度分析方法、性别分析方法、发展规划等。该层面发展理论构成最具体而丰富多彩的理论细节，是发展理论与方法在实践中的具体运用，是哲学层面和学科层次发展理论的理论来源和具体的研究材料。

### 2. 发展理论的发展趋势

当代中西方社会发展理论的演化趋向表明，发展理论必须要把一般性理论研究与具体问题研究统一起来，分学科或分领域的研究与整体的综合研究统一起来，针对现实问题的研究与历史理论的研究结合起来，实证分析与逻辑推论统一起来。综合与统一是当今理论发展的主要趋势。

# 第四节 发展研究的主要范围

世界在不断变化，发展的理论与视角也在不断变化，由此带来许多发展研究的新主题，这些新主题在很大程度上反映了发展学目前的动态和全面的图景。下面就这些主题进行简要说明。

### 1. 全球化和发展

全球化概念孕育于以下背景：首先，国家干预主义受到了严峻的挑战，尤其是在现有的发展研究结构中，分析问题及解决问题的视角已不仅仅局限于国家层面，而是扩展到了整个全球系统之中；其次，随着一系列新的社会要素的产生，如新的信息和交流技术——网络的出现，全球和地方的概念也有了很大的变化，此时，急需开辟考虑问题的另一种维度，即超属地的维度，全球化的概念应运而生。

20世纪80年代，受到新自由经济政策的影响，全球化概念进一步成为主流发展研究中的关键词，全球主义渐渐成为发展领域的意识形态。与国家干预主义不同，持全球化理论观点的人认为，正是过多的政府行为才导致了一系列发展进程中的错误，他们认为，政府干预越少，治理越好。

全球化的核心是国家地位的改变和下降。在全球化盛行之前，作为一种具有交叉学科性质的社会科学，发展研究试图将经济、政治、文化各方面的发展结合起来，而连接这几个方面的关键就在于国家作用的发挥。因此，在经济方面，发展研究重视国内市场的产品生产和国家之间的经济联系；在政治方面，发展理论重视国家的作用及国家主权建立的过程；在文化方面，对于国家本体的确认是了解国家之间不同发展道路的关键。然而，全球化改变了这一切，许多专家用国家在经济、政治、文化等方面作用的弱化来描述全球化。国家的中心作用在全球化的过程中逐渐被架空：在政治方面，国际政治组织的影响力明显增强，并开始干预到一些国家的政治和军事行动，国家中央集权的地位也正被地方政府和权力下放所取代；经济方面，由于私有企业的扩大，国家的经济角色正在消失，而全球化金融市场的地位却在上升；文化方面，国家本体作为核心思想正在被世界大同和文化、地区及宗教本体的强化所取代。

有关全球化的讨论不仅提出了国家地位的下降这一现象，而且还指出了原来发展理论所依托的政治、经济、文化等方面的联系正在被切断，这就要求发展研究必须重新界定其研究对象。

2. 安全和发展

在冷战背景下，全球性的贫困以及一些国家或地区的"不发达"被认为是一种对于自由世界发展与安全的威胁。当时，世界体系是"中心与边缘"型的，许多地方充满着冲突与权力的竞争，不同文化和不同种族之间的矛盾和冲突随处可见，但这种冲突以及由此而导致的安全问题却长期处于领导者的视野之外。尽管后来此问题逐渐引起发展界的关注，但往往是在已经发生社会危机或已面临很大的社会压力的情况下。

以上这些国家在发展过程中所呈现的图景被一些学者描述为"后现代冲突"，或者是"一种持续的混乱"，并被解释为照搬照抄西方"发展模式"所致。在当今社会，政治经济领域内的独裁随处可见，国家治理变得力不从心，地方及全球的经济正在脱离国家的控制，而逐渐被企业所掌握，且越来越依赖于国际联合和地方军事组织的保护。全球范围内，新形式的冲突甚至战争不断发生，人道主义危机伴随着发展也大量出现。

面对冲突和战争，人们解决问题的手段仍在很大程度上局限于传统思路，但现实表明往往收效甚微。在此背景下，"安全"逐渐成为人们关注的焦点，人们也逐渐从更深的层面上反思到底什么才是真正的、有效的发展。

3. 文化和发展

将文化研究引入发展研究领域是一个大创新，这与以往发展研究中关注文化特征是不一样的。文化始终是后现代主义者提倡的研究视角。后现代主义者并不重视政治与经济，而是以文化研究主导一切，因此，另外一些学者试图将文化与政治、经济联系起来，建立一种综合视角的理论。文化研究的视角以及对于其重视程度的增加必将给发展研究的反思带来巨大的帮助。

后现代主义理论主张将发展研究与文化研究一起考虑。但是发展研究仍然没有达到其应该达到的深度。不过我们可以预见到发展研究理论与其他社会理论共同建构社会规则的未来。发展研究是一个将现有理论解构后,再次重新建构新的理论的过程。同样提倡这种解构—建构过程的理论包括女权主义、后现代主义以及文化研究等。

早期的发展理论学者对于自身的批判是不够的,其对于文化的关注也是不够的。这一点必须得到纠正,因为发展研究需要得到文化研究的辅助。但是直到今天,仍然很少有社会学家关注文化对于社会理论产生的影响。

4. 世界秩序和发展

全球化的现实表现为传统国家功能的松动。一些国家与市民社会之间的关系发生了变化,大体上可表现为国家和市民社会之间的联系增多。在这个过程中,合法性、诚信、国家主权等因素互相让渡。比较明显的变化就是,一些政治性的联合体比国家发挥着更大的组织作用。依据这种新的趋势,有三种途径用来理解这种新的世界秩序。

第一种世界秩序以国家角色为主导,不承认世界规则的有效作用。在这种途径的背景下,又可以将其归为两种对立的派别:第一派强调有时要通过暴力的竞争来实现权力结构的变革,这种变革可能是混乱的;另一派则是比较缓和,强调依赖强大的地方基础建立多重规则,并且共同更好地发挥作用。第一种模式下的发展是一种可以称为"原始积累"的过程,这种模式我们在国家发展过程中经常可以看到,可能会有好的结果,但是要达到好的发展效果的时间会很长。而第二种模式则为我们提供了更大的发展空间,其办法包括保护地方资源、重视本土组织的利用。

第二种世界秩序建立在重建的联合国体系之上,或者通过协定将一些具有力量的国家联合在一起,强调特权干涉的组织形式,并且是在一种协商共同发展、各尽所长的氛围中推进的。这与上面提到的第一种秩序的第二种模式更为接近,这种多边主义的途径能够促进一些曾经被忽视的区域参与到新的世界秩序中来。

第三种世界秩序则是一种超国家的政治经济利益结合体。这种结合体是政治团体按照区域规则所建立的,即通常所谓的"非政府组织"(NGO)。它代表了超国家的治理形态,并被寄予厚望。虽然 NGO 是一种具有吸引力的模式,但这种区域性的组织结合方式同样包含了积极与消极的影响。迄今为止,

NGO 在一定程度上仍缺乏制度支持。

5. 贫困和发展

当今社会，无论是中国还是世界上的其他国家，都已经逐渐认识到了贫困对于人类生存与发展的巨大威胁。因此，减少贫困乃至消除贫困已成为全世界共同的目标。而要实现这样的目标，我们必须对贫困人口的贫困状态有所了解，要能够进行贫困测量，进而才能采取有效的措施加以解决。当然，在对贫困进行测量之前，还必须首先界定贫困的概念。但无论是贫困的概念还是贫困的测量方法，都不是固定的、一成不变的。要想帮助贫困人群摆脱贫困状态，必须根据其本身的特点和其所在特定区域的实际状况进行贫困测量，得到真实准确的数据，从而采用相对应的办法减少贫困乃至消除贫困。

低物质消费水平、高死亡率等都曾被人们认为是导致多数贫困存在的标准原因，只有向着繁荣的转变才需要讨论。然而关于物质贫困的持续性及其分布并没有一个单一的主要原因。各种解释部分依赖过去，部分依赖现在，部分关注国家或地区的内部，部分又聚焦于世界体系。殖民后果无疑与贫困高度相关，由此形成了现有的全球权力分配和全球关系结构，包括许多国家决定性的高负债。最贫困地区的自然环境也和贫困高度相关，特别是疾病的传播，但是这些又是每个地区文化的组成部分。人口快速增长以及软弱动荡的政治结构也是物质贫困产生及持续的原因。在这两方面相互作用下产生了一个恶性循环，例如，阿富汗、埃塞俄比亚和刚果等地便是如此。而且，这种恶性循环也在全球范围内进行。

全世界 60 亿人口中有超过 10 亿生活在绝对贫困中，还有相同数量的人患有严重的营养不良，上百万人无法得到干净的水、医疗卫生和教育。这种贫困普遍存在于发展中国家，在发达国家大部分人口富裕的同时也伴有贫困发生。世界上贫穷国家如何实现经济和社会的发展是新千年人类面临的最严峻的挑战。

6. 参与式发展

"通常"的发展观，如欧洲中心主义、实证主义、自上而下主义，其观点往往带有偏见，没有赋权给当地的人们，把发展等同于西方国家的发展，试图模仿他们的发展模式，这样就使得当地的人们被边缘化了。事实证明这种方式使得很多项目只取得非常有限的效果。因此越来越多的人开始批评这种发展模式。20 世纪 70 年代以来，发展学家开始提倡参与式行动研究，它主张给当地人民提供一个新的环境，让他们参与进来，表达自己的需求。一些主流组织如世界银行也支持这种方式；学术界认为"把最落后的放在最前面考虑"是达到农村发展的唯一途径。就这样越来越多的人开始接受参与式发展的理念。

有人认为"参与式"是一种工具，它可以提高一些发展项目的效益；还有人认为"参与式"更具有改造性作用，就是说传统的"发展"是不彻底的，是有缺陷的，通过"参与式"方法考虑到所有群体才能达到整个社会的真正发展。尽管各种观点不尽相同，但越来越多的人认识到当地人参与的重要性。

"参与式"的定义非常笼统，但至少包含以下几个要素：因地制宜，根据具体情况制定不同的发展模式；赋权给弱势群体，作为一种工具，给人们提供选择的机会。不管用哪种定义，核心点都是关于权力的问题。

7. 社会资本与发展

社会资本的表述最早源于20世纪90年代，并迅速地成为打开发展词典之锁的一把钥匙，很快被国际组织、政府和非政府组织应用。在社会发展中，社会资本作为一种有用的政策工具很早就通过"社会资本卫星群"应用于世界银行的工作中。到1997年，社会资本的概念就大量地被引述到世界发展报告中，同时，大量具有影响的数据资料也已经出现，目的是探索出一种社会资本影响发展的途径。依据世界银行的观点，社会资本对于发展理论、发展实践和发展政策起到了非常重要的作用。简单地说，它是社会联系的胶合剂，没有它就不会有经济的增长和人类的健康。然而，什么是社会资本，如何测量社会资本，有哪些社会资本，社会资本到底能对发展起到什么作用还需要进行深入探讨。

8. 农村与发展

根据世界银行的统计，到2005年世界上还有13亿人生活在贫困线以下，其中10亿左右生活在农村地区。外部的、多变的贸易自由化和全球化、商品市场等对农村贫困人口有极大影响，使他们的债务日益增加。人们广泛承认贫困人口，尤其是农村的贫困人口已经受到了严重的影响。他们的购买力较弱，被排除在当前的信用体系外，缺乏有效的信息，很难扩大交流圈，无力承担风险，等等。这些因素对农村的贫富差异、生计体系的恶化、边缘化、无权等方面已经产生非常严重的影响。农村和城市间社会经济方面的分化，尤其在医疗教育等公共物品和获得收入的机会等方面已经非常明显。

谁是农村贫困人口? 农村贫困的真正原因是什么? 如何消除贫困? 解决农村发展问题是世界保持和谐和可持续发展的前提,是 21 世纪发展学者与政府官员面临的重大挑战。

### 9. 工业化与发展

不断增长的全球性变化尤其显著地表现在工业化和就业领域中。在"全球转变"这个主题下包含一系列互相关联的变化。一方面,凭借某种转变,一些所谓的第三世界国家已经变成新兴工业化国家;另一方面,目前很多国家在进行国家之间的合作活动,生产的全球化得到加强。新的国际分工产生,促进了世界工业生产活动的迁移,这对制造业和生产者的服务都产生了影响。全球经济因此继续呈现两极化的特点,一些人口和地区占据了全球化的优势而另一部分则被边缘化了。跨国公司在决定投资地点时有着较强选择性,它们主要集中在原来的第一世界中的地区和先前外围国家中特定的部分地区。世界格局中,中心与外围的分割不再那么明显,但与此同时,这并不意味着不均衡与不公平发展的终结。事实上,贫富之间的差距在不断拉大,世界人口中最富有的 20% 在世界收入中的占有量从 1960 年的 70% 增加到了 1996 年的 85%,而同期世界上最贫穷的 20% 人口占有份额从 2.3% 下降到了 1.4%。世界被分割成了许多中心和边缘,这种现象在民族国家之间和国家的内部同时存在。

### 10. 城市化与发展

在当今世界,有一个人居住在富裕的发达国家的城市,就有两个人居住在发展中国家的相对贫穷的城镇或城市。最新研究指出,在许多地区中等规模城市表现出高速增长的势头。整个第三世界,无论大、小城市都在发展,并表现出巨大的活力。

在这些高速发展的城市里,住房条件恶劣以及缺乏强有力的环境监管措施却成了它们的通病。很多城市居民死于一些可预防的疾病而不是地震、风暴和洪水等自然灾害。在第三世界国家的城市,人们的期望和要求更多地集中在治理和改善住房条件和生活环境上,他们迫切需要良好的政策来解决目前广泛的社会、经济问题。与城市化密切相关的一个问题是必须为持续增长的城市人口提供食物,而且近几年来城市食品安全作为一个重要问题逐渐暴露出来。

11. 环境与发展

大约从 20 世纪 70 年代开始，环境问题就被纳入发展研究的领域，并成为发展实践一个最主要的组成部分。毫无疑问，我们过去把关注的重点过多地放在了经济上，很少强调环境发展层面的研究。当前，人们普遍认为全球气候的变化是环境面临的一个重大威胁，产生气候变化的原因，很大一部分归咎于人为因素。随着全球气候的变暖，出现了土地沙化和荒漠化以及频繁的洪灾等自然灾害，这给穷人带来的影响和威胁远远超过富人。环境遭到破坏后带来的另一个威胁就是食品安全问题。例如，上游的工厂排放和居民排放大量的污水到河里，而下游的居民则可能就用这些被污染的水来饮用和灌溉，从而增加了人们的患病风险。1992 年，联合国召开了环境与发展大会，努力寻找一条更加可持续的发展道路，由 176 个国家共同制定的《21 项议程》。议程鼓励当地政府应该创造条件，来鼓励社区居民更多地参与到各种环境方面的决策中。此外，这次大会也指出了发展中国家出现的所谓"污染的天堂"，是由于北方发达国家把污染物倾倒到南方国家的结果。该会提出的一个主要要求，就是重新认识人类世界中的灾难和生态脆弱性的本质。自此，人们的看法发生了很大的转变，逐渐认识到很多灾难是可以避免的，我们可以事先采取很多措施来预防灾难性后果的发生。在这个问题上，生态脆弱性和权力解释模型可以很好地加以说明。大会关注的另外一个重要问题，就是特殊环境下的发展问题，比较典型的如热带和亚热带稀树大草原以及热带沼泽森林生态系统。

12. 性别与发展

在当代，发展必须考虑性别分析并且特别关注穷人的需求，这一点已经被人们广泛接受了。过去的 40 年中联合国已经召开了四次世界妇女大会，为减少对妇女的歧视和偏见规划了长远的蓝图。较大的发展机构在所有的活动中都将性别考虑在内，即使是中性的计划中都包括强制性的框架。

有些人可能会认为将性别融入发展思路和实践的方式表明了一种高度的共识或者说是与女权主义观点的中和，不过并没有促成发展目标的改变。妇女的政治参与对于在男性主导的世界中的政策制定有着越来越重要的意义。赋权就是对已有权力关系的挑战并且获得更多的权力资源。

性别仍然是发展的中心问题，它为解释与性别相关的过程和问题提供了一个视角。它将增进对妇女生活和经济、社会、政治活动中性别类型的了解。

从发展中的妇女到更广泛性别分析的应用展示了性别与发展的变化，这是女权主义正统理论和发展分析范式的变化。

妇女的赋权以及生殖与性健康是我们这个时代要关注的主题，它的目标就是人类的可持续发展。

13. 健康、教育与发展

人力资源是发展的重要内生要素，人力资源质量的提高又是发展的目标之一。

传染病，虽然有些是相对容易治愈的，但是它依然是低收入国家的主要威胁。对这些传染病而言，贫穷与抵抗力弱是紧密相连的，营养不足是一个主要因素。在过去的 20 年里，人们密切关注艾滋病病毒和艾滋病的传播，并且提出了基础护理中的一些严重问题。

低收入国家中的穷人和青少年抵抗力尤其弱。在许多国家，妇女在社会中的地位使得她们比男性更容易感染疾病。对一些妇女来说，较强的生育能力能帮助她们获得较高地位、经济保障或获得财政及其他资源。许多关注妇女生育健康的人认为，计划生育政策不仅有利于控制人口，而且有利于生育控制，但它只是作为综合健康和福利的一部分。

成人的文化水平是人力资源发展的一个巨大问题，2009 年世界上有 7.93 亿名成人（15 岁及以上）是文盲，其中妇女占 64.1%。教育极大增强了妇女在建立健康家庭过程中发挥重要作用的能力，人们开始重视妇女教育在促进健康方面的作用，这一点增强了她们从健康信息中获益并且有效利用健康服务的能力。

如果贫穷的国家的健康和教育需求无法得到满足，并且经济资源受到严重的束缚，那么还能谈及人类福利吗？

14. 国际发展援助与发展

在过去的 50 年中，援助经历了重大转变。到 20 世纪 90 年代，一些观察家指出援助正陷入危机，它的成就也遭到多方质疑。在美国似乎很少有人支持援助了，传统的对外政策目标已经过时，其他的捐赠国对援助也显得力不从心。

冷战后国际秩序的混乱带来了新的安全威胁。国家内部的暴力冲突已经悄然跨越了国界。国际移民浪潮、跨国组织犯罪、毒品走私交易、全球环境危机以及对主流社会性别的挑战等问题都引起了高度的关注。但这些问题都不是援助所能解决的。

所有的问题似乎都与贫困有关，因此援助机构把反贫困作为首要目标。如今援助更多地强调效果，尤其是强调社会的发展而不是援助资金的多少。发展援助是否可以在相对较少的资源下广泛满足最大的需要？我们应该更客观地看待援助，不要对它期望过高。

15. 治理与发展

"治理"的基本含义是指官方或民间的公共管理组织在一个既定的范围内运用公共权威维持秩序，满足公众的需要。治理的目的是在各种不同的制度关系中运用权力去引导、控制和规范公民的各种活动，最大限度地增进公共利益。20世纪70年代以来，全世界范围内掀起了汹涌澎湃的政府改革浪潮，政府治理也再度流行起来。世界银行1989年在讨论非洲的发展时首次提出了"治理危机"（crisis in governance），从此，"治理"这个术语便被人们广泛使用。打破传统的官僚制行政模式，建立适应后工业社会和信息时代的新型政府，实现从"统治"到"善治"的转变是时代发展的必然。政府的治理变革已经成为政府组织寻求支持与发展的一种必然选择。政府治理结构的重塑，旨在使政府组织和公营部门变得更富有生机与效率、对公众更有责任和回应性，更能适应不确定的、快速发展的外部环境。

16. 权利与发展

纵观历史进程，人类都在跟不公正、剥削、权力的滥用和对弱者的压迫进行着不懈斗争。在60多年前联合国建立之初，人权、发展、和平就成为该组织的基本宗旨和要求。而在接下来的几十年间，由于人权和美国的政治权利和自由联系密切而得到了很大的发展，人权和发展逐渐分裂开来。虽然现在世界的物质财富比以前增加了许多，但是贫富的差距却明显加大，而且更多的人的生活比50年前更贫穷了。从冷战的末期，人权和发展联系就更密切了。1993年维也纳人权会议再次确认了人权和发展的不可分割性。

20世纪90年代中期以后，在有关人口、可持续发展和妇女问题等议题的国际会议上，政府和联合国已经强调以权利为基础的发展方法（RBA）。这个方法是以人为中心，强调人的发展参与、社会平等和没有歧视。

## 思考题

1. 协调发展理论的主要观点是什么？
2. 发展研究的特点是什么？
3. 发展的内涵和外延分别包括哪些？
4. 简述发展思想演变的主要线索。
5. 怎样看待发展思想的演变？

## 参考文献

1. 〔美〕迈克尔·P. 托达罗著，印金强等译《经济发展与第三世界》，中国经济出版社，1992。
2. 〔法〕佩鲁著，张宁、丰子义译《新发展观》，华夏出版社，1987。
3. 北京大学中国持续发展研究中心：《可持续发展之路》，北京大学出版社，1995。
4. 高飞乐：《发展理论的历史演进》，《理论学习月刊》1998 年第 1 期。
5. 唐纳德·E. 沃斯，孙同全编译《国际发展理论的演变及其对发展的认识》，《经济社会体制比较》（双月刊）2004 年第 2 期。
6. 罗荣渠：《现代化新论续篇》，北京大学出版社，1997。
7. 王义祥：《发展社会学概论》，华东师范大学出版社，1995。
8. 张雄等主编《新编现代西方社会学思潮》，上海社会科学院出版社，1995。
9. 刘敏：《社会发展理论的走向演变及其特征》，《甘肃社会科学》1999 年第 3 期。
10. 陈国新：《发展中国家社会发展理论的演变趋势》，《思想战线》1998 年第 2 期。
11. 《马克思恩格斯选集》第 1 卷，1995。
12. 胡格韦尔特著，白桦、丁一凡编译《发展社会学》，四川人民出版社，1987。
13. 〔英〕安德鲁·韦伯斯特著，陈一筠译《发展社会学》，华夏出版社，1986。
14. 陈国强：《中国现代社会发展理论的系统建构》，上海交通大学硕士论文，2002。
15. 李小云：《参与式发展概论》，中国农业大学出版社，2001。
16. 赖晓飞、邱耕田：《建立完整的发展学学科体系》，《重庆大学学报》（社会科学版）2002 年第 1 期。
17. 林志斌、李小云：《性别与发展导论》，中国农业出版社，2001。
18. 〔印度〕阿马蒂亚·森著，任赜、于真译《以自由看待发展》，中国人民大学出版社，2002。
19. 燕继荣：《发展政治学》，北京大学出版社，2006。

20. 赵旭东：《从发展人类学到发展的人类学》，2008 年 7 月 15 日《中国图书商报》。

21. 刘晓茜、李小云：《发展的人类学研究概述》，《广西民族大学学报》（哲学社会科学版）2009 年第 5 期。

22. Jan Nederveen Piterse. *Development Theory*. SAGE Publications London Thousand Oaks New Delhi, 2001.

23. Stuart Corbridge. *Development Studies*. Edward Arnold Halsted Press, 1995.

24. Wolfgang Sachs. *The Development Dictionary*. Witwatersrand University Press, 1999.

25. Paul Patrick Streeten. *Thinking about Development*. Cambridge University Press, 1997.

26. P. W. Preston. *Development Theory*. Blackwell Publishers, 1996.

# 2 第二章 古典发展理论

古典发展理论和现代发展理论并不能完全以时间来衡量，而是分别代表了一种发展思想。本章从古典发展理论、新古典发展理论、马克思主义发展理论等几个方面对古典发展理论体系的发展过程进行全面的探讨。古典发展理论最初是从经济学和经济史界兴起的，它致力于研究非西方欠发达国家如何使国民生产总值快速增长并赶上西方发达国家。但古典发展理论片面地着重于经济的增长，而忽视了社会其他方面的发展，由此导致一系列的社会、政治问题。基于此反思，新古典发展理论应运而生，并被广泛应用。与此同时，马克思主义发展理论也开始另辟蹊径，探寻更好的发展之道。

## 第一节 古典发展理论

### 一 古典经济发展理论的基本内涵

#### (一) 亚当·斯密的古典经济发展理论

亚当·斯密的古典经济发展理论建立在他对政治经济学的研究中。斯密首先给政治经济学确定了一个大目标——"增进本国的富强"，"讨论怎样最适当地取得财富和达到富足"。总之，其目的在于富国裕民。围绕这个目标，斯密展开了经济发展理论的研究。

亚当·斯密在1776年发表的《国富论》中对一国的财富进行了系统的分析，他认为富有创造力的劳动者利用现有的自然资源生产有用的东西就会产生财富。一国财富增加的关键是提高劳动生产率，这也伴随着劳动分工的进一步加强。在生产技术和设备进步的基础上，将生产任务分解到专业化的生产单位去会提高经济产出，这同样会提高经济中不同生产单位的相互依存程度。亚当·斯密提及的"相互依存"和"生产率"引发了以下问题：如何协调这些单个行为从而提高国民财富？斯密的答案是市场机制会协调经济交换。斯密还分析了劳动力、土地、资本在市场过程中的贡献和在收益中发挥的作用。

斯密认为一国的国民经济是一个发展的系统，包括以下关键的内容：

（1）劳动分工：伴随技术创新的市场专业化会大幅度提高生产水平和经济增长；

（2）市场作为制度性结构：生产者向消费者提供产品，买卖双方进行交换，价格信号影响整个经济系统；

（3）经济理性假设：认为买卖双方都是理性的；

（4）自发秩序："看不见的手"机制使得个人利益的追求使得社会福利达到最优。

**1. 经济发展的前提和条件**

资本主义经济的发展是以工业的发展为目的的。那么工业发展的前提是什么？斯密认为：一国工业和城市的发展是以农业的发展为前提的，只有当农业发展达到一定水平后工业才有可能发展起来。斯密还指出了国民财富得以发展的必要的政治条件，即必须废除束缚工业发展的旧制度，建立适合于城市工商业发展的自由放任的新制度。这种新社会经济制度包括三个富民的主要内容：第一，市场机制对社会经济生产起自发调节作用，让"看不见的手"充分地、不受阻碍地发挥作用并贯彻到整个社会经济生活中。第二，劳动和资本自由流动。第三，对外贸易自由放任。斯密认为这种社会经济制度是最能够促进经济发展、最符合社会利益、最能调动人们积极性和主动性的制度。

**2. 经济发展的标准**

既然政治经济学的基本任务是富国裕民，那么衡量一国经济发展、富裕程度的标准是什么？在亚当·斯密看来，不在于货币数量，也不在于生产者所希求的物缺价贵，而在于消费者的价廉物博。斯密对政治经济学的研究就是在价廉物博的前提下进行的。那如何做到价廉物博呢？斯密把它归结到劳动者，并在此基础上提出了促进经济发展因素的理论。

3. 经济发展的因素

在斯密看来，一国富裕程度的提高，根本上取决于劳动生产率的提高。首先，斯密认为，劳动生产率的提高主要是分工的结果。其次，他还认为，科学技术的发明创造以及在工艺上的运用，能够极大地提高劳动生产率。另外，除了劳动生产率以外，一国富裕程度的提高还和生产性劳动与非生产性劳动的比例相关，他将二者的比例同资本积累和收入联系起来。斯密主张增加生产性劳动，减少非生产性劳动，并强调了增加生产的劳动人数对于增进一国财富和收入的意义。而生产性劳动者人数的增加，还取决于资本用途的改善，即资本合理配置。他认为资本有四种用途，即用于农业、制造业、批发商业和零售商业。其中投在农业上的资本所增加的财富和收入比投在制造业上的等量资本所增加的财富和收入要多。

亚当·斯密关于发展的因素还有自然资源，但在斯密时代，他认为这是不成问题的，所以他也就没有做详细的论述。

4. 经济发展战略

为了达到富国裕民的目的，斯密提出了经济发展战略的三个主要问题。

（1）在经济发展过程中，农业经济的发展具有头等重要的战略意义，农业是基础。亚当·斯密不仅论述了经济发展要以农业为前提，而且还论述了农业在经济发展中的作用：农业能够提供就业机会；能够提供粮食和原料；还能提供资金。这个思想对现代西方发展经济学有很大影响。

（2）在经济发展过程中各产业结构的合理化和国民经济各部门之间有比例地协调发展。亚当·斯密在论述工业发展的前提时，指出了工业的发展不能超过农业所能支持的限度，二者必须按比例发展。斯密还认为，农业、工业、批发业、零售业等经济部门之间，有着极为密切的内在联系，其中任何一个部门都不能脱离其他部门独立存在和发展。

（3）在社会经济的发展过程中，应注重经济效益问题。按照斯密的观点，农业资本所能推动的生产性劳动量最大，因而对社会财富增加的价值最大。所以，投在农业上的等量资本能够推动更多的生产性劳动，为社会财富增加更多的价值。

（二）大卫·李嘉图的发展思想

李嘉图的经济理论把研究重点从生产转向分配。他的代表作是1817年完成的《政治经济学及赋税原理》。李嘉图是从生产的变动中、从经济增长的进程中去观察分配问题的。李嘉图强调，农业和土地，作为一种经济生活的自然基础，对社会是非常重要的。但是，他认为，随着人口的增长和相应的食物需求的增加，人们将不得不对所耕种土地追加投入和开垦新的较劣质土地，因而收益递减规律势必要发挥作用。而农业中零星发生的土地改良和技术进步又不足以抵消这一规律的作用。因此，随着这种规律的作用趋势加强，粮食价格必然不断上升，从而为维持工人最低的生活资料水平就必须不断提高货币工资。结果资本家所获得的利润相应减少，利润率将趋于下降。利润率的降低会抑制资本积累的动机。一旦利润率下降到仅够补偿生产中不可避免的费用和最低限度的风险时，也就是降到最低利润水平时，资本积累动机消失，积累率为零。此时，经济便进入"静止状态"，增长停止；对劳动的需求处于饱和状态，工资也陷于停滞状态。

李嘉图认为，要避免经济走向这种静止状态，除致力于技术革新外，超越本国土地资源固有限制的唯一道路是实行自由贸易政策，保证粮食和原料以低价输入，工业品自由输出。为此，他提出比较优势原理：在任何商品生产上，各国劳动生产率的差距并不都是相等的，因而各国只需生产比较成本有利于自己的商品，然后相互交换，这样就可以提高各自的生产率，彼此获得好处。和斯密一样，李嘉图把对外贸易看成"经济增长的发动机"。

## （三）马尔萨斯的人口理论

在西方经济学教科书中，马尔萨斯被看做古典理论中第一个建立宏观经济增长模型的理论家，而后来的新古典经济学家都主要从宏观角度考虑经济增长问题。马尔萨斯关于人口与经济发展关系的观点有两个层次：首先，增长的人口是一国幸福和繁荣的表现或结果；其次，继续增长的人口是经济发展的重大约束条件。这些观点对西方发展经济学的影响很大。在他的理论基础上形成的"人口陷阱论"是发展经济学分析发展中国家不容易摆脱贫困、落后的原因的根据。

在《人口论》一书中，马尔萨斯是从以下"两个公理"出发的："第一，食物为人类生存所必需。第二，两性间的情欲是必然的，且几乎会保持现状。"马尔萨斯断言，在这两个前提之下，人口的增殖比生活资料的增长要快。正常情况下，人口每25年以几何级数率增加，而生活资料只以算术级数率增长，因而人口增长势必有超过生活资料增长的趋势。他说，假设世界现

有人口 10 亿，人口将以 1、2、4、8、16、32、64、128、256、512 那样成几
何级数增加，而生活资料则按照 1、2、3、4、5、6、7、8、9、10 那样成算
术级数增加，在 225 年内，人口对生活资料的比率将会是 512∶10。马尔萨斯
认为，人类生存所必需的生活资料是有自然规律限制的，而人类的情欲必然
导致人口增长超过生活资料的增长，使二者出现不平衡。马尔萨斯又指出了
"积极抑制" 和 "预防抑制" 两种方式以保持人口平衡。所谓对人口增长的
"积极抑制"，指的是人口自然规律必然要求二者之间恢复平衡，它必然会产
生一种强大的妨碍来阻止人口增长。这种妨碍就是贫困与罪恶，它表现为失
业、疾病、饥荒、瘟疫、暴行、战争等，这是一种用提高人口死亡率的办法
使人口与生活资料之间保持平衡；"预防抑制"，最主要的是 "道德抑制"，
就是主张人们用晚婚、独身、不育、禁欲的办法来降低人口出生率，以保持
人口增长与生活资料增长之间的平衡。

在《人口论》第二版，马尔萨斯把他所发现的人口规律归结为三点：
（1）人口增长必然被生活资料所限制；（2）只要生活资料增长，人口一定会
坚定不移地增长，除非受到某些非常有力而又显著的抑制的阻止；（3）这些
抑制，以及那些遏制人口的优势力量，并使其结果与生活资料保持同一水平
的抑制，全部可归结为道德的节制、罪恶和贫困。

**（四）约翰·穆勒的发展思想**

约翰·穆勒的代表作《政治经济学原理及其在社会哲学上的应用》于
1848 年出版，该书集中分析了经济增长对投入要素价格的影响。穆勒把生产
要素概括为人口增长、资本积累、技术进步、自然资源，并逐个地作为变化
条件分析其与增长的关系，至今仍是经济发展理论常用的分析方法。

穆勒把经济规律分为两类：一类是生产的规律，它是自然的、永恒不变
的；另一类是分配的规律，受人类意志支配，因而是人为的、可以改变的。
这是认为不触动资本主义制度就可以解决收入分配不公平问题的理论基础，
也是西方发展经济学在发展中国家推行资本主义制度的基础。

**（五）阿弗里德·马歇尔的发展思想**

马歇尔的经济思想除了继承英国经济学自 19 世纪起开始背离劳动价值论
的倾向之外，还受达尔文生物进化论、德国历史学派和法国数理经济学的影
响；他的代表作是 1890 年出版的《经济学原理》，其中将供求均衡论、边际
生产力论、生产费用论等融合在一起，构成了一个相当完整的折中主义经济

学体系。另一方面，马歇尔以供求均衡机制的运作作为基本分析工具，提出了他的价值理论和分配理论，并由此而确立了资源最佳配置的原则。因此，除了从"自然不能飞跃"这一命题推演出他特有的经济发展过程观之外，马歇尔主要关注的是静态的价格决定、收入分配、资源配置问题，而不是动态的经济增长、经济发展问题。

但是，我们仍然能从马歇尔的著作中发现丰富的经济发展思想。首先，马歇尔把经济发展过程看成是一个渐进的、连续的、和谐的过程；承袭马歇尔思想的新古典主义经济学家把马歇尔的经济发展观分解为三项内容：经济发展是一个渐进的、连续的过程，从而政策效果依靠边际调节；经济发展是一个和谐的、累积的过程，它的进行依靠自动的均衡机制；经济发展的前景是令人乐观的，通过扩散效应和涓流效应，增长会自然而然地带来良好的发展。其次，马歇尔在分析影响经济增长的因素时，承袭了古典学派亚当·斯密的思想，特别突出资本积累和劳动力的数量与效率的作用。第三方面，马歇尔把人力资源和物质财富看成同等重要，而人力资源的开发，则有赖于教育；他认为"把公私资金用于教育是否明智，不能单以它的直接结果来衡量"，而且"一个伟大的工业天才的经济价值，足以抵偿整个城市的教育费用"。马歇尔认为，只有通过长期的教育，劳动者才能获得不同的特殊技能以及孜孜不倦的精神，即当代发展经济学家认为教育所具有的"知识效应"和"非知识效应"。第四方面，是对经济增长前景的看法。他看见了由于技术的快速进步和资本积累的迅速扩大而促成生产中的报酬递增趋势，并认为这种趋势将因外在经济的出现而加强。工业方面的报酬渐增趋势会压倒农业方面的报酬递减趋势，从而不会出现对经济增长的障碍。

### （六）熊彼特的发展思想

熊彼特在 1912 年出版的《经济发展理论》一书中建立了以创新为核心的发展理论。他把经济发展看成是对现存经济关系格局的突破。突破力量来自企业家的创新。创新就是建立一种生产要素的新组合，而经济发展就是整个社会不断实现这种新组合。他认为创新是一种内在的因素，经济发展也不是外部强加的，而是来自内部自身创造的关于经济活动的一种变动。他说："发展主要是采取不同方式去使用现有的资源，从事新事业，而不管那些资源是否增长。"

## 二 古典社会理论的主要思想

在古典经济学家建立并发展了一套经济学的概念、思想和体系的同时，古典社会学家也致力于对迅速发展的资本主义社会进行解释，代表人物包括卡尔·马克思、斐迪南·滕尼斯、埃米尔·涂尔干（又译迪尔凯姆、杜尔凯姆）、马克斯·韦伯。基于马克思的发展理论将于本章第三节单独讨论，下面将分别讨论滕尼斯、涂尔干和韦伯的古典社会理论。

### （一）滕尼斯对于共同体与社会的理解

斐迪南·滕尼斯深刻阐明了人类群体生活的两种类型：共同体与社会。滕尼斯1881年出版的《共同体与社会：纯粹社会学的基本概念》详细阐述了他对于共同体和社会的理解，对于资本主义迅速发展，大工业文明席卷一切的欧洲社会变迁的看法。滕尼斯认为，共同体的类型主要是建立在自然的基础之上的群体（家庭、宗族）里实现的，此外，它也可能在小的、历史形成的联合体（村庄、城市）以及在思想的联合体（友谊、师徒关系等）里实现。他认为，共同体是建立在有关人员的本能的中意或者习惯制约的适应或者与思想有关的共同记忆之上的。血缘共同体、地缘共同体和宗教共同体等作为共同体的基本形式，不仅仅是它们的各个组成部分加起来的总和，而且是有机地浑然生长在一起的整体。与此相反，社会产生于众多的个人的思想和行为的有计划的协调，如果个人预计共同实现某一特定的目的于己有利，那么就会加入共同行动，社会是一种目的的联合体。社会也是一种"人的群体"，人们像在共同体里一样，以和平的方式共处，但是彼此之间不是相互结合，而是基本上分离的。社会应该被理解为一种机械的聚合和人工制品。社会的基础是个人、个人的思想和意志。在人类的发展史上，社会的类型晚于共同体的类型。而在近代的资产阶级社会里，社会的类型得到了最完美的表现。

### （二）涂尔干社会分工的发展

埃米尔·涂尔干从社会分工的视角探讨了现代社会的变迁，并致力于对个人与社会关系的阐释。涂尔干于1893年完成的《社会分工论》集中体现了他关于社会变迁的观点，涂尔干在他的理论中划分了两种不同类型的社会结构，这两种社会结构反映了分工程度的不同和团结的主要形式的不同。机械团结存在于不发达社会和古代社会，它是建立在社会中个人之间的相同性或相似性即同质性基础上的一种社会联系。机械团结的根本特征，是社会成员信仰、情感、意愿的高度同质性，而这种同质性只有在分工不发达时才是可能的。以机械团结为基础的社会，它的分工极不发达，但是它有强烈的集体意识。以有机团结为基础的社会，它有高度发达的分工，结果是高度和广泛的相互依赖替代了强烈的集体意识作为团结的根源。有机团结是随着社会分工的出现而出现的，它是建立在社会分工和个人异质性基础上的一种社会联系。由于分工的出现和发展，导致个人之间的差异性不断扩大，同时也使社会成员之间的相互依赖性越来越强。伴随着社会分工的发展，共同的集体意识逐渐削弱，使个性的发展成为可能（迪尔凯姆，2000）。

然而，在现代社会的发展过程中，伴随着各种各样的危机，涂尔干主要把现代社会的各种危机归结为集体意识和社会规范的丧失，并认为这是一种失范，即由于社会类型正在转变，旧的集体意识和社会规范已经失败，新的集体意识和社会规范还没有建立起来，社会处于一种"价值真空"或"道德真空"状态。在《自杀论》一书中，涂尔干集中分析了伴随社会发展而产生的失范型自杀。涂尔干指出，一旦社会秩序出现重大更迭，无论是骤降的好运，还是意外的灾难，人们自我毁灭的倾向都会格外强烈，工业和金融危机之所以使自杀率提高，并非由于贫困的加剧，因为繁荣的高峰期也具有相似的结果，而是由于它们是危机，是动荡，他们打乱了旧有的秩序（迪尔凯姆，2008）。

**（三）韦伯对于社会转型的研究**

在1904、1905年出版的《新教伦理与资本主义精神》一书中，韦伯主要考察了16世纪宗教改革以后的基督教新教的宗教伦理与现代资本主义的亲和关系。在韦伯看来，"资本主义"不仅仅是一个经济学和政治学的范畴，而且还是一个社会学和文化学的范畴。他把"资本主义"当做一种整体性的文明来理解，认为它是18世纪以来在欧洲科学、技术、政治、经济、法律、艺术、宗教中占主导地位的理性主义精神发展的结果，是现代西方文明的本质体现。在这样一种文明中，依靠勤勉、刻苦、健全的会计制度和精心盘算，把资本投入生产和流通过程，从而获取预期的利润，所有这一切构成了一个经济合理性的观念。这种合理性观念还表现在社会的其他领域，形成一种带有普遍性的社会精神气质或社会心态，弥漫于近代欧洲，这就是韦伯所说的"资本主义精神"。资本主义精神的产生与新教伦理是分不开的。新教加尔文教派所信奉的"预定论"认为,上帝所要救赎的并非全部世人,而只是其中的"选民"。谁将要成为"选民"而得到救赎或谁将被弃绝,都是上帝预先确定了的,个人的行为对于解救自己无能为力。从表面上看,"预定论"的逻辑结果必然导致宿命论。但在韦伯看来,"预定论"认为个人对于改变自己的命运无能为力,这就在新教徒的内心深处产生了强烈的紧张和焦虑,教徒只能以世俗职业上的成就来确定上帝对自己的恩宠并以此证明上帝的存在。于是创造出一种神圣的天职,世俗经济行为的成功不是为了创造可供于享受和挥霍的财富,而是为了证实上帝对自己的恩宠。从而,"预定论"的宗教伦理就导致了勤勉刻苦,把创造财富视为一桩严肃事业的资本主义精神(韦伯,2007)。

除了从宗教的视角探讨资本主义的发展之外,韦伯还集中分析了理性与现代性的关系。韦伯认为,现代文明受到资本主义洗礼后,展现在人面前的生活世界,是一个解除魔咒的、世俗功利主义笼罩一切的世界。理性的计算、科技工具的运用以及计划性的社会变迁无一不扩大了官僚化的影响范围,乃至现代的经济、政治、社会组织无不趋向于"形式理性"的运作原则(杨善华、谢立中,2005)。

古典社会学家马克思从生产力和生产关系以及阶级和阶级斗争、滕尼斯从共同体和社会、涂尔干从社会分工、韦伯从新教伦理和理性等视角分别阐释了资本的社会变迁。滕尼斯关于共同体和社会的视角具有相当的创见性和预见性,成为西方社会学的基本范畴和理念,并被不断丰富和发展,成为现代化理论的来源之一。涂尔干的理论一直有着深刻的影响,他的社会学方法促成了功能主义和结构主义的诞生;他关于社会本质的讨论,也引出了工业社会的思考(普雷斯顿,2011)。韦伯的研究对于现代化、理性化、宗教的世俗化等均有很大的影响,并构建了价值中立的解释社会学的研究范式。

# 第二节 新古典发展理论

从 20 世纪 60 年代后期开始,新古典主义在一片批判"传统发展经济学"的浪潮中兴起。在发展中国家,由于结构主义的政策主张并没有取得预期的经济成效,新古典主义思想开始运用于经济发展战略和政策的制定之中,尤其影响了世界性组织中两个权威性的国际金融机构——世界银行和国际货币基金组织。与此同时，一些能充分表达第三世界国家代表意见的国际组织，如国际劳工组织、联合国计划开发署和联合国贸易发展会议等，也受到自由市场和新保守主义思想的左右。新古典主义经济发展理论的中心论点可概括为：发展中国家经济不发达的结果来自于错误的价格政策，以及第三世界政府过度活动所引起的国家干预，而这种干预又导致了大量的资源配置不当。因此，人们应该对政府、市场各自在经济发展中的作用进行重新评价，并应利用市场力量来解决发展问题。新古典主义发展理论的代表人物有马歇尔、D. 拉尔、P. 鲍尔（P. Bauer）等人。

## 一 新古典发展理论的基本内涵<sup>\*</sup>

### （一）理论基础与理论特征

大约从 19 世纪中叶开始，西方经济学一改古典主义经济学把经济进步视为由累积力量形成的动态模式的看法，特别关注对既定资源的静态配置和收入的分配，这一转变意味着经济学界更看重竞争的自由市场对经济发展的推动作用。当新古典主义思想被用于分析不发达经济问题而复兴时，便形成了新古典主义发展理论。该理论具有如下两个理论基础。

1. 渐进的、和谐的和乐观的发展过程论

新古典主义认为，经济发展过程是一个渐进的、连续的过程。新古典主义创始人马歇尔吸取了达尔文和斯宾塞的进化论思想，把经济看成是具有进化的、有机的性质的体系。因此，他主张"经济学家的目标应当在于经济生物学，而不是经济力学"（马歇尔，1964）。根据经济生物学观点，经济发展过程就是连续的、渐进的。在新古典主义看来，"经济进化是渐进的，它的进步有时由于政治上的事实而停顿或倒退，但它的前进运动决不是突然的"（马歇尔，1964）。

同时，经济发展过程是一个和谐的、累积的过程，经济发展的结果令一般的所有收入阶层受益，因此持续的经济增长是可能的，发展前景是乐观的。在他们看来，经济体系有一种自然走向充分就业的强有力的趋势。由于货币因素、战争以及新生产技术的引进，暂时的失业是可能的，但长期的均衡失

---

\* 这一部分内容主要参考了张培刚主编的《发展经济学教程》（张培刚，2001，第 93 ~ 98 页）。

业是不可能的。在经济发展中，通过纵向的"涓流效应"和横向的"扩散效应"，经济果实会自动地、逐步地分享到社会全体，自然而然地形成"帕累托最优状态"。

2. 市场均衡论

新古典主义认为：经济的发展是以边际调节来实现的，均衡状态是稳定的，价格机制是一切调节的原动力，从而也是经济发展的重要机制。总之，它们十分强调市场对经济发展的作用，并认为经济发展完全可以通过市场这只"无形之手"，实现均衡发展。

市场均衡论暗含着一些理论假设。第一是"经济人"假定。每个经济活动参与者具有理性的"刺激—反应"机制，他们的行为特征是，在利益驱动和成本约束条件下，在替代物之间做出选择以获得最大的福利。第二是价格刺激是灵敏的。这就意味着供给弹性、需求价格弹性以及要素的替代弹性都较高，弹性既然较高，那么，价格的变动必然较快地引起产品的供给数量与需求数量以及生产产品的要素配合比例的相应变化。第三是各种要素的自由流动、自由竞争。在市场—价格机制作用下，生产要素可以在市场上自由流动，不受任何限制。在要素自由流动情况下，资源才能由价格进行配置。价格调节是市场经济的本质所在，由市场竞争所决定的价格是资源配置的中心手段。因为"高"的价格吸引更多供给而抑制需求，"低"的价格鼓励更多需求而抑制供给。只有均衡价格，才能使供给和需求达到平衡。

总之，新古典主义发展经济学家把经济发展分解为基本经济活动，这些基本经济活动是价格导向的、竞争性的。在市场—价格机制作用下，经济发展遵循着"利益最大化原则"，在资源配置和利益的分配上，"自然而然"地形成"帕累托最优"的一般均衡状态。简言之，市场机制是经济发展的基本工具。

（二）新古典主义发展理论的政策主张

新古典主义认为，价格是经济发展的核心问题，但发展中国家的价格扭曲现象，成为经济发展的最大制约。价格扭曲的关键，是政府政策的误导和政策体系的冲突，因而又提出与其矫正价格不如矫正政策的主张。

新古典主义经济发展理论的政策主张，有三个基本观点：一是主张保护个人利益、强调私有化的重要性；二是反对国家干预，主张自由竞争、自由放任；三是主张经济自由化，包括贸易自由化和金融自由化。

1. 保护个人利益和私有产权

早期发展经济学认为，发展中国家穷人的行为是非理性的。舒尔茨却认为，在发达国家和发展中国家，人的行为特征并无二致，穷人对经济刺激产生的机会历来就有非常敏感的反应，行为并不等于他们对赚钱不感兴趣。他不同意发展中国家缺乏企业家的看法。他认为，一家一户就是一个小型企业，户主就是这个小企业的企业家，他能够在自己的活动田地里把自己支配的资源做到优化配置。因此，"传统农业虽然贫穷，但富有效率"（舒尔茨，1997）。D. 拉尔甚至认为，与发达国家相比，发展中国家的经济主体对经济条件变化的反应更灵敏，调整速度更快，因为他们很少有"储蓄"可以依赖。他还认为，传统农民不积极采用新技术也是一种理性行为。因为收入仅够糊口的农民当然不敢贸然采用新技术。一旦具备相应条件，如风险化解措施、资金扶持和提供补充投入，农民就会对新技术表现出极大的热情。绿色革命的成功就是一例。因此，发展中国家经济发展的首要任务就应该在于保护个人利益和私有产权。

2. 反对国家干预，矫正价格扭曲，倡导自由竞争和自由放任

拉尔认为，政府干预本身会受到信息和交易成本的制约，因而会造成整个经济的扭曲。而且，一种扭曲会造成另一种扭曲，结果形成一个扭曲的链条，造成整个经济关系的全部扭曲。拉尔也承认发展中国家市场不完善，但他更强调计划的不完善。因此，新古典主义发展理论自然反对国家干预和经济控制，赞许和肯定自由竞争，由此理顺价格就成为发展政策制定时的一项主要内容。总之，发展中国家政策的重点应放在市场竞争上，即使是不完善的市场也要胜过不完善的计划；政府干预应尽可能少。只有这样，政府行为才可以创造刺激，刺激又会鼓励投资者的竞争，使经济活动取得更高的价值。

3. 经济自由化：贸易自由化和金融自由化

新古典主义主张贸易自由化。它的立论基础是"资源禀赋理论"，认为国际贸易可以通过"互补"效应达到国际间资源的最优配置。这是因为，各个国家出口的大多是本国低廉生产要素所产生的商品，而进口的则大都是本国高昂的生产要素才能生产的产品，因此认为贸易自由化"对所有国家都有利"。

此外，新古典主义者相信，如果对外贸易自由化，穷国和富国都会得益；富国向穷国投资，借方和贷方同样有利；富国向穷国传播管理和技术，双方

都会有好处。因此，他们认为国际关系中不是南北冲突，而是自由化的国际经济秩序的维持，才能使双方都分享利益。

新古典主义在主张贸易自由化的同时，也主张金融自由化。20世纪70年代，许多发展中国家由于实行了内向的进口替代工业化，导致了多种价格扭曲，扭曲的价格中最阻碍经济增长的是资本价格和货币价格人为的压低，以致形成金融抑制。因此，应该以金融自由化代替金融抑制。

## 二 对新古典主义发展理论的评析

不可否认，新古典主义作为古典主义发展理论的深化，对发展实践发挥着积极的指导作用，但与此同时，针对新古典主义发展理论也有诸多的批判。概括而言，这些批判主要集中在以下几个方面。

### 1. 无视发展中国家的"市场短缺"

新古典主义用发达国家的标准来审视不发达国家的问题，用增长经济的对策来企图解决发展问题，往往是"隔靴搔痒"。例如以新古典学派的观点为指导的国际货币基金组织和世界银行的"结构调整政策"，把发展中国家20世纪70年代中期以后出现的经济危机归于政府的过度干预，主张实行外汇管制自由化，以利率自由化为中心进入制度改革等办法，来强化市场机制和民间企业活动。这种以经济自由化为主旨的"结构"调整，并没有考虑到一些国家市场不完善的情况，这使它在实践中难以取得理想的效果。

### 2. 忽视对制度因素的分析

新古典主义发展理论往往忽视对制度因素的分析，这使其难以解释一些国家经济发展不快的原因，也难以提出促进经济发展的有效对策。新古典主义发展理论的一个重要特点就是以预设制度为前提，在此条件下研究各种经济变量和他们之间的关系，而不研究制度本身形成、变化、发展的原因和过程。

### 3. 对市场的不完善缺乏认识

新古典主义者虽然正确地指出政府干预过度会导致市场价格扭曲和资源配置低效，但对市场不完善条件下适度发挥政府作用的问题，他们却缺乏必要的认识。在新古典主义者看来，发展中国家政府的作用必须严格限制在提供必不可少的服务、在经济体系内限定产权以减少外部影响以及传播关于现有经济机会的信息的范围之内。

4. 无视经济发展与经济增长的差别

新古典主义无视经济发展与经济增长的差别，即认为发展理论与增长理论并无实质差别。从这点来说，新古典主义并没有真正建立起他们的经济发展理论体系。

# 第三节 马克思主义发展理论

19世纪中叶，法国的工业革命把欧洲的整体发展带入了新阶段，主张个人主义的新型工业化的社会取代了农业主导的、等级制度森严的社会。在这种大背景下，具有前瞻性的、涉猎了多学科的马克思的理论占据了重要的地位。马克思的发展观在经济发展的基础上强调了人的自由发展，关注工业化资本主义社会中错综复杂的变革。他的理论吸取了以下三个方面的智力资源：一是以黑格尔为代表的德国古典哲学传统；二是英国政治经济学尤其是亚当·斯密和大卫·李嘉图的学说；三是空想社会主义。

## 一 马克思主义的基本论断

马克思主义的明显标志是对历史的唯物主义的解释，他阐述了社会体制的变革。根据马克思的解释，社会体制变革不是社会外部因素的作用，也不是新思想出现的作用，而是促使人民彼此联系的物质利益直接作用的结果。随后，历史遵从一定的可观察的运动规律，从而社会组织不断变化和新的社会组织形式不断出现。

马克思主义的发展理论认为社会发展的基本动因是生产力与生产关系之间的矛盾运动，而生产力是其中最主要、最活跃的因素，生产力是人类社会发展的根本动力，生产力的提高必然引起生产关系的变革。随着生产力的高度发展，生产的社会化与资本私人占有的矛盾越来越突出，并开始阻碍社会生产力的进一步发展，这必然导致资本主义经济危机的深化，使资本主义走向灭亡。对马克思而言，阶级斗争而非和平进步，是社会发展的动力。相应地，社会历史变革是生产力和生产关系矛盾运动的结果。即使在生产力和生产关系调整之后，变革的过程仍在继续（即前进中的矛盾→革命→瓦解→进步→矛盾循环往复），只是新的变革在经济和社会发的更高水平上进行。马克思和恩格斯按照一系列连续的生产方式将人类社会发展历史分割成以下几个阶段：原始社会、奴隶社会、封建社会、资本主义社会、社会主义社会和共产主义社会。

马克思在《资本论》中详细考察了资本主义生产方式，指出市场关系尤其是雇佣关系成为资本主义条件下主要的社会生产关系。马克思理论以李嘉图等人创立的劳动价值论为基础，认为在资本主义社会，资本积累和经济增长源于资本家对剩余价值的占有并利用剩余价值再投资，经济剩余价值是劳动产品价值和劳动力价值之间的差额。

马克思还注意到，在资本主义社会，资本积累的过程伴随着资本集中不断加强，表现在整体资本家控制社会生产方式的比重不断上升。而且他注意到资本集中不断上升的趋势在经济危机时期特别显著，主要表现在一定量的资本由较少的资本家把持。这种趋势是由竞争导致的。

尽管马克思集中研究欧洲资本主义的发展，他仍看到资本家之间的竞争对平均利润率的下降压力是促使其向前资本主义社会输出资本和与之进行贸易的主要原因，同时又是促使其在这些社会聚敛财富和奴隶的重要原因，从而推动了殖民主义的发展。因此在他后来的著作中将殖民主义看做垂死的体制。他将这种体制与商业资本（与工业资本相区别）的出现和原始积累机制相联系，从而与早期资本主义的发展联系起来。他认为殖民主义的发展导致了世界市场的发展。

由于历史条件的局限，马克思未能对不发达国家的发展问题进行更多的探讨。他对于当今发展中国家的概念基本上限于对被他称为"亚洲的生活方式"的表面批判和对欧洲发达资本主义的殖民者角色的观察。对于后者，他强调"原始积累"的重要性，即财富的积累，这在西班牙统治时代的美洲表现明显，财富积累激发了殖民统治者对制成品的欲望，因此在欧洲尤其是在英国，形成了资本主义工业化和资本积累的强大动力。他也指出即使考虑到昂贵的运费和殖民地的廉价劳动力，从欧洲出口到殖民地的资本主义制成品在当地经常能够低价销售出去，因为殖民地生产方式处于非常原始的状态。

在谴责殖民主义的野蛮和伪善的同时，马克思认为它在瓦解前资本主义社会结构方面具有历史进步性，对落后社会的发展甚至是必要的。他还相信资本主义发展的动力及其扩张的能量将在侵入的任何社会里繁殖——正如他注意到在美国所发生的一切，并且相信同样的情况在印度也会发生。他认为落后国家不但遭受来自资本主义生产发展的剥削，而且遭受源于这种发展的不彻底性的侵害，并且得出结论，发达国家是不发达国家的榜样，不发达国家迟早都要走发达国家的道路。

马克思主义强调人的自由发展，把人的解放和人的全面发展作为社会发展的目标；主张消灭私有制，消灭剥削。马克思认为共产主义社会的目标是人的全面发展，而在达到这一理想社会之前，无产阶级的目标是争取自身及全人类的解放。他指出，资本主义社会的发展导致财富的增长和大部分人的日益贫困，整个社会分化为对立的两大阶级——资产阶级和无产阶级。占人口大多数的无产阶级必须联合起来，夺取政权，消灭私有制，建立社会主义社会和向共产主义过渡。不过马克思认为，无产阶级的社会主义革命只能在全世界同时取得胜利，至少是在英、法、德、美等几个主要的资本主义国家同时取得胜利（王义祥，1995）。

马克思主义认为，一个社会的性质是由生产方式的性质所决定的。因此，社会生产方式的变更是一切社会变迁中最根本的变迁，社会变迁的最重要原因是社会生产力的发展。按照马克思的发展观，人、社会和自然界是统一的，人的全面发展和社会经济的发展是相一致的。人类在改造自然的过程中同时改造着他们自身。发展的目标不仅在于经济增长和消除贫困，而且还应该包括社会平等、保护环境和使每一个人都得到自由发展。

## 二　马克思主义的发展思想

### （一）资本主义的论述

列宁1899年的著作《俄国资本主义的发展》是第一部利用马克思主义观点分析资本主义在发展中国家发展的具体经验的著作。这部著作源于列宁和民粹派之间关于俄国发展资本主义的必要性和可能性的争论。对于资本主义是野蛮的体制，列宁与民粹派意见一致，但同时如同马克思一样，他也强调资本主义在提高劳动生产率和生产社会化方面的进步性。与民粹派相反，列宁认为俄国发展资本主义政治上必要，经济上可行。

### （二）帝国主义："古典观点"

#### 1. 罗莎·卢森堡

列宁在俄国集中研究一个国家的具体经验以分析资本主义发展的同时，罗莎·卢森堡成为第一个创造并利用一般模型分析资本主义扩张政治对欠发达国家影响的马克思主义者。她深刻地刻画出资本主义渗透对前资本主义社会的瓦解过程。罗莎·卢森堡得出的结论是，在发达资本主义国家，"消费不足"危机的爆发只能被延缓到所有的前资本主义社会被纳入资本主义体系为止。对发展中国家来说，这意味着经过一段以商业资本主导为特征的延迟期以后，才能赶上发达国家。

**2. 列宁：帝国主义与"垄断"资本主义**

列宁的分析集中在垄断资本主义条件下发达国家进行的"金融"资本输出，他认为在"最高"的资本主义发展时期，帝国主义以金融和工业资本输出的形式寻求维持或提高其在海外的利润率。而且，他注意到资本输出国输出资本使国内资本积累减慢，同时资本输出加快了输入国的发展。正如马克思、罗莎·卢森堡和其他研究帝国主义的古典学者，列宁认为发达国家资本主义的扩张对前资本主义社会具有促进作用，并且为资本主义为全球范围内的发展奠定基础，即使这种扩张是野蛮的。

**（三）不平衡发展的修正**

20 世纪 20 年代以来，马克思主义经历了两次重要的修正，这两次修正针对的是帝国主义对前资本主义社会发展的作用。

**1. 不平衡发展的第一次修正**

奥托·库西年的论文被 1928 年共产国际第六次代表大会所采用，它使得全球不平衡发展这一概念从加速不发达国家增长的理论转变为阻碍不发达国家发展的理论。

库西年在分析帝国主义对经济不发达国家的工业化发展所造成的阻碍时，强调外国资本为寻求当地支持与传统统治阶层结成联盟，他称其为"封建寡头"。他认为"封建—帝国主义"联盟阻碍了"民族资产阶级"的出现，即使增加对殖民地半殖民地国家的外国投资，资本主义也无法像原先期待的那样推动这些国家的发展。他的解释是，"当居于支配地位的帝国主义力量在殖民地需要社会支持时，它首先与旧有的前资本主义体系的统治阶层——封建类型的商业和货币借贷资本家建立联盟，与广大人民对立"，因此对"古典"马克思主义关于资本主义扩张的观点进行了修正。

**2. 不平衡发展的第二次修正**

20 世纪 70 年代，在马克思主义者严肃批判的条件下出现了欠发达学派，教条马克思主义者对欠发达学派的批判引发了对马克思主义者的不平衡发展理论的第二次修正。

许多学者认为第三世界的前资本主义生产关系更可能是阻碍资本主义的发展，而不是促进其发展。虽然实际工资低，但是垄断成本相对较高，因为垄断产品只需要低生产力。因此他们认为资本主义不断地渗透到垄断产品的生产，即使资本主义在市场扩张中受到可能的严重限制，它也会缓慢地增长。这种限制是由低工资、失业和不充分就业引起的。因此，长期的资本主义扩张不是阻碍而是促进第三世界的资本主义发展——正如马克思和古典马克思主义者学者论述帝国主义时所主张的那样。

俄国十月革命的胜利，说明无产阶级革命有可能在帝国主义链条最薄弱环节的一个国家首先取得胜利，为落后国家提供了另一条发展道路——社会主义工业化的道路。新成立的苏维埃国家力图把人的解放和经济增长结合起来，促进社会的全面发展。列宁认为在无产阶级专政和公有制条件下，有必要借鉴资本主义的组织、技术和教育，把社会发展和经济增长统一起来，而生产的目的只是为了满足广大劳动人民不断增长的需要。不过后来苏联和其他一些社会主义国家在实践中往往偏离了这一发展目标，并没有把人的需要真正放在第一位，而是把经济产值指标赶上和超过发达资本主义国家作为奋斗的目标，依靠大量的投入实现经济的高速增长。从 20 世纪 70 年代起，这种粗放式的发展已难以为继，并导致了经济停滞和政治危机（王义祥，1995）。

## 思考题

1. 了解古典发展理论的产生和形成过程。
2. 古典经济发展理论的基本内容有哪些？它有什么现实意义？
3. 新古典发展理论的基本内涵是什么？它有什么缺陷？
4. 简述马克思主义对发展理论的论述。

## 参考文献

1. 王义祥：《发展社会学概论》，华东师范大学出版社，1995。
2. 车铭洲主编《现代西方思潮概论》，高等教育出版社，2001。

3. 杨善华主编《当代西方社会学理论》，北京大学出版社，2001。

4. 〔英〕彼得·华莱士·普雷斯顿著，李小云等译《发展理论导论》，社会科学文献出版社，2011。

5. 张培刚：《发展经济学教程》，经济科学出版社，2001。

6. 杨善华、谢立中：《西方社会学理论》（上卷），北京大学出版社，2005。

7. 〔英〕亚当·斯密著，郭大力、王亚南译《国富论》，上海三联书店，2009。

8. 〔英〕大卫·李嘉图著，郭大力、王亚南译《政治经济学及赋税原理》，译林出版社，2011。

9. 〔英〕马尔萨斯著，郭大力译《人口论》，北京大学出版社，2008。

10. 〔英〕约翰·穆勒著，赵荣潜等译《政治经济学原理及其在社会哲学上的若干应用》，商务印书馆，1991。

11. 〔英〕马歇尔著，朱志泰译《经济学原理》（上卷），商务印书馆，1964。

12. 〔英〕马歇尔著，陈良璧译《经济学原理》（下卷），商务印书馆，1965。

13. 〔美〕约瑟夫·阿洛伊斯·熊彼特著，叶华译《经济发展理论：对利润、资本、信贷、利息和经济周期的探究》，中国社会科学出版社，2009。

14. 〔德〕马克思著，郭大力、王亚南译《资本论》，上海三联书店，2009。

15. 〔美〕西奥多·W. 舒尔茨著，梁小民译《改造传统农业》，商务印书馆，1997。

16. 〔德〕斐迪南·滕尼斯著，林荣远译《共同体与社会：纯粹社会学的基本概念》，北京大学出版社，2010。

17. 〔法〕埃米尔·涂尔干著，渠东译《社会分工论》，三联书店，2000。

18. 〔德〕马克斯·韦伯著，康乐、简惠美译《新教伦理与资本主义精神》，广西师范大学出版社，2007。

19. 〔法〕埃米尔·迪尔凯姆著，冯韵文译《自杀论》，商务印书馆，2008。

20. Bensam David, Roberta Lynch. *Rusted Dreams：Hard Times in a Steel Community*. New York：McGraw-Hill, 1987.

21. Mumford, Lewis. *The City in History：Its Origins, Its Transformations, and Its Prospects*. New York：Harcourt Brace Jovanovich, 1987.

# 3 第三章 现代发展理论

从 20 世纪 50~60 年代开始，针对广大发展中国家的现代化问题，学术界产生了不同的理论。现代化理论处于发展理论的第一阶段，它产生于 20 世纪 50 年代，兴盛于 20 世纪 60 年代。在对欧美现代化发展进行抽象概括的基础上，试图将欧美的经验推广到发展中国家。这一时期，在美国政府和一些私营机构的慷慨资助下，新一代的美国政治学家、经济学家、社会学家、心理学家、人类学家和地理学家们出版了大量的有关第三世界研究的著作和论文，可以说在当时，现代化研究形成一种"增长的工业"。

现代化理论无疑迎合了第二次世界大战之后非西方社会对未来的美好憧憬。然而，非西方社会并没有像现代化理论预想的那样顺利地走上现代化之路，享受西方现代化的成果，反而同西方的差距不断扩大。这些问题的出现以及非西方社会工业化进步的现实，使非西方学者开始寻找新的发展道路。其中拉丁美洲经济委员会（ECLA）的社会学家最先从理论的高度对这一情况进行了系统的分析，形成了拉丁美洲结构主义学派。在这种观点中，长期以来主张进行国际专业化和国际贸易并辅以国际劳动分工的理论受到了冷落。他们认为拉丁美洲不可能遵循早期资本主义国家的道路来求得自身的发展，甚至现存的全球结构还将使这些处在外围位置的国家处境不断恶化。结构主义通过对地方经济进行现实的分析，以帮助政府有效地进行国民经济发展规划。

依附理论是在改写结构主义的基础上发展起来的，是来自边缘的声音，是对美国现代化学派霸权主义地位的挑战。20 世纪 60 年代，ECLA 的拉丁美洲经济复苏计划破产，拉丁美洲的一些民粹主义国家试图通过进口替代从而实施保护主义和工业化发展的战略宣告失败，拉丁美洲经济陷入停滞状态，被失业、通货膨胀、货币贬值、贸易滑坡和其他经济问题所折磨。依附理论认为造成这些问题的根本原因在于外围国家对中心国家的依附，中心国家不仅通过不平等的交换剥削外围国家，而且型塑了外围国家的内部结构，阻碍了外围国家的现代化进程。依附对于现代化来说是一条死路。

在对现代化理论的批判中，马克思主义的一些观点和方法也逐渐得到了社会学者的认同，马克思对资本本质的批判以及其理论的开放性、国际性被这些学者吸收利用。这一时期发达国家的民权运动、大学改革和越南战争的教训推动了新马克思主义思想流派的出现。他们以马克思的历史唯物主义中包含的进化论思想为理论基础，既不满足于结构主义对新古典主义的批评，对新古典主义持彻底的批判态度，也不满足于结构主义的"中心—外围"理论，认为"中心—外围"的关系实质是"支配—依附"的关系。

20 世纪 70 年代中期，现代化理论与依附理论之间的意识形态的斗争开始平息。以沃勒斯坦（Immanuel Wallerstein）为首的一组激进的发展研究者以超民族国家的观察视野，发现在资本主义世界经济中的一些新活动不能用依附理论来解释：一些新工业国家迅速发展，而美国在资本主义世界经济体系中的霸主地位正在动摇。在重新思考过去 20 年世界经济出现的新问题的过程中，沃勒斯坦与他的同事们发展了世界体系理论，认为世界是一个有机的体系，即资本主义经济体系，在这个体系收缩和扩展的周期性率动过程中，每个国家所处的中心—半边缘—边缘的位置也是不断变化的。

新自由主义产生于"二战"后的西欧和北美。它抨击国家干预主义和福利国家政策，抨击国家对市场机制自由运转的一切限制，认为它们对经济自由和政治自由构成了一种致命的威胁。20 世纪 70 年代，发达资本主义国家首次出现了以低增长和高膨胀为特征的滞胀现象，新自由主义观点开始受到重视，并在世界范围内产生了巨大的影响。这一理论的核心内容是，最大限度地解除对市场的管制，刺激自由贸易。在这种理论指导下，许多国家纷纷进行了经济体制和政治体制改革。

此外，从 20 世纪 60 年代起，许多关于发展中国家的实证研究都把焦点放在收入分配上。许多学者认为，这些国家收入分配的不平等程度在加剧，由科学技术二元化引起的失业人口在增加，但税收对调整收入分配几乎起不到任何作用。他们认为，以经济增长为主要内容的发展应该向降低贫困、失业和不平等等更为广义的方面转变，传统的发展理论只是关注增长和缩小发达国家与发展中国家的贫富差距，却忽视了贫困、生活质量和缩小发展中国家内部的贫富差距等问题。他们强调国家干预，认为发展中国家应该寻求根除贫困和不平等的政策。

# 第一节　现代化理论

第二次世界大战后，新科技革命兴起，促进了军用技术向民用领域的转变，资本主义世界在战后迎来了一个从未有过的持续高速增长时期。尤其是在美国，其本土并未受到战争的破坏，在战后实行的"马歇尔计划"等一系列美援确立了它在西方世界的领导地位和在整个世界的霸主地位。与此同时，广大第三世界国家纷纷独立，社会主义阵营和资本主义阵营对抗的冷战格局形成。发展中国家急于寻求一种适合的发展道路，以缩短和消除与发达资本主义国家的差距。在这种历史背景下，许多西方的社会理论家出于对自己国家制度的信仰，力图使广大发展中国家接受西方的社会制度，取得资本主义的现代化发展，以进入其资本主义体系。这样就形成了现代化理论，它并非是统一的理论体系，而是在关注第三世界国家发展的过程中，运用经典的社会学理论来解释和剖析这些非西方国家的发展问题，达成的基本一致的理论倾向和理论观点。

## 一　现代性的起源

"现代化"指的是实现"现代性"的过程，现代化理论则是对欠发达国家如何能实现现代化及为何难以实现现代化的论述。因此，了解什么是现代性是进一步论述现代化理论的基础。要想从本质上深刻地认识现代性，还必须了解现代性的起源，即现代性的形成过程。事实上，现代性的形成过程基本等同于西方近代史的沿革历程。本节将从地理大发现、文艺复兴、启蒙运动、美国独立战争、法国大革命和工业革命这几个重要历史事件中来探讨现代性的起源。

### （一）地理大发现

地理大发现是指15世纪末16世纪初的航海壮举。哥伦布在15世纪末横渡大西洋，"发现"美洲；达·伽马于 1497～1498 年从非洲西岸绕好望角，到达苏丹，再驶达印度，完成绕非洲到东方的航线；麦哲伦等人发现了通过太平洋到亚洲去的航线并从 1519～1522 年历时 3 年进行了环球航行。

地理大发现对当今世界格局的影响归纳为以下几个方面。

（1）对殖民地的直接控制为欧洲国家带来了巨大的财富和资本，直接促进了其经济发展，为其积累了巨大的经济实力，促使了欧洲国家政治、经济、社会和文化等的全面发展。其中最重要的是，商业的发展促使一个新兴的、拥有资本的阶级的形成。他们注定要通过政治革命和工业革命，建立自己的政治经济的统治，由此加速西方社会经济的根本变革（刘祚昌等，1995）。

（2）殖民主义下的直接控制在第二次世界大战后演化成新殖民主义下的间接控制。殖民主义和新殖民主义至今仍对世界政治、经济格局产生着影响。第一世界与第三世界的划分基本上是根据殖民国与殖民地进行的。殖民主义与新殖民主义确立和保持了第一世界在世界政治、经济和文化的领导地位，而第三世界处于依附状态。

（3）使全球范围内的贸易与交流成为可能，是全球化的起始点。

此后，世界逐渐成为一个统一的整体。

**（二）文艺复兴**

文艺复兴是 14 世纪中叶到 17 世纪初在欧洲发生的思想文化运动。它的开始早于地理大发现一个多世纪。文艺复兴的人文主义精神是鼓励地理大发现的重要精神力量。文艺复兴之所以成为一场运动并对后世产生巨大影响，是因为当时那些文艺作品的影响超越了艺术本身，影响到人们对生活的态度和人们的思想方法，并对促进资本主义经济秩序与社会制度的形成起到了积极和关键的作用。文艺复兴思想与精神的核心是人文主义，就是为创造现世的幸福而奋斗的乐观进取的精神。新兴的资产阶级就是在这个人生观的指引下开拓和发展西方资本主义社会的。

文艺复兴时期的人文主义思想对现代性影响最为深远的有三点。

（1）人文主义思想改变了人与自然之间的关系。在此之前，自然是神秘的，也是神圣不可侵犯的。而人文主义则开始提倡人的力量，这种精神鼓励人去了解自然进而征服自然。

（2）人文主义思想促进了科学的研究与思想方法。现代科学中的实证思想应该说是源于人文主义思想的。

（3）人文主义思想改变了人与神之间的关系。这为宗教由原来的集宗教、政治和统治于一体逐渐转变为只具备精神功能打下了必要的基础，这无疑为新的政治体制的诞生创造了必要的条件。

### （三）启蒙运动

18 世纪西欧的启蒙运动发源于英国，是继文艺复兴之后的第二次思想解放运动。启蒙运动的出现是符合社会的发展与时代的要求的。首先，它是基于自然科学的发展。天文学和物理学方面的巨大成就说明这一时期的科学对人类认识世界带来的巨大变化。其次，是资产阶级反封建反专制的时代要求。17、18 世纪，代表着资产阶级利益阶层与平民权利的思想与主张大量涌现。

启蒙主义对现代性及现代社会的影响可以概括为下面三个方面（刘祚昌等，1995）。

（1）理性工具主义信条。启蒙主义思想家宣称"人是理性的动物"，理性首先是人性，是人的价值，另一方面，人是自然的主人，理性也是一种智性，是人的能力、效率，是动机和效果统一的力量，是合理而有序的行为方式。

（2）社会进步信念。自然科学的发展使人类越来越多地掌握了自然规律。人们将这些科学成果不断应用到生产与生活中，产生了工艺技术与工业，使人们的生活得到改善与提高。启蒙主义以人文理性与科学理性、价值理性和工具理性统一的力量开创了西方现代社会发展的崭新时代，缔造了现代工业文明。

（3）民主、自由与国家政体。启蒙主义思想家的思想与主张对现代社会的影响巨大而深远，为 18 世纪末法国资产阶级革命和美国资产阶级民主革命提供了理论纲领。

### （四）美国的独立战争与《独立宣言》

从 1607 年到 1733 年，英国在北美大西洋沿岸共建立了 13 个殖民地。英国统治者对北美殖民地在经济与贸易上的严厉控制引起美利坚人民的强烈不满，从要求减轻统治与剥削到要求独立的民众呼声终于引发了独立战争。从 1776 年发表《独立宣言》到 1781 年北美战场上的战争结束，直到 1783 年英美两国在巴黎签订和约，美国独立了。美国独立战争的胜利既是殖民地反抗殖民统治的胜利，也是资产阶级民主革命的胜利。《独立宣言》在当时的历史背景下，集中反映了当时的民主思想。它继承和发展了天赋人权和社会契约理论，成为殖民地人民争取独立的理论根据和独立的民主政府的执政纲领。《独立宣言》第一次以政治纲领形式确立了资产阶级的革命原则——人权原则。马克思称它为"第一个人权宣言"。

美国独立战争和《独立宣言》的深远影响主要体现在：

（1）《独立宣言》成为近代第一个民主政府的政治宣言，宣言中的资产阶级民主主义原则成为美国作为新生国家的立国理论。这是资产阶级民主主义第一次作为统治国家的理论与原则。

（2）《独立宣言》中的平等、人权和人民主权至今仍是美国社会的立国原则，三权分立也仍沿用至今。北美居民开拓新世界时开始形成的勇于创新、富于进取和个人奋斗精神，民主与法制的保护仍然是现今美国社会的活力来源。

**（五）法国大革命与《人权宣言》**

资本主义商品经济的发展是法国大革命的根源。法国大革命发生之时，正值法国和西欧从自然经济形式向商品经济形式演变的时期。资产阶级和小业主们强烈要求经济自由，这使得法国的社会矛盾更为尖锐。1789 年 7 月 14 日攻破巴士底狱成为法国大革命开始的标志。在农民暴动的促使下，八月法令在根本原则上废除了封建制度，而于 8 月 26 日通过的《人权和公民权宣言》（简称《人权宣言》）则成为大革命的纲领性文件。《人权宣言》是改造封建社会、引导法国走向近代资本主义的原则指针。它受到美国《独立宣言》的启示，其哲学基础是洛克和卢梭等启蒙学者的"自然权利"和"社会契约"思想。

如果说，美国的独立战争是民主革命和反殖民运动的胜利，那么法国大革命应该是民主革命和反封建反帝制的胜利。法国革命废除了若干世纪以来统治欧洲和法国的封建制度。它不仅要改变旧政府，而且要废除旧的社会形式，祛除种种传统，更新风尚与习惯。

**（六）工业革命**

工业革命最早发生在 18 世纪 60 年代的英国。工业革命最早发生在英国并不是偶然的，而是多方面的因素使其工业革命的条件逐渐成熟。首先，工业革命与地理大发现后的海外殖民与殖民掠夺直接相关。海外市场对英国和西欧工业品的需求大大促进了欧洲的工业生产和手工工场的发展。而且随着需求的扩大，要求生产技术的改进和专业化的机器生产。其次，英国和西欧的海外掠夺促进了工业化的资本积累。再次，英国的圈地运动产生大量无地可种、无家可归的人口，可以成为工场的劳动力。最后，英国的民主革命促进了商业的自由竞争，而自由竞争则促进了生产发展和新技术的发明和采用。从工业革命开始，历史进入了一个以技术和工业为主导的新时代，并且这个时代一直延续至今。

综上所述，西方现代性的形成过程也就是西方近代史的历程，是西方国家所经历的一个历史阶段。这对第三世界追求现代化有如下启示。

（1）西方国家的"现代性"是在一定的时空条件下逐渐形成的。第三世界国家的历史历程与西方国家完全不同，当然第三世界各国之间也有很大差别，西方国家的历史不可能成为这些国家的现实。所以，非西方国家不可能通过重复西方国家的历史来实现本国的现代化。

（2）在西方国家的现代化进程中，殖民和战争是促进其本国发展和现代化的重要因素。在殖民主义或者新殖民主义主导下的世界格局中，非西方国家不但无法从中获利，也已经不具备重复西方国家历史的国际环境和条件。

（3）在西方的现代化过程中，思想与精神因素的作用极为关键。表面上，是技术在主导时代进步，实质上是人的精神以及人为的社会政治经济结构决定着发展的进程。在全球范围内也是如此。

## 二 现代化理论的内涵

现代化理论是研究欠发达国家如何实现现代化的理论，同时也包括对欠发达国家在实现现代化过程中出现的种种问题的讨论。这一理论产生于以美苏为代表的两大阵营争夺发展中国家中间地带的客观需求，它构成了二战后美国政府对第三世界援助政策的理论基础，也代表了当时西方社会发展理论的主流形态。

### （一）对"现代化"的界定

现代化的过程，即向着"现代性"这一目标努力的过程。对"现代性"和"现代化"这两个概念的界定，不同的理论家和不同的理论流派有着各自的见解，不过，对于"现代"的界定总是建立在与"传统"或"非现代"对立的基础上。

帕森斯（Talcott Parsons）的"模式变量"事实上已经成为现代化理论中"两极化"思想的基本模式。霍斯立兹首先用"模式变量"来解释传统社会和现代社会的特征与发展问题，而列维则发展了这种模式（张琢、马福云，2001）。受帕森斯的影响，现代化研究者认为现代化的概念具有以下特征：现代化是一个系统的过程，现代性包括社会行为的各个方面的变化，包括工业化、城市化、世俗化、集中化、结构分化、社会动员和社会参与等等；现代化是一个转化的过程，为了使社会变迁为现代性社会，社会的传统结构和价值必须完全由一套新的现代社会结构和价值来代替。其中列维归纳出"现代社会"与"非现代社会"存在的八项对立的特征；穆尔则从三个方面列举了伴随工业化而来的现象和后果，即现代社会的特征；英克尔斯从个人价值观念转变的角度分析了"现代人"和"传统人"的不同特点，把人的现代性归纳为九个方面。他们都是通过对传统和现代的区分来定义"现代化"的，如果没有"传统"的对比，也就无所谓"现代"，而"现代"现成的模式就是西方。

正如亨廷顿所指出的那样，现代化理论认为"现代性"和"传统性"是两个不对称的概念。西方社会即现代社会，而对传统社会及其特征，只能从现代社会及其特征的对立面来定义。由此推出的结论是，传统的东西不起作用，应该完全抛弃；现代化是一个内在的过程，因此，现代化研究者们倾向于在非西方国家内部寻找不发达的原因。

**（二）现代化的理论假设**

现代化研究所依据的理论假设首先是进化理论。这种理论认为，社会变迁是单方向的、进步的、渐进的、不可逆转的，把原始的落后的传统社会引向高级的现代化社会。基于这种假设，现代化理论家们自觉不自觉地认为现代化特征在于：现代化是一个阶段性的过程，根据经济学家罗斯托的观点，社会显然从原始的、简单的、未分化的传统阶段开始，最后结束于高级的、复杂的、分化的现代阶段。列维也指出可以根据从传统性到现代性的程度比较和区分社会；现代化是一个均匀化的过程。现代化研究者认为，现代化的最终结果是世界大同，现代化是不可逆转的过程，一旦现代化开始，那么现代化将不会停止；同时，现代化也是一个进步的长期的过程。

现代化研究依据的另一套理论假设是结构功能主义理论，即社会各要素之间的相互依赖关系。结构功能主义强调社会制度的相互依附性，强调文化层面的特性变量的重要性，强调通过社会自动平衡系统变迁的内在过程的重要性。现代化理论认为现代化是一个系统的过程，涉及社会各个方面的现代化，是社会整体的现代化发展过程，任一要素的停滞都会延缓社会发展。

现代化研究依据的理论假设中也包括帕森斯所强调的文化系统的特殊重要性。帕森斯认为，文化属于社会的最高层次，对于个人行为和社会制度结构都发挥着制约作用。现代化理论强调西方文明对于非西方国家现代化的重要性，认为其发展的关键在于引进西方文明，其社会原本的传统性不得不抛弃（张琢、马福云，2001）。

现代化研究也直接受益于社会学的经典理论。孔德、斯宾塞、涂尔干、滕尼斯等人在其理论中对社会变迁与社会进化的研究直接成为现代化理论的前提。涂尔干划分的两种社会类型"机械团结"和"有机团结"被现代化研究者对应为"传统社会"与"现代社会"，同时，斯宾塞从军事社会到工业社会、滕尼斯从共同体到社会的变迁模式与涂尔干从机械团结到有机团结的两阶段发展类似，他们所刻画的社会特征也存在相似之处，这些都直接成为现代化理论中"二分法"的理论来源。

**（三）现代化发展理论的研究方法**

事实上，尽管现代化理论是基于不同专家学者的不同理论倾向总结而成，但现代化研究者在研究方法上具有某些共同之处，这些共同之处体现在以下几个方面。

（1）现代化研究的讨论是在比较抽象的和一般意义的层面上进行的，因为现代化理论的目的是解释第三世界国家发展的一般模式、一般发展趋势，以及总结第三世界国家在不发达的原因、发展途径等方面的共性。因此，他们没有集中研究具体的历史事件和个案。为了具有抽象性，现代化研究者采用了帕森斯的理想结构模式（如传统社会与现代社会）去概括他们的关键要点。

（2）在分析的单位上，一般停留在一个国家的分析上。因此，现代化理论基本上是民族国家的转变理论。

（3）二分法，即将传统与现代完全割裂，认为二者处于绝对的对立和排斥状态，分别考察传统社会和现代社会不同的特征。

**（四）现代化理论的主要观点\***

尽管研究者们在一些问题上存在分歧和争议，使用的方法和手段也不尽相同，现代化理论的基本理论倾向是相同的。

---

\* 张琢、马福云：《发展社会学》，中国社会科学出版社，2001，第67~73、79页。

（1）传统社会和现代社会的二分法。现代化理论接受了古典社会学关于社会变革与进化的"两极理论"，认为社会的现代化发展是从传统社会走向现代社会的过程。理论家们对广大发展中国家地域、历史等差异视而不见，强行将他们所说的传统社会的定义和特征赋予广大的发展中国家。

（2）对非西方不发达国家的发展问题的分析。首先，在发展阶段上，现代化理论认为非西方国家仍处在传统社会阶段。在传统社会和现代社会之间有一个"中心点"，只有突破这一个中心点，传统社会才能进入现代社会。非西方国家现代所处的正是西方国家所经历过的一个阶段，二者的区别只是发展的快慢而已。其次，在发展原因上，现代化理论将非西方国家不发达的原因归结为其社会内部的"传统性"。现代化是一个内生的过程，而非西方国家正是由于其本土文化的"传统性"才会缺少这种内生的动力。最后，在发展途径上，现代化理论认为，非西方不发达国家实现现代化的唯一途径，就是照搬西方模式。西方的现代化是西方文明的自我发展，非西方国家只有引进西方的政治经济制度和社会文化等西方文明才能带动现代化发展。

（3）趋同理论。由于科学技术和工业化具有普遍真理性，那么趋同就是趋同于已经实现工业化和科技现代化的西方。现代化理论认为，现代化是有目标可以追寻的，这就是西方模式，所有社会都将走向一个共同的社会目标，这就是由技术和组织原则所支配的现代工业社会。

**（五）新现代化研究**

20世纪70年代后期，现代化研究者也开始认真考虑批评者的意见，修正其理论并进行了一系列的实证研究，经过修正后的这些研究被称为"新现代化研究"。修正后的"新现代化研究"较之以前"经典的现代化研究"有以下不同之处。

首先，"新现代化研究"抛弃了把传统与现代视为一对排斥性的概念的做法，在"新现代化研究"中，传统与现代不仅可以共存，而且相互渗透相互促进。此外，"新现代化研究"不认为传统对现代化的进程是一种阻力，而认为传统对现代化是有益的。

第二，"新现代化研究"者在方法上有所改进。与"经典的现代化研究"采用类型学的方法并把讨论限定在高度抽象的层次不同，"新现代化研究"者着重具体的个案研究。

第三，对历史和具体研究格外关注，所以"新现代化研究"不做出第三世界国家的发展道路只有走西方的发展道路这一单向性的假设，相反，"新现代化研究"理所当然地认为第三世界国家能寻求自己的发展道路。

第四，"新现代化研究"关注外部因素对当地现代化的影响。虽然他们仍然认为内部因素是关键原因，但他们不忽略外部因素在第三世界国家发展道路中的影响作用。

### 三 对现代化理论的批判

根据现代化理论两极对立的基本原则，凡处在帕森斯"模式变量"一极的是"传统"的各项特征，而处在另一极的则构成了"现代"的各项特征，即所谓的"现代性"。现代性也就是传统社会向现代社会过渡的过程中产生和发展出来的新特征，是社会在其全面变革中形成的新属性。现代化理论在分析西方社会现代化发展过程从传统到现代的历史过渡中发生的质变和飞跃时，有概念明晰的优点。它对现代社会的基本特征的把握也比较精确。20世纪70年代的东亚奇迹论可以看做现代化理论的一个现实模式。现代化理论似乎在发展中的非西方世界得到了普遍性的证实。

然而，现代化理论运用关于西方社会发展和变迁的理论来解释和指导非西方社会国家的现代化发展，理论和实践相脱离，显然存在着诸多不足。在社会发展进程中，不同的国家当然存在众多相同之处，但地域、历史、文化传统等方面的显著差异更难以忽略。现代化理论认为其理论具有普适性，不可避免地要受到来自各方面的批判。这些批判包括：

（1）"二分法"下的社会进化论。批评者们认为，现代化理论立论的依据，即"现代"与"非现代"或"传统"的二元划分是站不住脚的。现代化研究者们并没有提出一个可以作为目标和标准的统一的现代性的定义，甚至"传统"本身也是不真实、不确切的。同时，现代性和传统性在实践和理论中都并非现代化理论所宣扬的那样，是完全相互对立和相互排斥的。其次，现代化理论所提倡的趋同，事实上是一种单向的线性发展思想。在这个理论中，西方国家和非西方国家的发展道路是相同的，所不同的只是发展的速度。在发展序列中，各个国家依据与西方国家接近的程度来排序。这种渐进的社会进化论排斥社会的突变和革命，忽略了第三世界国家实现其现代化的其他模式，也暗含着西方文化中心论。非西方国家只要积极地推进全盘西化，就可以赶上西方，实现现代化。各个不同文化传统的国家在全盘引进西方文化中的现代化因素时，必然会产生与传统文化的冲突、磨合和改造，一些国家在西方化的过程中遭遇了巨大的挫折和整个社会的停滞甚至倒退。批评家指出，根据文化滞后理论，尽管传统观念的存在原始条件已经消失，但传统的东西仍然会存在好长一段时间，因此传统的价值总是出现在现代化过程中。

（2）发展的内因论。现代化理论将发展的特点归结为现代性，发展的道路归结为同一论，发展的原因归结为内因论。其理论认为，西方发达国家是通过一系列的社会变迁的不同的阶段而从传统社会发展到现代社会的，在这种内在的变迁过程中，西方的价值观念、行为取向、社会结构，以及其合理的现代科学技术和经济制度起了明显的推动作用。而非西方国家社会内部缺乏进步的动力，因此，从外部输入西方文化和新的价值观念，对于非西方社会而言至关重要。从这个角度看，现代化理论是一种价值决定论。它将主要注意力集中于价值和伦理，偏离了重心，而且这种西方社会的"内因"却是非西方社会彻底的"外因"，它们仅仅靠嵌入西方精神的"内因"无法得到相应的发展。

（3）研究的方法论。批评者指出现代化研究者在高度抽象的层面上研究问题很难知道他们讨论的是什么国家什么历史时期。例如，在讨论特殊性、天赋、集体性和情感价值等特征变量时，不清楚现代化学派讨论的是哪一个国家，也不清楚现代化学派描述的是哪一个时期。此外，现代化理论所使用的二分法只是描述了从传统到现代的变迁方向，而没有指出变迁的范围、时期、方法和速率。批评家认为其理论只是说明和比较两种静态社会而不是它自称的变迁理论。

除来自学术界的指责外，现代化学派受到来自意识形态方面的批评，批评现代化学派忽略西方国家殖民、战争扩张的历史以及西方国家主导的世界格局中对非西方国家的控制和剥夺。另外，还有一些批评家认为现代化理论与早期的进步主义、社会达尔文主义相比没有太大的进展，只是抱着一种盲目的乐观主义，而仅靠这种进步理想是远远不够的。

# 第二节　结构主义

战后，西方发达工业国家向非西方的不发达国家推行"西方化"模式，并实施了以现代化理论为基础的联合国"两个发展十年"计划。然而，在经历进口替代型工业化模式取得的阶段成效之后，拉丁美洲各国与发达国家的差距拉大、经济结构恶化、国际债务危机加深、国民经济畸形化，饱尝了"现代化"的恶果。在现代化研究中，拉丁美洲常被作为反面的例子。普雷维什和拉丁美洲经济委员会（ECLA）的社会学家从理论的高度对这一情况进行了系统的分析，形成了拉美学派，即拉美结构主义发展理论。

## 一　结构主义理论的基本内涵

拉丁美洲地区在现代化的进程中也有过经济增长，但其经济社会结构却变化迟缓或没什么变化，拉美各国从传统农业社会向现代工业社会的转变时间拖得太久了。拉美结构主义旨在为这种近于停滞的现代化进程寻求解释和解决之道。

### （一）结构主义发展理论的基本特征

结构主义的分析建立在"中心—外围"的分析模型上，来分析中心国家和外围国家在这种结构中各自的状态。他们的理论是建立在结构主义经济学的基础之上，产生了最早研究发展中国家经济问题的一批经济学家。总的来说，结构主义发展观的主要特征有两点。

（1）强调发展中国家结构改造的重要性。新古典主义照搬发达国家的情况，强调一般"市场—价格"的配置作用，认为由市场价格这只"看不见的手"去配置社会资源就可以实现均衡。结构主义则不同，他们强调不发达国家存在市场短缺和结构短缺的情况，认为必须对不发达国家进行结构的改造才能做到"自我均衡"或"经济宽化"。拉美国家实行的进口替代工业化道路，是在竞争过程中的自我保护，进口替代战略的实施，对国家的地位至关重要，进而引起了一系列包括土地改革在内的改革。但这一战略的平稳发展阶段已经过去，投资资金和国际交换的缺乏造成了国内经济的停滞。对经济结构和政治结构的调整迫在眉睫，国家的地位和功能更加凸显。基于这一点，许多拉美国家进行了政治改革，选择了政治稳定战略，政府集中力量解决经济问题，从而有利于经济增长。

（2）主张发展中国家不平衡发展。结构主义认为发展中国家的结构刚性使得这些国家不具备自我均衡的机制。一般的不均衡发展是发展中国家的共性，除极少数国家和地区外，许多国家都存在持续性的不平衡发展。不同的地域之间、不同的部门之间、不同的环节之间、不同的企业之间，结构刚性问题都存在。经济增长不可能自由地、自动地、根本地扩散到整个社会。分配也不可能均衡，经济发展上的不均等必定要造成分配上的不均等，贫者愈贫，富者愈富，出现"马太效应"。

基于这一点，拉美国家纷纷采取了不均衡增长战略，优先发展少数企业和部门，然后带动其他产业和经济部门的发展。同时，采取先增长、后分配的分配模式，造成了国内贫富悬殊，社会两极分化，这样在国内也形成了"中心—外围"结构，产生了"内生殖民"的现象。

**（二）结构主义有代表性的理论**

结构主义从20世纪40年代提出，在几十年的发展中，形成了一些有代表性的理论，不仅是对现代化理论的批判，也为发展理论的不断修正和完善做出了贡献。

（1）"二元结构"理论。刘易斯正式提出了"二元结构论"，费景汉和拉力斯做了修正，乔根森做了发展，形成了二元结构理论。这一理论的基本论点是，在一个国家工业化的过程中，存在两个基本部门：传统的农业部门和现代的资本部门（主要是工业部门），而工业部门资本的积累和扩大的源泉，是农业剩余劳动向工业（资本）部门的转移。这是第一次系统地提出了国民经济中两个最主要部门结构变革的思路。（彭刚、黄卫平，2007）

（2）"中心—边缘"理论。普雷维什的功绩之一就是提出了"中心—边缘"理论。他认为：在世界的"经济星座"之中，存在着一种不均衡、不平等的国际经济结构，即"中心"国和"外围"国的关系。一边是中心国，即少数几个发达的工业国家联合起来，通过各种国际组织或地区经济组织，垄断性地维护他们的既得利益，甚至搞霸权主义。另一边是不发达的边缘国家，都是分散的，他们只能出口一些初级产品，从发达国家获得外汇，取得经济联系，以谋求技术与资金。这是一种不对称的非等价的交换关系。发达国家利用他们跨国化的国际体系（例如七国集团）和他们先进的生产力，在不降低价格的情况下，从对边缘国的贸易中获得超额利润。而不发达的边缘国家由于分散不构成集团，为了多出口相互竞争杀价而使本来就是低生产率的初级产品价格进一步下落。这样，生产率提高的成果绝大部分都被中心国所享有了，结果是穷者愈穷、富者愈富，贸易条件日趋恶化。

（3）发展极理论。法国经济学家 F. 佩鲁（1902～1987）所创立的发展极理论，内容并不复杂，影响却很大。所谓"发展极"是指世界、一个国家乃至一个大的地区，其经济发展并不是平衡推进的，总是首先由具有"支配地位"和"创新"特征与能力的企业或部门在某些地区或城市聚焦，形成经济中心，这个中心有着多种功能的"磁场极"，能产生辐射作用和吸引作用，不仅自身能有强劲的发展，而且能带动其他地区特别是周边地区与部门的经济增长。这个中心具有很强的创新精神，没有创新的机制，就没有强劲的自我发展能力。

（4）地理上的二元结构理论。缪尔达尔补充了"发展极"理论的不足，并把刘易斯的部门二元结构理论引申到了地区间的二元经济结构上来，创立了"地理上的二元理论"。根据缪尔达尔的理论，在一个国家或者世界经济发展的大格局中，发达地区对不发达地区存在着一种二元结构，发达地区对不发达地区既有"扩散效应"又有"回波效应"。扩散效应是指产业的空间关联性引起的带动作用或诱导作用。回波效应是指由于两地区经济起点不平等，产生不平等交换，造成落后地区的资源、劳力、智力向发达地区回流。这种回波效应，呈积累性的循环状态，使发达地区发展得更快，而相对落后的地区发展得相对较慢，使得地区间差距愈来愈大。在发展过程中往往先是"回波效应"或者说是以"回波效应"为主，然后才是"扩散效应"或者说是以"扩散效应"为主，两个阶段不是截然划分的。缪尔达尔认为，为了防止这种差距的拉大，决不应采取新古典主义的"均衡主义"，听任其自由发展，势必造成地区的二元不断扩大。

**（三）拉丁美洲经济委员会的主要政策工具**

拉丁美洲经济委员会的主要政策工具包括：

（1）拉美经济委员会出于将国内问题看做结构性的基本观点，提出了投资规划与协调的主要政策工具。通过投资规划进行国家干预不是要替代私营部门的发展，而是对其进行必要的补充。其目的主要分为三个层次：使各部门和经济全面发展所需的投资要求基本达到协调一致；将计划的投资需求与可利用的资源进行协调；避免长期国际收支不平衡。

（2）关于如何在初级产品出口和进口替代的工业部门之间进行投资分配的取舍标准问题，其提出的建议原则是：对初级产品出口部门的投资不能超出一个界限，那就是其产品的边际收入与为国内市场生产的投资边际回报相等。使投资的边际回报达到平衡，其原则是要在进口替代工业的各个行业门类间进行投资分配。

（3）区域一体化。拉美经济委员会赞同区域一体化，特别是区域工业一体化，将其视为缓解有效生产所需规模与国内市场狭小之间的矛盾的一个途径。他们甚至认为，区域一体化可以实现向中心国家出口工业品的目标。

（4）国际金融。ELCA建议债务国更多地依赖公众，特别是依赖多边资金来源，因为这些资金比私人资金条件更优惠。除此以外，拉美经济委员会还建议在国际金融安排上应补偿商品价格的大幅波动和边缘国家外汇的反向波动。

（5）国内政策。他们提出改变税收结构和进行土地改革的建议。同时提出提高整个储蓄水平的财政政策，指出政府应该在促进整个经济领域的技术进步中发挥积极作用。

## 二　对结构主义理论的评析

结构主义发展理论的兴起标志着非西方不发达国家自身理论研究的崛起，非西方不发达国家的学者开始从自身的立场出发，去探讨自身的发展问题，而不是坐等着别人给药方。其理论的可取之处在于其认识到，通过现代化理论的诱惑，一个以西方国家为主导、以不合理的国际贸易分工为基础的世界政治经济格局已经形成，并且日益成为广大非西方不发达国家的障碍。这种理论强调发展中国家在政治上独立的同时经济上仍然受到剥削，是前殖民地国家长期停留在不发达状态的根本原因。从这一点上来说，与现代化理论所坚持的内因论完全不同。同时结构主义认识到国际和国内结构调整的必要性，强调结构改革，认识到非西方国家发展的道路和前景可以与经典的现代化模式不同。

同时，批评家们认为，结构主义发展观的不足之处在于：

（1）过分强调了"计划"的作用，对市场的培育不够。认为"计划化"可以不考虑市场成熟的因素，就可以完美化、完善化。市场保护导致国内工业缺乏国际竞争力，反而影响了国内工业的发展。

（2）过高地估计了政府的能力。发展中国家的政府，存在着素质不高、行为规范性差等问题。政府的贪污腐败问题加剧了社会矛盾，也阻碍了经济发展。

（3）过度强调"进口替代"，忽略农业和一些基础产业的发展，给国家的进一步发展带来困难。

（4）企望建立一种"放之四海而皆准"的发展理论体系，这是很不现实的。

另外，有一些批评家认为，结构主义的基本假设和理论依据都显而易见地存在问题。普雷维什实证数据是 1870～1940 年英国贸易的有关数据，其基础是出口的离岸价和进口的到岸价。这一时期的数据并不足以支持其所有假设。另外，工业的技术进步比农业更为显著的假设也存在大量的质疑。

# 第三节　依附理论

依附学派诞生于 20 世纪 60 年代的拉丁美洲，是拉丁美洲经济委员会在拉丁美洲的经济复苏计划破产的反映。早在 20 世纪 50 年代，拉丁美洲的一些民粹主义国家试图通过进口替代从而实施 ECLA 的保护主义和工业化发展战略，许多拉丁美洲的研究者对拉丁美洲国家的经济增长、社会福利和民主充满极高的希望。然而 50 年代短暂的经济复苏后，拉丁美洲经济立即陷入停滞状态，拉美国家被失业、通货膨胀、货币贬值、贸易滑坡和其他经济问题所折磨。随之而来的是政局不稳，社会动荡，实践证明现代化理论和结构主义理论两者都不能解释拉美国家的经济停滞、政治反叛和贫富差距的扩大。拉丁美洲的研究者对此十分失望。同时中国革命、古巴革命的经验也使拉美国家许多激进的学者考虑是否在他们的国家实行社会主义革命，这样以弗兰克（Andre Gunder Frank）为首的拉美依附学派应运而生。[①]

---

① 关于依附理论的起源和发展，目前还存在着诸多的争议，很多研究者认为依附理论以弗兰克为首。但是，袁兴昌（1990）指出早期依附理论主要包括从 20 世纪 40 年代末到 50 年代末，拉美经委会学者劳尔·普雷维什、塞尔索·富尔塔多和胡安·诺约拉的中心—外围理论、二元结构主义理论和外部失衡理论等。这些理论研究的是跨国公司扩张和拉美国家大规模工业化进程开始之前的依附现象，实际上是巴西学者多斯桑托斯后来总结的出口—贸易依附或殖民地依附、工业—金融依附和工业—技术依附三种形式中的第二种依附形式。相对于 60 年代初产生的研究第三种依附形式的依附理论而言，早期依附理论也可以称为"前依附理论"，它是 60 年代依附理论产生的直接前提。直到 20 世纪 60 年代，依附理论才获得迅速发展，并逐渐形成著名的拉丁美洲依附学派。

## 一　依附理论的基本内涵*

依附理论突破和超越了现代化理论，形成了发展理论中独特的一脉。它弥补了现代化理论单纯从社会内部看问题的片面性，它从西方发达国家与非西方不发达国家之间的掠夺与被掠夺的不平等关系着眼，为看待非西方不发达国家的社会发展提供了一个新的视角。

### （一）"依附"的界定

依附理论主要以弗兰克、桑托斯（T. Dos Santos）、卡多索（Femando Henrique Cardoso）为主要代表者。这些学者通过研究发达国家在拉丁美洲的商业投资，得出结论：低度发展与落后是一种表面现象，而现象背后的含义是依附。关于依附，不同的学者有着各自的定义。其核心思想是，发展中国家对发达国家的依附从殖民时期开始的，对其资金与技术存在依赖，要根据发达国家的需要确定其经济结构，发达国家对发展中国家进行经济和政治控制，使发展中国家处于受制约和从属地位。在这种依赖与控制的格局下，发达国家是欠发达国家发展的阻力与障碍，而不是现代化理论所宣扬的那样，是外在的动力。正是发达国家的发达导致了欠发达国家的不发达。

### （二）依附理论的基本假设

依附理论是随着现代化理论实践所带来的一系列不良后果，特别是拉美国家经济困境、社会动荡的出现和第三世界学者的自我反思而形成的。它以不发达国家的现实为出发点，从西方发达国家对非西方不发达国家剥削和掠夺的不平等国际分工和贸易格局入手，分析边缘国家欠发达的原因。在此基础上形成的依附理论含有如下假设。

（1）依附是一般的、抽象的过程，适用于所有的第三世界国家。依附理论从历史分析角度入手，探讨殖民依附形成的三个阶段。资本主义早期的殖民扩张形成了边缘国家的殖民依附；殖民地国家独立后实行的进口替代战略导致了对中心国家金融的依附；而在现代化理论实践过程中，西方国家以新殖民主义的方式使边缘国家对其产生了金融、技术等多方面的依附。

（2）理解依附关键在于理解其外在条件，一个国家发展的障碍不是内部要素的缺乏和传统因素的阻碍，相反，在于另一个国家的外部控制。与内因

---

*　这一部分主要参考了张琢等编写的《发展社会学》（张琢、马福云，1995）。

论者不同，依附理论认为第三世界的出现是国家与地区间不平等的经济、贸易和政治关系的结果。在不同时期，发达国家通过殖民扩张、国家间合作和援助等实现了对第三世界国家内部的干预，使第三世界国家在现有的世界格局中被边缘化。

（3）依附是经济剩余转移的结果。发达国家利用其主导地位，通过压低边缘国家的初级产品价格和抬高本国工业品价格使经济剩余由边缘国家向中心国家转移。依附主要是经济依附，依附是全球经济区域计划的结构。

（4）依附与发展是不相容的。依附理论认为在依附状态下，边缘国家不可能取得发展，而只是为发达国家的继续发展提供条件，中心国家的发达和边缘国家的欠发达是同一过程的两个方面，边缘国家即使有发展，也只能是一种欠发达的发展。

基于上述假设，依附学派采取了与现代化理论相反的战略，认为第三世界国家不仅不能重复发达国家走过的路，而且必须打破对西方发达国家的依附，走自力更生的道路。

### （三）依附理论的基本视角

与现代化理论不同，依附理论注重社会外部因素，用中心和边缘的关系来解释边缘国家的欠发达。它反对现代化理论的西方化模式，认为西方化过程正是非西方不发达国家被纳入不平等的世界政治经济体系的过程，它与依附化过程是相辅相成的。在这个过程中，依附既是原因，也是结果。

同时，依附理论认为自由贸易对发达国家是有益的，但对经济不发达国家则会起阻碍发展的作用。国际贸易是西方发达国家剥削和掠夺非西方不发达国家的一种方式。中心国家不仅通过不平等交换剥夺边缘国家，而且塑造了边缘国家的内部结构，以此阻碍边缘国家的现代化进程。

### （四）欠发达的发展

依附理论的代表人物弗兰克提出了"欠发达的发展"这一理论来解释第三世界国家的欠发达状况不是自然条件的产物，而是长期殖民主义的结果。他区分了"未发展"与"欠发达"两个概念。弗兰克提出了一种所谓的"都会—卫星"模式来解释欠发达是如何导致的。他认为世界经济体系中有两个不同的体系，中心与边缘之间构成"都会—卫星"的连锁结构，弗兰克提出了有关发展与欠发达著名的三个假设。

（1）在世界性的"都会—卫星"结构内关系密切，都市得以发展，而卫星只能低度发展。卫星国家依附都市国家。

（2）"都会—卫星"结构中，两者关系淡化，卫星国家一旦减弱他们与中心都市的连接，他们的经济发展，特别是传统资本主义工业反而能够快速发展。

（3）"都会—卫星"结构中，今日最不发达的、最为封建的地区，昔日它们与都市的关系最为密切。

他认为，未发展是发展以前的阶段，而欠发达是脱离了未发展阶段，但由于"都会—卫星"连锁结构的控制而产生的依附性阶段，是社会发展的扭曲现象。西方发达国家经历了未发展，而没有经历欠发达。他同时指出，一旦两者关系淡化，即卫星国削弱它们与中心都会的联系，它们的经济尤其是传统工业就会发展。弗兰克鼓动非西方不发达国家进行社会主义革命，以取得自由的发展。

**（五）依附化的过程与形式**

依附理论认为，在西方殖民者入侵之前，非西方国家都发展得很好，有自己独特的经济生产活动和与此相适应的社会结构、文化系统，是西方殖民者的入侵打乱了它们自身的发展，并最终导致了它们的欠发达。与西方工业资本主义发展相联系，非西方国家的依附被划分为三个阶段，每个阶段有其不同形式。

（1）重商主义。西方国家以做生意和掠夺的方式在海外寻求资源、积累资本。西方国家通过奴隶贸易等血腥手段完成了资本原始积累，将大量财富转移到本国。这一过程遏制了其他国家的发展，甚至导致了这些国家在人口、经济、政治等各个方面的倒退。

（2）殖民主义。在这一时期，西方国家为了给其产品寻求倾销市场，在征服的领土上建立社会管理体系，以取代早期的掠夺方式，使殖民地的社会经济组织更适合宗主国的需要。殖民地不仅是廉价原料的来源，更是工业品的倾销之地。

（3）新殖民主义。殖民体系崩溃后，西方发达国家已经不再可能直接控制殖民地的政治经济，于是产生了新殖民主义。其实质是：利用已经形成的不平等的世界格局和原殖民地内部畸形的、仍然依赖于西方发达国家自身的依附经济模式对其进行间接的控制，以继续保证对其资源的获取和市场的占有。

### （六）依附学派与现代化理论的异同

依附学派与现代化发展理论的相同点在于：首先，两者的研究兴趣都在于找寻促进第三世界国家发展的因素，探讨其发展途径、道路和模式等。其次，两者都采取了相同的研究方法，即高度的抽象，从地区性发展问题的考察中归纳出抽象的理论，并推广到其他地区。再次，类似的理论范式，现代化理论采用"传统"与"现代"，而依附学派采用"核心"与"边缘"或者"都会"与"卫星"的二分法。

二者的不同点表现在：

（1）理论和现实背景不同。现代化观点受欧洲进化论和美国结构功能主义的强烈影响，与美国世界霸主地位的确立和防止社会主义革命密切相关。而依附理论观点受 ECLA 项目和激进的新马克思主义理论的强烈影响。

（2）对造成第三世界国家落后的解释不同。现代化理论认为第三世界国家落后的根本原因是在这些国家的内部，而依附学派则持与现代化学派相反的观点，认为原因是外部的，是殖民主义和新殖民主义造成了第三世界国家的落后。

（3）对发展途径的分析不同。现代化理论认为第三世界国家与西方国家保持接触有益于第三世界国家的发展，根据这一观点，西方国家应该援助第三世界国家去发展。依附学派的观点与其相反，认为两者之间联系有害于第三世界国家，西方国家从自己的利益出发剥削第三世界国家，第三世界国家应该与西方国家脱离关系来谋求发展。

（4）对发展前景的认识不同。在预测第三世界国家发展的前景时，现代化理论对此持乐观态度，认为第三世界国家最终会赶上西方国家从而实现现代化。依附学派则持悲观态度，认为如果这种剥削的联系不打破，第三世界国家将愈来愈依附于西方国家，最后导致欠发达甚至完全被挤垮。

（5）对发展道路的认识不同。现代化理论认为西方化就是现代化，非西方国家可以通过西方化来进入现代社会，而依附理论则认为西方化与依附化并存，走西方国家走过的路，只能导致欠发达。

### （七）新依附理论

巴西著名的社会学家 F. H. 卡多索通常被视为新依附理论的代表人物，他的研究工作为新一代的激进派学者从事研究活动打下了基础，卡多索对"经典依附理论"进行了修正，修正后的依附理论称为"新依附理论"，新依附理论与经典依附理论相比，有显著的不同之处。

（1）卡多索所采用的是"历史—结构"方法论，不同于古典依附理论的普遍归纳法。卡多索的新依附理论以考察历史为基础，在卡多索的理论中，"依附"这一术语并不是作为一种归纳"不发达"的普遍模式，而是分析第三世界国家的具体状况的一种方法，用以分析依附状况间的差异与多样性。

（2）和经典依附理论学者那种注重依附外部情况的做法不同，卡多索更倾向于强调依附的内在结构，对依附的政治方法很感兴趣，尤其对阶级斗争、群体冲突以及政治运动感兴趣。

（3）卡多索将依附作为一种开放的过程，这不同于经典依附理论那种强调依附的结构性决定论。在依附的相似结构中，有一系列取决于内在政治联盟和运动的可能反应。所以，和经典依附理论那种预言第三世界国家在既有结构下难以发展的思路不同，卡多索认为有依附关系的发展是可能的（周长城，1997）。

## 二 对依附理论的评析

依附理论唤起了广大非西方不发达国家人民的主体意识，使他们认识到必须自己行动起来，探索自身的发展之路才能拯救自己。在这种主体意识的指导下，广大发展中国家要求建立新的世界政治经济秩序，改善对自己不利的世界政治经济秩序，以摆脱依附和欠发达的困境。其理论优点是：

（1）依附理论是一种综合性理论，并没有拘泥于经济学、政治学、社会学等某个学科的方法和观点，而是力争从全面的角度来分析不发达的原因和走出不发达的途径。

（2）依附理论表现出很强的学术本土化的倾向，力争找到一种符合拉美实际情况的研究范式，对长期以来的"西方中心论"提出了挑战。

（3）着重从全球范围内寻找原因，体现了一种开放的视角。这种开放的视角体现在其积极倡导拉美地区一体化的主张上。

但是，在与现代化理论的论战中，依附理论也暴露了自身的缺点。从20世纪70年代早期开始，就受到一些学者的批判。

（1）依附理论陷入了外因决定论。出于对帝国主义与全球依附现象的谴责，依附理论忽略了各个国家依附性质和程度的不同，忽略了国内发展动力的分析，没有考虑国内力量的自主性与他们在变迁过程中的潜在力量。

（2）依附理论是一种静止观。它虽然认识到了动态发展的可能性，但它只认识到依附形式的变化，而不认为依附状态本身会发生变化。中心—边缘模式被看做定式（Colman，1986）。

（3）方法论上的问题。依附理论在批判现代化理论传统与现代的二分法的同时，也陷入了中心—边缘、都会—卫星的二分法，不仅无法精确衡量依附的程度，也无法把前资本主义时代的依附形式等涵盖进去。

（4）理论的适应性。依附理论是通过对拉丁美洲国家和少数非洲国家的研究而形成的，其理论将地区性因素过于简单化和普遍化了。事实上，欠发达国家对来自发达国家的刺激的反应并不是相同的。不同国家进行反应的能力是不同的。

（5）依附理论假设存在一种潜在的、被抑制的发展的历史选择，并且这种发展选择的失败是由外部干涉导致的，如果这种发展选择实现了，它将被证明是一种更加独立的发展模式。然而，并不能假设存在一种社会力量，它能促成实现被压制的发展选择，也不能假设任何其他发展模式必然比真正发生的要更好。这种假设更多地倾向于浪漫主义和理想主义的方案，没有任何操作意义。

其他对依附理论的批判集中在其理论的夸大和言过其实的方面。有批评家认为，发展中国家的初级产品出口状况并不像依附理论宣扬的那么糟糕，同时经济衰退和商业周期对发达国家也同样有害。

# 第四节　新马克思主义理论

发展理论中关于意识形态问题的争论以及改革和战争的时代背景，导致了在讨论发展问题时马克思主义传统被发展理论所吸收运用，第一世界的社会学家在思考发展理论和欠发展状况时重新开始重视马克思的理论。在有的研究中，新马克思主义在西方发展理论中的表现也被称为"激进派依附论"。

## 一　新马克思主义理论的基本内涵

新马克思主义经济学家不同程度地接受了马克思主义的经济思想，同时在许多问题上也对经典的马克思主义持批评态度，其理论特征集中地表现为激烈的反帝国主义和平等的价值取向。新马克思主义理论具有代表性的学者有阿明（Samir Amin）、巴朗（Paul Baran）、卡多索、桑托斯等人。

## （一）新马克思主义的经济发展理论

新马克思主义者主要借鉴了马克思主义政治经济学中关于经济分析的内容和方法，在研究世界经济问题主要是第三世界国家经济问题方面颇有建树。在其基本的分析结构中，也采用了"中心—外围"这一模式。

（1）新马克思主义经济发展理论把当今的世界经济制度定义为世界资本主义体系或世界资本主义制度，在这一体系和制度中形成"中心—外围"结构，其特点是居于"中心"的发达资本主义国家支配居于外围的落后国家或附属国家，或者以牺牲落后国家的发展来换取发达国家的发展。这一点同马克思主义的论断是相同的，即西方国家正处在资本主义阶段，而且仍然是上升阶段，有关资本积累和资本运作的方式也是一致的。

（2）新马克思主义经济发展理论打破了长期流行于西方国家的李嘉图的"比较成本说"，从马克思的价值转化为生产价格的转化理论出发，论述了国际生产价格的形成，分析了发达国家和不发达国家的生产和交换条件，从而论证了国际贸易中的不平等交换和国际剥削问题。按照埃曼努尔的分析，在世界范围内，构成不平等交换的基础是由于落后国家资本有机构成低于发达国家的资本有机构成。不平等交换使落后国家的经济剩余源源不断地流向发达国家，从而保证发达国家得以持续地发展，避免利润下降的趋势，并维持其高于落后国家的工资率。这无疑是使用了马克思主义政治经济学中关于剩余价值的产生、流通和积累以及平均利润等的论证。

（3）新马克思主义经济发展理论认为，资本具有内在的对外扩张的趋势，资本对外扩张的原因在于"中心"的结构特征。"中心"的结构的第一个特征是它只包含一种生产方式，即资本主义生产方式，而以前的经济结构都包含着多种生产方式。第二个特征是资本原始积累过程基本上是内在产生的，它产生"自动集中的积累"。自动集中的积累导致生产能力累进地扩大，而生产能力累进地扩大同由于工人的贫困而造成的有限的消费能力之间形成不可克服的矛盾，表现为利率呈下降趋势，要通过其内部市场和对外扩张市场来克服利率下降的趋势。

（4）新马克思主义经济发展理论认为，第三世界的资本主义发展是资本主义生产方式与前资本主义生产方式结合或关联的结果。资本主义有其自己的内在发展规律，在新殖民地，向资本主义转变只是表面上遵循着西欧的资本主义经验。在这些地区，由于资本主义是"舶来品"，而且同非封建主义的前资本主义生产方式相关联，结果造成了畸形的资本主义发展。

（5）新马克思主义经济发展理论强调，资本主义有一种固有的使其自身国际化的趋势，因而在世界范围内进行生产资料和生产关系的扩大再生产。资本的国际化是由于世界范围的资本主义生产方式普遍性而形成的过程的一部分。竞争是暗含于这个运动后面的力量之一。这创造了朝着世界范围的生产条件和交换条件均等化方向发展的趋势，也创造了世界范围的生产和交换的差别。第二次世界大战后出现的生产资本国际化（表现为跨国公司的巨大发展）创造了一个新的工业资产阶级，这个阶级试图在地方经济和世界经济之间磨合联系，推动生产的国际化。

（6）新马克思主义经济发展理论强调，在现有的世界资本主义经济体系结构中，落后国家绝无成功地发展资本主义之可能，非资本主义或社会主义发展道路是其唯一正确的选择。如同马克思主义，新马克思主义经济发展理论认为，改变现有的政治制度，建立新的国际政治经济秩序，是落后国家唯一正确的选择。

**（二）阶级斗争国际化论**

基于以上不平等交换论，新马克思主义认为，发达国家的增长同不发达国家的落后是同时存在、互为因果的"一体化"过程。中心国家从外围国家不断获取大量剩余，而使自己得到发展；而外围国家由于剩余资源流失，从而难以跳出持续贫困的陷阱。即不发达国家经济发展的主要障碍是它的潜在的经济剩余的被利用方式，而不是剩余的多少。巴朗认为，经济剩余无法被利用的外部原因是中心以此对外围进行强有力的控制。他质疑外援和外债的重要性，探讨剩余被吸纳到中心的方法，考察国内阶级结构、国际依附关系和资本积累之间的关系。

由此，阿明认为，不平等交换的存在，说明阶级斗争问题，必须从世界范围内来加以研究。他还认为这是"南北问题"的根源，即北方发达国家剥削南方落后国。不平等交换问题，也可以作为"剩余价值剥削国际化"的同义词。即发达国家利用在国际上对落后国的剥削，获取大量剩余价值，然后拿到国内来搞"福利主义"，缓和国内的阶级斗争。从表面上看，在发达国家内部，似乎工人阶级状况大有改善，阶级剥削大为减弱，阶级斗争明显缓和，但如果从国际范围来看，就一目了然了。这只是剥削的部分转移和阶级斗争的国际化罢了。

### （三） 内在殖民论

借鉴了马克思主义关于阶级分析的方法和一些概念，新马克思主义者将这一方法从国际范围拓展到单一国家内部。卡多索认为，依附关系的结果，是在不发达国家造成"两极分化"，形成相对先进的部分、地区和阶层，并且这种先进的部分与国际资本连接起来，剥削这些国家的落后部分、地区和阶层，从而造成"内在殖民"。他认为，中心国的利益集团可以和依附国家的高阶层结成政治联盟，造成依附国的内部分裂。所以，依附绝不仅仅是外在现象，而是一种内在现象，有其国内的阶级根源。因此，根除的办法是改变依附国的内部结构——改变制度和基本秩序。而贸易自由化不但解决不了"依附"问题反而会加剧其依附性。

### （四） 依附的发展

卡多索认为，依附的资本主义发展已经成了垄断在第三世界扩张的新形式。以跨国公司为代表的国际资本虽然进一步加重了不发达地区的经济依附，但是不等于说依附地区没有发展。这种观点虽然使依附理论关于不发达的判断更加符合现实，但是从根本上动摇了依附理论的基础。

### （五） 社会主义革命论

新马克思主义者认为，依附国发展的必备条件是革命和社会主义。他们认为依附国为了缩小与发达国家的差距，首先要做到自主地发展，而要能自主地发展，除非把世界改造成社会主义体系。桑托斯认为，"二战"后出现的以跨国公司投资为基础的依附构成了依附的新形式。他通过对这种"新依附"的分析，力图证明不改变国内结构和对外关系就无法改变依附国家与中心国家的关系。同时新马克思主义者也认为可以跨越资本主义历史阶段，在落后的国家直接建成社会主义。

## 二 对新马克思主义发展理论的评析

新马克思主义经济发展理论是内容丰富、涉及面广且具有较深理论深度的理论体系。虽然西方马克思主义经济学家们的观点不同，论述问题的角度不同，但他们在理论分析的目标上是相同的，那就是揭露发达国家的资本主义对外扩张、其资本积累对落后国家经济发展所造成的不良影响。这些理论或许有些缺点，不是较为完善的理论，但却是按照马克思主义基本思路和基本逻辑，对马克思主义经济理论的拓展，用以说明当代世界经济体系不平等的格局，说明落后国家经济不发展的根源，指明落后国家摆脱贫困落后走上真正发展道路的有益的尝试。其理论优点是：

（1）新马克思主义对资本和市场的深刻批判具有启发意义。资本主义的扩张是异质而非均质的，给其他地区带来的并不是和欧美一样的经济发展。它彻底地分析了资本与市场的消极影响，并在关注生产领域的同时，特别分析了消费领域，指出消费主义（consumerism）在不发达国家的盛行是发达国家采取的经济策略的直接后果，推动了资本向发达国家的回流，从而限制了不发达国家的发展。

（2）在某些方面扩大了马克思主义分析的单位。在对资本扩张主体的分析上，马克思分析的单位是企业（firms），列宁分析的单位是大企业（great enterprises），而新马克思主义者分析的则是跨国公司（multinational corporations）。他们通过对跨国公司的分析，证明这种新的形式并没有改变资本追逐利益的本质和为获得高额利润不惜使用各种手段的行为。跨国公司加剧着当地社会内部的利益分化。

（3）不仅对国际经济进行了分析，也对边缘国家内部进行了分析，这种分析不是纯经济学式的，而是考虑到国内的政治经济社会等多方面的因素。

新马克思主义发展观的缺陷主要是对发展中国家的发展过于悲观，似乎除了建立国际社会主义体系，就不可能成功地发展。具体而言，该理论的缺陷主要有四点。

（1）对"不平等交换"只看到消极的一面，似乎外围国只能被支配、受剥削而无能为力。事实并非如此。大凡在发展的初期，这种"不平等交换"是不可避免的。依附国是可以通过自身的努力，由"不平等交换"逐步过渡到"平等交换"的。

（2）中心国输入资金技术密集型产业会加剧依附国的失业问题，应当一分为二地看：一方面，实际情况并非全都如此，工业化国家由于调整产业结构往往大量地将劳动密集型产业转移到不发达国家；另一方面，到了一定的历史阶段，即工业化中期以后，发展中国家也需要实现产业化的高级化。问题在于发展中国家自身应寻求这种过渡机制。

（3）关于发展的前提是革命和社会主义问题，在长远和本质方面是正确的，但又不能绝对化。确实也存在非社会主义国家发展取得成功的例证。同时，也没有认识到拉美前资本主义生产方式的存在或共存。

（4）把"中心—外围"关系看成是"支配—依附"关系抓住了问题的实质，但缺乏历史观点。世界有史以来的发展都不是平衡推进的，必定有先进与落后的差别。这个缺陷使新马克思主义者在环境的变化下陷入被动。

# 第五节　世界体系理论

世界体系理论是由当代美国社会学家沃勒斯坦和他的学生们一起提出的。很少有像世界体系理论一样的理论与单个人的名字联系得这么紧密。

## 一　世界体系理论的基本内涵

世界体系是一个复杂的社会体系，它具有范围、结构、成员集团、合理规则和凝聚力，它的生命力具有由冲突的各种力量构成具有有机体的特征。

世界体系理论者们认为存在一个超越单一的社会或国家的社会体系。要想认识一个独立的社会就必须去认识这个社会所在的背景，而这个背景就是以西方资本主义为中心的经济政治体系。

### （一）理论来源

世界体系理论受多种社会理论的影响，其主要理论来源有：

（1）依附理论。世界体系理论把来自依附理论（包括西方马克思主义）的许多概念如"不平等交换"、"边缘与核心的剥削关系"和"世界—市场"融于自己的理论之中，也包括了布罗代尔（Braudel）、弗兰克、桑托斯等的一些概念。在世界体系理论中，体现为一些观点和概念的引用和借鉴以及结构分析等方法的使用。

（2）法国阿诺尔（Annales）学派（即法国年鉴学派）的思想。该学派注重"总"的历史和"全球"的历史以及长期的发展趋势。在世界体系理论中，体现为世界体系的形成历史及系统整体的演变规律。

（3）结构主义。结构主义认为，任何事物、现象都是由其结构要素构成的，是这些要素之间的结构决定着事物的性质和特征。结构一旦形成就有其稳定性，不再轻易发生改变。在世界体系理论中，体现为结构决定论。

### (二) 世界体系理论的研究假设

世界体系理论利用系统、结构等思想来寻求世界整体所构成的世界体系的运行规律，并力图从中探求作为其组成部分的单个国家和社会的发展。它包含如下假设：

（1）整体结构决定部分。世界体系理论将世界资本主义经济体系视为一个由核心—半边缘—边缘国家组成的结构整体，它具有自己的整体发展规律。作为世界体系组成部分的国家在这个体系中的位置是可以变化的，其变化是由这个体系整体的发展规律来决定的。

（2）结构体系的封闭性。世界体系理论认为，在这个体系中，一些国家地位的上升必然伴随另一些国家地位的下降，即这个体系的结构在一定时期内是相对静止、封闭的，任何国家都只有取代其他国家原有的地位才能产生位置变化。

沃勒斯坦（1998）认为，迄今为止只存在过两种不同的世界体系：一种是世界帝国，存在一个控制大片地域的单一政治体系，不论其有效控制程度减弱到什么程度，这些帝国大都是一些世袭君主专制的帝国。另一种是世界经济体，自16世纪起，随着欧洲一些地区资本主义的萌芽和壮大，国家与国家、地区与地区之间逐渐打破隔绝，世界逐渐形成为世界经济体，这个体系通过经济把世界联结成为一个整体，即资本主义世界经济体。它以西北欧为中心，从一开始形成就不是在单个国家内孤立地出现的，而是作为一个世界性的体系出现的，它由中心区、半边缘区和边缘区三部分组成一个整体结构，它不同于世界性帝国之处在于，它有一个自成一体的经济网络，却没有一个统一的政治中心，它们三者之间由于资本主义劳动分工的不同，获利也是不相同的。

### (三) 世界体系的内涵

世界体系理论的核心在于世界体系的存在。沃勒斯坦认为，使世界体系成为以资本主义体系为核心的体系是基于下列条件：利润最大化和通过效率追求竞争优势；不断进行资本积累的要求；生产资料拥有者对劳动的剥削。

世界体系理论认为，世界体系的起点是1500年前后的西北欧，在那里产生了早期资本主义的萌芽，最早形成了以英格兰为核心，威尼斯为半边缘，波兰为边缘的早期世界体系。在此后的几个世纪里，这一世界体系逐步向世界各地扩展，并被不断地加强和巩固。这个体系的结构是由核心、半边缘、边缘三个层次构成的，核心国家占主导地位，可以控制和支配其他国家；边缘国家受核心国家的主导和支配；而半边缘国家既在某种程度上控制边缘国家，又在某种程度上受控于核心国家，它们的位置最不稳定。这三个层次国家在世界体系的贸易与国际分工中占有不同的地位，起着不同的作用（见图3-1）。

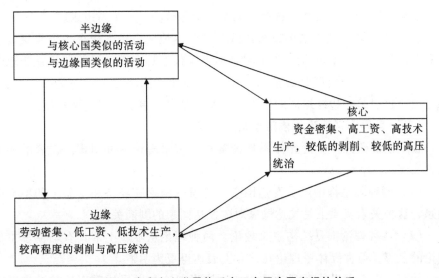

图3-1 资本主义世界体系中三个层次国家间的关系

　　沃勒斯坦提出了世界体系的整体发展规律：周期性节律和长期性趋势。他使用康德拉季耶夫（N. D. Kondratieff）的长波理论来分析世界体系的周期性变化。他认为，世界体系的长波是每40～50年重复一次，这个波长与世界的有效需求有关。当世界供给超过世界需求，世界经济进入停滞阶段；经过一段时间的衰退，世界需求超过世界供给，世界经济进入增长的上升阶段。沃勒斯坦认为，每一周期的停滞期都给世界体系中生产格局的重组提供了机会和动力，产生出世界体系内的新的扩张机制，并为下一周期的扩张做准备。而世界体系的长期性趋势是指资本主义经济体系必经的发展过程，包括扩张、商品化、机械化等。

　　沃勒斯坦认为，全球只存在一个世界体系，即资本主义世界经济体系。任何一个国家都不可能脱离世界体系而存在，但世界体系也不是静态的框架，有可能发生重组和重构。社会主义是强大的反体系力量，在未来的发展中会加速体系的灭亡。

**（四） 世界体系理论的特征**

沃勒斯坦指出，世界体系理论有两个特征：

（1） 如果资本主义世界经济体系中核心与边缘之间进行的交换是在高工资产品和低工资产品之间进行的，那么可能导致"不平等交换"，那么半边缘地区必须与两个方向的地区进行贸易，一个是核心，一个是边缘。

（2） 由上述特征导致半边缘地区在控制本地区市场方面有一个直接的既得利益。那么，一个边缘地区如何向半边缘状态转变呢？沃勒斯坦认为取决于一个国家或一个地区是否能采取下面三种发展战略之一：一是抓住机会；二是由引进引起半边缘地区的发展；三是通过自力更生的半边缘发展。

**（五） 世界体系理论与依附理论的异同**\*

在早期的研究中，世界体系理论常常与依附理论一并引用。二者的相同之处在于：

（1） 两种理论都阐述了发达国家与欠发达国家在经济和贸易上的不平等关系，这种关系实质上是发达国家对欠发达国家的剥削关系。

（2） 两种理论都是结构主义理论。两种理论从本质上都具有马克思主义理论的色彩，但世界体系理论在这点上表达得更为明晰。

然而，由于世界体系理论的演变，依附理论与世界体系理论的差别则越来越大。

（1） 从分析单元来看，世界体系理论的分析单元是世界体系，坚持把世界体系作为社会科学的分析单元，而依附理论仅侧重国家层面。

（2） 分析的模式不同。受法国历史方法论的影响，沃勒斯坦把社会的真实性看做处于一种波动状态中。不同于集中于民族国家的兴旺与衰退的依附理论，世界体系学派研究世界经济的历史动力学，世界体系是一个动态模式。

（3） 分析的维度不同。沃勒斯坦的资本主义世界经济中有三个层面：核心、半边缘和边缘，代替了依附学派中的"核心—边缘"的二维的理论结构。半边缘概念的提出使研究者能考察资本主义世界体系的复杂性和动态特征。三维模式使沃勒斯坦研究向上流动以及向下流动成为可能。用

---

\* 这部分的编写主要参考张琢等编写的《发展社会学》（张琢、马福云，1995）。

三维模式中的中间概念半边缘，世界体系研究者能研究国家在资本主义经济体系中地位的变迁的矛盾也避免了依附理论的决定论者的观点。

（4）依附理论只集中研究边缘，而世界体系理论有较宽泛的研究范围。世界体系理论不仅研究第三世界边缘落后的地区，而且研究发达的资本主义核心地区和社会主义国家的兴衰与发展（长期的趋势和循环的规律）以及资本主义世界经济将来的命运。

（5）对发达国家与欠发达国家之间不平等关系的论述不同。世界体系理论将这种不平等关系放在世界整体中去讨论，认为是整个世界资本主义体系在按资本主义生产关系发生作用，从而造成了国家间的不平等。而依附理论则重点讨论国家间的关系，尤其是曾在历史上有殖民和被殖民关系的国家间所延续的不平等关系。

（6）产生的背景不同。依附理论主要是与现代化理论所带来的一系列不良后果有关，而世界体系理论则与东亚、拉美新兴国家和地区的发展、美国在资本主义世界的霸主地位受到挑战有关。

理解依附理论和世界体系理论的区别，需要区分两组概念："经济发展"与"经济增长"，"欠发达"与"未发展"。经济增长是指欠发达国家单纯增多某一两种西方国家所需商品的产出。经济发展是既包括更多的产出，又包括随着经济增长而发生的经济结构、社会结构等方面的变化，从而形成一种独立的、有自生能力的经济持续增长和全面的整体发展。欠发达是指没有经济发展的经济增长，而不是指没有经济增长。欠发达是边缘国家经济的一种畸形发展状况，这种状况是外部强加的，未发展是指缺乏经济增长。发达国家过去可能是从不发达经济演变而来，但并非从欠发达经济演变而来。

## 二　对世界体系理论的评析

世界体系理论与现代化理论和依附理论相比有诸多的进步之处，着重研究作为整体的世界体系发展的总体态势，并从中探求单个国家和社会的发展。但不可避免地，它依然受到了许多批评家的批评。

（1）世界体系理论陷入了结构决定论。世界体系论认为是世界体系本身整体性的发展规律决定着组成世界体系的单个国家的发展。一个国家或地区在世界体系中位置的升降，不仅与自身努力有关，也是由世界体系的结构组成和运行规律决定的。这样对单个国家和社会而言，是一种外部因素决定论。

（2）世界体系理论采用整体研究方法，却忽略了具体某一个国家的不同历史时期的特殊发展过程，缺乏实际应用性。

（3）批评者认为世界体系理论注重市场中交换关系领域的分配，而不注重生产范围内的阶级和阶级冲突，不能解释阶级冲突。

（4）世界体系只是一种概念，没有具体化。这一概念几乎不是一种研究工具，缺乏实证材料的验证，缺乏应用性。

（5）有的学者认为沃勒斯坦把世界体系单纯理解成了世界市场体系，实际上是把市场或贸易活动当成人类社会生活的核心。但是单纯从经济和市场的角度来讨论问题显然是不够的。

（6）世界体系理论是一种循环论。利用周期性节律和长期性趋势来解释的世界体系，其实是由一系列小循环构成的大循环，没有注意到生产领域内的阶级分化和阶级冲突所造成的阶级斗争和由此造成的社会变动，无法解释阶级冲突和社会革命。

尽管沃勒斯坦没有反驳对其理论的一系列批评，但在此后的研究中，他注意到了各种批评意见，并力图将其糅合到自己的著述中。世界体系理论者们承认，世界体系的概念不只是一种研究工具，它还能被用来研究某个国家或社会的历史发展；承认应把社会阶级的冲突当做一种动态的历史过程来分析。

随后，一些世界体系论者在国家层次上考察了世界体系，他们研究了核心国美国的工业化和再发展问题，考察了半边缘社会主义中国的变化的阶层结构等。所有这些研究都是在国家层面上进行的，但这些研究仍然坚持考察世界经济的周期律，特别注意全球动力学和国家力量间的复杂联系。这些修正了的研究被称为"国家层面的世界体系研究"。

# 第六节　新自由主义[*]

20世纪前期，第一次世界大战、二三十年代经济大危机、欧洲法西斯主义崛起以及此后的第二次世界大战，都显示了旧自由主义学说导致的资本主

---

[*] 新自由主义和改良主义理论部分的编写主要参考了 C. P. 欧曼等著的《战后发展理论》一书中的相关内容（C. P. 欧曼等，2000）。

义严重失控（所谓"曼彻斯特资本主义经济模式"）给20世纪人类生活带来的深重灾难。而第二次世界大战以后西欧经济与政治生活的重建、社会福利国家的建设和战后的经济奇迹，则证明了以社会主义市场经济之父路德维希·艾哈德所代表的改革后的新自由主义（被称作左翼新自由主义）创造的"莱茵资本主义模式"给一度严重失控的资本主义"戴上笼头"，在进行一系列社会主义经济改革之后为西欧世界带来的空前繁荣。

## 一　新自由主义的基本内涵

新自由主义者认为，不平等是一种积极的价值，同时也是必不可少的，而平均主义破坏了公民的自由，扼杀了人们发挥才能的积极性。在"石油冲击"中，哈耶克断言，危机的深层次根源在于工会的力量过大和破坏性，是工会破坏了私人用于投资的资本积累的基础，国家在工会的压力下不得不不断扩大寄生性的福利开支。而医治危机的方法是，维护强大的国家以削弱工会力量，严格控制货币总量的发展，节省财政开支，压缩社会福利支出，减少国家对经济活动的干预。同时，要紧缩社会支出和保持自然失业率，推行税制改革，刺激经济主体去投资和储蓄。总之，新自由主义的观点就是应该允许市场机制主宰人们的命运，经济将用它的原则主宰社会。在20世纪80年代，新自由主义意识形态在先进资本主义国家获得了无可争辩的成功。

### （一）新自由主义与旧自由主义

第二次世界大战结束以后出现的新自由主义，并不像旧自由主义那样笼统地反对任何国家干预，而是主张国家应当在保护竞争机制、维护市场秩序、反对垄断的方向上进行国家干预，这就是新旧自由主义的主要区别。曼彻斯特模式是一种过分强调个人自由、不要任何束缚的过分放纵的资本主义，信仰自我调节的市场。这种资本主义的过分放纵导致了世界经济大危机、大萧条以及两次世界大战。而新自由主义的核心价值观是竞争——国家之间、地区之间、公司之间以及个人之间。竞争是最重要的，它被假定能够以可能的最好的效率配置资源，无论是物质的、自然的、人的还是金融的。资本主义市场体制与一定程度的国家计划相结合的新自由主义是为了保护这种自由的竞争。

### （二）左翼新自由主义

左翼新自由主义宣扬经济自由主义，其核心就是自由市场。具体内容包括：

（1）从经济的角度，自由市场会在整个经济系统内有效地分配知识和资源，从而会实现物质福利的最大化。

（2）从社会的角度来看，个人把握行为和行为责任，因此自由的个人主义社会制度会保证道德价值的最大化。

（3）从政治的角度来看，自由主义为解决调配、分配和控制权力提供了一个均衡的方法，因此自由政体能够保证政治自由的最大化。

（4）从知识论的角度来看，其主张都是建立在真实的实证科学知识的基础上，因此在这种系统中实证知识的有效利用达到最大化。

左翼新自由主义理论的核心是自由市场的运行。自由市场是由个体组成的，他们熟知自己的需要和需求，通过市场机制和其他的个体进行交易能够满足自己的需要和需求。市场是传输需求信息的中性机制。政府机器要为市场提供基本的法律和安全系统，来帮助个体实现自己的追求。

### （三）右翼新自由主义

右翼新自由主义者在理论上引述哈耶克、米赛斯的学说，认为市场机制是好的，国家干预是坏的。但是实际上他们没有完全放弃国家干预，相反的在某些领域是用严刑峻法进行了强硬的国家干预，比如私有化、打击工会、修改劳动立法、削减社会福利等。里根主义和撒切尔主义所代表的新自由主义就是非常典型的这种右派角色，他们创造了一种新保守主义后来又被称作是新自由主义的资本主义发展模式，叫做"新美国模式"、"芝加哥模式"或者"盎格鲁—撒克逊模式"。右翼新自由主义主要反映在国家层面的政策上。

（1）政府减少或不干预经济，主要体现在价格、利率和外汇上。同时宣扬竞争和市场，提倡不平等的正面作用。撒切尔夫人曾说，为了共同的利益，应该给那些天才和俊杰们以发挥和表现的机会。人类的不平等是天生的，出生于良好家庭的人、受到良好教育的人、坚忍不拔的人会逐渐给每一个人带来好处。

（2）与竞争形成对照的是，对于那些最大的市场参与者——跨国公司，竞争的原则很少应用在它们身上。它们实行的更多的是联盟和垄断资本主义，而不致力于新的、创造就业的投资，总是导致失业。

（3）私有化。国有工商业部门被无情地缩小，因为它们不遵从市场追求利润和市场份额的竞争法则。右翼新自由主义把任何公共服务都定义为"低效率的"。私有化的要点既不是提高经济效率也不是提高对消费者的服务，而仅仅是把财富转移到私人手里。

### （四）国际政策层面的新自由主义

在国际上，新自由主义把它们的全部努力都集中在三个基本要点上：商品和服务的自由贸易；资本的自由流动；投资的自由化。20多年以来，国际货币基金组织被极大地加强。通过利用债务危机和限制性机制，它已经从维持支付平衡转变成推动新自由主义经济政策的全球独裁者。20世纪80年代，为了解决严重的债务问题，拉美国家在新自由主义原则指导下所进行的"结构改革"，结果不但没有促进拉美地区经济的发展，反而引起了一系列灾难性的后果。1995年1月成立的世界贸易组织与国际货币基金组织一样，机构缺乏透明度和民主，试图用经济规律指导全球社会，是新自由主义的全球代言人。

### （五）华盛顿共识

"华盛顿共识"是由美国学者约翰·威廉姆森提出的。1989年他出席美国国会一个委员会作证支持"布雷迪计划"。后来他在参加发展研究学会苏塞克斯研讨会时，阐述了其在国会委员会提出支持"布雷迪计划"的观点，并将其命名为"华盛顿共识"。同年11月国际经济学会会议讨论威廉姆森的十项改革，得到世界银行总裁斯坦利·费舍尔的支持。这份共识的主要内容包括实行紧缩政策防止通货膨胀，削减公共福利开支，实行金融和贸易自由化，统一汇率，消除对外资自由流动的各种障碍，实行国有企业私有化，取消政府对企业的管制等。

所谓"新自由主义的华盛顿共识"指的是以市场经济为导向的一系列理论，他们由美国政府及其控制的国际经济组织所制定，并由他们通过各种方式实施。其基本原则简单地说就是：贸易自由化、市场定价、消除通货膨胀和私有化。尽管这种新自由主义仍然具有经济自由主义的实质内容，但是，首先它已经有了某种国际扩张性政治权力的形式，因为现存的各种国际性经济组织不过是现实权力的分布状况的反映，甚至是权力放纵的结果。其次，"华盛顿共识"所包含的并不只是某种强制性的经济价值判断和价值决断，而且还有扩张性的政治价值判断和政治决断。在这里，经济与政治一体化了。最后，"华盛顿共识"的意义并不是现代人所期待的那种"公共理论"或人类共性，而是一国政治意志的普适化，因为美国政府只是"出于自身利益的需要"来推行其全球体系谋划的。

## 二 对新自由主义的评析

随着拉美各国新自由主义改革的陆续失败,新自由主义开始受到越来越广泛的批评。这些批评主要集中在以下几个方面。

(1)诺姆·乔姆斯基在《新自由主义和全球秩序》中将他的思想锋芒指向了风靡西方乃至全球的新自由主义以及由这种新自由主义理想所编织的全球秩序。新自由主义同时具有社会经济权力、政治权力和文化意识形态的三重性质。而新自由主义与全球秩序之间的关系,更多地应被归结为一种西方范畴内的权力共谋关系,而非"名""实"互证的普遍性理论依赖关系。

之所以如此,原因至少有三。第一,在当代世界,所谓"新自由主义"和"全球秩序"很大程度上都是西方式的概念,而非真正的世界普遍性概念。第二,迄今为止,这两个关键概念的传播方式都具有某种意识形态的强制性和西方扩张性。第三,无论是新自由主义,还是全球秩序,在目前情形下,都具有权力诉求和话语霸权的性质,且它们的权力诉求都隐含着单极化、总体化的危险。如此看来,乔姆斯基的批判便不仅具有积极的理论意义和思想价值,而且也具有积极的现实意义和普遍价值。

(2)卡尔·波拉尼认为,自由主义一开始就具有奇怪的辩证法:一方面,它以自我调节市场制度促进商品生产和交换的普遍化,另一方面,它针对来自市场社会和积累过程的危害力求提高"社会的现实的自我保护"。也就是说,资本主义有一种双重运动的特征———种管制和解除管制的辩证法。他的实际主张是,只有社会自由主义、社会民主主义和社会主义才是可持续的。

(3)新自由主义的绝对论调也受到许多批判。新自由主义将全球化强调为自由市场制度的自发产物,除了新自由主义,别无选择。新自由主义认为,国家抵挡不住全球化的力量。而在世界发展进程中,当前的全球化不过以功能主义的方式反映了资本主义普遍化的更为根本的趋势,只有一种真正替代资本主义的社会,才是唯一的选择。

(4)新自由主义所倡导的经济结构改革中的一些问题也受到质疑。例如,私有化的道路、外债的作用、市场导向等。

# 第七节　改良主义的发展理论

从 20 世纪 60 年代起，发展学家通过实证研究发现，发展中国家的收入分配不平等程度、二元结构的扩大以及失业等原本应该在发展过程中得到缓解的问题却加剧了。经济增长的成果显然在很大程度上为最富裕阶层所享用，而多数人则生活在贫困线之下，其中很多人的生活变得越来越糟糕。所有这些引起了对发展方式的反思，对将经济发展应当归结为增长速度最大化的反击更强烈了。这些结论以文献的形式出现，称为改良主义。

## 一　改良主义发展理论的基本内涵

正统发展理论的致命的弱点是：把关注的焦点放在拉大和缩小发达国家与发展中国家的贫富差距上，却忽视了贫困、生活质量和缩小发展中国家内部的贫富差距。而改良主义则可以看做一种克服正统发展论致命缺点的运动。改良主义强调自己寻求根除影响大多数人口的贫困和不平等的政策，强调国家干预的作用。

### （一）就业、增长中的再分配和基本需求

20 世纪 70 年代改良主义者对消除贫困有三个基本方针：就业导向战略、增长中的再分配和人类基本需求战略。

（1）国际劳工组织（ILO）实施了世界就业计划，作为解决贫困者就业的手段。ILO 方式的新奇之处在于以解决就业问题来解决贫困问题。它还指出早期工业化文献基本增长方法的弱点，并指出了二元经济模型在政策上并不成功。ILO 认为，生产性就业是一种可以直接引起关注和解决贫困的机制，因此推行就业导向发展战略是重要的。

国际劳工组织在解决就业方面所做的努力产生了很大影响，因为它关注的是受过教育的失业者、有工作的贫困者和城市非正规部门贫困和不平等问题。它通过支持土地改革、劳动密集型技术的扩散等来发展传统的农业领域。同时，ILO 通过对一些新的概念，如有工作的贫困者和城市非正规部门等进行明确定义，来为未来的改良主义思想家和政策制定者提供方向性的帮助。

（2）世界银行和增长中的再分配。20 世纪 50 和 60 年代，世界银行的重

点放在基础设施投资和工业化方面，在60年代将计划细分至农业和教育等部门，70年代，世界银行开始敦促发展中国家政府重新制定其发展政策，采取更为直接的措施消灭贫困，同时提出了农村发展战略，将消除贫困的矛头直接指向农村。世界银行也关注发展中国家的城市贫困，在消除贫困上追求一种整体效果。

目前，世界银行的重点转向消除绝对贫困，而且既关注农村地区也关注发展中国家城市的贫困。在农村发展战略方面，通过支持那些旨在消除贫困并满足他们的一些基本需求的新型一体化农村发展项目，基础部门（如教育、住房和农业）处于更优先的位置。在消除城市贫困问题上，旨在增加非正规部门的赚钱机会，并在现代领域内创造更多的工作机会，提供均等的机会进入公共设施、运输、教育和医疗服务部门，推行符合现实的住房政策。世界银行在很大程度上支持了城市非正规部门的扩展。

早期研究集中在贫困问题的量化研究，并通过核查细节明确其地理分布。这开启了对不同类型的"一揽子政策"的影响研究，这些一揽子政策的设计通过使用计算机模拟技术以达到减少不平等和维持或提高增长率的目的。这些政策的制定和世界银行充裕的金融来源成为改良主义者思想发展和实践的主要原动力。世界银行贷款的巨大能量，不仅唤起了国际援助界"正视"贫困专项基金和基本需求项目而且为支持它在发展政策中扮演的角色，世界银行的研究计划更坚定地指向贫困问题的调查。

世界银行关于增长中重新分配的贫困战略是一种增量主义方式。它意味着在增长的增量中，额外收入应分配给贫困者，以增加他们在国民收入中的比重。增量主义方式在范围和使用工具与更激进的基本需求战略有着很大区别，后者重在将土地的重新分配作为彻底根除农村贫困的先决条件。

（3）基本需求战略。改良主义对20世纪60年代末70年代初的现实进行了广泛的国际反思，认为过去的发展战略没能改变贫困者的苦衷。50年代的增长和工业化战略中的"涓流"机制并没有使发展中国家的大多数人自动地分享到增长的果实。这个反思的过程集中于改良主义压力。

国际劳工组织在1976年世界就业大会上倡议，国家发展战略不仅要把就业增长放在优先位置，也要把满足人类基本需要放在优先位置。因此，基本需要便"正式"处于发展政策和实践最前线。除了建议经济发展应公平地符合贫困者的这些基本需求以外，大会还勾画出一些达到以上目的的战略。首先，经济增长要加快。第二，增长的模式应重新定义，使贫困者有获得生产性资源的机会。为此以资产再分配为形式的制度变革要受到重视。第三，人们参与决策过程和妇女在发展中扮演角色应得到加强。最后，支持国际经济改革以增强国家级的规划。

增长中的再分配是一种逐步实现的增量方式，而基本需求方式则是一种直接而且较迅速地消除贫困的方式。在基本需求方式的支持者中，一部分强调要给穷人提供教育、安全饮用水和健康服务，另一部分则强调资产的再分配、迁移穷人并给予他们在政治进程中说话的机会。这一时期的改良主义者们逐步把注意力转向了社会与政治影响、穷国不利的外部因素、世界银行的僵硬制度等方面，发展出一系列新的衡量贫困的指标，将基本需求战略发展成为一组操作性问题。

### （二）国际经济新秩序和改良主义的国际化

很多改良主义者认为，国家之间以及国内的不平等是欠发达的根源，全球性不平等现象的下降会给全面减少贫困带来积极的影响。因此很多改良主义思想家建议建立国际体制（以减少贫困为核心要素）以使贫困实现持续和自我依赖的发展。ILO 的就业方法、世界银行增长中再分配的方法和基本需求战略使许多援助国热衷于发展中国家进行的内部改革，这些使得贫困问题在国际范围公开化。

第三世界国家常常认为，战后的国际经济秩序不符合穷国利益，他们要求建立国际经济新秩序（NIEO）。关于国际经济新秩序的辩论，归结起来是国家间权力分配问题，发展中国家追求更有利的权力分配。国际经济新秩序所讨论的问题是南北对话的延伸。还有学者建议建立一种国际对话程序，使国际经济新秩序谈判与发展中国家的基本需求战略的实行相衔接。他们认为，使制度服务于目标的方法就是对话：当发展中国家答应接受基本需求战略时，援助者才接受国际经济新秩序。

1977 年成立的布兰特委员会的报告《南方与北方：生存计划》于 1988 年发表，这是改良主义思想的又一成果。它提出了一系列长期结构改革和短期紧急措施。长期措施包括把最贫困者的需求放在首要地位，消除饥饿、货币制度改革和新的发展融资方式。紧急对策包括四项内容：向发展中国家的大规模资源转移；国际能源战略；全球食物计划；进行国际经济体制的某些主要改革。布兰特报告刺激了人们对南北关系问题、国家相互依存问题和国际性贫困问题的思考。

**（三）改良主义的实证研究**

在 20 世纪 70 年代改良主义文献中不断升温的担忧——也经常被强化——导致相当数量的实证研究。改良主义实证研究主要包括以下几个方面：

（1）增长与不平等。研究增长与非平等的关系有两个角度：增长对不平等的影响，政府追求平等的政策对增长的影响。第一个角度主要是阿德尔曼（Adelman）和莫里斯（Morris）的研究。他们的研究数据显示，增长对收入分配最主要的影响是，最穷人口的绝对收入比重和相对收入比重都下降了。他们分析了增长的结构背景，提倡增长前的再分配战略。至于政府平等政策对增长的影响，世界银行的增长中的再分配战略显然建立在一种假说上，即政府政策既可以降低不平等也可以加速增长。这方面的研究主要集中在设计更好的分配政策和降低贫困的政策，要求结构的快速变革。

（2）对贫困的测量。对贫困的定量研究中最著名的就是阿鲁瓦里亚、卡特和钱纳里发表于 1979 年的文章。以 36 国的数据为基础，他们发现发展中国家大约 40% 的人口生活在绝对贫困中，他们的收入水平不能保证获得充分的营养。贫困者的大多数在最穷的国家：南亚、印尼和次撒哈拉非洲。其他研究则关注特定国家与地区的贫困，如南亚和非洲；或特定收入影响的人群，如农业或农村手工业者和妇女。

（3）不同的发展指标。人们认识到人均 GNP 作为发展指标的局限性，而且感到有必要开发对基本需求满足度的测度方法，这些都促进了综合发展指标的研究。UNRISD 于 1970 年从 73 个经济、金融、政治和社会各方面样本中提炼出 16 个关键指标，组成一个综合性发展指数，并创造了不同于人均 GNP 排列的排序法。这项研究被指责暗含了穷国步富国后尘的假设，而且它们的测度方法追求结构改变，却没有对人和福利给予充分重视。

这种批判导致新的指标的出现。新指标注重居民的生活质量。其中著名的代表有莫里斯的生活指数的物质质量（PQLI）。PQLI 基于三个指标：寿命、婴儿死亡率和识字率，这些数据是比较容易收集到的。PQLI 由于没有包括生活质量的其他方面——如人权或政治自由度——而受到批判。

## 二 对改良主义理论的批判

改良主义的产生是对传统的以增长为中心的发展方式失败的反应。整个

20 世纪 70 年代，改良主义理论在发展实践家和理论家中都具有广泛的吸引力，但对该方法的理论基础和政策含义却有一些批判意见。

（1）基本需求理论的主流没有充分强调工业在促进经济结构长期转换上的作用。

（2）对基本需求的定义依据社会和道德标准，并可根据时间和地点而改变。这样就使目标人群、需求量化等方面产生了混乱。同时，基本需求方式与其他方式相重复。

（3）基本需求战略必然意味着专注于农村发展和以牺牲城市现代部门为代价的乡村改革。事实上，基本需求战略同国际经济新秩序或同呼吁发展中国家与国际体制脱钩的思路并不冲突。真正对基本需求战略感兴趣的国家，应该在一代人中设计出符合本国的发展、人口、自然资源、政治风险和机会的模式。

（4）一些学者认为，基本需求战略是家长式的，助长了国家控制和官僚主义。基本需求战略以国有化和其他手段，将生产资料所有权和商品从私人部门转移到国有部门，存在着很大的危险性。即使在并不健全的市场上，也应该运用价格机制，有效的增长能够通过价格机制增加对非熟练劳动力的需求。

（5）新古典主义批判家对改良主义的再分配改革进行了攻击，也考虑第三世界和基本需求论者呼吁的资源在国际上重新配置。他们反对国际经济新秩序的概念。很多学者认为大多数 NIEO 计划都依赖于西方国家的"经济利他主义"，这不可能提供发展中国家追求的改革。他们认为 NIEO 计划将把国际注意力放在发展中国家的外部关系上，并把注意力从更关键的国内战略问题如价格和市场上移开。贸易和援助可以增加发展所需的资源，但靠它们本身不会引起根本性改变。

（6）批评者认为布兰特报告没有解释贫困为什么会产生，而贫困产生的原因正是该报告建议加以保护的经济体制。他们指出，任何在国内和国与国之间的减少贫困和改善收入分配的建议，必须建立在分析不平等的根源的基础上。

（7）一些操作性的问题永远得不出结论。必须通过一系列的研究和实践，给基本需求概念注入新的内容。

## 思考题

1. 现代性的含义是什么？

2. 如何理解"现代性的形成过程也就等同于西方近代史的沿革过程"？

3. 如何看待现代化理论的局限性？

4. 结构主义有哪些有代表性的理论？如何理解这些理论的内涵？

5. 如何理解依附理论的内涵以及与世界体系的区别？

6. 如何理解新自由主义的基本内涵？

7. 如何评价新马克思主义理论？

8. 分析比较世界体系理论与依附理论的异同。

9. 如何理解改良主义？

10. 理解西方现代化理论的现实意义是什么？

## 参考文献

1. 李小云主编《参与式发展概论》，中国农业大学出版社，2001。

2. 戴维·波普诺主编，李强等译《社会学》（第十版），中国人民大学出版社，1999。

3. 〔英〕丹尼斯·哈伊著，李玉成译《意大利文艺复兴的历史背景》，三联书店，1992。

4. 刘祚昌等主编《世界史》，高等教育出版社，1995。

5. 杨善华主编《当代西方社会学理论》，北京大学出版社，2001。

6. 〔美〕斯塔夫里亚诺斯：《全球分裂——第三世界的历史进程》，商务印书馆，1993。

7. 叶至诚：《蜕变的社会——社会变迁的理论与现状》，洪叶文化，1997。

8. 黄瑞祺：《批判社会学》，三民书局，1996。

9. 尹保云：《什么是现代化——概念与范式的探讨》，人民出版社，2001。

10. 周穗明等：《现代化：历史、理论与反思》，中国广播电视出版社，2002。

11. 张琢、马福云：《发展社会学》，中国社会科学出版社，2001。

12. 贾春增主编《外国社会学史》，中国人民大学出版社，2000。

13. C. P. 欧曼、G. 韦格纳拉加：《战后发展理论》，中国发展出版社，2000。

14. 卫华：《新自由主义及其批判》，《国外理论动态》1999年第12期。

15. 〔英〕佩里·安德森（Perry Anderson）著，费新录译《新自由主义的历史和教训》，《天涯》2002 年第 3 期。

16. 李珍：《新自由主义与拉美发展模式》，《拉丁美洲研究》2003 年第 3 期。

17. 刘祚昌等：《世界史》，高等教育出版社，1995。

18. 袁兴昌：《对依附理论的再认识——依附理论的主要组成部分及基本思想（上）》，《拉丁美洲研究》1990 年第 5 期。

19. 周长城：《新依附理论：卡多佐对传统依附理论的挑战》，《社会科学研究》1997 年第 4 期。

20. 袁兴昌：《评弗兰克"不发达的发展"论》，《拉丁美洲研究》1992 年第 4 期。

21. 彭刚、黄卫平：《发展经济学教程》，中国人民大学出版社，2007。

22. 〔美〕伊曼纽尔·沃勒斯坦著，罗荣渠等译《现代世界体系（第 1 卷）：十六世纪的资本主义农业与欧洲世界经济的起源》，高等教育出版社，1998。

23. Gugler, Jose. *Urbanization of the Third World*. New York：Oxford university Press, 1988.

24. P. W. Preston. *Development Theory：an Introduction*. Oxford；Cambridge, Mass：Blackwell Publishers, 1996.

25. Vandana Desai, Robert B. Potter. *The Companion to Development Studies*, Oxford University Press Inc. , New York, 2002.

26. Colman, D. Nixson, F. *Economics of Change in Less Developed countries*, Philip Allan/Barnes & Noble Books, 1986.

# 4 第四章 参与式发展[*]

参与式发展兴起于 20 世纪 50 年代末,盛行于 20 世纪 70～90 年代,迄今已成为国际发展实践的主流理念。此概念是在对传统发展思想反思的基础上提出的,包括参与式发展理论、参与式发展研究与实践框架、参与式发展研究与实践方法以及参与式发展研究与实践工具,是一套完整的框架体系。本章主要介绍对传统发展理论与实践的反思,参与式发展理论的来源、基本概念、理论与实践以及对参与式发展理论与实践的反思。

## 第一节 对传统发展理论与实践的反思

这里的"传统"是就思想方法而言的,主要有两个含义:一是指以经济增长为中心的发展思想;二是指与新兴发展理论相比较而言的争论。"反思"代表着对那些过时的、或者是现存的但与现实发展要求不相符合的事物的重新思考和修订。虽然从 20 世纪 50 年代以来,发展中国家都普遍接受过传统发展理论的指导,但结果并非如预期所愿,甚至出现了发展倒退的现象①,这

---

[*] 本章根据李小云主编《参与式发展概论》第 1、2、3 三章改编而成。

① 首先,以非洲为代表的大多数发展中国家并没有取得经济进步,反而加剧了社会不平等和政治动荡;其次,使一些基础条件较好的发展中国家,如巴西、菲律宾、巴基斯坦等曾经在传统发展理论的指导下取得了一些发展,但结果是昙花一现,他们的经济很快就衰退了;最后,一些东南亚国家和地区,如"四小龙"取得了经济的高速增长,但是 20 世纪 90 年代中期的金融风暴使他们纷纷倒退(李小云,2001)。

些都被认为是传统发展理论的后果。此外，传统发展理论中那种企图将西方文明模式复制到世界各地，从而消灭各国在政治、经济和文化机制方面差异的发展目标也越来越受到人们的质疑。可以说，对于发展的反思是与发展中国家追求发展的脚步相伴而行的。

## 一　认识论层次的反思

### （一）西方哲学的影响

正如伯特兰·罗素（1992）所言，哲学是用来反映和适应时代变化的。哲学对时代的反映是最根本和最深刻的，任何思想都必然受到哲学的影响，因此，对于思想的反思不能回避对其哲学基础的思考。本部分从认识论角度的反思正是基于此点。考虑到世界发展的动态、过程对思想体系的影响，以下从西方哲学、量子力学引发的思维逻辑的变化以及知识经济时代强大物质技术对现实文明世界的改变三个方面来讨论。

1. 从启蒙运动到科学主义

广义上讲，启蒙运动是指给任何一个社会带来新观念，使人们更愿意接受新生事物，并最终给整个社会带来进步的思想运动。从这个意义上来讲，各国都有一个启蒙的历史时期。狭义上讲，启蒙运动特指始于 16 世纪，发生在欧洲大陆、以法国为代表的启蒙运动，该运动大力提倡自然神论或无神论。此后，在英国、德国直至俄国都产生了以宣扬宗教宽容、政治自由以及无神论为主题的思想启蒙运动。该运动的一个直接结果就是改变了人与神之间的关系，即将人从宗教的桎梏中解放出来，人们开始认识到人的命运是由自己来掌握的，而不是由神来控制的。

在启蒙运动进行的同时，西方迎来了一个科学繁荣的时期，笛卡尔（1596～1650）的理性主义和牛顿（1642～1727）物理学体系的建立为西方近代文明的思想体系的形成奠定了基础。毕达哥拉斯主义确认了可知与可感的区别：可知的才是真实、完美和永恒的，而可感的是表面、有缺陷和瞬间的。真实的世界存在于对抗倾向的平衡调节之中。以笛卡儿为代表的 17 世纪认识论学者继承了上述思想，更注意理性（理论）和经验之间的冲突（奥哈根，1989）。对于他们来说，理性处于支配地位，而不可靠的感官处于从属地位。他们根据一些直觉的公理（如笛卡儿的"清晰、明确的观念"）认为理性就是逻辑演绎。理性主义和经验主义的争论从此开始一直持续到 20 世纪。牛顿在1687年发表了《自然科学的数学原理》，向世人展示了运动三大定律。于是，自然界的所有运动通过数学这一人造的规则如此精妙地表现出来，牛顿力学定律根本上奠定了人们对世界的看法，它是理性主义认识论的胜利。

启蒙运动、理性主义和牛顿力学的发展对于近代西方文明体系的建立起到了支柱作用。而在17~18世纪开始的工业革命同样推进了近代西方文明的形成。资本主义的手工工场、科学技术以及地理大发现都推进了产业革命的发展，这是人对自然的巨大胜利。到了19世纪，欧洲在科学技术的支持下迎来了她的黄金时代。正如伯特兰·罗素（1992）所言："几个世代以来，启发人们的主导思想是关于进步的概念。把西欧看作施主，而把世界其他部分作为技术上的附庸，似乎世界就朝着一个更完善更文明的境地前进。"从中已经可以看到传统发展理论的影子。

启蒙运动、理性主义、牛顿力学的发展以及工业革命的相互影响和支持，以及这些思想和技术的结合形成了一种基本的思维框架，即科学和理性是人们认识和改造自然的武器，它们在给人类带来巨大物质财富的同时，也导致了"科学主义"的产生，即人类对于科学的崇拜。科学主义是与启蒙运动、理性主义和牛顿物理观密切相关的一种观念，它虽然不能有一个明确的严格定义，但其影响和表现是明显且广泛的。人们往往把科学当做万能药，期待用所谓"科学的方法"来解决一切问题，当然包括发展问题。与科学主义并行的还有所谓的"技术主义"、"工业主义"等现代意识观念，它们都包含了现代主义的内涵。现代主义实践的产物就是传统发展理论，即现代化理论。

2. 从对启蒙运动的反思到反科学主义思潮

西方学者对西方文明思想体系的反思从未停止过。直到20世纪初，整个欧洲还是一片歌舞升平的景象，但第一次世界大战粉碎了人们的美梦。西方学者在现实的推动下更加深了对现存社会思想体系的批判，较为典型的是法兰克福学派的阿多诺和霍克海默在1947年发表的《启蒙的辩证法》。书中明确提出，启蒙精神所倡导的征服自然的动力往往转向了目标的对立面，即一种对改造自然的迷信代替了对神的迷信，这使得人最终丧失了自由。

从对启蒙的反思开始，人们开始进一步反思理性主义的哲学基础。其中，主要是以胡塞尔为代表的现象学和以索绪尔为代表的结构主义（《中国大百科全书》，1987）对二元论的反思。胡塞尔认为，"现象"是指呈现在人的意识里的一切东西，现象学的任务就是从"现象"中找出"本质"，亦即对现象进行合乎理性的探讨，从而为科学提供理性的根据。可见，在现象学看来，理性与感觉完全统一在了现象这一基本概念当中，而回避了理性主义和经验主义之间的争论。结构主义是在 20 世纪 60 年代现象学之后崛起的哲学思潮，对社会科学研究影响极大。其核心是结构主义方法，这种方法强调在研究中将对象分解后进行重新组合，以引起整体性的变化，认为整体对部分具有优先性，如果不了解整体根本就无法了解部分。

现象学和结构主义对理性主义的挑战表现为由此而产生的反科学主义思潮。如前所述，现代主义包含科学主义、技术主义和工业主义等内涵，它们具有共同的价值取向，即科学的、技术的等于进步和发展，用科学的标准来衡量一切，用科学的方法来处理所有问题。而反科学主义则对此采取了根本的怀疑态度。反科学主义的怀疑立足于反对机械唯物论和还原论，其中的代表思想是存在主义和解构主义。存在主义的特点是把个人的非理性意识活动当做最真实的存在，并作为其哲学的出发点，是一种以人为中心，尊重人的个性和自由的哲学。解构主义又称为后结构主义，是对结构主义的辩证发展，它以消解一切传统、权威、中心、等级、秩序和信仰为己任，崇尚非整体、非同一和不确定性（张雄等，1999）。解构主义的代表人物米歇尔·福柯宣称要"尝试进行一种非中心化，即不让任何中心享有优先地位"。

综上所述，基于科学主义和理性主义之上的传统哲学受到了激烈的挑战。在传统哲学的影响下，传统发展理论强调以已有的理论去理解和改造现实的对象，而从根本上否定了发展对象所具有的能动性。由于传统发展理论认为所有的事物都可以被还原和肢解，因而，在此理论指导下的发展实践往往仅注重局部细节，而忽视整体。例如，传统发展理论往往会将基础设施建设或移植一种教育制度当做发展的本身，而把对西方社会的逐步复制作为发展的手段。

### （二）量子力学带来的思想上的飞跃

自然科学，尤其是物理学，已经成为公认的人类知识体系的基础，从其中生发出来的对于世界的看法和思想决定了社会科学思想体系的逻辑框架。传统物理学的成功使人们把它的完整理论复制到了社会科学研究领域，一些基本的物理规律和机械模型成为人们进行社会研究的样本，研究者对待任何的社会科学现象都要寻找能量和机制。

然而，爱因斯坦对传统物理学中时间和空间的概念提出了质疑，量子力学又对客观事物的可知性提出了怀疑①，并从根本上动摇了牛顿力学所描述的物质世界，从而推进了人类的认识。量子力学为理解物理世界提供了最具创造性的概念：亚原子并非作为一个实在的"粒子"存在，而是作为一个波函数。这个概念可以扩展到社会领域，因为所有事件的发生和结果都是以可能性存在的，而不是以事实本身存在的。进一步推至人的行为也是如此，因为他们的思想和行动并非永远固定不变。一些可能性极大的事件可能没有发生，同时，只要具有可能性的事件就可能发生。在这个瞬息万变的世界上，可能要远远多于存在，即实际当中所真正发生的只是众多可能性中极小的一部分。当一种可能性从众多的、竞争的可能性当中脱颖而出变为事实以后，实际的发展将面临另一个未知的世界，又有纷繁的可能性有待产生，其中的一种可能性会得到发展成为现实，而其余的都会在潜在中消逝。

　　量子力学理论的一个重要哲学意义是它揭示出物质世界是一个可能性的世界。社会科学所研究的对象是随时空变化的，这种变化的方向是以多种可能性来表现的，而社会科学所能够做的就是促进那种最符合研究设计的可能性的产生，即社会科学研究的理性应该表现在这种促进的行动中。在实际的行动中，不同人的想法和行为是相互影响的，这也是社会科学研究比较复杂的重要原因。这种思想逻辑使所有的社会科学对于有关人的理解从牛顿式决定论和机械论转向一个以可能性假设为主要特征的模型。

　　量子力学理论对人类知识体系所产生的影响是巨大而深远的，它对世界新的理解方式在新兴的哲学流派中得到了印证，其中现象学和存在主义思潮对世界的理解在许多方面与量子力学异曲同工。现象学认为应该把世界理解为一个现象的世界②：通过对话和行为来减少主观和客观以及理论与实践之间的差别，对话和行为于是成为解释周围世界的唯一的手段，每个人都需要注视和吸收其他人的解释。这个过程要求人们的分析框架发生转变，要求人们除了要重视理论以外，也要重视经验。实验证据表明，即使对于同一个决策来讲，也同时存在着不同的偏好，而根本不是传统上的不变偏好，这对习惯上所谓的"理性的决策"提出了挑战。

---

① 有关量子力学所带来的思想启示参考 Norman Uphoff, *Learning from Gal oya*, Cornell University, 1996, pp. 305–411 中的观点。

② 现实的世界与存在的世界的提法见于 Norman Uphoff, *Learning from Gal Oya*, Cornell University, 1996, p. 388。

根据存在主义，世界还应该被理解为存在的世界：在现实世界当中，人们永远面对着一连串程度大小不同的可能事件，即从动机到行为的所有事物的发生都要受到环境的影响，环境决定了发生的可能性，而在环境当中起到重要作用的往往是其他人的意愿、能力、计划等。混沌理论认为，在本体论上有关人的行为的伦理和命令（即外在约束和内在约束）与存在主义哲学有关，所谓小原因引起大后果。人们一旦认识到世界不应该被看做一个巨大的机器（而这正是在牛顿和拉普拉斯影响下的传统思潮所认为的），就能得到一个必然的结论：人们应该以一种"学习过程"的方式来行为，以期影响和改变周围的环境因素。这样做未必就能成功，但在主观想法与必然的发生之间毕竟存在着得到更好结果的可能。存在主义哲学为人们在混沌世界中的行为和生活提供了更好的思想框架。

除量子力学外，熵理论同样给人类的认识论带来了重大的启示。该理论说明了一个小原因是如何引起巨大影响的。例如，在大气系统中，某点一个微小的变化可以引起整个气候系统大范围的连续变化。可见，非线性变化是普遍存在的，这与传统的物理模型有本质的区别。

### （三）迅速发展的现实世界带来的启示

如上所述，在理论上，哲学本身的发展和量子力学的贡献推动了认识论的变化，而在现实当中，科学和技术的发展已经极大地改变了人们思考的物质基础。这方面最大的变化是以微电子技术为代表的新科技的发展及在此基础之上的"知识经济"时代的到来。

一般认为，第二次世界大战是人类社会技术发展的推进剂，已有科学知识的积累、工业文明本身的发展以及当时存在的意识形态的斗争都促使人们投入更多的力量去推动现代技术的发展。这个过程本身可以看做西方文明中技术崇拜的形成，但需要强调的是，这种发展结果使科学技术得以加速积累：从20世纪60年代出现微电子技术的萌芽到20世纪90年代末全世界公认的"信息时代"的到来才不过短短30年的时间。在此期间，新技术层出不穷，其中以计算机的发展和广泛应用所带来的革命性影响对现实世界影响最大，成为当今世界"全球化"和"数字化"的基础。

全球化是各个民族和国家摆脱孤立封闭状态，逐步形成交往频繁、高度流动、紧密依存和节奏快捷的世界格局的过程。在哥伦布环球航行促成地理大发现以后，人类社会一直在不断地走向全球化格局，但使这一历程得到坚实保障的正是以微电子技术为基础的 20 世纪 90 年代以来的信息高速公路的建设。在发达的计算机技术的基础上，人们看到了全球一体化的可能。"计算不再只和计算机有关，它决定我们的生存"（尼葛洛庞帝，1996）。"比特"（Bit）是这个时代的基本元素，它是信息的"DNA"，正在迅速取代原子，而成为人类社会的基本要素和基本交换物。工业社会带来了机器化大生产的观念，也带来了在任何一个特定的时间和空间以统一标准化方式重复生产的经济形态；信息时代的经济规模毫不逊色于工业时代，但时空与经济的相关性减弱了，"真正的个人化"成为新时代的根本特征。不仅仅个人选择丰富化，而且人与各种环境之间得到恰如其分的配合，数字化生存使人们挣脱了时间、空间的限制和"原子"的束缚，得以在更广阔的时空中接触更广泛的人群。

全球化和数字化趋势的哲学意义在于它们都为可能世界提供了更多的可能性。这种可能性的增加来自于各种物质的流动性大大增加，因而相互之间接触的可能性也在爆炸性地增长，这种可能性的增长就是使现象学所指的"现象"和存在主义所讲的"选择"的增长。其结果就是使人们的决策权力发生变化，因为决策的不同甚至决策权力的不同在很大程度上正是信息的不同所造成的。因此，《数字时代》的作者指出，分散权力和赋予权力是数字时代的特征。

知识经济是在 20 世纪 90 年代末出现的概念。之所以把知识和经济联系在一起是因为以美国为首的发达国家的经济发展当中出现了不以物质投入增长为基础的长期稳定的经济增长。例如，阿兰·格林斯潘 1996 年指出，美国的总产出若以吨来计算，比 100 年前并未增加多少，而 GDP 产值却增长了 20 多倍。这部分非物质投入带来的增长历来被当做"全要素生产率增长率"或"增长核算剩余"来衡量，即传统增长模型中无所不包的"技术"函数。但这只是试图从直接影响的角度来衡量技术的局部贡献，而没有着眼于科学技术整体与经济的关系。

为了研究知识整体对经济的作用，保罗·M. 罗默等把生产投入分为硬件、软件和湿件（wetware）三类。硬件包括生产中使用的全部非人力物品，包括设备、厂房等资本品及其他一些自然资源；软件是人大脑以外存储的信息和知识；湿件，是指存储在人大脑中的那些不易被转让且未能以明示的形式来表示的知识（默示知识）（尼尔森、罗默，1999；弗雷，1999）。于是，知识经济向人们提出了一个如何看待知识的地位的问题。在传统的二元论当中，知识被统分在意识当中，而与物质相区别，但保罗·M. 罗默等的分析显然预示着，不仅知识与一般的意识不同，而且其本身也是要分类的。Norman Uphoff 在思考重塑社会科学的问题时提到了同样的问题，他引用 Eccles 和 Robinson 的哲学观点，认为现实世界应分为三个领域，即物质和能量（matter and energy）、意识（consciousness or mental states）和知识（knowledge）。上述两种说法都在不同层次上确认了知识的独立地位，其中湿件知识的概念更进一步指出了不同人所具有的知识的独特性。

从认识论的意义上说，知识经济使人们更深刻地认识到知识对改造现实世界的独特推动作用。随着知识的作用不断被揭示和被强调，对不同个人知识的独特性进行分析就更具有了现实意义。这也从一个重要的方面提出了文化对经济的作用，因为文化正是不同的人群大脑中所具有的默示知识，它们并未被显化，但是难以改变，并时刻发挥着作用。

## 二 对传统发展理论的反思

反思传统发展理论离不开我们自己所持立场形成的时间、角度和思维背景。当今社会，针对发展中国家提到发展的概念，是指存在一个既定的发达国家模式的强大影响下的发展，这些影响包括他们的价值观、经验以及行为模式。这些因素往往以"发达、进步、文明"等充满诱惑力的印象来引导人们的选择，所谓的反思就是对这种既定发展模式的缺陷的思考。传统模式认为，存在着一个放之四海而皆准的模式适用于所有发展中国家，即以经济增长为主的对于发达国家历史的复制。其结果是运用了一种方式、一个声音、一种方法，但并没有导致一种真正的成功，而是出现了各种各样的问题。正是基于这些问题，一些专家和学者开始对这种传统的发展理论和发展实践模式产生了质疑。

### （一）传统发展理论的逻辑框架

传统发展理论的发端和繁荣时期是在 20 世纪 40～60 年代。1949 年，美国总统杜鲁门提出了所谓的"第四点计划"（即对落后国家提供经济援助的计划），用大量美援来支持和争取第三世界一些国家，为此必须加强对接受援助国家发展道路与模式的研究，以便把他们纳入美国设想的世界格局中来。发达国家政府的大力推动和广大新独立的民族国家发展的要求导致了传统发展理论的产生。新古典经济学的理论一直被作为各国经济发展的主体思路：自由的市场、自由竞争的制度、丰富的资源和不断进步的技术。其中最有代表性的是 20 世纪五六十年代的结构主义经济理论，它集中体现了把经济增长作为社会发展目标的思想。根据这些发展经济理论，各国都把追求经济增长作为唯一的目标，并且认为，只要能将经济这块蛋糕做大了，其他的问题就会迎刃而解。对于发展中国家来说，实现发展目标就是不断地进行出口替代，逐渐地被吸纳到世界市场当中，以便使企业甚至国家的管理更加规范，技术更加先进即与发达国家同步。在这个理论框架下，发展是一个"涓流"（trickle down or ooze out）过程，即社会达尔文主义进化论思想的体现。

传统发展理论在实践中并未取得预期的效果。在 20 多年的发展实践中，传统发展思路引发了一系列复杂的社会经济问题，如文化冲突、通货膨胀、经济结构失调、失业、分配不公、两极分化等。巴西、伊朗、巴基斯坦等曾在 20 世纪 60～70 年代因经济增长较快而一度繁荣，但都未能持久。根据传统发展理论，只要发展中国家追求经济的高增长、强调工业化，就能使经济"起飞"，甚至进入繁荣阶段。而现实表明，在传统发展理论的指导下，很少有发展中国家能够真正成为净出口国，而使工业得到快速发展的。事实上，在这些发展中国家中，工业化只在少数大城市发展起来，繁荣和富裕只出现在很小的上层社会当中，而散布在广大农村的贫困家庭却不能享受由发展所带来的益处，他们成为发展中国家新兴城市的灰暗背景。上述"二元化"趋势，即贫富差距的扩大和城乡差别的加剧在发展中国家是广泛存在的。

传统发展理论在实践中的失败是有根源的。基于传统发展理论之上的发展之路从一开始就不是完全内生和自发的，而是对于所处的国际环境适应以及对于发达国家已有模式的反应。"这个过程不是自然的社会演进，而是有目标、有计划，以较短的时间、最有效的途径，学习、借用和移植先进国家成果的过程。"（罗荣渠，1993）美国学者库马（1984）指出："（关于发展）最重要的一点是，未来基本上是根据西方工业发展模型拟想的；西方工业文明乃是它的终点。发展，加布雷思宣称，乃是对已发展的史实的模仿。"

传统发展理论的逻辑前提建立在对"传统"和"现代"这两个概念的认识上（罗荣渠，1993），该理论将二者绝对地区分开来，认为只要经济增长了，传统社会自然会转变为现代社会。但事实上，任何社会都不可能是完全现代的，而总是处于"传统"和"现代"的交织之中。传统发展理论抹杀了传统状态在空间和时间上所存在的特殊性和多样性，将传统社会描绘成静止的。在低估传统社会变化程度的同时，传统发展理论又高估了各国工业化社会的同一性，将具有不同文化背景的国家的发展过程视作千篇一律的过程，把世界性的发展进程解释为传统社会向着某种单一的现代模式（即西方社会）的单线式渐进变化过程。

传统发展理论在实践中的失败关键在于没有能综合考虑社会发展的影响因素。这些因素当中，经济只是一个方面，此外还有制度、文化等等。在影响发展的多方面因素当中，首先被人们认识到的是制度因素。例如，制度经济学就试图把制度的影响纳入经济学的框架。制度因素可以被看做文化等深层因素的一个重要表现，它能够直接作用于经济发展和社会进步。美国学者布莱克（Black，1966）将这种认识表达为："在与社会因素的共同作用中，必须强调一点，在任何时代，增长不仅仅是整体上的变动，还应包含结构的转变。即使这种增长的冲动是由重大技术创新带来的，每个社会在采用这种技术时必须重视现有的制度结构。这意味着社会组织的巨大变动——新制度产生，旧制度逐渐被淘汰，各种经济组织和社会集团的相对地位将发生变化。""时代创新对人信念的影响已成为一个时代的重大特征，改变旧信条是进行制度创新的前提。因而，一个经济时代中技术和经验互相作用不仅伴随着制度创新，也伴随着有关社会信念的改变。同时，为了克服旧信念的阻力，并孕育一套新的、更适合的价值观是需要一个很长的时期的。"

考虑制度因素只是反思传统发展理论的第一步，第二步更深入的是要考虑文化因素在发展当中的作用。这种转变导致了 20 世纪 70 年代发展思想上的巨大变化，即开始强调发展活动中的社会文化因素。新的发展主流不再把"美国化"当做发展，也不相信有什么发展的"万灵药"或者快速发展的方案。但是这一时期的主流思想仍然把工业化作为发展的中心。

传统发展理论中最需要反思的问题就是：是什么在发展？谁是发展的主体？事实上，在传统发展理论中所忽视的恰恰是发展中国家的社会和人，尤其是弱者、边缘人群和广大穷人的意愿。在这方面的认识启发了新的发展思路。20 世纪 70 年代，世界银行开始把反贫困作为一个中心主题。世界银行总裁罗伯特·麦克纳玛拉 1973 年宣布，其政策从此要"面向穷国"，这充分体现了其发展思想上的转变。联合国教科文组织 1977～1982 年中期规划的目标之一被确定为"研究符合不同社会实际需要的内源化发展过程和多样化发展过程，关注其特定的社会文化条件、价值系统和居民参与发展的动机和方式"。进入 20 世纪 80 年代以后，人的因素和以满足广大民众需要为目的的文化发展战略进一步得到国际社会的重视。联合国教科文组织在 1987 年制定的《世界文化发展十年：行动纲领》中更明确提出了应"将文化置于发展的中心位置"的指导思想。与此同时，包括来自美国国际发展署和联合国在内的许多专家都认为，只有穷人尤其是农村的穷人的积极参与，发展计划才有可能成功。

总之，传统发展理论的理论起点是对发达国家的模仿，并以单纯的经济发展为主体。传统发展理论忽视了制度、文化和社会方面的因素，没有把发展的主体，即人的发展和社会的转型作为发展的目标，其结果往往本末倒置，事倍功半。

**（二）传统发展理论中的文明歧视与冲突**

罗素（1992）曾指出："17 世纪以来，物理科学与数学科学的迅速进步促进了伟大的技术发展，从而巩固了西方的主宰地位。科学的传统，除带来物质利益以外，本身就是独立思考的巨大推动者，只要西方文明传播到哪里，它的政治理想也步其物质发展的后尘传播到哪里。"科学是为了获得真理还是为了谋取权力？作为发展中国家经济学家的代表普拉维什（1987）指出：世界的发展是以中心的发达和边缘的落后为一整体的，这两种情况是一个硬币的两面。都市的繁荣在很大程度上依赖于对周边的剥削。

人类的思维一直伴随着文明成长，同时也伴随着对人类文明本身的思考。西方资本主义物质文明的迅速发展，使人们能够获得关于自然界的新知识，从而扩大了人类的视野，但同时也产生了一种西方式的文明差别观念。"地理环境决定论"、"人种优劣决定论"和"技术发展决定论"等一系列歧视弱小文明以及非西方文明的观点根深蒂固地盘踞在人们的思维之中。大卫·格里芬（1998）指出，"我们认识到，我们的解释和我们的感知取决于语言，取决于整体文化，取决于那个时代的主流世界观，取决于个人的（包括无意识的）利益，取决于种族、性别和社会阶层的利益。这一认识使得人们得出如下结论：世界观完全是一种结构或一种计划，根本不是什么对事物'本来面目'的思考或发现"。

幸运的是，对于人类历史和文明的研究揭示了西方传统观念中的系统误差。汤因比（1966）认为："所谓'历史统一'的错误概念隐含于一种推论中，即认为文明河流只有我们西方的一条，其余所有的文明不是它的支流，便是消失在沙漠里的死河。这种错误来源于三种错觉：自我中心的错觉，'东方不变论'的错觉，以及说进步是沿着一根直线发展的错觉。""所谓价值与时间一样是个相对的概念；所有我们这二十一种文明类型，如果同原始社会相比，都可以说是有很大成就的；如果同任何理想的标准相比，它们全部都还非常不够的，其中任何一个都没有资格瞧不起别人。"

传统发展理论充分体现了西方人因拥有科学而拥有权力的观念。发展工作者们模拟西方物质文明的发展历史，试图以"科学"的方法来规划发展中国家的"发展"。他们认为，随着经济的增长，所谓的西方文明就会在这些国家得以萌芽，并最终实现他们复制西方繁荣景象的目标。但事实上，上述发展思路已将发展中国家的经济增长和社会变迁以及文明传统割裂开来，由此所带来的后果是，不仅西方式的全社会繁荣没有出现，就连经济增长也未能在发展中国家普遍实现，尤其在那些人口众多、历史悠久的大国，例如印度、巴西等，贫富差距和社会动荡的问题更显严重。于是，人们开始思考：文明传统和经济发展两者之间的关系到底是什么？那种藐视文明传统的做法是否可行？

西方文明与发展中国家的传统文明之间确实存在着区别甚至冲突。在西方实证主义哲学的影响下，西方人习惯于设想一种"或然（either-or）"情况[1]，即一种"零和"选择，而东方哲学则正好相反，他们习惯于"全然（both-and）"假设，即"正和"选择，即可以同时接受两种表面上冲突的看法。东方哲学认为，每一种看法都有其必然的根据。东西方这种哲学上的冲突对发展学者的启示是很多的，他们开始认真思考在发展的过程中应如何来面对发展中国家人们头脑中的东西。这种认识可以在亨廷顿1998的著作中得到体现："全球发展的基本模式，不再是'西方中心论'或任何单一主体论，而是多极主体间的相互交往和相互作用，必须强调文明的差异性及稳定性。""西方的强大，西方文化、生活方式和习俗在非西方国家的流行，已成为非西方文明发展本土文化、本土精英的反向动力，多元文化建构已成为多极发展的内生条件。"[2]

---

① 有关两种不同选择的思想参见 Norman Uphoff, Milton J. Esman, and Anirudh Krishna, *Reasons for Success: Learning from Instructive Experiences in Rural Development*, Kumarian Press, Inc., 1988, p. 38。

② S. 亨廷顿：《文明的冲突与世界秩序的重建》，新华出版社，1998，第28页。

### 三 对传统发展实践的反思

#### (一) 技术转移模式的失败

受技术发展决定论的影响和对科学技术的过分迷信是传统发展理论的一个基本特点。人们认为，科学和技术可以解决一切问题，对于发展中国家只要传授给他们相应的技术就能推动其经济与社会发展，技术转移模式就是在这一理论基础上产生的。"绿色革命"则是技术转移模式中的一个典型的例子，透过这一典型可以发现传统发展模式在实践层面的一些潜在危机。

"绿色革命"产生于 20 世纪 60 年代。从 20 世纪 40 年代开始，以美国一些基金会为主的组织派遣农业专家到亚非拉一些欠发达国家开展农业研究工作，重点研究提高这些国家的农产品，尤其是粮食产量的方法。其中以 20 世纪 60 年代由福特基金会、洛克菲勒基金会和世界银行共同资助建立的、坐落于菲律宾的国际水稻研究所（IRRI）和坐落于墨西哥的国际小麦玉米改良中心（CIMMYT）最为有名。这两个中心的研究人员在原有工作的基础上，先后推出了对肥水敏感并抗病的一批半矮秆高产小麦品种和抗倒伏、对肥料敏感、对重要病虫害有一定抗性的半矮秆高产水稻品种，大幅度提高了农作物单产，从而引起了一场农业"革命"。这场革命被美国国际开发署（USAID）署长 W. S. 高达称为"绿色革命"。自此，该表述便被广泛使用。

"绿色革命"所产生的影响是巨大的。人们对其在解决饥饿、贫困问题和促进社会经济发展过程中的作用期望甚高。1970 年，著名的小麦育种家 Norman Borlaug 博士因"在营养方面"对世界所做出的贡献而被授予诺贝尔和平奖。根据诺贝尔奖委员会的说法，"Borlaug 博士所培育的那一类谷物在总体上加快了发展中国家的经济增长"，"Borlaug 博士所培育出的那些'神奇的种子'被视作是新财富与新和平的一个源泉"，甚至 Borlaug 博士本人也在 1965 年对印度总理说："到 1970 年，印度将成为世界上第三大粮食生产国。"

事实上，"绿色革命"的影响是复杂的：一方面，它确实为世界的粮食安全做出了重大贡献；但另一方面，其结果却远不如人们预计的那样乐观，甚至还带来了许多未曾预料到的负面影响，具体包括：①由于使用单一高产品种而导致病虫害难以控制，进而不得不大量使用农药予以控制。化肥和农药的大量使用使环境受到极大的破坏，生物多样性逐渐丧失，使农业生产的自然环境条件和肥力不断退化，从而客观上要求进一步增加化肥和农药的使用，形成了"投入→环境破坏→增加投入→环境进一步被破坏"的恶性循环。"绿色革命"付出了高昂的环境成本。②"绿色革命"技术往往需要大量使用灌溉水，在水资源贫乏地区其增产潜力受到限制或造成水资源的进一步匮乏，在地区和社区之间常常造成争夺水资源的冲突，加剧了社会动荡。③"绿色革命"的生产方式要求进行大量的化肥、水、农药或机械等物质和能量的投入，这只能使有能力的富人和富国受益。而广大的穷人和小农由于缺乏投资和规模效益，大多数欠发达国家政府又不能提供足够的支持，因而，穷人和小农非但不能成为"绿色革命"的受益者，反而在"绿色革命"的过程中被进一步边缘化。④发达国家或发达地区因受益于"绿色革命"而增加了粮食产量，并导致了市场上粮食价格的下降，这使得在资源贫乏地区进行高成本生产的穷人和小农日益走向破产，从而使社会两极分化更加严重，激化了社会矛盾，加剧了社会动荡。

综上所述，"绿色革命"所带来的负面影响是深远的。究其原因，许多研究者认为，"绿色革命"忽视了发展中国家应用这些科技成果的物质（资源）条件、经济条件和社会政治条件。也因此，不但印度没能成为世界第三大粮食生产国，甚至在"绿色革命"中培育出来的小麦品种的播种面积也从未超过全印小麦总播种面积的1/5。"绿色革命"的倡导者们所普遍看好的、能大量从"绿色革命"中受益的南亚次大陆，至今仍有近一半的人口生活在贫困线以下，仍然是世界上最贫困的地区之一。

### （二）管理体制的不平等与低效率

传统发展理论导致了发展实践当中管理体制的不平等和低效率。传统发展理论强调经济的增长以及工业化，推动了发展中国家对于技术和资本的需求。对于资本，发展中国家有两条道路，一条是自力更生，另一条是引进外资；对于技术，几乎无一例外地要从发达国家引进。这种方式必然是自外向内、自上而下的一个过程，与发达国家的技术发明来自于民间、资本来自于国民的储蓄的情况是截然相反的。

传统发展理论创造了集权管理体制形成的基础。为了能够推动发展中国家的工业化，以结构主义经济发展理论为代表，强调了计划管理在经济发展中的作用，例如，增长极限理论直接肯定了不平衡发展的必要性。这种对于计划的强调，在复杂的国际环境中被人为地加强了：大多数发展中国家都不可能摆脱国家"实力"这一经济指标的桎梏，因而都将尽快建立工业体系、推动 GNP 的增长作为发展目标。为此，必须集中一切物力和人力来发展以城市为基础的工业经济。由于资本和技术都是这些发展中国家的外生品，天然具备了集中管理的条件。因此，发展中国家对于经济发展要素的强力控制就决定了集中管理体制的形成。除社会主义国家的制度因素外，韩国、印度、巴西、马来西亚等发展中国家纷纷把国家的宏观干预政策作为推动发展的主要手段（Stuart Corbridge，1995）。

集权型管理体制的形成基础是发展中国家对于有限人才资源运用不当的结果。对于发展中国家来说，现代教育是西方文明的重要组成部分，但却不是各国传统文化的内生产物。现代教育和现代人才在发展中国家是稀缺的宝贵资源。掌握人才就相当于垄断了发展机会。乡村地区的弱势群体只有通过这些人才，才能够创造并利用国家以外的技术、资本以及机会，才可能成为强大的社会行为者，掌握自己的命运。因此，对这些资源的争夺存在于发展中国家的城市与乡村、富人和穷人之间。争夺的结果往往是：受过现代教育的"精英"都集中于城市当中，忙于管理工作，服务于官僚机制。他们成为政府的雇员或者其他的白领职业者，很少有懂得现代科学的人深入基层，到农村去从事实践性的工作，这样，占全国大部分人口的乡村就成为得不到发展的沙漠。

传统发展理论在管理上导致了两个后果：赋权冲突和"内在殖民化"。在传统发展理论框架下，在考虑妇女、贫困群体和不发达地区等弱者的呼声时，不得不考虑在传统的发展中他们是如何被忽略的，思考这种"忽略"的必然，即存在一种哲学、一种世界观直至一套方法来维护传统的既得利益群体。赋权冲突就是集权管理对于来自弱势群体要求的排斥，因为赋权将引起权力的分散化，将违背已有的管理机制所形成的利益格局。大多数发展中国家的管理体制都是围绕那些能够带来经济增长的行业和那些有管理能力或专业技术的阶层。内在殖民化与赋权冲突产生于同样的根源。内在殖民化是当代激进马克思主义经济学家分析发展中国家的一个成果（夏振坤，1997）。它是指在一个国家内部，以城市为代表的相对先进的部分、地区和阶层与国际资本连接起来，剥削这些国家的落后部分、地区和阶层，形成内部的依附关系，造成"两极分化"。事实上，即使不从阶级分析的角度来看，发展中国家内部的两极分化、城乡差别也是普遍且具有明显规律性的。城乡差别的扩大可看做内在殖民化倾向在空间的反映。

在传统发展理论模式指导下的发展进程中，管理的不平等普遍存在于来自发达国家的专家学者、发展中国家的受教育阶层和发展中国家的基层民众之间，由此产生了一个由上而下，以权力、投资和科学的名义逐级排斥的现象。最后必然遭到忽视的是最基层的民众意愿。结果是所谓的发展在没有体现民众意愿和得到民众参与的情况下进行，发展运行的低效益将是不可避免的。这种对发展主体，即当地民众的排斥实际上存在着深刻的认识根源。在西方哲学当中，存在一个十分普遍的结论，即人是自私和个人主义的，并且认为所有的政策和法律都要以此为基础进行制定。人的自私自利一直被看做一种有力和普遍存在的动机和力量，且有大量心理和社会学实验的支持。这就使得社会科学人士对于慷慨、正义、同情等更具有开放性的思想感情缺少兴趣和信心。在处理发展中国家的发展问题时，这种西方式的思想不信任任何一个民众自己的组织，因此他们只能依靠政府来推行传统发展的步骤，从而彻底压制了民众的有效参与。由于在发展计划实施的过程中，大部分民众只是处于被动的地位上，除了增加管理费用外，没有发挥出任何的能动作用。因此，这种集中式的、机械的管理模式只得到递减的效益，不可能有持续的发展。因此，无论是理论上的缺陷，还是实践中的挫败都强烈呼唤有一种适应发展中国家实际的新的发展模式的出现，而参与式发展理论和实践正是在此背景下应运而生。

# 第二节 参与式发展理论

在当代国际发展、国际政治、经济政策、社会政策等研究和实践领域中，参与式发展几乎是出现频率最高的一个新概念。无论是主导世界发展潮流的世界银行领导人，还是一个社区中从事发展实践的管理者，都在应用参与式发展的概念。

这里所讲的参与式发展内涵已远远不再是一个群体参与的简单涵盖，更重要的是，它包含着对传统发展方式的深层次反思，并包括从宏观到微观具有操作性的社会发展变革方案。当然，不同的流派、具有不同学术思想的人、具有不同意识形态的人似乎都在使用参与式概念。其中值得注意的是，参与式发展思想受到了自由民主主义及社会民主主义思潮的影响。因此，应该从马克思主义发展观角度来全面考察参与式发展的理论实践。

## 一　参与式发展理论的起源

"参与"是英文"participation"的中文译法，但并不能确切地反映出英文中所表达的含义。人们往往从字面上将其简单地理解为"介入"，或是简单地理解为"群众的参加"。事实上，"参与"反映的是一种基层群众被赋权的过程，而"参与式发展"则被广泛地理解为在影响人们生活状况的发展过程中或发展项目的有关决策过程中，发展主体能够积极、全面介入的一种发展方式。确切地说，"参与式发展"方式带有寻求某种多元化发展道路的积极取向（李小云，1999）。

从某种程度上来说，参与式发展理论的起源可以从发展实践的角度、历史的角度、哲学的角度、研究范式的角度以及组织的角度去探索。

从发展实践的角度看，尽管参与式发展是最近几年在发展文献中使用相当时髦的一个名词，但"参与"本身并不是一个全新的理念，在发展实践中体现参与概念已有很长的历史。比较显著地体现参与概念的发展战略可以追溯至 20 世纪 50~60 年代。当时，一些西方国家在发展援助中采取"社区发展战略"。其中"社区"被作为一个基本的行动单位，参与体现在社区层次上的。但随着实践的深入，人们逐渐认识到在社区发展战略中，许多决策控制权仍掌握在社区之外，社区只是作为支持国家计划的一种工具，而并不真正对自身发展的内容和方向做出决定。到了 20 世纪 60 年代末期和 20 世纪 70 年代，社区发展战略逐渐失去了其主导地位，参与式发展方式开始成为国际发展领域中具有创新性的理论与实践方式。世界银行在 1976 年曾经对参与的效果进行评估，如通过用水系统管理研究发现，如能使用水户参与决策和管理，用水系统的运转将更加成功。同一时期，国际劳动组织在世界就业大会上提出了"参与"应作为基本需求战略的重要因素，而经济发展所（EDI）在"社区参与"研讨会上强调了各种参与式工具的重要用途。这一时期内，一方面，新的项目设计形式不断被提出，同时，发展政策制定者和规划者实施种种战略以使社会参与制度化。农事系统研究、快速农村评估、参与式农村评估等方法先后被应用到种种发展研究与实践中。在 20 世纪 80 年代，各种促进当地人参与的努力形成了发展的主流，这种参与实际上是对非参与实践的计划体制实行从态度到方法论上的彻底变革。到了 20 世纪 90 年代初期，一些主要的援助机构，如世界银行等开始将其援助的重心和发展重点全面转向促进参与式发展的努力上来，参与式发展实践由此在全世界范围内真正蓬勃兴旺起来。

探讨"参与式发展"的历史起源，不如说是探讨"参与"理念的历史起源。除上述参与理念在发展实践中的种种体现之外，在此还有必要回顾一下参与理念在历史上的种种社会运动中是如何发挥作用的。19世纪中期恩格斯在英国第一次工业革命时期为了探寻危机的原因，利用"参与式观察法"亲自参加了工人的大罢工。而同一时期，马克思在法国革命中根据"结构性访谈"的结果建立了无产阶级公社的哲学基础。而20世纪初期的一位意大利政治家安东尼·格莱米希（Antonio Grams）所提倡的"工人知识的重要性"无疑对参与式发展的历史起源有着重要的影响。20世纪60年代出现在拉丁美洲的"解放理论"和"解放社会学"强化了社会学家在阶级斗争中的作用，同时也为今后的参与式方法，特别是参与式研究方法的基本原则奠定了基础。在冈纳·缪尔达尔（又译米尔达尔）1968年出版的《亚洲的戏剧——南亚国家贫困问题研究》一书中，"参与"的意义也可见一斑。他对于"民主计划"的概念与实践曾进行过深入探讨。舒马赫（Schumacher）也曾在他著名的《小的最好》中就发展中的扶贫干预问题发表看法，他指出："如果我们能将更多的注意力转向贫困人口的真正需求上来，那么我们将赢得这场战争。"20世纪70年代早期巴西哲学家和教育家保罗·弗利埃（Paulo Freire）在其《被压迫人口教育学》中提出"文盲启蒙运动"概念，即通过对社会政治经济矛盾进行评判性分析，有组织地采取行动以解决现实问题，并反抗剥削压迫。弗利埃提出了"主题调查法"，即群众进行自我问题分析寻求解决办法。这种过程实际上暗示了后来被Norman Uphoff和Robert Chambers等人称为"外来专家转换角色"的过程。外来人员不再是主导者，而是以"合作调查者"的身份出现，同时，那些通常意义上的目标群体在分析过程中成为积极的参与者。此外，尽管亚洲国家的一些历史性实践并未对现今流行的"参与式发展"的形成真正造成影响，但许多做法从不同程度上体现了参与式发展所要求的原则，且或多或少地影响了发展研究和实践的一些具体做法。如20世纪初期晏阳初先生穷其毕生所提倡的"平民教育"（mass education）、"社会实验室"（social laboratory）途径，特别是他提出的"平民自治"（self-government）很大程度上与参与式发展中强调的"自我组织"和"自立"的观点不谋而合，且对于包括中国在内的许多国家的可持续发展战略、科学与民主的实施及以后的农村教育事业都有深远的影响。另外，20 世纪 20 年代毛泽东的《湖南农民运动考察报告》以及后来在《实践论》中"从群众中来，到群众中去"的指导思想，与参与式发展的快速农村评价方法有许多相似之处。

参与式发展的哲学起源还可以追溯到实用主义、理想主义和历史唯物主义哲学观点。实用主义的信奉者认为知识来源于人类实践并应用于人类实践，即知识的产生开始于对于实际问题的确认，而知识之所以产生正是为了去解决实际中的问题。参与式发展中对于乡土知识的认同和知识的学习途径正是反映了这种实用主义的观点。而从历史唯物主义者的观点出发，参与式发展过程构建于外来者与当地人的相互作用，同时遵循理论与实践的辩证关系。胡塞尔在反思科学主义问题的基础上提出科学理性和经验研究方法的不可靠性，这一观点对于后来的参与式发展方法有着深远影响。海德格尔在胡塞尔的基础上进一步对现代技术提出了质疑；而法兰克福学派对现代工业技术社会的全面批评在哲学上全面否定了实证主义，对于后来参与式发展方法的形成最具影响力。

参与式发展在研究范式方面的起源主要基于人们对于一直处于主流位置的实证方法在研究社会变迁方面的"力不从心"。20 世纪 70～80 年代，大批的学者先后对实证科学范式提出过批评，尤其集中于认识论方面的假设和方法论方面所存在的具体问题。他们认为，用于探寻真实世界的试验性或半试验性的设计和统计分析过分强调量化指标，从而削弱了社会系统的复杂多样性，将其简化为适用于计算机输入的社会经济指标。另外，那些依赖量化指标的研究人员视定性指标为普通人的知识，是"不科学的"知识。Hall 曾经在 1977 年指出，传统的调查方法由于简化了社会现实而从以下三个方面导致了结果的不准确性：①信息收集取自单独的个体，然后将其加和成单一系列的数字，削弱了人类感觉与经验的复杂性和丰富性；②通过结构性调查或多重选择问卷收集信息使被调查者有时不得不选择实际上并不能反映真实现实的答案；③传统调查方法往往使现实变为静止，既不能反映过去的情况，也不能反映未来的情况。Tandon 在 1982 年进一步批评传统调查方法由研究人员设计问卷，分析调查结果，忽视了被调查群体的作用。他们只是作为提供信息的来源和被研究对象，而没有机会确认或分析他们存在的问题，而且很多时候，研究者所设计的问卷、制定的计划，或者说基于管理者、政策制定者和项目设计者知识体系所产生方案由于与现实脱离而导致不能真正付诸实施。

参与式发展的组织起源涉及大量促进参与式发展方式的应用和研究其原理与方法论的组织和机构。这些机构出版了大量文字材料、研究论文、照片，组织了各种项目、会议和活动。举例来说，在 20 世纪 70 年代和 80 年代初期一段时间内，在美国国际发展署的帮助下，美国康奈尔大学的 Norman Uphoff 教授与其同事一起一直在主持发行《农村发展参与综述》的文章。参与主题的重新复苏是迈克尔·克尼亚在为世界银行编辑的《把人民放在首位》中，将其多年发展研究的经验，特别是基层群众的作用和位置方面的思考陈述于书中。位于英国伦敦的环境与发展国际所（IIED）首先在印度、肯尼亚等国家使用 RRA 方法，RCPLA 网络；泰国可肯大学，美国康奈尔大学等，也都是促进参与式发展方式的传播的重要组织。

除上述几个角度外，在探讨参与式发展理论的起源时，人类学中"关怀他者"的学科传统也是值得关注的焦点。一般来说，在传统主体性思维范畴内，"他者"（others）意为"边缘"，即自然界、非西方人；而"自我"（self）指的是"中心"，即人类、西方人。由于他者长期处于受自我压迫、排挤的地位，后现代主义和后殖民主义者们才提出要关怀他者，并逐渐形成了一种传统。19 世纪的早期人类学家们所做的研究虽然是为了满足西方人认识殖民地的需要，但是却从此开启了人类学关注他者传统的先河，随着 20 世纪 20 ~ 30 年代人类学者们在研究中区分了少数民族、农村人等边远群体，关怀他者的观念得到了发展，到了 80 年代当代人类学家又把关怀对象扩充到老人、妇女、儿童、女童等年龄、性别群体及人们的生态环境、人文环境方面。而更重要的一点是，当代人类学家在"关怀他者"传统的影响下又将具体的社区发展项目中的"他者"分为两类：一是目标群体（target group），即社区内将要受到发展项目之间或间接影响的人群或团体，可分为项目受益人、受害人、受影响人三类；二是弱势群体，即从目标群体中再分出少数民族、穷人、移民、妇女、儿童、女童等群体。而人类学的参与式发展理论与实践强调的是在社区发展项目的决策、实施、监测的过程中，应充分尊重目标群体并特别强调弱势群体的受益。人类学这种"关怀他者"传统形成了对弱势群体的重视以及对目标群体的瞄准意识，而这一点正是参与式发展理论中对于发展主体的积极、全面介入以及"赋权"理念是一致的。由此可见，人类学中"关怀他者"的学科传统也是参与式发展理论的一个理论渊源。

## 二　参与式发展的概念

"参与"一词在当今发展项目的计划、执行以及监测、评估中被广泛引用。然而，到底什么是"参与"，应该如何真正地理解"参与"的内涵，这是首先需要解决的问题。国际发展文献中对于"参与"的概念有诸多阐述，且各有所重，概括起来，主要有以下几种。①

（1）公众参与指的是通过一系列正规及非正规的机制直接使公众介入决策（Sewell，Coppock，1977）。

（2）参与是在对产生利益的活动进行选择及努力的行动之前的介入（Uphoff，Esman，1990）。

（3）市民参与是对权力的再分配，这种再分配能够使目前在政治及经济过程中被排除在外的穷人能在将来被包括进来（Cahn，Passeff，1971）。

（4）参与是指在决策过程中人们自愿地介入，包括：①参与确立总目标、确定发展政策、计划、实施及评价经济及发展计划；②参与为发展努力做贡献；③参与分享发展的利益（Popp，1992）。

（5）参与能带来以下好处：①参与者在执行决策时具有高度的承诺及能力；②参与可促进创新；③参与者具有更强的动力和责任感（Spencer，1989）。

（6）参与是指农村贫困人口自我组织起来确定自身真正的需求，并介入行动方案的设计、实施及评价的整个过程中。这种行动是自我产生的，并基于对当地生产资源及服务的使用之上，而不仅仅是劳力的投入（Oakley，Peteret al.，1991）。

Oakly 和 Marsclen 在 1984 年回顾了众多在发展项目中应用"参与"的理解和解释，并把它们归纳为以下四个方面：第一，参与是人们对国家发展的一些公众项目的自愿贡献，但他们不参加项目的总体设计或者不应该批评项目本身的内容。第二，对于农村发展来说，参与包括人们在决策过程中、在项目实施中、在发展项目的利益分享中以及在发展项目评估中的介入。第三，"参与"涉及人们在既定的社会背景下为了增加对资源及管理部门的控制而进行的有计划、有组织的努力，这些人在过去是被排除在对资源及管理部门的

---

① 叶敬忠等：《论农村发展中的公众参与》，《中国农村观察》2002 年第 2 期。

控制之外的。第四，社区参与是受益人影响发展项目实施及方向的一种积极主动的过程。这种影响主要是为了改善和加强他们自己的生活条件，例如，收入、自立能力以及他们在其他方面追求的价值。

综上所述，"参与"及"参与式"发展主要包含以下一些重要因素。

（1）决策及选择过程中的介入。这与传统发展思路恰恰相反，是使受益人在全部的发展过程中参加决策并做出选择的高度介入。

（2）在全部项目循环中的介入。目标群体参加发展项目的全部循环过程，包括项目确立，可行性研究，项目设计，实施及监测、评估，从"我们为农民工作"转变成"我们和农民一起工作"。

（3）贡献努力。发展项目中的参与还指受益群体应尽可能地对发展项目贡献自己的努力。

（4）承诺及能力。发展项目中的参与要求受益人对项目的成功具有相当的承诺，并要求受益人具有一定的能力来实施项目。

（5）动力及责任。发展项目的受益人应主动参加发展项目。他们应该参加项目的计划，并对实施项目具有主动性和责任感。

（6）乡土知识及创新。参与理论的一个重要方面是使当地群众在他们熟悉的环境中充分地把他们自己的知识及技能用到发展活动中去。

（7）对资源的利用和控制。对资源的利用和控制是鼓励农民积极参与发展活动的另一前提条件。参与的过程本身也是人们增强其对资源利用和控制的过程。

（8）能力建设。参与式项目的重要目标之一就是要帮助农村群众进行自我教育、自我培训，这样他们才能够更好地衡量、评价自己的状况，并进行自我组织，从而推动社区的发展。

（9）利益分享。真正的参与更重要的是指人们要从参与的项目中分享利益，即不能只参与投入，还要参与利益分享，既包括直接利益，也包括间接利益的分享。

（10）自我组织及自立。参与式项目也是为了促进各种形式的自助小组或组织的建立。外部干预只是起到一种催化剂的作用，协助人们进行集体行动，并使地方群众不对外部支持有依赖性，增加人们自我组织、自助和自立意识。

（11）权力的再分配。这是参与的较高层次。要实现这一层次，事实上需要完善政治及法制发展，从而确保人们在经济发展过程中能够具有立即参与的可能性。

（12）机制促进。一系列正式和非正式的机制能较大地促进人们在发展活动中的参与。这里涉及的机制不仅包括社会和经济方面的机制手段，还包括文化、政治和法制方面的机制。

简而言之，"参与式"和参与式发展的视角基本上可以分为两类：第一类将"参与式"作为一种方法和手段，即认为参与就是项目区人们与外部发展干预之间相互协调的过程，而参与式方法和实践则是促进这一过程更高效的途径和手段；第二类则将参与式理念视为一种待于实现的目标和最终目的，即要对当地的目标群体进行赋权，增强其能力、知识及实践经验，以使其在当地的发展过程中负起更大的责任。

作为一种发展模式，参与式发展在理论上有三个视角可以解读：第一，从政治学的角度来说，参与式发展是对弱势群体的赋权，即增强弱势群体在发展决策中的参与，以及最终在变革社会结构的过程中发挥作用；第二，从社会学的角度上看，参与式发展强调社会变迁中各个角色之间的互动，以此引申出社会角色在发展进程中的平等参与；第三，从经济学以及发展援助管理的角度上看，参与式发展往往强调其在提高发展干预效率方面的功效。

## 三　参与式发展的范畴

### （一）参与式发展的理论范畴

范畴是指研究对象所涵盖的领域及其内涵。从理论角度来看，参与式发展的范畴包括理论范畴、制度范畴、社会范畴、经济范畴、伦理范畴和实践范畴，这些范畴构成了参与式发展理论及实践的整体框架。

1. 理论范畴

参与式发展的理论范畴是指参与式发展的理论依据及体系。从参与式发展理论兴起的历史和实践背景来看，早在20世纪40年代末，发达国家就开始对发展中国家进行有计划的干预和发展援助，以此来促进后者的发展和变革。然而，直到20世纪50年代，特别是60年代，社区发展（community development）运动的兴起才开始探索增强当地人在发展过程中的参与意识。但是，当时的许多决策仍然由社区外做出，社区仅被视为国家发展计划和项目的支持和贡献单位，并无必要参与决策其内容和方向。20世纪70年代，社区发展作为社区参与的基本策略已经在很大程度上失去了支配地位。

　　直到 20 世纪 70 年代后期和 80 年代，人们通过对欠发达的不断分析和检验才开始对贫困的原因做出了不同的解释，同时也建议进行不同形式的项目设计。人们逐渐认识到，穷人事实上被排除在广泛的民事社会参与（societal participation）和发展活动的直接参与（direct involvement）之外，是边缘化的群体。为此，政策制定者和计划者开始通过政治参与和发展战略的重新设计，促使穷人能够更直接地参与到发展过程中去。在发展实践和研究领域，最近 20 多年也在为促进人们在发展过程中的参与做出不懈的努力，这种努力是为了促进一个根本性的转移，包括态度上和方法上的，以及打破数十年纯粹自上而下的、非参与式的方法和实践。由于认识到非参与式发展途径所造成的问题，自 20 世纪 90 年代初，许多发展援助机构开始把它们的重点和资源放在了促进参与式发展上。

　　从以上对参与式发展方式形成过程的回顾可以看出：第一，参与式发展产生于社区发展，而又区别于社区发展；第二，参与式发展方式是对传统自上而下发展方式的反思和深化。

　　理解参与式发展的理论范畴可以从"参与式发展途径"切入，即目标群体（尤其是穷人和妇女）全面地参与到发展项目和发展活动的规划、实施、监测和评估过程中去，其重要基础在于对目标群体，尤其是穷人和妇女这些所谓的"社会弱势群体"的知识、技能和能力的重新而公正的认识，对造成人们贫困和欠发达的经济、社会、政治、文化和环境等原因进行全面诊断，并充分考虑目标群体的观点和看法。

　　参与式发展的核心是赋权（empowerment），赋权的核心则是对发展援助活动全过程的参与权和决策权进行再分配，简言之即增加社区中穷人与妇女在发展活动中的发言权和决策权。这个赋权的过程是重新唤回穷人和妇女对自身知识和能力的自信，并重建自尊的过程，这对促进社区的能力建设（capacity building）和增加社区的社会资本（social capital）是至关重要的。

　　综上，参与式发展从理论范畴上讲，强调"平等磋商"的过程，强调对社区和社会弱势群体的赋权，从而使其在社区发展的过程中自然而然地建立起"主人翁意识（ownership）"，这是实现发展干预可持续性的根本前提。同时，这种相互学习的过程也促进了社区社会资本的培育和能力建设的过程，从而进一步保证社区的可持续发展。传统的发展方式多将重点定位于经济领域，参与式发展方式则将重点定位于"人"的发展上，即对人的尊重，尤其是对社会弱势群体的尊重以及人的全面发展。

2. 制度范畴

建设具有参与式发展特点的治理（governance）是参与式发展中制度建设的核心，因而也是讨论制度范畴的核心。

库伊曼在 20 世纪 90 年代初指出，治理是指"它所要创造的结构或秩序不能由外部强加，而是要依靠多方互相影响的行为者之间的互动"。这些行为者至少包括各种非政府组织（NGO）、社区内的各种民间社团或自治组织、社区内的各种利益集团和相关政府部门。从本质上来说，"治理"所偏重的统治机制并不依靠政府的权威或制裁。格里·斯托克认为：第一，治理的主体是一系列出自政府但又不限于政府的社会公共机构和行为者；第二，治理概念明确指出，在为社会和经济问题寻求解答的过程中存在界线和责任方面的模糊点；第三，治理概念明确肯定，在涉及集体行为时，各个社会公共机构之间存在着权力依赖；第四，治理概念强调行为者网络的自主自治；第五，治理概念认为，办好事情的能力并不在于政府的权力，不在于政府下命令或运用其权威，而在于采用新的工具和技术进行控制和指引，政府的能力和责任也均在于此。

建立良好高效的治理既是应用参与式发展途径的前提条件，又是成功的参与式发展所必然导致和期盼的结果。很多欠发达地区往往权力高度集中于政府部门这一极，这种自上而下的治理方式和发展途径非常不利于参与式发展途径的运用。参与式发展强调目标群体的参与，其参与效率是与目标群体的自我组织能力紧密相连的。因此，目标群体自治组织的发育，或当地机构的发展（local institution development）在一定程度上是参与式发展中制度建设的另一个核心，如中国农村经济发展中的各种生产合作组织和销售组织等。此外，在建立良好治理的诸多行动者中，非政府组织也是其中重要的一部分，他们往往是参与式发展途径的实践者和倡导者。

3. 社会范畴

在社会范畴方面，参与式发展的目的是要达成社会发展的公正、公平和目标群体受益。

（1）公正。公正的社会含义是指要减少存在于社会或社区成员间经济、政治、社会和文化等各个方面的不平等和差异。参与式发展更多地将目标群体定位于社会弱势群体，并在政治、经济、发展机会和发展能力建设等方面给予更多的关注。在具体操作层面,公正就是要使弱势群体在发展干预过程中有更多的发言权,并参与决策过程。

(2)公平。公平是指给社会或社区成员平等地获得帮助、获取外在和内在资源以及参与发展决策的机会。由于社区成员在资源占有和控制方面是不平等的,在发展决策方面也是不平等的,社会弱势群体在政治上被边缘化,不能平等地获取和控制资源,从而导致发展机会的丧失,并进一步导致被边缘化,形成恶性循环。参与式发展最基本的社会策略之一就是促进社区成员在各种政治和经济权益上的平等,实现社会公平。

(3)目标群体受益。最大限度地使目标群体受益是参与式发展在社会范畴上的体现。追求社会发展上的公平与公正、强调社会发展的平衡和可持续性是确定特定空间中受益目标群体的主要原则。基于此,受益群体常被界定为欠发达地区的农村社区及社区中的人;在社区内部,则被定义为妇女或穷人等弱势群体;受益群体也可以是整个社区中的人。强调目标群体确定的重要性在于明确干预或援助资源的使用方向和使用对象。这些确定目标群体的原则在具体操作中就体现为社会性别与发展、反贫困、环境友善意识等。

4. 经济范畴

参与式发展的经济范畴在于其对参与式发展的成本和效率做长期和全面的考察,这种考察建立在参与式发展的特点基础之上:由于参与式发展强调目标群体的参与,发展干预发生偏差的概率大大降低。此外,参与式发展中相互"学习"和"教育"的过程特点促使发展干预的设计规划和实施过程充满了"创新",例如,对乡土技术(indigenous knowledge)的开发和应用,因而,可以说,参与式发展的效率是很高的。同时,参与式发展过程也充满了"协商"和"谈判",这个过程有时是非常耗时费力的,从短期来看,这似乎又带来了较高的成本,但正是这一过程使得目标群体对发展干预具备了拥有意识,从而为发展干预的可持续性和社区发展的能力建设打下了坚实的基础。

5. 伦理范畴

伦理学本是研究关于道德问题的科学。因而,参与式发展途径的伦理范畴与其社会范畴紧密相关,并主要体现在对社会发展的公平性和公正性的认识和追求上。关于这一点,前文中已有相应的叙述。而除此之外,参与式发展的伦理范畴还强调对社会弱势群体中的基本人权,即生存权和发展权的保护与重视。

6. 实践范畴

实践范畴是参与式发展途径最为活跃的研究和实践领域，其核心是如何有效而快速地对目标群体进行动员（mobilization）。而这一点之所以重要是因为它是一个重新调整传统社区权力结构的过程。实践证明，越是欠发达①地区，其社会结构和权力结构体系往往越呈现出一种呆滞的稳定性。因而，参与式发展对社区和社区中弱势群体的赋权首先就需要对目标群体进行必要的有时甚至是相当困难和具有挑战性的动员。这一方面是为了重新唤醒目标群体对于自身能力的充分认识，从而使他们建立起参与发展干预决策的自信心；另一方面，也是为了让目标群体建立起对发展干预或发展项目的拥有意识，从而产生主动参与发展干预过程和决策的积极性。

鉴于"动员"的重要性以及在某些特定环境条件下的敏感性和困难性，20 多年来，参与式发展实践开发出了许许多多、形形色色、适合应用于各种不同情况的参与式技术或工具。其中最为典型并被广泛应用的便是参与式农村评价（PRA）中所应用的参与式工具。从很大程度上讲，开发和应用这些工具的目的都是为了有效地动员目标群体参与发展干预的规划、实施以及监测和评估过程，从而增加对发展过程和发展目标的控制。

值得一提的是，20 世纪 20 年代毛泽东所作的《湖南农民运动考察报告》及后来在《实践论》中的"从群众中来，到群众中去"的指导思想尽管与目前所讨论的参与式实践方法并无本质上的关联，但他所采取的获得信息和认知世界的方法不能不说与参与式发展中的快速农村评估（RRA）方法有着异曲同工之妙。这也证明，在我国运用参与式发展实践方法和工具其实是有一定的历史基础的，对于动员群众的重要性也有很深的认识。当然，正如前文所分析的，由于参与式发展途径被广泛应用于不同的社会、政治、经济、文化和宗教背景条件下，对操作过程的研究（action research）便成为参与式发展途径中实践范畴的另一个重点，而这种操作研究或实践研究是与动员目标群体以及开发和应用参与式发展技术和工具紧密相连的。

（二）参与式发展研究与实践的方法论

发展研究旨在揭示错综复杂的发展过程中的运行规律，而发展实践则

---

① 这种欠发达的含义不仅仅是指经济上的欠发达，不完善的甚至是缺陷严重的政治制度和行政体系以及传统文化中某些消极因素的历史积淀都是欠发达的体现。

通常涉及社会、经济、文化、制度等转型变化的行动。发展研究属于应用型研究，往往有许多实践与行动的含义。因此，发展研究和发展实践往往紧密相连，互相促进，成为一个正在成长的新兴学科体系。作为发展研究与实践中的一种，参与式发展研究与实践已经具备一套成熟的体系。

1. 方法论体系

参与式发展研究与实践方法是过去 20 多年中以实践为基础的，并从理论和实践两个领域共同展开的研究与实践活动，其方法论适应了实践过程中的一些客观条件及客观实际的需要。概括而言，该方法论体系主要包括以下几个方面。

（1）在规范层次上，参与式强调以人为中心，以弱势群体为重点。因此，无论是参与式发展研究还是发展实践，都应有非常明确的、基于这样一个现实之上来探索解决问题的方案。

（2）发展是一个多方位的、连续的、渐进的过程，发展不是通向一个固定目标的有序过程，不是在研究者以及干预者所设计的轨道上运作。因此，参与式发展研究与实践应最大限度地吸收研究对象的参与。

（3）实证角度的参与式发展研究应该基于研究对象自身的直接体验、需求以及机会，而不是基于取样性数据以及对数据的分析，因为这些数据本身与研究对象的事件、行动之间存在差异，分析与数据之间又存在差异，而由研究对象直接参与的研究则会在很大程度上缩小这种差异。

（4）参与式发展研究与实践方法以具有行动含义的社会动员为手段，通过启动研究对象的知识系统以解决自身的问题，使其将研究过程与研究行动变成自己的活动，从而建立起他们对发展研究与实践的"拥有意识"。

进一步讲，参与式发展研究与实践的主要特征表现在以下几个方面。①研究者与被研究者的关系。传统的研究与实践框架是研究者依托科学的方法认识被研究者，然后形成行动框架，从而帮助改变被研究者，这是传统的发展研究和实践的主要方法论。参与式研究与实践则恰恰相反，通过被研究者在研究与实践过程中高度的参与，从而形成更适用于解决问题的行动框架，这一框架表现在被研究对象在发现问题、确认问题、研究解决问题的方案、实施解决问题的方案，并最终评估这一过程的决策作用上。②交叉学科。由于发展问题的复杂性以及综合性，参与式研究与实践采用交叉学科的方法论。这样一种交叉性质事实上有利于将学科的精华，即不同的学科视角融于一个整体的解决问题的方案之中，从而使方案更接近于真实世界。在很多情况下，许多人往往将多学科视为交叉学科，这种认识是不全面的，因为如果没有交叉学科的思想，多学科的过程也只能是一种简单的叠加。③改造世界。参与式研究与实践不仅仅是一种认识世界的方法论，更重要的是去改变既有的社会权力结构，促进和支持被研究对象自身主动的认识和实践变革的需求。

2. 参与式发展研究与实践的原则

在参与式发展研究与实践中，只有遵循一定的原则才能保证这套发展战略的达成和正常运作。

（1）以人为本，把目标群体放在首要位置。参与式发展研究与实践必须依照目标群体的兴趣、需求及能力进行决策和采取行动。同时，应特别强调目标群体的自主性，即在调动当地人积极性的基础上，尽可能多地赋予当地人责任和义务。

（2）当地人的知识和技能应被视为积极的潜在因素和力量。参与式发展研究与实践应尽可能地建立在当地现有资源的基础之上，而当地人所具有的知识、技术和能力则是典型的当地资源，这样不仅能避免当地发展单纯地依靠外部援助，而且还能帮助当地人提高自身的能力。

（3）提倡参与的过程中应特别注意对妇女的赋权，即要在参与式发展研究与实践项目的实施过程中运用一些有效的方法来改善妇女的不平等地位，使妇女能够真正参与到决策制定的过程中来。这种参与绝不是象征性的，而应是具有实际意义的。由于许多社会或文化因素导致对妇女的赋权较难运作，这就需要创造有利环境以使妇女的声音得以释放，从而改变不平等的现状。

3. 参与式发展研究与实践的方法框架

（1）相关利益群体分析。严格来说，相关利益群体分析方法是任何参与式发展研究与实践项目中都必须要做的内容。具体做法是：对项目所涉及的不同群体进行详细分析，以帮助项目实施者全面了解不同群体的实际现状，从而判定项目将对不同利益相关者所产生的不同影响（受益还是受害，或者不被影响）。所要了解的现状包括当地的社会、政治、经济、人文等各方面的情况。一般而言，相关利益群体包括当地的普通居民、项目实施单位、社区精英、社区组织、当地的非政府组织、当地社区领导等各个阶层、不同性质的人群或个人。

（2）以当地知识为基础搜集信息和制订计划。此方法之所以被提出主要是基于以下两点原因：第一，当地的知识和价值观念越来越受到重视；第二，传统调查方法的缺陷逐渐显露，例如，传统调查方法只是单纯地强调整个项目社区系统的受益，而忽视了边缘群体的权利。以当地知识为基础的信息采集和计划制订方法强调将当地所有居民对自身状况的认识和改善行动方案置于考虑的首位，在这个过程中需要应用的工具包括参与式农村评估工具和快速农村评估工具。

（3）参与式项目规划的方法。传统项目规划方法和工具将焦点集中于完成项目所需的预算、项目运行期、实施进度以及完成后期评估等步骤。尽管这种规划方案也提供了一套完备的、准确的项目计划方案，但忽视了项目目标群体和一些不可预知的情况（如季节变化、用工计划、员工疾病等突发性事件），这样就会影响项目长期可持续的事实，从而影响项目实施的效果。因此，采用以目标为导向的项目规划法（ZOPP）以及项目循环管理方法（PCM）等项目规划方法将会得到更加有效的结果。

（4）多元利益相关群体协商决策。一些重大的政策性决定涉及广泛的社会影响和许多复杂的背景因素，因此，政府和发展项目组织都已经开始注意到应使不同的利益相关群体在项目的决策上均有发言权，共同讨论。当然，由于不同层次的利益相关者之间存在很大的差异，在能力和实际操作等方面会有很大的不同。但不管怎样，这种由不同群体共同讨论进行决策的方式至少为不同群体发表自己的意见提供了一种机会。

此外，参与式发展研究与实践方法还具备一系列的方法系统，如表4-1所示。

表4-1  参与式发展研究与实践方法一览表

| 参与式农业生态系统分析 | Participatory Agro-ecological System Research |
|---|---|
| 农作系统研究 | Farming System Research |
| 快速农村评估和参与式农村评估 | Rapid Rural Appraisal and Participatory Rural Appraisal |
| 农业知识与信息系统 | Agricultural Knowledge and Information |
| 参与式性别分析 | Participatory Gender Analysis |
| 参与式社区发展 | Participatory Community Development |
| 目标群体分析 | Target Group Analysis |
| 以目标为导向的项目规划法 | Objective-oriented Development Planning |

| 参与式农业生态系统分析 | Participatory Agro-ecological System Research |
|---|---|
| 以农民为主体的参与式研究方法 | Farmer-centered Participatory Research |
| 参与式培训 | Participatory Training |
| 农民参与的技术评价 | Farmer Participatory Technology Evaluation |
| 参与式监测评估 | Participatory Monitoring and Evaluation |
| 参与式行动培训 | Participatory Action Training |
| 参与式贫困评价 | Participatory Poverty Assessment |
| 相关利益者分析 | Stakeholder Analysis |

4. 参与发式展研究与实践的工具

在过去 20 多年中，对传统发展方式的反思，不仅从宏观和微观两个层次上促成了参与式发展理论体系、研究与实践方法的发展，同时也逐渐形成了大量得以广泛应用和接受的适用工具，即参与式发展研究与实践工具。准确来说，这些工具也不完全是在这 20 多年中才形成的，有些工具依然是经典社会学、人类学或经济学中常用的工具。但就其应用的方式、内容而言，仍具有鲜明的时代意义。许多人曾对这些工具提出这样的疑问："写写画画、说说笑笑甚至打打闹闹，这难道是科学吗？"这在一定程度上表现出对这些工具的认识仍缺乏广泛的认同和社会、政治基础。诚然，科学研究与实践是相当严肃的，但这种严肃性不仅仅表现在理论的逻辑性和观点的严密性上，同时也反映在方法的科学性上，而判断方法是否科学的一个标准就是看该方法是否能增强人们对于世界的了解，使其所获得的信息更加完整、真实和准确。从这个角度上说，参与式发展工具是科学的，因为通过它们不仅仅可以了解发展问题，而且还可以为解决问题提供可靠的第一手资料。同时，它还可以启动发展对象的自主性、积极性和自信心，启动社区及脆弱主体对发展的拥有感。参与式工具的使用，使发展对象体会到了自身的力量和知识在发展过程中的价值。参与式工具还启动了双向学习过程，改变了传统的单向式学习方式，从而使研究者所获得的信息更加完整。

当然，参与式工具并不是万能的，它仅仅是了解发展问题、研究和解决发展问题众多技术工具中的一种，若能够在运用的时候恰当地与传统研究方法和工具相结合必将能收到事半功倍的效果。同时，即使是参与式工具本身，在目的和内容上也有很大的区别，因此，在应用的时候应该灵活处理。

（1）适用范围

参与式发展研究与实践工具是指一套了解发展研究对象及所在地区社会、经济、文化等方面存在的问题和机会等手段的总称。根据这种工具的性质和特点，往往在以下几个方面进行使用：①应用社会学和应用人类学研究；②实证经济学的案例调查；③发展实践问题的分析、发展问题诊断、发展规划的制定、监测与评估；④发展实证研究假设的形成等。

（2）使用步骤

参与式发展研究与实践工具往往看起来简单，但使用起来却需要经过反复的实践才能逐步熟练，并有所创新和发展。在长期的实践中，人们总结出了一系列的工作步骤，但需要特别强调的是：这些步骤并不是线性的，也不是唯一的。使用者应根据具体情况进行灵活使用。以下简单介绍一下这些工作步骤。

A. 组建多学科工作小组。参与式工具主要用于解决实际的社会问题，而现实状况总是错综复杂的，尤其是对于农村问题的了解和解决，需要具有不同专业特长的人员，如经济学家、社会学家、专业技术人员等组成多学科群体，以便较全面地了解社会的真实状况。应当注意的是，多学科的组成并不是简单的学科组合，而是各学科之间的有效互补与整合，其关键之处在于寻求各学科的交互点。此外，在组建小组时，应该特别强调小组成员在性别方面的平衡。同时，小组组建好后，还应该选出一位小组组长，负责小组的活动。

B. 小组成员沟通和培训。小组成员的沟通包括互相了解各自的专业知识、性格和兴趣，沟通形成共识，并建立小组工作规范、责任与分工。小组成员培训包括基本沟通技能培训和相关领域专业知识方面的培训。

C. 小组反馈。每次活动后，应通过墙报、胶片、图示等各种形式，将调查、研究结果公布，并与研究对象进行交流，听取研究对象对小组工作的意见。

D. 小组总结。工作结束后，进行总结，找出差距，系统地列出研究中的问题、发现及弥补的办法，并研究进一步提高工作效率的方法，提出进一步研究的建议等。

（3）基本技能

参与式工具与传统研究和实践工具在使用时有许多不同之处，因此，需要参与式发展研究工作者在使用这套工具时必须具备一系列的技能，这些技能既包括个体技能，也包括小组技能。概括起来有以下几点。

A. 态度的中性，即在调查中，不应带有任何偏见和先入为主的思想。

B. 态度的友好，即在农村调查和访问期间，应着装朴素、态度和蔼，主动与农民交朋友，建立相互信任的关系。

C. 适当提问，即不要一开始就采取一问一答，并把农民的回答记录在册的形式，而应把所提的问题记在脑子里，通过对话、讲故事等形式获取所需的资料。

D. 聆听农民的讲话。聆听是非常重要的沟通技能，在听取农民的回答与讲述时，要精力集中，不要东张西望，也不要轻易插话。

E. 尊重农民及研究对象的人格。不要轻易评论其宗教、文化、习俗，要尊重研究对象的宗教信仰、文化习俗，并学习一些简短的地方语言，问候研究对象，与之沟通，这可增加研究工作的融洽性，提高所了解情况的真实程度。

F. 详细的记录。由于所了解情况的复杂性，加之许多工具往往都属于快速评价的范畴，因此，对真实情况的记录应力求关键、全面。

（4）参与式工具简介

顾名思义，作为工具本身，应用它并不是目的，其理论属性完全包含在应用它的过程和目的之中，因而工具本身是完全客观的。许多工具既可服务于参与式的发展项目，也可用于其他的调查和研究需要。但在应用这些工具时，若赋予他们参与式的过程特点，这些工具也便成了参与式的工具。在实践中，对一个工具的使用并不意味着对其他工具的排斥，恰恰相反，一种工具的成功运用往往需要其他多个工具的相互配合。例如，半结构小组访谈技术需要掌握访谈技巧，又要运用和掌握组织小组会议、运用各种展示类和分析类技术。此外，对工具的使用本身也存在很大的灵活性，如何掌握这一切既需要全面的理论知识，更需要丰富的实践经验。

参与式发展研究与实践工具大致可分为八大类，它们包括：

A. 访谈类，主要是半结构访谈。半结构访谈主要是指采用开放性框架，通过聊天式的双向交流过程，围绕一定的主题进行。半结构访谈也可进一步分为：个体访谈、主要知情人访谈、小组访谈、焦点小组访谈等。

B. 分析类，主要包括优势—劣势—机遇—风险分析法（SWOT——斯沃特矩阵分析法）、问题分析法（问题树）和项目可行性分析。这三种分析方法是参与式发展项目设计中最常用的分析类工具。

C. 排序类，主要包括简单排序、矩阵排序、富裕程度排序等，是参与式研究与实践中最为常用的工具系统。排序主要表现在调查对象对评价对象的打分和排序上，该序列工具被广泛用于对问题的优先选择、方案的优先选择、技术选择的评价等快速评价活动中。排序类工具具有直观、简易、快速等方面的特点。

D. 展示类。这种工具的特点是从视觉和听觉方面给社区内外的发展研究与实践者提供信息，既可以是问题展示，也可以是成果展示。展示材料可包括展示板、壁画/墙报、张贴画、法兰绒板、社区编导的静态影像资料和录音磁带等。这种展示法如应用得当，可收到意想不到的效果，因为在展示的过程中能够充分地动员社区成员的参与，充分发挥他们的创造性，实现对社区成员的赋权，提高他们的自信心，并促进社区内部和社区之间的互动。

E. 记录类。这种工具不仅可以为项目活动或社区工作者提供监测评估的分析依据，还可为农户的自我检测和自我管理提供有效的途径。记录类工具主要包括农民记录本、农民记账本等。

F. 图示类。图示类工具是参与式调查方法中最为常见的工具之一，可以直观地将社区的社会、经济、地理、资源等状况以图、表、模型的形式表现出来，且能够很好地吸引被访群体的注意力，引导被访群体积极参加讨论。这类工具主要包括剖面图、历史演变图、季节历、机构关系图和活动图。

G. 研讨、会议类工具，主要包括召开农民大会、小组会议和集思广益法。

H. 角色扮演和直接观察。角色扮演是一种模拟真实生活条件下个体或群体不同行为以达到了解信息、发现问题等目的的参与式工具，可在调查、研究、培训、推广等工作过程中运用。直接观察则由外来者直接对社区、群体进行现场观察以发现问题，为下一步工作寻求重点或搜集补充资料。

以上八大类参与式研究与实践工具的分类并不是绝对的，完全可以根据不同的理解和需要进行调整。同时，对每一大类的工具也可以进行进一步的发掘和补充。

# 第三节　参与式发展的实践与反思

## 一　参与式发展研究与实践在中国

现代意义上的"参与"概念大约是在 20 世纪 80 年代引入中国的。有关"参与"（participation）的名词可见于 FAO、UNDP 等国际组织出版物的中译文中。1989 年，原北京农业大学综合农业发展中心（CIAD）翻译了德国的《区域农村发展》一书，书中正式对"参与"、"目标群体"等概念进行了中文的解释。从 1989 年开始，该中心按书中的原则及"FSR"（农事系统研究）的原理在河北省开始了有关参与式的发展研究与实践，领域涉及参与式发展计划、参与式监测与评估、参与式培训，并取得了可喜的进展。其中在参与式发展计划方面的实践尤为突出。

20 世纪 90 年代初，Robert Chambers 在云南举办了 PRA 培训班，这对于后期参与式发展研究与实践在我国的进一步发展起到了很大的作用。今天在国内从事参与式发展研究与实践的许多人员基本上都参加了这个培训班。20 世纪 90 年代初，福特基金会开始在云南、贵州、四川等地开展了有关资源、社会林业的研究工作。这两个方面的工作可以说代表了中国早期参与式发展方式在中国的主要活动。

与此同时，多边发展援助组织，如 FAO 和 UNDP 在中国开展了大量的参与式发展研究与实践活动。以下三个项目曾经备受关注：一是参与式小流域治理项目；二是农地（或称农场）项目；三是 IPM 农民田间学校。这三个项目分别在能力建设、社会经济效益等方面取得了显著的收益。又如，国际热带农业中心（CIAT）在中国海南、广西建立了以木薯为主的"农民参与式研究"网络项目，这是中国第一个"农民参与式研究"的项目。

20 世纪 90 年代中期开始，福特基金会支持的云南 PRA 网络在参与式社区管理、社会林业、卫生、乡土知识系统等方面进行了大量的工作。这些工作主要是由云南地理研究所、中科院昆明植物研究所、云南社科院及西南林大等单位为主而展开的。福特基金会同时还支持包括中国林科院在内的西南地区社会林业的研究活动，这些活动主要由西南林大、中国林科院、四川林校和云南林科院等为主展开的。

20 世纪 90 年代末期以来，一方面，参与式发展方式在研究机构逐步实现了制度化，例如，1998 年，作为国内参与式发展研究与实践的引导机构之一，中国农业大学人文与发展学院国际农村发展中心（CIAD）在积累了前期丰富实践的基础上，在福特基金会的支持下成立了农村发展学院（2004 年，改名为"人文与发展学院"），开始了国内参与式发展研究与实践人才的制度化培养过程。另一方面，参与式发展方式也开始从研究机构向基层组织、政府组织扩散。例如，云南 PRA 网络在将 PRA 推广到科委系统的工作方面取得突破性进展。中国农业大学 CIAD 也先后将参与式发展方式运用于宁夏、云南、北京、山东、四川等地的基层民间组织的建设之中，同时，该中心已开设了面向全国的培训课程。

进入 21 世纪，经历了 10 多年的探索，参与式发展研究与实践在中国已不再是星星点点的试验，而逐步融入主流发展的实践之中。目前，参与式发展研究与实践方式已充分应用于扶贫、资源管理、农村社会经济评估、社区发展和管理、发展计划、小流域治理、小额信贷和农村医疗等各个领域。2001 年，在亚洲开发银行和联合国开发署的共同资助下，一套完整的"中国参与式村级发展规划"的方法和程序得以开发，并被国务院扶贫办采纳，作为实行新世纪中国扶贫开发纲要的一项重要方法，从而实现了参与式方式在国内扶贫领域的主流化。

## 二　对参与式发展的反思

随着参与式发展的理念不断深入人心，研究者与实践者也开始逐步反思参与式发展本身，对参与式的理念、工具等进行了系统的审视。

参与式发展的"去政治化"问题。自 20 世纪 80 年代以来，发展研究的对象范围从经济增长、消除贫困、宏观经济、社会政策等传统的研究议题扩展到国家体制改革、环境与可持续发展等方面，而新古典主义经济学的学科霸权则为发展中国家的所有落后问题开出来"双赢式"的政策药方，只要遵循这些发展理念、使用特制的发展工具包，"增长"与"再分配"之间的矛盾就可以被消解，所有人都可以从发展中获益。这些政策思路无视甚至刻意掩盖了发展中国家各自的资源禀赋、不断变迁的社会动态、复杂的社会结构以及国际政治经济体系中不平等的权力关系，詹姆斯·弗格森（James Ferguson）将这样的发展理念称为"发展教条的'去政治化'"。钱伯斯将参与式从实践工作方法向"赋权"层次进行提升，通过"参与"的方式将那些先前被排斥在发展项目之外的边缘群体包容进来，使穷人成为决定地方发展和自身生活的重要主体。而问题是，从很多农村发展实践来看，依赖参与式的实践方法实现"上"与"下"之间权力关系的实质变化，使处于"下"位的草根阶层成为发展的主导者，这种设想是有些理想化的。参与式发展过度强调个体的参与和变革对社会变迁的作用，而忽视了社会结构中不同群体间的政治冲突与对抗；强化和塑造了一个"社区"共同体，而模糊或掩盖了地方权力结构中的差异性，虚化了社区环境中动态变化着的分化与分层。这种过于强调和依赖"去政治化"的参与式发展是否能够撼动村庄发展的结构性制约因素，也是值得怀疑的。[①]

参与式既是一种话语意识的霸权，同时也在经历着地方群体的解构与重塑。权力并不存在所谓的权力中心或由精英控制，而是通过社会和文化准则的规范化表达为循环的、多种多样的形式。参与式将权力和社会群体进行二分的同时将复杂的社会关系和权力关系简单化，也正因此参与式忽略和隐藏了不平等的存在进而将其具体化，而所谓的地方知识其实是权力和规范下的产物。参与式发展工具本意是想揭示日常生活的现实，但实际上，这些工具和方法反而掩盖了社区中的权力结构，如通过作图、标记等方法把不可控的、模糊的东西过滤掉。参与式将权力视为二元对立，并试图通过"赋权"打破原有的权力结构关系，但由于参与式没有能够认识到权力是网状和分散的而将其简单化，参与式的过程反而强化了原有的权力关系而形成了"霸权"。发展工作者和参与者本身都嵌在权力关系中，因此参与式发展很难改变现有的权力关系与社会控制。郭占锋（2010）就国际发展项目论述了参与式发展被当地群体重新"解读"和重塑的过程。尽管国际机构在开展工作时不断通过参与式管理培训强化村民的参与式思想，强调其自主性和参与性，以提高项目的质量和培养村民对发展项目的社区拥有感。实际上，村民的这种认同感非常低，参与者在参与式发展中是在台前自我表演，由发展工作者提供道具

---

① 有关参与式发展的"去政治化"主要参考叶敬忠教授的《再论"参与式发展"与"发展研究"（代序）》，载于《参与式发展研究与实践方法——在发展与项目的规划和管理及组织发育中的应用》，社会科学文献出版社，2010。

也引导和限制了参与者表达的途径，地方和社区在与外来项目管理人员互动过程中，知道外来者想"看什么"、"听什么"，因此，发展项目一般无法按照预期的框架进行，任何一个项目通常从开始到结束都是一系列不断谈判和妥协的过程，最终只能达成折中，传统社区保持着一种固有的融合结构，形成对抗外来力量的张力。这样，干预目标也就在各个行动者参与实施的过程中被重新形塑了。

正如叶敬忠（2010）所言，对参与式发展的反思本身就是发展理论不断发展的动力之一，参与霸权、参与式工具化、参与游戏化等各种反思与批判在该理论产生之初就相伴而来。这也提醒发展工作者和研究者，仅仅靠自下而上的"参与"的确是远远不够的，而强调"协助者"的角色和作用是很关键的。在将参与式方法与社区发展相结合的过程中，发展工作者对于促进更好地参与可以起到核心作用，可以承担起很好的"协助者"作用。从这个角度来看，对参与式发展的反思并不是否定和责难，而是突破和超越，是对社区发展和学术发展的深层关怀。发展工作者和研究者在研究与实践中都应秉持这种批判的态度，不断探索，不断追寻。

## 思考题

1. 如何理解参与式发展理论的产生和重要性？
2. 如何理解"参与式"的概念？
3. 参与式发展的核心是什么？
4. 从方法论的层次来理解参与式发展研究与实践的原则有哪些？
5. 参与式发展研究与实践工具是如何运用的？

## 参考文献

1. 〔英〕伯特兰·罗素：《西方的智慧》，世界知识出版社，1992。
2. 〔英〕T. 奥哈根著，马名驹等译《人体、精神与科学》，西安交通大学出版社，1989。
3. 《中国大百科全书》（哲学Ⅰ），中国大百科全书出版社，1987。

4. 张雄等主编《新编现代西方社会思潮》，上海社会科学院出版社，1999。

5. 〔美〕尼古拉·尼葛洛庞帝著，胡泳、范海燕译《数字化生存》，海南出版社，1996。

6. 理查德·R. 尼尔森、保罗·M. 罗默：《科学、经济增长与公共政策》，《知识对经济的影响力》，新华出版社，1999。

7. 多米尼克·弗雷等：《以知识为基础的经济：从知识经济学到学习经济》，《知识对经济的影响力》，新华出版社，1999。

8. 罗荣渠：《现代化新论》，北京大学出版社，1993。

9. 库马著，蔡伸章译《社会的剧变——从工业社会迈向后工业社会》，志文出版社，1984。

10. 〔瑞典〕冈纳·米尔达尔著，陈羽纶、许约翰译《反潮流：经济学批判论文集》，商务印书馆，1992。

11. 〔瑞典〕冈纳·缪尔达尔著，方福前译《亚洲的戏剧——南亚国家贫困问题研究》，首都经济贸易大学出版社，2001。

12. 〔美〕罗斯托著，国际关系研究所编译室译《经济成长的阶段——非共产党宣言》，商务印书馆，1962。

13. 〔美〕大卫·格里芬编，马季方译《后现代科学——科学魅力的再现》，中央编译出版社，1998。

14. 劳尔·普拉维什：《依附、发展和相互依存》，载于《发展经济学的新格局——进步与展望》，经济科学出版社，1987。

15. 〔英〕汤因比著，曹未风等译《历史研究》（上册），上海人民出版社，1986。

16. 夏振坤：《西方经济发展理论评析》，《当代财经》，1997。

17. 李小云主编《谁是农村发展的主体?》，中国农业出版社，1999。

18. 李小云主编《参与式发展概论》，中国农业大学出版社，2001。

19. 周大鸣、秦红增：《参与发展：当代人类学对"他者"的关怀》，《社会学》，2004。

20. 孙学敏：《刘易斯与舒尔茨经济发展理论比较》，《高校理论战线》，1994。

21. 张朝兵：《马克思主义与发展理论》，《山西师大学报》（社会科学版）1994 年第 12 期。

22. 李国强：《当代西方发展理论的变迁与危机》，《天津社会科学》1994 年第 4 期。

23. 胡华忠、潘伟杰：《近当代西方三大社会发展理论剖析》，《学习与探索》1996 年第 3 期。

24. 江丹林：《整体论、决定论还是中心论——兼论当代西方关于非西方社会的发展理论》，《学术季刊》1996 年第 4 期。

25. 周长城：《发展理论的演变》（上），《国外社会科学》1997 年第 4 期。

26. 周长城：《发展理论的演变》（下），《国外社会科学》1997 年第 5 期。

27. 福兰克·佩提特维尔：《发展理论中关于国家的三种神话》，《国际社会科学杂志》（中文版）1999 年第 1 期。

28. 林志斌：《关于"参与式"农村社区发展问题的讨论》，《科技导报》1998 年第 9 期。

29. 吕星、林凌、夏圆：《参与式农村发展理论与实践——来自滇川黔地区的经验》，《云南地理环境研究》2001 年第 2 期。

30. 卡尔·布兰切：《参与式发展：在理想与现实之间》，《国际社会科学杂志》（中文版）2002 年第 4 期。

31. 雷锦霞、樊军亮：《参与式区域农业可持续发展探析》，《河北学刊》2002 年第 3 期。

32. 郭占锋：《走出参与式发展的"表象"——发展人类学视角下的国际发展项目》，《开放时代》，2010。

33. 叶敬忠：《再论"参与式发展"与"发展研究"（代序）》，载于《参与式发展研究与实践方法——在发展与项目的规划和管理及组织发育中的应用》，社会科学文献出版社，2010。

34. C. E. Black. *The Dynamics of Modernization*, A Study in Comparative History, 1999.

35. Stuart Corbridge. *Development Studies*, Edward Arnold, London, 1995.

36. CSOPP Documents：*Empowering People：A Guide to Participation*, http：//www. undp. org/csopp/CSO/NewFiles/docemppeople1. html.

37. *What do We Mean by Participation in Development?* http：//www. fao. org/participation/ourvision. html.

38. *Statement of Principles on Participatory Development*, http：//www. usaid. gov/about/part_ devel/docs/pdiover. html.

39. *Participatory Approaches*, http：//www. srds. ndirect. co. uk/particip. htm.

# 5 第五章　发展指标<sup>*</sup>

发展问题不仅是当代的重大主题，也是人类历史上经久不衰的永恒主题。David Simon（2003）曾指出："发展就是个人以及社会在物质和非物质的生活质量方面产生的多样化以及多元的积极的变化。"然而，确切地说，究竟什么是"积极的变化"以及"生活质量"？谁来进行定义？这只是一个模糊的判断。从某种意义上说，所有的发展理论都有一个共同点，那就是它们都可以通过一系列的发展指标进行度量（de Greene，1994）。发展指标在衡量发展的目标以及程度等方面发挥了非常重要的作用。

## 第一节　指　　标

指标是反映较大系统状况的信息向量。人的体温就是一个经典的例子。体温反映着整个人体的健康状况。当人们无法直接全面地看清某物，如一辆汽车、一个人、一种教育体系或是整个社区的状况时，人们就需要借助指标来判断系统的状况。通常，一个指标侧重于某一体系具体的、可操作的、可提供信息的某一片段，让人们对较大的图景有所认识。指标不能反映一切，但却足以帮助人们做出更好的决定。没有正确的反馈，任何一个有机体，不管是细菌、组织还是一个社会，都不能确保自身的健康和活力。

指标是系统内部各种性能的度量指数，可以引导人们制定特定的行动方

---

<sup>*</sup>　本章框架主要参考了 Stephen Morse（2004）。

案或政策。"我们周围的指标在告诉我们世界的状态，人们在日常生活中通常利用指标进行决策。比如早晨的蓝天预示着好天气，我们应该穿汗衫。"（Acton，2000）指标的特征包括：

（1）具体的：即指标能反映出人们想知道的特定方面的结果。当然，也有人指出指标能反映出比直接测量更多的内涵（Kao and Liu，1984）。

（2）可测量的：指标都是定量的，但是"打分"和"排序"等等定性的指标也是可以接受的（Morse，2004）。

（3）可用的：能够对管理和决策进行有效的指导。

（4）敏感的：能够对环境的变化进行迅速反映，理论上来说，环境变化之后，指标随之变化的时间越少越好（Morse，2004）。

（5）可获得的：必须为指标收集必要的一手数据。然而在收集过程中必须警惕"数据驱动（Data Driven 即为了数据而搜集数据）"（Bayless and Bayless，1982；Wish，1986）。

（6）有成本效益的：获得数据方面的成本必须是划算的。

并非所有的指标都是好的。选择不当的指标甚至会比根本没有指标令你更快地误入歧途。Donella Meadows 指出了一些常见的、应该避免的错误（Donella Meadows，2004）：

（1）过分聚集。如果过多的东西被归并在一起，组合的信息可能会难以把握。将"好的"经济变化（更多的教育、更好的食物）与"坏的"经济变化（更多的事故）带来的货币流量加在一起，只能反映货币量，而不能反映这些活动带来的安康。

（2）衡量可以衡量的而不是重要的东西。例如，不要只是衡量森林覆盖的面积，要考虑树的大小、多样性和健康。不要仅仅评估人们拥有的货币总量，要考虑人们的生活质量和总的安宁状况。

（3）依赖错误的模型。我们可能会认为出生率反映人口控制计划的有效性，但其实它反映的可能是妇女利用计划的自由度。我们可能以为油价反映地下石油的丰富程度，但它却可能反映油井当前产油能力与汽车及其他设备的耗油率的关系。

（4）故意曲解。如果一个指数传递坏消息，有人可能很想改变或拖延这一消息，或者用其他办法隐瞒。例如，美国就只把那些积极寻找工作的人算作失业的人，而不算那些已经放弃寻找的人。

（5）过于自信或者不完整。指标并不是真正的系统。它们可能是错误的，可能遗漏了社区中的一些细微差别。只有放在适当的环境和关系中，指标才最有效。要时刻记住虽然指标是情况很重要的一部分，但不是全部。

# 第二节　经济发展指标

经济发展对于任何国家来说都是非常重要的。没有经济发展，就没有一个国家的繁荣昌盛，也不可能提升人民生活水平，更不可能增强综合国力。因此，反映经济发展的指标一直是各国人民和政府普遍关注的重要指标。

## 一　国内生产总值和国民生产总值

国内生产总值（Gross Domestic Product，简称 GDP），它代表一国（或一个地区）所有常住单位在一定时期内生产活动（包括产品和劳务）的最终成果。GDP 一直是备受瞩目的指标。诺贝尔经济学奖获得者萨缪尔森在《经济学》教科书中把 GDP 称作是"二十世纪最伟大的发明之一"。通常情况下，GDP 是衡量一个国家经济社会是否进步的最重要标准。

GDP 是衡量一个国家宏观经济运行状况的重要指标。判断宏观经济运行状况的经济增长率、通货膨胀率和失业率这三个重要经济指标，都与 GDP 有关。各国政府统计的部门，都把 GDP 增长率作为描述经济增长情况最重要的综合性宏观经济指标。

另外，GDP 是国家制定发展战略和宏观经济政策的重要依据。主要表现有：第一，GDP 是制定经济发展战略和规划目标的重要工具。例如，中国"十二五"规划关于经济社会发展的主要经济指标中就包含多个与 GDP 有关的指标。第二，GDP 是制定宏观经济政策的重要依据。例如，中国的宏观政策制定与经济增长和价格水平存在密切关系，而经济增长和价格水平的变化分别通过 GDP 和 CPI 的涨幅表现出来。第三，GDP 是检验宏观经济政策科学性和有效性的重要手段。

还有，GDP 也是反映一国贫富状况和人民生活水平的重要标志。一国经济不断发展，经济规模不断扩大，更好地实现了国家繁荣和人民生活水平提高，而 GDP 成为衡量这一过程的重要指标。比如人均 GDP 就是描述人均经济发展水平的重要指标，在一定程度上反映了一个国家的富裕程度和人民生活水平的高低，是划分穷国和富国的一项重要指标。

最后，GDP 也是确定一国承担国际义务的轻重、享受优惠待遇的多少以及与该国在国际社会发挥作用的大小有着密切的关系。比如，联合国通过 GDP 和人均 GDP 确定成员国需要承担的会费以及维和等费用。世界银行确定其成员国享受优惠时，也会根据 "人均 GDP" 这项指标（许宪春，2010）。

国民生产总值（Gross National Product，简称 GNP）是指一个国家（地区）所有常住机构单位在一定时期内（年或季）收入初次分配的最终成果。GDP 和 GNP 都是衡量一国生产总量和经济实力的综合指标。二者既相互区别，又相互联系。首先，GDP 和 GNP 的区别表现在核算原则不同，分别为国土原则和国民原则。国土原则是指所有常住单位在一定时期内生产活动的最终成果是否在本国国土范围内生产作为判断的标准。无论常住单位的雇员是本国国民还是外国国民，只要在本国国土范围内生产的货物和服务，就会纳入到 GDP 核算范围。而国民原则是指一定时期内（年或季）收入初次分配的最终成果是否属于本国国民所有作为主要的判断。无论收入的来源是国内还是国外，只要收入的初次分配被本国国民所有，就会纳入到 GNP 核算范围。其次，GDP 和 GNP 一般情况不会相等，但也存在相等的可能。当一国处于封闭状态，不存在对外贸易，常住单位在一定时期内生产活动的最终成果全部由本国国民创造并由本国国民分配，在这种情形下，二者相等。另外一种情况，一国实行对外贸易，存在着对外投资和外商投资等多种形式，当常住单位在一定时期内生产活动的最终成果由本国国民和国外国民共同创造，并在他们中间分配，同时，本国国民通过对外投资等多种形式，获得国外收入。当一国分配给国外国民的收入等于本国国民从国外获得的收入时，GDP 和 GNP 则会相等（郑志国，2004）。

## 二　国内生产总值的计算

国内生产总值是国民核算体系（SNA）框架下的一个重要的核心指标。它是一个国家或地区所有常住单位在一定时期所生产和提供的最终使用的产品和服务的总价值。它能反映一个国家或地区国民经济活动的总量，是衡量一个国家（或地区）经济发展水平的基础指标。国内生产总值事实上是最终产品的总流量在生产、分配和使用三个阶段分别以产品、收入和支出体现出来的总量指标，由此也决定了国内生产总值的三种核算方法——生产法、分配法、支出法。

从生产角度看，国内生产总值是一国国内所有常住单位在一定时期内所生产的全部最终产品的价值，也就是所有常住单位生产创造的增加值的总和，用公式表示为：

国内生产总值=总产出−中间消耗

从收入角度看，国内生产总值是所有常住单位在一定时期内直接创造的收入之和。用收入法核算国内生产总值是将所有常住单位的生产账户加以合并，以要素收入形式体现国内生产总值的内容及结果。用公式表示为：

国内生产总值=劳动者报酬+固定资产折旧+生产税净额+营业盈余

从支出角度看，国内生产总值是从最终使用的角度来反映最终产品的规模。它是货物和服务的最终使用减去货物和服务进口。用公式表式为：

国内生产总值=总消费+总投资+净出口

## 三　国内生产总值的局限性及其修正

尽管 GDP 在衡量经济发展中有其他任何指标都无法比拟的独特作用，但是，它不是万能的，因为它既不能直接衡量那些使生活有意义的东西，也不能成为衡量一切的唯一指标。其主要的局限性有以下五个方面（袁捷敏，2006）。

第一，GDP 统计核算存在较大偏差。GDP 统计核算的是经济活动产出，必须有交易行为的发生，存在相应的市场价格，这样一来，那些属于经济意义上的生产性活动，比如非市场性的家务劳动，没有涉及交易行为，就没有被 GDP 统计核算。另外，非法生产和地下经济活动。这些非法交易活动最终产生了实际需求的产品和服务，应属于 GDP 的核算范围，1993 年版的 SNA 中虽然已将这部分纳入生产核算的范围，但并不是世界上所有国家都将其核算在内。还有，名义 GDP 和实际 GDP 在统计上差异很大，不同国家采用不同的统计方式，因此，不论是统计的内容还是统计的方式，GDP 的统计核算都存在较大的偏差。

第二，GDP 不能衡量社会成本，没有反映经济发展对资源和环境的影响。

特别是经济发展过程中的社会成本、资源和环境的变化。GDP 没有反映出经济发展对资源和环境的负面影响，乐观地估计经济发展潜力。人们在发展经济的时候，必然需要消耗自然资源，势必影响到生态环境。然而，GDP 仅仅反映了经济发展的正面指标，没有核算它所带来的资源耗减和环境损失。例如，GDP 会随着开采矿石而增加，但过量开采对环境的负面影响却没有计算在 GDP 中。因此，经济发展积极的一面被 GDP 统计了，而对资源环境造成损害的消极一面没有被核算，从某种程度上说，GDP 高估了当期经济活动创造的价值。

第三，GDP 不能衡量经济增长的代价和方式。经济增长方式分为粗放型和集约型，粗放型的增长方式是依靠增加生产要素量的投入来扩大生产规模，实现经济增长。这种方式消耗较高，成本较高，产品质量难以提高，经济效益较低。而集约型经济增长方式则是依靠提高生产要素的质量和利用效率，来实现经济增长。这种方式实现的经济增长消耗较低，成本较低，产品质量能不断提高，经济效益较高。但 GDP 却不能反映经济的发展是粗放型还是集约型。另外，GDP 也包括像烟草等这类产品，虽然生产增加 GDP 的数量，但会引起癌症等疾病，增加了医疗和保险等公共开支，对人类健康有负面影响。

第四，GDP 不能衡量经济发展效率、效益和质量，不能准确反映社会财富的积累。众所周知，产品的质量、产品技术水平、劳动生产率、资源产出率、碳排放量等在不同的国家经济发展过程中差异很大，特别是在发达国家和发展中国家存在很大差异，而 GDP 没有显示经济发展质量的差异。比如，某市 2000 年修建一栋教学楼，2010 年教学楼由于强震受损严重，为了确保师生安全，教委决定对其改建，2010 年学校新建成教学楼，旧教学楼荒废。在这一过程中，2000 年该市因为修建教学楼增加了 2000 年的 GDP，2010 年该市又因为新建教学楼，再次增加 GDP。该市由于修建教学楼增加两次 GDP。然而，虽然在 2000 年和 2010 年分别修建了两处教学楼，但因为 2010 年旧校址已经荒废，在 2010 年底的社会财富中只包含 2010 年新建的学校。由此看出，GDP 虽然增长了，但社会财富并没有增长。因此，GDP 有时候不能准确地衡量发展的质量和社会财富的增长。

第五，GDP 不能全面反映居民生活水平的变化和社会的进步。GDP 不能衡量比如分配、居民生活质量、居民闲暇时间多少等因素的差异。当一个国家的 GDP 增加时，这个国家居民的整体生活水平将得到改善。但是收入分配的不平等，可能使少数人得到了更多的收入，换句话说，从人均 GDP 中无法区分由于收入分配的差异状况导致的居民生活水平的高低不同；GDP 也不能反映居民生活质量的好坏。安逸舒适的生活环境在 GDP 中是无法显示出来的。同样，从 GDP 的身上也看不出反映居民生活水平的居民闲暇时间的多少。所以，GDP 不能全面衡量居民的经济福利水平和社会的进步。

GDP 是现行国民经济核算体系中重要的核心指标，在利用 GDP 的同时，还需要了解 GDP 的局限性。1992 年，联合国召开世界环境与发展大会里约热内卢会议，可持续发展观被世界各国政府广泛认同。人们已经普遍意识到需要对传统的国民经济核算体系进行修正，力图从传统意义上统计的 GDP 中扣除不属于真正财富积累的虚假部分，从而再现一个真实的、可行的、科学的指标，即"绿色 GDP"，以期衡量一个国家和区域的真实发展和进步，使其能更确切地说明增长与发展的数量表达和质量表达的对应关系。

在绿色核算和可持续发展思想的指导下，许多国家出台了比较完整的核算体系。主要包括：联合国统计委员会提出的环境经济综合核算体系 SEEA（System of Integrated Environmental and Economic Accounts）、欧盟统计局开发的欧洲环境的经济信息收集体系 SERIEE（European System for the Collection of Economic Information on the Environment）、荷兰统计局公布的包括环境账户的国民核算矩阵（NAMEA，National Accounting Matrix including Environmental Accounts）和包括环境账户的社会核算矩阵（SAMEA，Social Accounting Matrix including Environmental Accounts）、欧盟委员会开发了"欧洲环境压力指数"和"欧洲综合经济与环境指数体系"（1996）。其中，最主要的是环境与经济综合核算体系。

环境与经济综合核算体系，由联合国于 1993 年首次公布的《环境与经济综合核算体系》的内容所构成。它以国民核算体系（SNA，System of National Accounting）为基础，建立卫星账户体系，也就是 SEEA 并不直接修正 SNA 的核心系统，而是作为 SNA 附属体系进行扩展和补充。在原来核算内容基础上增加了外部影响因素和自然资源，形成了环境与经济核算一体化的框架。联合国统计委员会分别于 2000 年和 2003 年制定出改进的体系。其中 2000 版本主要是指导手册，并没有阐述 SEEA 的全部内容和模块，只是描述那些可行的至少数据充分并能与 SNA 连接的部分内容。2003 年的版本又进一步扩大了 SNA1993 的核算内容与范围，促进了 SNA1993 与资源、环境信息直接联系的概念变化（王德发，2006）。

所谓绿色 GDP 是指一个国家或地区在考虑了自然资源（主要包括土地、

森林、矿产、水和海洋）与环境因素（包括生态环境、自然环境、人文环境等）影响之后经济活动的最终成果，即将经济活动中所付出的资源耗减成本和环境降级成本从 GDP 中予以扣除。改革现行的国民经济核算体系，对环境资源进行核算，从现行 GDP 中扣除环境资源成本和对环境资源的保护服务费用，其计算结果可称为"绿色 GDP"。绿色 GDP 可分为总值与净值。总值是指绿色 GDP（GGDP）即 GDP 扣减资源耗减成本和环境降级成本。净值是指绿色国内生产净值（EDP），即 GDP 扣减资源耗减成本、环境降级成本和固定资产折旧。中国科学院可持续发展课题研究组提出的绿色 GDP 的计算公式：[1]

绿色 GDP（GGDP）= GDP-自然部分的虚数-人文部分的虚数

自然部分的虚数从下列因素中扣除：①环境污染所造成的环境质量下降；②自然资源的退化与配比的不均衡；③长期生态质量退化所造成的损失；④自然灾害所引起的经济损失；⑤资源稀缺性所引发的成本；⑥物质、能量的不合理利用所导致的损失。人文部分的虚数从下列因素中扣除：①由于疾病和公共卫生条件所导致的支出；②由于失业所造成的损失；③由于犯罪所造成的损失；④由于教育水平低下和文盲状况导致的损失；⑤由于人口数量失控所导致的损失；⑥由于管理不善（包括决策失误）所造成的损失。

绿色 GDP 是对 GDP 指标的一种调整，虽然已经取得了一些进展，但是仍然存在一些争论。许多国家已经试行绿色 GDP，但是迄今为止，全世界上还没有一套公认的绿色 GDP 核算模式，也没有一个国家以政府的名义发布绿色 GDP 结果。目前，实施绿色 GDP 面临的主要是两个困难：技术难点和观念上的难点。首先，技术上的难点是我们如何来衡量环境要素的价值。环境要素并没有进入市场买卖。由于环境的破坏导致水土流失，依赖环境生存的动物、微生物的灭绝，这个又如何核算？专家们虽然一直致力于测算，开发模型，提出计量方法，但各有侧重，并不能全面衡量环境要素的价值。其次，绿色 GDP 建立在以人为本、可持续发展的观念之上。一旦实施绿色 GDP，将意味着观念的转变，意味着全新的发展观和政绩观，长期以来，人们心中以单纯的 GDP 增长为衡量发展和业绩的标准将会被取代。

绿色 GDP 的环境核算虽然困难，但在一些国家还是取得了很大成绩。挪

---

① 中国科学院可持续发展研究组：《2000 中国可持续发展战略报告》，科学出版社，2000。

威 1978 年就开始了资源环境的核算，也是最早进行资源核算的国家，为绿色GDP核算体系奠定了重要基础。芬兰参照挪威也建立起了自然资源核算框架体系。墨西哥 1990 年在联合国的支持下也实施了将石油、各种用地、水、空气、土壤和森林列入环境经济核算范围，再将这些自然资产及其变化编制成实物指标数据，最后通过估价将各种自然资产的实物量数据转化为货币数据。这便在传统国内生产净产出（NDP）基础上，得出了石油、木材、地下水的耗减成本和土地转移引起的损失成本。然后，又进一步得出了环境退化成本。与此同时，在资本形成概念基础上还产生了两个净积累概念：经济资产净积累和环境资产净积累。这些方法，印度尼西亚、泰国、巴布亚新几内亚等国纷纷仿效，并也立即开始实施。另外，实施绿色 GDP 的国家还有很多，主要是欧美发达国家，如法国、美国等（齐援军，2004）。

# 第三节　贫困范畴的发展指标

消除贫困是联合国千年发展目标之一，贫困测度方法也就显得尤其重要。为适应不同国家和不同时期的发展特点，人们从最初采用贫困线以下的人口占总人口的百分比来表示一国的贫困程度，到开始考察贫困线以下人口中的分配以及贫困深度等贫困指标，直至目前的多维贫困指数，贫困测度方法一直是多样并且变化着的。

## 一　联合国可持续发展委员会的贫困指标

联合国可持续发展委员会（UNCSD）的可持续发展指标体系中，贫困指标按驱动力、状态、响应框架分为三部分。驱动力指标有失业率，状态指标有按人口计算的贫困指数、贫困差距指数、平方贫困差距指数、收入不均基尼系数、男女平均工资比例，没有响应指标。UNCSD 的贫困指标的主要内容：

1. 失业率。按 UNCSD 的定义，失业是指所有国家受过教育却没有工作和收入、靠保险和福利生存的那部分人贫困的主要原因，UNCSD 将失业率定义为失业人口占总劳动力的比率。失业人口是指在观察期没有工作（不包括暂时离开工作岗位、做无报酬劳动者）、有工作能力和愿望的那部分人。失业率的计算不包括一些特殊群体，如武装力量、游牧民族、学生、已找到工作还未开始工作的群体、学徒等。值得注意的是，有一部分人，由于特殊的社会制度，虽然有全职工作，但仍然很贫困。

2. 按人口计算的贫困指数。是指生活标准或经济福利在贫困线以下的人口的比例。贫困线有绝对贫困线和相对贫困线两种，前者多用于发展中国家，后者常用于发达国家。UNCSD 通过对 36 个发达与发展中国家的跨国比较，得出真正的贫困线将随着经济的增长而提高，但在穷国，这种提高相对要慢一些。基于人们对福利的不同理解，经济福利可归结为一个人对货物和服务的消费以及营养的摄入量两种定义。在发展中国家营养的获得权重较高。在有关发展的著述中对消费的测度比对收入的测度更为流行，这是因为收入随着时间的变化波动很大，尤其在农业经济中，消费比收入更能反映真实情况。

对个人生活水平的测度，UNCSD 认为，由于不同家庭其规模及构成不同，简单地对整个家庭的总消费进行比较容易使人对家庭中各成员的福利产生误解。因此，UNCSD 指标体系中对个人生活水平的测度是以男性成年人为基数的。也就是说，对于给定的家庭，只调查该家庭男性成年人的消费行为，因为成年女性和孩子的消费相对较少，因而假定其小于成年男子的消费。但这不是说他们的需求低，而是在家庭中的作用力小。消费中规模经济的存在也表明两个人生活在一起的成本低于一个人生活。

局限性：大多数发展中国家采用的是人均消费指标，而发展中国家的家庭规模一般较大，这可能夸大贫困的程度。另外，在定义个人福利和贫困线过程中，无法避免主观判断。有些国家没有对贫困的定义。另外，对贫困的定义国家与国家之间可能不同，这些都影响了数据的可比性。

3. 贫困差距指数。用于评价一个国家或地区贫困的深度。按人口计算的贫困指数，在贫困线以下时，对某些特殊政策反映不敏感，贫困差距指数则弥补了这方面不足。随着贫困线以下的贫困差距的加大，贫困差距指数将提高，贫困差距指数的下降反映了现状的改善。

贫困差距指数是贫困线以下人口距贫困线差距的均值。贫困差距指数假定贫困线以上的贫困指数值为 0。计算贫困差距指数需要计算个人经济福利，并确定什么样的福利水平才算贫困。计算个人福利有很多方法，大致有两类，一类重视个人对福利的判断，一类则根据经济学家对福利的定义来计算。前者重在测算人对一组商品和服务的消费，后者计算的是营养的摄入量，即使人不以食物为生或不单以营养来决定食物的消费。实际操作中，则根据获得数据的难易程度而选择不同的方法。

大多数发展中国家通过计算人均消费量来测度贫困，所以对贫困的总测度一定要注意可比性，因为这对决策者有很重要的意义。一个越来越普及的方法是用不同的贫困线对贫困进行测度，比较消费的选择对贫困是否有决定性影响。[①]

## 二 基尼系数

基尼系数是国际上用来综合考察居民内部收入分配差异状况的一个重要分析指标，由于基尼系数可以比较客观、直观地反映和监测居民之间的贫富差距，预报、预警居民之间出现贫富两极分化，因此得到世界各国的广泛认同和普遍采用。

1905 年，统计学家马克斯·洛伦兹（Max Lorrenz）首先提出了一个用以描述收入或财富分配不均等程度的曲线，即洛伦兹曲线。洛伦兹曲线是指按照人均收入水平由低到高排序，横轴为人口累计比 $X$，纵轴为收入累计比率 $Y$ 的平面直角坐标体系下的一条曲线 $Y=Y(X)$。当洛伦兹是 $Y=X$ 时，它表示人均占有社会财富或人均收入水平的绝对平均；当洛伦兹曲线是横轴与 $X=100$ 处的垂线所构成的直角折线时，它表示收入分配的绝对不平均。一般来说，洛伦兹曲线是位于上述两种极端情况中间的一条曲线 $Y=Y(X)$，该曲线与对角线越接近，收入分配越平均；反之，收入分配越不平均（见图 5-1）。

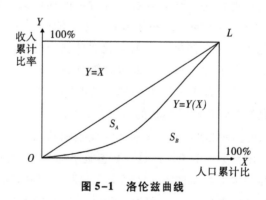

图 5-1 洛伦兹曲线

---

① 转引自 http://cedr. whu. edu. cn/cedrpaper/20042921311. pdf。

1912 年，意大利经济学家科拉多·基尼（Corrado Gini）又以洛伦兹曲线的图形为基础，提出了基尼系数。基尼系数 $G = S_A / (S_A + S_B)$，其中 $S_A$ 指 45 度线 $Y = X$ 与洛伦兹曲线 $Y = Y(X)$ 所围成的面积，而 $S_B$ 是洛伦兹曲线 $Y = Y(X)$ 与 $OX/XL$ 所围成的面积。由于 $S_A + S_B$ 等于 1，所以 $G = 2S_A$。若知道洛伦兹曲线，则基尼系数 $G = \int_0^1 [X - Y(X)\,\mathrm{d}X] / \int_0^1 X\,\mathrm{d}X = 1 - 2\int_0^1 Y(X)\,\mathrm{d}X$。

基尼以此找出了判断分配平等程度的指标。基尼系数最小等于 0，表示收入分配绝对平均；最大等于 1，表示收入分配绝对不平均；实际的基尼系数介于 0 和 1 之间。按照国际惯例，通常把 0.4 作为收入分配贫富差距的"警戒线"。基尼系数在 0.2 以下，表示居民之间收入分配"高度平均"，在 0.3 ~ 0.4 之间为"比较合理"，0.4 ~ 0.6 为"差距偏大"，0.6 以上为"高度不平均"，表明该国社会处于可能发生动乱的"危险"状态。

### 三　贫困指数

#### （一）阿玛蒂亚·森的贫困指数

1998 年诺贝尔经济学奖得主阿玛蒂亚·森（又译阿马蒂亚·森）提出，用一定的、预先确定好的贫困线下的人口（H）作为贫困的共同标准，理论基础不明确，而且忽视了穷人中的贫困程度。另外，即使在社会中最贫穷阶层的收入有了显著的提高，只要他们的收入还没有越过贫困线，就不会影响 H 值。为了弥补这些不足，森设计了一个能反映上述情况的简单的贫困指数，将贫困人口的数量、收入及收入分布结合在一起，全面反映一国的贫困程度。森的贫困指数（森指数）用公式表示为：P = H·［I+（1-I）·G］。在这里，P 是贫困指数，H 表示贫困人口的百分比，G 是贫困人口的基尼系数，I 是贫困人口收入差距的总和（即贫困人口的收入距贫困线的差距的总和）除以贫困线，即贫困距，贫困距仅适用于贫困线以下的个体。该指标具有两个特征，单调性和传递性。森认为贫困指数在贫穷国家有它们最内在的应用价值。森指数简单易算，已逐渐被广泛应用（阿玛蒂亚·森，2003）。为了使森指数满足强转移性、连续性和复制不变性公理，夏洛克（Shorrocks）等人在森指数的基础上提出 SST 指数（即由 Shorrocks，Sen 和 Thon 提出），它是贫困率、平均贫困差距率和总人口贫困差距率的基尼系数加 1 的乘积。森指数和 SST 指数的差别在于森指数是穷人贫困差距率的基尼系数，而 SST 指数是总人口贫困差距率的基尼系数（弓秀云等，2005）。

## （二）人类贫困指数

1997 年联合国开发计划署开始测算不同于世界银行贫困标准的人类贫困指数（Human Poverty Index，简称 HPI），从人类发展的角度来看，贫困不仅仅指物质的匮乏，如果不能够长寿、健康、创造性地生活，那就意味着生活标准、自由、尊严、被他人尊重和尊重他人的权利被剥夺。如果人类发展被认为是增加选择和机会，那么贫困将意味着被剥夺选择和机会。必须认识到选择和机会的贫困意味着贫困不仅仅在收入维度，而必须在众多维度。1997年人类发展报告提出人类贫困指数，试图通过在生活质量被剥夺的不同维度的综合指标来在整体上判断一个社区贫困程度。HPI 不仅仅使用收入贫困，更多关注被剥夺的最基本层面的情况，HPI 是衡量健康长寿、知识以及体面生活方面被剥夺状况的综合指数。为了更好地测量受剥夺程度，HPI 按照收入水平不同，采取不同的指标。在低收入发展中国家，它分别为生存维度（40 岁以前死亡人口的比重）、教育维度（成人文盲比重）、体面的生活维度（缺乏医疗服务保障的人口比重、尚未用上安全饮用水的人口比重、5 岁以下营养不良的人口比重）这三个综合指标构成。在收入较高的经济合作与发展组织国家中，它分别为生存维度（60 岁以前死亡人口的比重）、教育维度（成人文盲比重）、体面的生活维度（收入在贫困线以下的人口比例）、社会排斥（长期失业率）这四个综合指标。HPI 人类贫困指数越高说明贫困规模越大（UNDP，1997）。

## （三）多维贫困指数

多维贫困指数（multidimensional poverty index，简称 MPI），是反映多维贫困人数（陷入多维贫困的人所占比重）以及每一个多维贫困家庭所遭受的多维剥夺的平均数量（UNDP，2010）。在联合国开发计划署发表的 2010 年人类发展报告中，多维贫困指数将取代从 1997 年开始使用的人类贫困指数。MPI 和 HDI 一样，也从三个维度识别了家庭层面的叠加剥夺，反映了贫困人口平均受剥夺的人数以及贫困家庭中遭受的剥夺维度。即将多元贫困分为生活标准、教育和健康三个维度，其中生活标准采用的是财产、屋内地面、电、饮用水、厕所、做饭用燃料六个指标，教育采用儿童入学率、受教育年限两个指标，健康采用儿童死亡率和营养两个指标，共计十个指标来测量贫困水平，并且每一个指标在其维度内都有相同的权重。MPI 的数值是通过多维贫困人口比率和贫困强度这两个指标进行计算。

　　MPI 最适合用于分析低发展中国家，其揭示了货币测量方法所无法衡量的贫困的程度，能生动地表达剥夺情况。MPI 反映了贫困中相互影响又存在区别的一些方面。因此，在测定一个国家处于收入贫困中的人口总数与处于多维贫困中的人口总数时，结果表明大多数国家多维贫困人口更多。MPI 可以根据不同维度进行分解，用以反映多维贫困的各组成部分对于不同地区、不同少数民族的贫困发生率和贫困程度是如何发生变换的，显示一个国家内不同区域人口的贫困情况。

　　但是多维贫困指数自身还是受到数据方面的限制，存在一些缺点。第一，多维贫困指标并不是所有维度都能取得连续的数据，因为它不仅包括产出和投入，还包括一个存量指标（儿童死亡率）。第二，健康数据相对薄弱或者覆盖范围太小，尤其在营养方面。第三，多维贫困指标对于小的误差不够敏感。第四，多维贫困指数能较好地衡量总人数以及他们所遭遇的贫困程度，但是不能衡量贫困人群内部的不平等。第五，国家之间不具有可比性。

# 第四节　综合发展指标

　　由于 GDP 存在自身的统计和核算缺陷，不能反映经济发展所带来的社会成本和资源环境的变化，缺乏对居民生活水平和社会进步等方面的衡量，因此，对 GDP 的修正更多的是从经济发展对资源和环境影响、经济福利、社会财富积累、贫困和社会进步等角度进行考量。[①]

## 一　人类发展指数

　　1990 年联合国开发计划署开始发布用人类发展指数（human development index，简称 HDI）衡量各国社会经济发展程度的标准，是对传统 GDP 指标体系修订的结果。人类发展指标设置的原则是：①能测量人类发展的基本内涵。

---

　　① 此部分主要参考朱文元《"绿色 GDP"与中国环境会计制度》，《会计研究》2002 年第 1 期，第 40～42 页。还参考了张志强、程国栋、徐中民《可持续发展评估指标（体系）、方法及应用研究》，《冰川冻土》2002 年第 24 期，第 4 页。

②只包括有限的变量以便于计算并易于管理。③是一个综合指数而不是过多的独立指标。④既包括经济又包括社会选择。⑤保持指数范围和理论的灵活性。⑥有充分可信的数据来源保证。

人类发展指数由三个指标构成：预期寿命、成人识字率和人均 GDP 的对数。这三个指标分别反映了人的长寿水平、知识水平和生活水平。HDI 为每个指标设定了最小值和最大值：出生时预期寿命分别为 25 岁和 85 岁、成人识字率（为 15 岁以上识字者占 15 岁以上人口比率）分别为 0% 和 100%、综合入学率（学生人数占 6 至 21 岁人口比率，依各国教育系统的差异而有所不同）分别为 0% 和 100% 、实际人均 GDP（购买力平价美元）为 100 美元和 40000 美元。人类发展指数的计算公式如下：

指数值 =（实际值−最小值）/（最大值−最小值）

预期寿命指数 =（LE−25）/（85−25）

教育指数 =（2/3）XALI+（1/3）XGEI

成人识字率指数（ALI）=（ALR−0）/（100−0）

综合入学率指数（GEI）=（CGER−0）/（100−0）

GDP 指数 = [log（GDPpc）−log（100）] / [log（40000）−log（100）]

HDI = 1/3（预期寿命指数+教育指数+GDP 指数）

其中，以上出现的字母缩写含义如下：LE 为预期寿命、ALR 为成人识字率、CGER 为综合入学率、GDPpc 为人均 GDP（购买力平价美元）。

人类发展指数从动态上对人类发展状况进行了反映，揭示了一个国家的优先发展项，为世界各国尤其是发展中国家制定发展政策提供了一定依据，从而有助于挖掘一国经济发展的潜力。通过分解人类发展指数，可以发现社会发展中的薄弱环节，为经济与社会发展提供预警。因此，人类发展指数也在不断地修订和完善。

联合国开发计划署在《2010 人类发展报告》中对人类发展指数的三个指标进行了修订，健康长寿采用出生时预期寿命来衡量；教育获得最初用成人识字率（2/3 权重）及小学、中学、大学综合入学率（1/3 权重）共同衡量，对其进行了修改，利用平均受教育年限取代了识字率，利用预期受教育年限（即预期中儿童现有入学率下得到的受教育时间）取代了毛入学率。而生活水平这个指标最初用实际人均 GDP（购买力平价美元）来衡量，2010 年则采用人均国民总收入（GNI）取代 GDP 来评估。2010 年的人类发展指数变成了三维指数的几何平均数。在任何维度上的表现不佳都直接反映在人类发展指数上，此外，维度之间不再存在完全的可替代的可能性。这种方式从各个角度反映了一个国家在三个维度上的表现，成为比较发展成就的基础。其中，最大值是从各国实际观测到的指标的最大值，而不再是一个预先设定的、不能真实反映成就的取舍点。最小值将影响比较，所以那些能被视为最低生活标准的合适的数值或"自然的"零值被用作最小值。最小值分别被定义为：预期寿命为 20 年，平均受教育年限和预期受教育年限均为 0 年，人均 GNI 为 163 美元。计算公式如下：

$$预期寿命指数（LEI）=（LE-20）/（83.2-20）$$

$$教育指数（EI）=\frac{\sqrt{MYSI \cdot EYSI}-0}{0.951-0}$$

$$平均学校教育年数指数（MYSI）=（MYS-0）/（13.2-0）$$

$$预期学校教育年数指数（EYSI）=（EYS-0）/（20.6-0）$$

$$收入指数（II）=\frac{\ln（GNIpc）-\ln（163）}{\ln（108,211）-\ln（163）}$$

$$HDI=I_{寿命}^{1/3} \cdot I_{收入}^{1/3} \cdot I_{教育}^{1/3}$$

其中 LE 代表预期寿命，MYS 代表平均学校教育年数（一个大于或等于 25 岁的人在学校接受教育的年数），EYS 代表预期学校教育年数（一个 5 岁的儿童一生将要接受教育的年数），GNIpc 代表人均国民收入。

人类发展指数的优点是：采用较易获得的数据进行计算，计算和比较的方法简单。另外，HDI 适用于不同的群体，可通过调整反映收入分配、性别差异、地域分布、少数民族之间的差异。人类发展指数的局限性是：首先，人类发展指数只选择预期寿命、成人识字率和实际人均 GDP 三个指标来评价一国的发展水平，而这三个指标只与健康、教育和生活水平有关，无法全面反映一国人文发展水平。其次，在计算方法上，存在一些技术问题。再次，HDI 值的大小易受极大值和极小值的影响。因为 HDI 是采用将实际值与理想值和最小值联系起来的方式，来评价相对发展水平的。所以，当理想值或最小值发生变化时，即使一国的三个指标值不变，其 HDI 值也可能发生变化（UNDP，2010）。

## 二 性别平等相关指数

1995 年联合国人类发展中提出性别发展指数（gender-related development

index，简称 GDI），GDI 实际是对 HDI 的补充，更多的是侧重人类（男女）基本能力的不平等。GDI 的测评思路与 HDI 是一致的，与 HDI 不同的是，GDI 更侧重测评男女两性在基本行为能力方面的差距，重点显示的是女性因为受教育程度低于男性，而形成知识能力限制所导致的发展能力限制。GDI 主要使用三个指标：分性别的预期寿命、分性别的受教育程度和调整男女两性的实际收入，用以评价性别发展的程度。根据分性别的出生时预期寿命、成人识字率、大中小学综合毛入学率、估计收入而计算出分值，分值越接近于 1，表明人类基本能力发展中的性别差异越小，男女能力平等发展的程度越高。如果女性群体受教育程度与男性差距越大，或与 GDP 和 HDI 背离越远，亦显示性别发展不平等情况越严重。反之，则说明性别平等情况良好。GDI 虽然计算所需数据容易获得，而且有公认的优点，但也存在下级指标任意加权，不同国家指标计算结果可比性不高的缺点（UNDP，1995）。

性别赋权指数（gender empowerment measure，简称 GEM），GEM 着重测量的是男女两性平等参与政治、经济等社会公共事务的状况，也意味着女性是否真正拥有平等的公民权利（UNDP，1995）。GEM 关注的是妇女的机会而不是可行能力，该评估方法测量的性别公平程度主要包含：政治参与及政治决策权、经济参与及经济决策权、经济资源支配权。虽然世界各国家的 GEM 得分每年都在呈缓慢上涨趋势，但世界上还没有一个国家实现真正的性别平等。而 GEM 作为衡量世界各国在政治经济决策参与上的男女平等状况的指标也存在一定的局限性，几乎所有的指标都反映的是城市精英的强烈偏见，并且一些指标更适合发达国家。

2010 年《人类发展报告》提出性别不平等指数（GII），一个建立在与 HDI 和不平等调整后 HDI 相同的框架上的度量指标，用来阐明发展成就在女性和男性之间分配的差别。GII 包括了受教育程度、经济和政治参与以及妇女健康问题，并解释了国家层面上叠加的不平等，因而具有独特性。主要包含三个维度，分别为劳动力市场、赋权和生殖健康；五个指标，分别为劳动力参与率、受教育程度、议会席位中女性达标比例、未成年人生育率、孕产妇死亡率。当各种维度的不利因素联合作用时，GII 就升高，也就是说，性别各维度之间的差异越相关，GII 就越高。但 GII 的局限性仍然是倾向精英阶层。

"为女孩和妇女提供平等的受教育机会、医疗服务、法律权利和政治权利不仅仅体现了社会的公正，而且可能也是为全人类发展进行的一项最好的投资。"Jeni Klugman 说。"性别不平等指数通过客观衡量男性和女性间长期存在的社会差异的程度及影响，来帮助推动人类发展进程。"（UNDP，2010）

## 三　社会进步指数

1984 年由美国宾夕法尼亚大学的理查德·J. 埃斯蒂斯（R. J. Estes）教授提出的社会进步指数（index of social progress，简称 ISP），涉及教育、健康状况、妇女地位、国防、经济、人口、地理、政治参与、文化、福利成就 10 个有关的社会经济领域，选择了相应的 36 项指标。通过指标的标准化处理，采用简单平均或加权平均进行综合评价，以测定一个国家的社会进步状况。1988 年埃斯蒂斯在《世界社会发展的趋势》一书中又提出了加权社会进步指数（weighted index of social progress，简称 WISP）。该指数将众多的社会经济指标浓缩成一个综合指数，以此作为评价社会发展的尺度（Estes，1984 和 1988）。

社会进步指数不仅可以用于不同国家、不同地区间社会发展状况的横向比较，还可用于一国不同时期发展水平的动态比较，因而能在一定程度上全面反映一个国家的社会进步状况。但也存在一些局限性。ISP 在发展领域及指标的选择上，未做出详细的理论说明。各领域指标的选择上也极不平衡，有些指标的选择仍忽略了一些重要的社会发展领域。ISP 并不适合于反映所有国家的社会进步状况，没有注意到处于不同社会发展阶段的国家间的差异性，因而势必影响比较的准确性。

ASHA 是美国社会卫生组织（American Social Health Association）机构的缩写，并以该组织命名的一个综合评价指标，主要用来反映一国尤其是发展中国家的社会经济发展水平以及在满足人民基本需要方面所取得的成就。ASHA 指数由就业率、识字率、平均预期寿命、人均 GNP 增长率、人口出生率、婴儿死亡率六个指标组成，其计算公式如下：

ASHA 指数 =（就业率×识字率×预期寿命指数×人均 GNP 增长率）/
（人口出生率×婴儿死亡率）

ASHA 指标计算公式仅用 6 个指标来反映一国社会经济发展状况和生活质量，简明扼要，易懂易算，数据较易获得。但中国学术界和政府部门对 ASHA 贬多褒少，认为其"在计算时只是平列，没有加权，结果偏重社会指标"（唐建荣，1999）。

## 四　物质生活质量指数

1977 年，美国海外开发委员会将物质生活质量指数（physical quality of life index，简称 PQLI）作为测度贫困居民生活质量的方法正式公布。PQLI 是用以测度物质福利水平的一个综合指标，旨在测度世界最贫困国家在满足人们基本需要方面所取得的成就。物质生活质量指数由婴儿死亡率、预期寿命和识字率三个指标组成。这三个指标都是社会普遍关心的问题，是"需要"的基本构成要素，每个指标都是很好的综合指数，并且具有广泛的国际可比性。各个指标经过相对化处理并通过简单平均即可得到 PQLI 值：

PQLI =（识字率指数+婴儿死亡率指数+预期寿命指数）/3

PQLI 主要反映一个国家满足其人民基本需要方面所取得的成就，也是确定和监测一个国家发展战略目标的有效工具。PQLI 计算简单，易于理解，但也存在局限性。首先，它没有反映一个国家的全部社会福利状况，仅用三个指标不足以反映一个国家全部的福利水平。其次，PQLI 只是测度了一个国家社会发展的结果，而未能反映出发展的过程。因而，它只是一个"宏观的"指数，不能反映出具体发展计划或政策的过程及其成就。最后，在计算方法上采用简单平均，将每个指标看做对发展的作用相同，缺乏一定的理论依据。总之，PQLI 所关心的是发展政策能否成功地满足贫困国家人民的基本需要这一问题，并不力图测度所有的"发展"，也不关注测度自由、公平、安全或其他无形的东西。同时，它也不包括"生活质量"一词所意指的许多其他社会和心理特征，诸如安全、公平、自由、人权、就业、满意感等。因而它被冠以"physical"生活质量指数的称号，而不是一个全面的"发展"指标（Morris，1979）。

## 五　可持续发展指标

1987 年 4 月 27 日，世界环境与发展委员会发表了一份题为《我们共同的未来》的报告，第一次明确提出了"可持续发展"的概念："既能满足当代人的需要，又不对后代人满足其需要的能力构成危害的发展。"1992 年联合国环境与发展大会通过《21 世纪议程》之后，可持续发展的理念得到了国际社会的广泛认同，并围绕着可持续发展的理论和指标体系进行了一系列的探讨。

虽然已经有很多国际组织和国家提出了各种可持续发展指标体系，但是该体系的建立与应用仍然在探索的过程中。以下所介绍的可持续发展指标体系体现出不同伦理标准和不同学科理念指导下对于可持续发展的理解。

### （一）基于生态观点的可持续发展指标

基于生态观点的可持续发展指标关注保护整个生态系统状态和功能，考虑环境可持续发展状况。该类指标更多的是基于环境承载力的指标。比如"生态足迹"（ecological footprint，简称 EF）、"生态系统服务"、环境可持续性指数（ESI）和低碳指标（low carbon）等基于生态观点的可持续发展指标。

William E. Rees 和 Wackernagel 在 1992 年提出发展起来的"生态足迹"度量指标。该指标主要是通过计算在一定的人口和经济规模条件下，维持资源消费和废弃物吸收所必需的具有一定生态生产力的土地和水域的面积。EF 指标就是通过测算人类为了维持自身生存而利用自然的量，并将废弃物返还给大自然所需要自然的量，来评估人类对生态系统的影响（Wackernagel，1996）。2010 年 11 月 15 日，由世界自然基金会（WWF）和中国环境与发展国际合作委员会（CCICED）联合发布《中国生态足迹报告 2010》，中国的生态足迹总量仅低于美国，居世界第二；生物承载量居全球第三，仅次于巴西和美国。[1]

1997 年 Constanza 等人提出"生态系统服务"（ecosystem services）价值评估指标体系，系统地测算全球生态系统服务直接和间接地为人类福利作出的贡献。评估了 16 个生物群落的 17 种生态系统服务的现行经济价值。就整个生物圈而言，生态系统服务价值估计每年在 16 万亿～54 万亿美元，平均每年为 33 万亿美元。由于不确定性的特点，该价值应该被看做最低估计值，而全球国民生产总值大约为每年 18 万亿美元。该研究首次全面揭示了全球生态系统的市场和非市场价值，开创了全面分析地球生态系统对人类的服务价值的先河（Costanza，1997）。

环境可持续性指数（environmental sustainability index，简称 ESI）是由世界经济论坛"明天的全球领导者环境任务组"与耶鲁大学的环境法律与政策中心和哥伦比亚大学国际地球科学信息网络中心合作开发的评估环境可持续

---

[1] http：//www.wwfchina.org/wwfpress/publication/index.shtm.

发展状况的指标体系，测试版的 ESI 于 2000 年推出。ESI 在最基本的层次上，主要表现在以下 5 个方面：环境系统的状态、环境系统所承受的压力、人类对于环境变化的脆弱性、应对环境挑战的社会与体制能力、对于全球环境合作需求的响应能力。ESI 是由 5 个核心组成部分的 20 个关键指标、68 个变量集成的一个集成化指数，以系统和定量的方式进行国家间的环境可持续性比较，揭示环境与经济之间的相互作用以及影响环境可持续性的因素（YCELP，2002）。该研究小组在 ESI 的基础上于 2006 年开始发布全球 EPI 评估报告。

低碳，英文是 low carbon，主要是指较低的温室气体排放，其中 $CO_2$ 最为重要。"低碳经济"最早见诸政府文件是在 2003 年的英国能源白皮书《我们能源的未来：创建低碳经济》，国际社会并没有关于"低碳经济"的统一定义，各国提出的与低碳相关的概念也存在差异。"低碳经济"是指在可持续发展理念指导下，通过技术创新、制度创新、产业转型、新能源开发等多种手段，尽可能地减少煤炭石油等高碳能源消耗，减少温室气体排放，达到经济社会发展与生态环境保护双赢的一种经济发展形态。虽然各国政府、国际组织、机构等一直致力于低碳经济研究，但是迄今为止，低碳经济评价方法研究还没有形成系统的理论，没有一个国家取得普适性成功经验。中国庄贵阳等（2011）提出从四个层面构建低碳经济发展水平综合评价指标体系，包括低碳产出指标、低碳消费指标、低碳资源指标、低碳政策指标。其中，低碳产出指标表征低碳技术水平；低碳消费指标表征消费模式；低碳资源指标表征低碳资源禀赋及开发利用情况；低碳政策指标表征向低碳经济转型的努力程度。并在每个层面之下，遴选一个或多个核心指标并赋予相应的阈值或定性描述。

基于生态观点的还有能值分析（emergy analysis）指标、自然资本指数（NCI）、物质流核算体系及指标（MFA）等指标及指标体系。该类指标主要反映了人类活动对生态环境的冲击，揭示了在一定的经济发展和技术条件下，人们的社会经济活动与生态承载力之间的差距。指标过分强调资源环境的消耗，忽略了区域间的贸易影响，即资源可通过贸易获得，贸易能扩大一个地区的生态承载力。

**（二）基于价值核算的可持续发展指标**

基于价值核算的可持续发展指标更多关注资源环境与经济的相互关系，强调一个国家或者地区在经济可持续发展变化过程中，资源环境的可持续利用。该类指标主要通过货币化的形式反映环境与资源要素的价值。这类指标有可持续经济福利指标（index of sustainable economic welfare，简称 ISEW）、真实进步指标（genuine progress indicator，简称 GPI）、"扩展的财富"（extensive wealth，简称 EW）、真实储蓄（genuine savings）和真实储蓄率（genuine savings ratio）等。

1989 年世界银行资深经济学家 Herman Daly 和 John B. Cobb 提出可持续经济福利指标。ISEW 是基于福利分析的可持续发展经济指标模型，试图补充被国家核算体系所忽略的一些经济福利方面的内容，比如，财富分配不公带来的财富损失，失业率、犯罪率对社会的危害以及那些不能算作是对经济贡献的社会成本，如医疗支出、超时工作等。ISEW 包含了很多新的指标，如财富分配状况、社会成本造成的损失以及经济活动中的成本与效益等（Daly，1989）。

1995 年由国际发展重新定义组织（redefining progress）Cobb、Halstead 和 Rowe 提出的真实进步指标，GPI 有时也被译为"真实发展指数"，GPI 是以测量经济福利为主，包括犯罪和家庭破裂、家务劳动和自愿工作、收入分配、不可再生资源损耗、污染、长期环境破坏、休闲时间的变化、防护性支出、耐用消费品和公共基础设施、对外资的依赖等 10 个方面的 20 多个指标（Cobb，1994）。GPI 使国民核算更加精准，但也存在一定的局限：确定 GPI 中某一因素对 GDP 的调整方向时，是正是负比较主观；计算时加减项的不同，导致最终计算结果差异很大；非市场性货物和服务很难核算。另外，GPI 是对 ISEW 进行修订，后来就出现了 ISEW 和 GPI 并列使用的情况。

1995 年世界银行首次向全球公布了用"扩展的财富"指标作为衡量全球或区域发展的新指标。"扩展的财富"指标是从机会可持续发展的概念延伸而来，主要由"自然资本"、"生产资本"、"人力资本"和"社会资本"四大组要素构成。自然资本主要指环境和自然资源；生产资本，也称为人造资本或者物质资本，主要指机器、厂房、基础设施等人造物；人力资本主要指人的生产能力具备的价值；社会资本主要指"人类组织性"和"规模性"的社会价值。这样，"财富"的概念从自然资本和人造资本就扩展到人力资本和社会资本。"扩展的财富"比较客观、公正、科学地反映了世界各地区财富存量和发展水平的真实情况，为国家拥有的真实"财富"及其发展随时间的动态变化，提供了一种可比的统一标尺（World Bank，1995）。

世界银行在 1995 年提出真实储蓄作为衡量国家财富及其变动的工具。真实储蓄率核算了自然资源损耗和环境污染损失的价值之后的一个国家真实的储蓄率，为评价一个国家或地区财富与发展水平的动态变化提供了更加有力的依据。真实储蓄是对 GDP 的修正，如果一个国家真实储蓄持续负增长最终必将导致财富的减少。世界银行 1997 年在真实储蓄指标的基础上，提出真实储蓄率指标。这样该指标体系不仅能衡量国家财富的存量，而且能够衡量国家财富的动态变化及其所显示的"储蓄率"的变化。不足之处：在理论上，一些创造性概念迄今没有很好地检验，还需要进一步推敲和量化；在操作上，一方面指标的详细计算的技术要求比较高，对于污染损失和资源损耗需要更多的研究和数据支持（World Bank，1995 和 1997）。

基于价值核算的指标还包括净国民福利指标（net national welfare）、经济净福利（net economic welfare）等指标，大多根据弱可持续性原则，对传统经济方法加以环境修正，以货币化形式表现，逐渐增强决策者和公众的环境保护意识，使环境保护与经济发展处于平等的地位。这类指标主要存在两个问题，一方面存在是否需要将所有的资源环境价值量化，另一方面在技术上很难将所有的资源环境要素价值化。

**（三）系统的可持续发展指标体系**

系统的可持续发展指标体系将衡量社会、经济以及生态发展的指标相结合。国际上具有代表性的有联合国可持续发展委员会（UNCSD）可持续发展指标体系、经济合作与发展组织（OECD）可持续发展指标体系、世界保护同盟（IUCN）"可持续性晴雨表"评估指标体系、联合国统计局（UN Statistics Division，UNSD）可持续发展指标体系等可持续发展指标体系。

1996 年联合国可持续发展委员会提出的可持续发展指标体系，其构建对应于《21 世纪议程》有关章节，分经济、社会、环境、制度四维，以"驱动力—状态—响应"（DFSR）模式构建指标。该指标体系有 134 个指标（其中经济指标 23 个、社会指标 41 个、环境指标 55 个、制度指标 15 个），每个大系统中都包含驱动力指标、状态指标、响应指标。驱动力指标是反映可持续发展有影响的人类活动、进程和方式，即表明环境问题的原因，比如就业率、人口净增长率、成人识字率等指标；状态指标用于衡量由于人类行为而导致的环境质量或环境状态的变化，即描述可持续发展的状态，比如，贫困度、人口密度、人均住房面积等指标；响应指标是对可持续发展状况变化所做的选择和反应，比如人口出生率、教育投资占 GDP 的比率等。但经过 22 个国家的应用、检验和评价，调整为 15 个主题、38 个子主题和 58 个核心指标构成的"主题—子主题—核心"指标体系（UNCSD，2001）。

经济合作与发展组织可持续发展指标体系。经济合作与发展组织从 1989 年就开始实施"环境指标工作计划"，1994 年形成了包括 40～50 个指标的核心可持续发展指标体系，并于 1998 年开始发布其成员国的指标测度结果。OECD 可持续发展指标体系包括核心环境指标体系、部门指标体系和环境核算类指标 3 类指标体系，核心环境指标体系约 50 个指标，涵盖了 OECD 成员国家反映出来的主要环境问题，以 PSR 模型为框架，分为环境压力指标、环境状况指标和社会响应指标等 3 类，主要用于跟踪、监测环境变化的趋势。部门指标体系着眼于专门部门，包括反映部门环境变化趋势、部门与环境相互作用、经济与政策等 3 个方面的指标，其框架类似 PSR 模型。环境核算类指标：与自然资源可持续管理有关的自然资源核算指标，以及环境费用支出指标，如自然资源利用强度、污染减轻的程度与结构、污染控制支出（OECD，2001）。

世界保护同盟与国际开发研究中心（IDRC）联合于 1994 年开始支持对可持续发展评估方法的研究，并于 1995 年提出了"可持续性晴雨表"（ba-rometer of sustainability）评估指标及方法，用于评估人类与环境的状况以及向可持续发展迈进的进程，其核心是将人类福利与生态系统福利同等对待。人类福利与生态系统福利两个子系统各包括 5 个要素，每个要素又有若干指标。人类福利子系统包括：健康与人口、财富、知识与文化、社区、公平等 5 个要素 36 个指标。生态系统福利子系统包括：土地、水资源、空气、物种与基因、资源利用等 5 个要素 51 个指标。最后 10 个要素 87 个指标被按同等权重平均而分别集成为人类福利指数（HWI）、生态系统福利指数（EWI）、福利指数（WI）和福利/压力指数（WSI，人类福利对生态系统压力的比率）（Guijt & Moiseev，2001）。

联合国统计局 1995 年与政府间环境统计促进工作组合作，提出了一套环境与相关社会经济指标。联合国统计局的可持续发展指标体系在指标的框架模式上类似于联合国可持续发展委员会的 DFSR 指标体系，指标按《21 世纪议程》中的问题——经济问题、社会/统计问题、空气/气候、土地/土壤、水资源、其他自然资源、废弃物、人类住区、自然灾害等 9 个方面的问题，分社会经济活动、冲击与结果、对冲击的响应、存量与背景条件等 4 个方面共 88 个指标（UNSD，2002）。

可持续发展指标体系研究是一个艰难探索的过程，世界各国以及各组织不断进行深入研究，提出各自关注重点不同的体系。除了上述几个指标，还有瑞士洛桑国际管理开发学院（IMD）国际竞争力评估指标体系等，这些都不断推动可持续发展指标体系的发展。目前可持续发展主要涵盖经济、社会、生态环境和社会制度等几个重要方面，但随着内涵的不断扩展，可持续发展指标和指标体系也将不断进行调整和修订，因此，构筑科学的、系统的、可操作性强的可持续发展指标和指标体系将是可持续发展评估指标及方法研究的重要内容。

# 第五节　微观层次发展指标的应用方法

发展指标不仅在宏观层次对经济、社会和环境进行综合评估，而且在微观层次也得到充分的利用，政府、国际组织、NGO、公司等发展主体依靠各种工具方法利用发展指标来落实发展项目，并对项目进行持续的监测评估。在发展指标的应用中，采用比较广泛的方法是逻辑框架法（logical framework approach，简称 LFA），是美国国际开发署（USAID）在 1969 年开发并使用的一种设计、计划和评价的工具。[1]

## 一　逻辑框架法概述

逻辑框架法是开放式的项目设计与管理工具，通过分析手段和目的来检验行动。逻辑框架法不是一种具体的方法，是一种思维工具和辅助工具。它把不同层次的分析方法和内容形成一个"逻辑上的闭环"，综合系统地分析和规划发展项目。逻辑框架法可以通过具体分析发展项目准备阶段的情况，建立实现发展项目目标的逻辑层次，识别对实现发展项目目标存在的潜在风险，

---

[1]　此部分主要参考 Norad. *Logical Framework Approach*: *handbook for objectives-oriented planning*，1999。载于路易莎·戈斯林、迈克尔·爱德华兹《发展工作手册》，社会科学文献出版社，2003。

建立发展项目产出或者结果的监督与评价机制，提供标准化的表述格式，在实施过程中对发展项目进行监督和评价等一系列步骤和方法，系统地、结构化地分析和规划发展项目。

逻辑框架法可以分解为两个阶段，第一个阶段称发展项目分析，第二个阶段称发展项目规划。"逻辑框架法"的项目分析是一个反复渐进的过程，是由利益相关者分析、问题分析、目标分析和策略选择等步骤组成。

利益相关者是与发展项目有直接或者间接利益关系的个人、群体或组织。通过对利益相关者识别、分类、分析和设置优先权进行分析，阐述发展项目活动可能产生的收入分配影响与社会影响、识别现有和潜在的利益冲突、寻找缓解矛盾的适当策略、帮助确定发展项目的长远目标和宏观影响，明确发展项目的最高目标和主要受益群体。

问题分析就是对现状的分析，主要是通过定义分析的框架与主题、识别目标群体与受益人面临的问题、完成"问题树"，来分析因果关系。

目标分析就是描述现有不利情况后，提出的要实现的目标。通过将所有负面问题转化为可以实现的理想情况、建立"手段—结果"关系，确保层次结构的有效性和完整性，如有必要可以进行目标修正，最终通过"目标树"转化为正面情况。

策略选择是利益相关者要确定哪些目标应包括在发展项目的框架里，哪些目标可以不包括在发展项目的框架里。通过过滤不可行的目标后，将目标分类，得出可能采取的策略，判断一个最优策略，最后确定项目的总体目标与具体目的。

## 二 逻辑框架矩阵

在发展项目规划过程中，主要是制定具体目标和行动计划，最终的重要成果是完成逻辑框架矩阵。逻辑框架矩阵是将逻辑分析过程的结果用标准的格式表述，涵盖了利益相关者分析、问题分析、目标分析和策略选择等。不同层次的目的或目标可以转化成逻辑框架矩阵第一列，最后一列是由影响发展项目成功与否至关重要的外部因素构成，中间两列分别为判断项目是否成功的验证指标和验证手段。逻辑框架矩阵的基本格式为 4 行×4 列矩阵，如表 5-1 所示。

表 5-1　逻辑框架矩阵

| 项目描述 | 验证指标 | 验证手段 | 重要的假设 |
|---|---|---|---|
| 总目标<br>发展项目的所有其他层次的目标都为此最高目标服务 | 采用完成时间、数量、质量等指标衡量发展项目目标实现程度 | 指出检验指标所需要的所有数据的来源和获取手段 | 不在发展项目管理与控制之下，却是实现长期可持续发展目标必备的重要的假设 |
| 目的<br>是指发展项目对利益相关者的预期影响，是项目的直接效果和作用 | 采用完成时间、数量、质量等指标衡量发展项目的目的和进展，并能有效地确认目标是否能够完成 | 指出检验指标所需要的所有数据的来源和获取手段 | 不在发展项目管理与控制之下，且可能影响到目标的重要的假设 |
| 产出/结果<br>是指发展项目活动实施后形成的结果，也是对规划内容的最重要的项目的总结 | 采用完成时间、数量、质量等指标衡量发展项目的产出和进展，并能有效地确认发展项目的目的是否能够完成 | 指出检验指标所需要的所有数据的来源和获取手段 | 不在发展项目管理与控制之下，且可能影响到结果的重要的假设 |
| 活动<br>指在获得启动发展项目所必需的投入后采取的行动 | 投入启动发展项目所预计的资金花费、物资、人力资源、培训等投入 | | 指出为完成规划活动必须具备的前提条件 |

可以看出，逻辑框架矩阵应包括清晰并可测量的目标、不同层次的目标和最终目标之间的联系、发展项目成功与否的测量指标、发展项目的主要内容、计划和设计时的重要的假设、检查发展项目进度的办法和发展项目实施中要求的资源投入等内容。在逻辑框架矩阵中，存在垂直逻辑和水平逻辑两个维度的逻辑。

在垂直逻辑关系中，目标往往由多个目的构成，目的的实现往往还需要多种投入、活动和产出，构成自下而上三个相互连接的逻辑关系。这种逻辑关系在 LFA 中称为"垂直逻辑"，可用来阐述各层次的目标或者目的及其上下层次间的因果关系。

水平逻辑分析由验证指标、验证手段和重要的假设所组成，通过验证指标和验证手段来衡量发展项目的资源和成果，并对发展项目进行监管。在项目的水平逻辑关系中，还有一个重要的逻辑关系就是重要的假设与不同目标层次之间的关系。一旦所有的"如果"成立，就会实现产出。即一旦投入得到保证，发展项目活动便开始；一旦发展项目活动开展，所需的重要的假设得到了保证，便应取得相应的产出成果；一旦这些产出成果实现，同等水平的重要的假设得到保证，便可以实现发展项目目的；一旦发展项目目的得到实现，同水平的重要的假设得到保证，发展项目的直接目标（目的）便可为发展项目的宏观目标做出应有的贡献。

另外，在逻辑框架矩阵中，对于发展项目结构的每一个层次，必须有一种或者多种方法来衡量发展项目的实施和完成情况。这些具体指标的选择都有各自的侧重点，具体分析如下：

目标，是发展项目的总体目标，属于宏观目标。该层次的宏观目标一般与国家或者地区发展目标相联系，可以通过多个目的来实现。如果采用指标作为目标，最好使用定量指标。在发展项目实施过程中，目标依据环境的变化定期调整。目标遵循切实可行又有现实意义的原则，只有这样才有效果。

目的，是指发展项目对利益相关者的预期影响，是项目的直接效果和作用。一般应考虑发展项目为利益相关者带来哪些经济和社会方面的效果，比如需要多长时间实现改变、哪些人受到影响等。目的指标通常比产出指标更难确定，依据目的的性质决定采用定量的指标还是定性的指标。

产出/成果，是指发展项目活动实施后形成的结果。发展项目利用前期投入开展活动，这些活动的结果（即产出）应该促进发展项目目的的实现，并且受发展项目管理的控制。产出指标通常是数字，能利用现有记录来衡量。产出指标可以用作监督和评估的目标，但一定不要对目标太严格，随着发展项目的发展，可能需要修改产出指标。

活动，指在获得启动发展项目所必需的投入后采取的行动。其中，投入主要包括资金、物资、人力资源和培训等活动。发展项目一旦开展活动就会有产出，所以产出指标可用来衡量活动是否成功。逻辑框架矩阵在活动层次上没有必要附加任何指标，在此处只列出开展活动所需的投入。

## 三　逻辑框架法的指标选择

在逻辑框架法中，指标是度量发展项目是否实现了发展项目设计中的项目目标、目的和产出/成果的标准。在整个发展项目实施过程中，不仅需要直接指标，而且还需要间接指标。比如为了衡量农民的农业收入提高的指标，直接指标可以设定为出售农产品获得的收入等指标，间接指标可以设定购买典型消费品花费等指标。

**（一）指标选择的维度**

指标也被称作"客观可验证的指标"，用它可以从目标群体、数量、质量、时间、地点等维度测度发展项目在不同阶段的不同层次的实现程度，为对发展项目进行规划、监测和评估奠定基础，同时也向利益相关者提供透明的信息。

1. 目标群体（为谁）；

2. 数量（多少）；

3. 质量（多好）；

4. 时间（什么时候实现）；

5. 地点（在什么地方）。

**（二）指标选择的可行性检验**

不同发展项目的可验证性指标没有固定的模式，但一般都要回答指标的设定是否具有针对性，是否能够证实其可靠性，是否基于现存的统计数据、信息，数据、信息是否能够更新、是否可靠，得到数据是否需要特殊手段等问题。一般要剔除成本高或不可靠的指标。也就是说，在指标设定后还需要依据 SMART 原则进行指标的可行性检验。

1. Specific，即明确性。

2. Measurable，即衡量性。

3. Available，即可实现性。

4. Relevant，即相关性。

5. Timely，即时限性。

除上述原则外，还要坚持独立性，即一个指标只对应一个目标，但可以多个指标表现同一个目标。一般多个相关的指标在指标的设定过程中被认为比一个指标能更全面反映变化过程，更具有说服力。

**（三）指标选择中应注意的两点**

在编制逻辑框架矩阵时，应小心选取定量指标，特别是对以能力建设或过程管理为目标的发展项目，在指标选取过程中要注意如下两点：

1. 全面反映利益相关者利益与信息需求。在选定指标的时候，有时候指标只与一部分利益相关者有关，与另外一部分利益相关者无关，这时要充分反映利益相关者的利益和信息。

2. 指标具有灵活性。不同的管理人员和工作人员对发展项目的信息需求是不一致的，因此，选择的指标的性质与详细程度也会由于人员的管理层次不同而发生变化。

## 四　逻辑框架法的局限性

逻辑框架法的应用范围比较广，在发展项目的识别阶段、发展项目形成、发展项目实施以及发展项目后评价阶段都可以采用，它是很好的检查发展项目内部逻辑的一种方法，由一开始确定指标，明确实施过程中相关利益者的需求是什么，将关键信息汇总，阐明发展项目的目标，通过各种投入和活动实现目的，同时认真思考发展项目实施过程中可能出现的风险以及发展项目的可行性，并进行有效监督，直至发展项目完成和后评估。逻辑框架矩阵层层推进，凸显了各个层次与手段和目的之间的逻辑关系。但逻辑框架法本身也存在一些不足和局限。

### （一）分析过程

首先，逻辑框架法相对比较复杂，完成比较耗时，因此需要对管理人员、工作人员等进行培训。其次，人们将复杂的观念抽象成简单的阶段和词汇，可能会变得毫无意义。再次，逻辑框架法逻辑细密，严格的"原因—结果"、"手段—结果"概念可能会违背许多国家的文化。最后，由于集中关注"问题分析"，目标导向干预规划过程可能会造成巨大的负面影响。

### （二）应用范围

首先，逻辑框架法更适用于大型项目，不同管理层对发展项目不同层次进行监督管理。其次，制定的目标如果不太现实或者缺乏可行性，发展项目管理人员可能会因为无法实现目标而失望，最终造成发展项目无法完成。再次，发展项目管理人员花费足够的时间用于制定发展项目的目标和指标，将意味着项目不够灵活，无法随着项目进展积极响应情况的变化。最后，过于强调利用定量指标考察进展情况，可能会影响管理人员考虑项目发展的方式。

逻辑框架法只是一种辅助工具，在发展项目中需要提前对项目管理者和工作人员进行培训，在使用的过程中可以根据不同的发展项目进行改变，能够保证正确开展逻辑框架分析。特别是在指标的选取过程中，要充分反映发展项目工作的数量和质量，并在发展项目实施过程中不断对目标和指标进行修改和调整，以适应环境的变化。

## 思考题

1. 发展指标有什么意义？
2. 你认为可以从哪几个范畴来建立发展指标？
3. 请选择某项指标，对其应用进行分析。这项指标可以是本章没有列举的。

## 参考文献

1. 阿玛蒂亚·森：《评估不平等和贫困的概念性挑战》，《经济学》2003 年第 2 期。
2. 弓秀云、秦富：《利用森指数进行贫困度量的实证分析》，《农业技术经济》2005 年第 2 期。
3. 郝晓辉：《ECCO 模型：持续发展的全新定量分析方法》，《中国人口资源与环境》1995 年第 3 期。
4. 侯瑜、胡永成、闵捷：《对发展失范的判断及评估指标综述》，http：//cedr.whu.edu.cn/cedrpaper/20042921311.pdf。
5. 路易莎·戈斯林、迈克尔·爱德华兹：《发展工作手册：规划、督导、评估和影响分析实用指南》，社会科学文献出版社，2007。
6. 齐援军：《国内外绿色 GDP 研究的总体进展》，《经济研究参考》2004 年第 88 期。
7. 唐建荣：《社会发展综合指数的比较》，《统计与决策》1999 年第 4 期。
8. 住房和城乡建设部标准定额研究所：《投资项目逻辑框架及其应用》，中国计划出版社，2009。
9. 王德发、朱建中：《国民经济核算概论》，上海财经大学出版社，2006。
10. 王飞儿、陈英旭、田光明：《可持续发展指标的分类与设想》，《软科学》2002 年第 5 期。
11. 袁捷敏：《刍论 GDP 指标的局限性》，《商业研究》2006 年第 11 期。
12. 中国可持续发展战略研究组：《中国科学院可持续发展战略研究组》，科学出版社，2009。

13. 庄贵阳、潘家华、朱守先：《低碳经济的内涵及综合评价指标体系构建》，《经济学动态》2011 年第 1 期。

14. 郑志国、刘明珍：《从中国 GNP 与 GDP 差额看经济开放结构》，《中国工业经济》2004 年第 3 期。

15. Acton. C. *Community Indicators for Sustainability*：*A European Overview*，Enriron Trust，Leicester，2000.

16. Bayless M，and Bayless S，. "Current Quality of Life Indicators：Some Theoretical and Methodological Concerns"，*American Journal of Economics and Sociology*，Vol. 41，No. 4，1982，pp. 421−437.

17. Cobb C W，Cobb J B. *The Green National Product*：*A Proposed Index of Sustainable Economic Welfare*. Lanham：University Press of American，1994，p. 342.

18. Costanza R. ，Ralph d'Arge R. ，Rudolf de Groot，et al. "The Value of the World's Ecosystem Services and Natural Capital". *Nature*，1997，387：253−260.

19. Daly H. E. and J. B. Cobb. *For the Common Good*：*Redirecting the Economy toward Community*，*the Environment and a Sustainable Future*. Appendix：The Index of Sustainable Economic Welfare. Boston：Beacon Press，1989.

20. David Simon. "Dilemmas of Development and the Environment in a Globalizing World：Theory，Policy and Praxis"，*Progress in Development*，Vol. 3，No. 1，2003，pp. 5−41.

21. De Greene，K. B. "The Rocky Path to Complex-systems Indicators"，*Technological Forecasting and Social Change*，Vol. 47，1994，pp. 171−188.

22. Donella Meadows，*Indicators and Information System for Sustainable Development*，http：//www. sustainer. org/pubs/，Sustainability Institute，Hartland vt，05048.

23. Estes，Richard J. *The Social Progress of Nations*. New York：Praeger，1984.

24. Estes，Richard J. *Trends in World Social Development*. New York：Praeger，1988.

25. Guijt I，Moiseev A. *IUCN Resources Kit for Sustainability Assessment*. Gland，Switzerland：International Union for Conservation of Nature and Natural Resources，2001.

26. Morris M. D. *Measuring the Condition of the World's Poor*. Oxford：Pergamon，1979.

27. OECD. *Key Environmental Indicators*. Paris：2001b. p. 36.

28. Stephen Morse. *Indices and Indicators in Development*：*an Unhealthy Obsession with Numbers?* Eerthscan Publications Ltd，London，2004.

29. UNDP. *Human Development Report 1995*：*Gender and Human Development*. New York：Oxford University Press，1995.

30. UNDP. *Human Development Report 1997*：*Human Development to Eradicate Poverty*. New

York: Oxford University Press, 1997 和 http://hdr. undp. org/en/statistics/indices/hpi/。

31. UNDP. *Human Development Report* 2010: *The Real Wealth of Nations: Pathways to Human Development*. New York: Oxford University Press, 2010.

32. UN-DSD (United Nations Division of Sustainable Development). *Indicators of Sustainable Development: Guidelines and Methodologies*. New York, 2001.

33. UNSD. *List of Environmental and Related Socioeconomic Indicators*. New York: UNSD, 2002. Available from: http://unstats. un. org/unsd/environment/indicators. htm.

34. Wackernagel M, Rees W. E. *Our Ecological Footprint: Reducing Human Impact on the Earth*. Gabriola Island: New Society Publishers, 1996.

35. Wilson, William J. *The Truly Disadvantaged: the Inner City, the Underclass, and Pubic Policy*. Chicago: University of Chicago Press, 1987.

36. World Bank. *Expanding the Measure of Wealth: Indicators of Environmentally Sustainable Development*. Washington D C: World Bank, 1997.

37. World Bank. *Monitoring Environmental Progress: A Report on Work in Progress*. Washington DC: World Bank, 1995.

38. YCELP. 2002 *Environmental Sustainability Index*. New Haven: Yale Center for Environmental Law and Policy, 2002.

# 6 第六章　国际发展援助

　　国际发展援助是国际发展领域实施发展干预的具体实践形式，主要是指国际援助集体——包括多边、双边或私人组织——对发展中国家提供资金、技术或人力等方面的支持性合作活动。通常所讲的国际项目，例如，世界银行、联合国开发计划署、英国国际发展部（DFID）、福特基金会（The Ford Foundation）等一系列多边、双边和民间发展机构所开展的扶贫项目、发展项目等都属于这个范畴。

　　概括而言，国际发展援助背后所蕴藏的动机主要有三类。

　　第一，人道主义动机。除了许多国际性发展组织，如世界银行等发起的援助外，许多官方援助，尤其是由一些规模相对较小的中立国，如瑞士、芬兰等发起的国际援助，通常也会比较关注"贫困"在全球范围内蔓延的广度和深度以及由此而带来的社会不公平和不公正等丑恶现象。出于这类动机的援助一般都会集中在最贫穷国家中的最贫穷人口。

　　第二，政治和外交战略动机。绝大多数发展中国家在历史上都曾是发达国家的殖民地或附属国，二战后，虽然纷纷获得独立，但它们在政治、军事和经济上仍依附于发达国家；另一方面，发达国家也同样需要维护其在发展中国家的利益，因此，许多官方援助就在这种"相互需要"的背景下产生了。此外，从冷战时期的情况来看，外交战略方面的动机也很明显：美国的许多官方援助都是为了遏制共产主义在世界范围内的扩展以保持其世界霸主地位；英国和法国的官方援助一般都集中在前殖民地国家和地区，其目的也与美国相仿。

　　第三，经济动机。发达国家向发展中国家提供援助，进行投资，不仅仅是为了提高发展中国家的经济增长率，同时也是为了开拓本国产品的海外市场，宣传本国经营理念，从而促进本国经济发展，并最终增加本国财富。

# 第一节　国际发展援助的理论框架[*]

国际发展援助的理论框架包括发展目标、发展理论与模型、发展战略三个主要部分。发展目标体现了特定历史条件下人们对于发展的理解；发展理论与模型深受发展目标的影响，同时又反过来影响发展目标；而发展战略则是在特定发展目标的指引下，发展理论与模型的具体实践形式。

国际发展援助的理论框架随着历史的变迁而不断演变。20 世纪 50 年代，促进 GNP 的增长被视作发展的唯一目标，基于对哈罗德—多马模型的笃信，发展援助被视为发展中国家经济起飞的"助推器"；60 年代，除了促进 GNP 增长外，确保国际收支平衡和促进就业逐渐成为发展的重要目标，"两缺口模式"因而盛行一时，在此框架下，发展援助又被视为弥补"储蓄缺口"与"外汇缺口"之间不平衡的强大工具；70 年代，发展援助的理念开始发生历史性的转变，基于对传统发展理论和实践的反思，促进就业与提高贫困人口的生活水平等逐渐成为发展关注的焦点；80 年代，债务危机的阴云笼罩于发展中国家的上空。此时，发展援助又不得不肩负起人们的双重期待艰难上路：既要挽救岌岌可危的国际金融体系，又要负责保证大规模结构调整的实施。此外，80 年代新古典主义盛行一时，市场机制得到进一步重视，政府的干预则受到一定的抑制。90 年代，随着冷战的结束，世界格局发生了重大的变化。尤其是随着 90 年代初期援助国经济的普遍衰退，官方发展援助的增长率大幅下降。在这种情况下，各个国家、国际机构纷纷调整自己的援助战略，以使其援助更具针对性和目的性，并更注重援助的效果；90 年代末期，亚洲金融危机给全球的政治、经济和社会造成了严重破坏，这使人们重新思考援助的意义和作用，重新判断布雷顿森林体系（Bretton Woods System）和华盛顿共识（Washington Consensus）的适用性。近年来，随着世界经济和政治格局的变化，人们对于国际发展实践

---

[*]　本章第一节、第二节的行文框架主要参考了 Finn Tarp（2000）。

的认识不断深入，一些新的理论和发展理念，如可持续生计框架、以权利为基础的发展等越来越受到人们的关注。

## 一 20世纪50年代的发展援助框架

### (一) 发展目标、发展理论与发展战略

马歇尔计划的巨大成功使人们对工业化道路充满了狂热的信心，因而追求经济增长与现代化自然而然就成了发展援助最基本的目标与理念。其中所隐含的假设是：只要实现了经济增长，一切其他问题，如发展中国家的二元结构现象与社会不公正等，都能随之迎刃而解。这种对于单纯的经济增长的信仰体现在发展目标上就是只强调 GNP 的增长，体现在发展理论上则是一大套强调资本积累与投资的发展经济理论，它们包括罗森斯坦—罗丹的"大推进"理论、纳克斯的均衡发展理论、罗斯托的"起飞"理论和利本斯坦的"临界最小努力"理论。在"大推进"理论中，罗森斯坦强调发展中国家在投资上应以一定的速度和规模持续作用于众多的工业部门（尤其是基础设施建设），从而冲破其发展的瓶颈；"起飞"理论是基于下面我们将要介绍的哈罗德—多马模型之上的，它指出要实现经济"起飞"，必须要有大量的资本投资，而投资来源于储蓄，储蓄则既可以来自国内，也可以来自国外。当国内储蓄不足的时候，便可以利用外资和外援来弥补。"临界最小努力"理论则提出只有大规模投资促进经济的持续增长才能使提高收入的力量超过降低收入的力量，从而打破"恶性贫困循环"。最后，纳克斯的均衡发展理论主张通过对各工业部门同步投资以实现供给力量的平衡增长，进而通过外部经济的影响，使各工业部门能互相利用彼此产品从而达到需求方面的平衡增长。

与上述理论相对应，该阶段最有影响的发展模型是哈罗德—多马模型。该模型以凯恩斯的"有效需求"理论为基础，从列昂惕夫生产函数出发，强调将投资集中于基础设施建设和工业部门建设。它包含以下几个假定：①全社会只生产一种产品；②只有资本和劳动两种生产要素；③产品的规模收益不变；④不存在技术进步。它明确指出在一个部门的情况下，若要使 GNP 最大化，就必须使投资符合国际收支平衡的需要。从这种单部门模型中可以看出当时农业的境况：在现代化的过程中，工业是具有高投资回报率的现代部门，而农业则仅被视为工业部门原料和劳动力的源泉，因而无法得到必要的投资。

与工业化理论和哈罗德—多马模型相对应，当时发展战略最突出的特点就是发展工业、歧视农业。具体表现为：第一，通过价格政策产生"一石二鸟"的效果，即压低农产品的价格，这样一方面可以为工业提供低成本的生产资料；另一方面，还可为城市居民提供廉价的生活资料——食物。这两者从本质上看其实都是一种掠夺农业和农民的过程。第二，在公共投资政策上，尽量降低农业公共部门的支出（不管是资本支出还是经常性支出），抑制非农业生产活动的开展。此外，鼓励进口替代也是这一时期战略政策的重要特点。

**（二）国际发展援助**

根据上述发展目标、发展理论和发展战略，这一时期的国际发展援助就是要为发展中国家提供大量资本以使他们获得高额的储蓄率，进而推动经济实现自我持续增长。援助的这种作用是通过投资渠道发挥出来的。一般来说，在发展中国家人们的生活水平大多在贫困线上挣扎，因而根本无力提高储蓄率以获得经济的自我持续增长，同时又因为发展中国家大多缺乏物质资本（physical capital）和人力资本，因而对私人投资也缺乏吸引力。由此可见，除了通过发展援助来获得资本外，几乎没有其他选择。此外，发展援助能成为促进经济增长的一种重要工具还在于另外两个方面的因素：首先，发展中

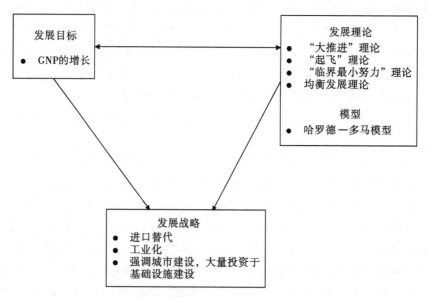

图 6-1　20 世纪 50 年代的国际发展援助框架

国家政府的宏观计划能力在当时颇受信任，这一点可以从他们在此期间实行的"五年计划"中获得明证；再者，通过哈罗德—多马模型可以简单计算出为达到预期目标所需花费的外援资金。最后需要指出的一点是，尽管在工业现代化方面，发展援助的确立下了汗马功劳，但恰恰因为它所遵循的总量计划框架（totally aggregate planning framework）和工业第一（industrialization-first）的战略模式，才使得农业部门完全被排除在发展的行列之外。

## 二　20 世纪 60 年代的发展援助框架

### （一）发展目标、发展理论和发展战略

20 世纪 60 年代，在理论界最引人注目的是经济二元主义（economic dualism），它几乎构筑了该阶段整个理论分析框架的基础。事实上，在 50 年代，刘易斯就已经提出在发展中国家一般存在二元经济结构，一个是仅够糊口、以传统方法进行生产的"自给农业部门"，另一个是以现代化方法进行生产的"资本主义工业部门"，但在当时还缺乏一套二元分析框架来阐述发展过程中工农业部门之间的互利关系；随后的"两部门模型（two-sector models）"同样都没有跳出原先的窠臼，在他们的眼中，农业部门仍然只是为工业部门提供"无限劳动力"和"农业剩余"的源泉，而没有认识到仅仅依靠工业部门对整个经济的长期发展来说还远远不够。随着二元经济模型的逐日完善，工业部门与农业部门之间的"双赢"关系也逐渐得到人们的认可，这在理论上是对"工业化第一"理念的重大突破，从此，有关"领先部门"与"滞后部门"的分析框架完全被打破了。及至 60 年代下半期，农业部门尽管仍在为工业部门提供资源，但其角色已经不再是原来意义上消极、被动的单向供应者了，而是工业部门积极、平等的合作者。在此期间，均衡增长与非均衡增长也备受关注。均衡增长前面已经介绍过，但在 60 年代，它遭遇了新的问题，即发展中国家由于财政紧张难以对各种工业部门进行普遍投资，于是，非均衡增长理论应运而生，它提出发展中国家在推进工业化的初期阶段，应利用有限的资源集中精力建立少数几个工业部门，并通过"联系效应"实现国民经济的有效增长。均衡增长理论与非均衡增长理论的共同点是它们都强调发展过程中部门间的相互联系与相互作用，这在一定程度上将二元经济分析框架拓宽到了多元经济分析框架。60 年代晚期的又一个重大贡献是"有效保护"（effective protection）理论，此理论能够清楚地测算出进口替代策略的

"静态效率成本"（static efficiency cost）。

基于上述发展理论，60年代涌现出三种主要的发展模型：①两缺口模型；②不完全投入—产出模型（semi-input-output models）；③简单的一般平衡模型（simple general equilibrium models）。其中第一种模型采用结构主义分析方法，认为在发展中国家因结构失调很容易导致储蓄缺口与外汇缺口之间的不平衡，而外援资金则可以解决这个问题。由此可见，"两缺口模型"实际上是尝试着将发展援助整合入宏观经济模型中。另外两个模型都是基于部门间投入—产出分析框架之上的。丁伯根的"不完全投入—产出模型"清楚地区分了国际部门（international sectors）（生产贸易产品的部门）与国内部门（national sectors）（生产非贸易产品的部门），并在此基础上提出，至少可以通过测算非贸易部门的生产能力来获知增长过程中所需要的扩张能力。一般均衡模型产生于60年代，属于线性规划类型（linear programming type）。上述两种模型都非常强调增长过程中部门间的相互联系和不同部门投资分配的效果。

这一阶段的发展目标仍集中于GNP的增长，但同时经济增长与外汇收支平衡的关系也得到了进一步的澄清与重视。此外，在1960年代末发展中国家的就业问题开始成为关注的焦点。在发展战略方面，出现两个亮点：第一个是受新古典主义影响而产生的"微调"理论和"合适价格"理论，它们都竭力强调市场机制的作用；第二个是强调部门间联系的"结构性"观点，认为要对各部门加强投资，并加大公共建设方面的支出，从而获得部门间均衡增长（在某些具体情况下，则应实行非均衡增长战略）。在这里，特别值得关注的是及至60年代晚期农业在国民经济中已发挥了积极的作用，随之公共建设投资也开始向农业方面有所倾斜。

**（二）国际发展援助**

60年代在"两缺口模型"的影响下，发展援助被视作是弥补"储蓄缺口"与"外汇缺口"之间不平衡的强大工具。恰当的外资引进确实可以助长出口能力，提高国内的储蓄水平，从而最终使两个缺口失衡的现象自然消失。然而从历史的经验来看，许多发展中国家并没有通过发展援助达到预期的目标，恰恰相反，许多国家却因此背上了沉重的债务包袱。随着固定汇率越来越成为限制因素，进口替代政策也逐渐显示出一定的局限性，与此同时，鼓励出口的政策开始出台，如建立关税区和共同市场等，但这些区域联合（regional integration）行动都未能取得预期的成功。Ruttan在总结发展思想和发展援助在60年代所发生的两个重大转变时说："第一，由于发现国内储蓄不足和国际收支逆差是限制发展中国家经济增长的重要因素，因而在发展援助方面积极推行规划贷款手段①以弥补外汇缺口；第二，由于受到二元经济理论的影响，部门发展战略以及60年代晚期农业领域的部门贷款成为发展援助关注的焦点。此外，随着人们对部门发展战略的认识逐日加深，人力资本的重要性也逐渐得以提升，反映在发展援助方面就是技术合作项目的推行。"

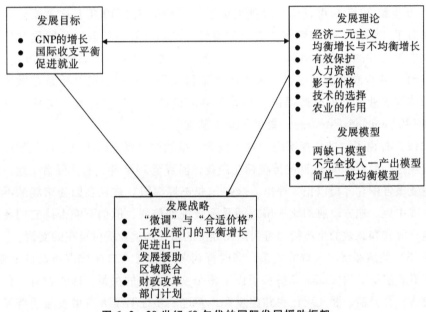

图6-2　20世纪60年代的国际发展援助框架

## 三　20世纪70年代的发展援助框架

### （一）发展目标、发展理论和发展战略

20世纪70年代，在石油危机的冲击下，发展领域中的许多问题开始日益尖锐，不采取措施，势必会阻碍发展前进的步伐。这些问题包括：①发展中

---

① 规划贷款指以某项政策或经济方案（program）为对象的贷款，而不是以某一具体的投资项目（project）为对象的贷款。

国家的就业问题；②收入不均而导致的贫富严重分化问题；③贫困问题；④农村人口的流动问题以及因此而带来的城市拥挤问题；⑤国际收支严重不平衡，以及因此而带来的外债负担日益沉重等问题。在此背景下，发展目标在 60 年代的基础上又增加了收入分配公平化和减贫（尤其是减少绝对贫困，同时他们认为要减少绝对贫困就必须增加传统生产行业的就业率）。此外，值得注意的一点是：GNP 的增长虽然仍列在发展目标之列，但早已失去了五六十年代所拥有的神话般的光辉。

20 世纪 70 年代可以说是发展理论发生深刻变化的 10 年，这主要体现在当时对于"发展"的理解有了重大的突破，贫困问题开始与增长问题并驾齐驱，成为关注的焦点。具体来说，70 年代在发展理论方面所做出的贡献包括：

（1）综合农业发展主张。大量的实证研究不管是在宏观上还是在微观上都对传统农业部门的改造提供了翔实可靠的论证，并为农村地区实施"单峰战略"① （unimodal strategy）提供了理论基础。

（2）提出了"非正规部门"这个概念。虽然这个概念以前也曾以其他的形式出现过，如 Gandhi 强调的传统棉花产业，但直至 1973 年，在国际劳工组织的肯尼亚报告中它才得以正式提出。这些"非正规部门"往往会因为市场的不完善，或中央、地方政府的政策偏好而受到歧视性待遇，但仍不能否认它们灵活的生产方式和高效的生产能力可为国民经济的增长和就业提供潜在的支援。

（3）关注经济与人口的关系，同时探讨驱动农村人口向城市流动的机制。一些微观层面上的实证研究揭示了以下多个变量之间的关系，即①教育、营养和健康；②受精、婴儿死亡率和出生率，并进一步证明了人口增长与经济增长之间的复杂关系。至于人口流动的决定因素，托达罗在实证研究的基础上提出了简单的人口流动模型，在该模型中，决定农村人口是否向城市流动的主要因素是城乡之间的预期差别，它包括两个因素：一是工资水平，二是就业率。

（4）尝试着在投资项目的选择标准和评估体系中引入社会经济目标，如就业和收入分配等问题。

（5）最后，在 70 年代的发展理论界不能不提起新马克思主义的依附理论。该理论认为，在世界经济体系中发达国家位于中心，发展中国家则处于外围；

---

① "单峰战略"又称"小农战略"，用以区别于大农场占统治地位的"双峰战略"（bio-modal strategy）。

在中心国家具备技术、资金优势，而外围国家具备经济、技术弱势的情况下，外围国家要实行工业化就不得不依靠中心的资金、技术，从而形成外围对中心的依附关系，同时也正是这种依附关系才造成了外围国家的不发达。

根据上述发展理论与假设，这一阶段的发展模型都是着重从部门或多部门的层面上揭示决定产出、就业和收入分配的重要因素。在 70 年代，人们已经突破了对于经济增长的迷信，而开始将注意力转向促进就业和提高社会群体，尤其是最贫困群体的生活水平上来，因而在发展战略上特别注重收入分配和满足人的基本需求。在收入分配方面，遵循的是"随增长重新分配制度"（redistribution with growth），也就是说，在现有的资产和生产要素分配体制的基础上加大某些公共建设（也可能是私人建设）投资的比重以促进穷人的福利。由于大部分穷人都集中在农村地区和城市非正规部门，因而提高小农和非正规部门就业人员的生产效率就成为解决问题的关键。至于"最基本需求"，国际劳动组织认为它主要包含以下两个方面的要素：①维持一个家庭或一个人最低限度的消费品，如食物、住所、衣服等；②对一个社区来说，是否能提供最基本的一些公共服务，如饮用水、卫生健康和教育设施。"最基本需求"战略的实施除了要动用一定的政策工具（如进行公共投资）外，还必须进行一定的结构调整和资源的重新分配（如土地改革等）。

**（二）国际发展援助**

1969 年，国际劳工组织提出了"世界就业计划"（World Employment Programme），旨在通过促进就业来提高贫困人口的生活水平，这标志着发展援助的目标已经有了新的转变。此后，在"世界就业计划"和世界银行的推动下，一项关于人口与就业、教育系统与劳动市场、就业与收入分配以及农村人口流动问题和劳动密集型技术开发等方面的研究活动如火如荼地开展起来。这项研究活动成果再次强化了"减贫"目标的紧迫性。世界银行和美国国际发展机构（USAID）在这方面做出了不懈的努力，他们在实施以"减贫"为目标的发展援助时通常采用两种形式：①将投资的重点从交通、通信和电力等方面转向农业和农村发展以及一些社会性服务设施，如住房、教育和卫生等；②直接向穷人投资，重视技术援助项目。其中直接向穷人投资包括向营养不良者提供食物、扫盲运动以及向小农提供贷款等。在 20 世纪 70 年代，发展援助中另一个关注的焦点就是"综合农村发展"战略，即在援助项目中将技术（尤其是劳动密集型技术）与资本（贷款等）相结合共同作用于农村的传统部门，并通过基础设施建设和农村管理机制的完善等来实现农村的全面发展。从广泛意义上说，这种战略也被称为单峰农业发展战略。最后需要指出的是，不管是反贫困的直接投资也好，还是综合农村发展战略也好，人们都开始认识到，农民的参与都是取得项目可持续发展的关键。

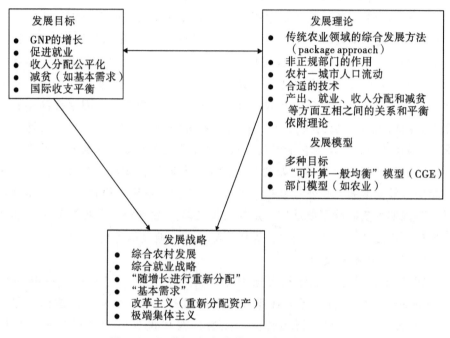

图 6-3　20 世纪 70 年代的国际发展援助框架

## 四　20世纪80年代的发展援助框架

### （一）发展目标、发展理论和发展战略

1982 年，"墨西哥债务危机"的爆发及其随后的延伸扩展之势已经早早地为 80 年代的发展前景描上灰色的底子，经济增长与减贫的目标不得不被暂时搁置，而将大部分注意力转向结构调整以缓和债务给国民经济带来的沉重负担。因而，该阶段的发展目标主要集中于稳定国内政治、经济局势方面和结构调整方面。尽管如此，80 年代的发展理论仍有创新之处，主要体现在以下几个方面。

（1）内源发展理论。该理论认为人力资源的缺乏是限制发展中国家经济实现工业化的关键原因，同时他们还主张市场在开发人力资源方面的作用是有限的，这就为政府的介入提供了理论基础。

（2）贸易—增长理论。该理论认为"外向型"或"外贸导向型"的发展战略更有利于经济的发展。他们假定联系贸易与经济发展的机制是适用技术的有效转移，也就是说，通过外贸，能够加速技术进步的速率，促进外源发展，从而进一步推动经济的增长。同时，该理论进一步指出，发展中国家若要采取此项战略，最具有比较优势的当属劳动密集型技术，它不仅有利于经济的增长，还有利于减贫目标的实现。

（3）新制度经济学。该理论认为，在市场不完善、信息不对称的情况下，相应的规章制度有利于降低交易成本，同时还有利于实行监督，防止腐败和机会主义。此外，新制度经济学在80年代还提出了"内联交易"（interlinked transaction）的概念，即几项互相独立的交易同时完成。

（4）佃农制度（agrarian institutions）。它为有效的非市场交换（一般都源于市场无效或市场的不完善）提供了有力的理论依据，因为根据该理论，通过农民间的互助合作或通过农民协会等组织进行非市场交换与通过市场进行交易相比，前者的交易成本更低廉些。

与上述的发展理论相对应，在80年代，一般均衡模型盛行一时，因为它能有效地追踪研究以往的意外事件和政策实施（如货币贬值、贸易自由化和财政改革等）对社会经济群体之间收入分配的影响。此外，通过"可计算一般均衡模型"（CGE model）能分别测算出结构调整对经济增长和社会公平程度所带来的影响。

20世纪80年代的发展战略主要集中在结构调整方面，此外，外贸导向型发展战略也颇受青睐，即在发展中国家实行鼓励出口的政策，同时大力发展劳动密集型消费品，并推动它的产业化。由于受美国里根政府和英国撒切尔政府的共同影响，发展中国家也开始自主或不自主地强调市场机制的作用，同时降低政府对于经济活动的干预。

**（二）国际发展援助**

债务危机爆发后，发展援助的目标发生了根本性的转变，这主要体现在以下两个方面：①发展援助要挽救国际金融体系于动荡之中，就必须给发展中国家一定的喘息之机，至少能延缓他们一部分公共债务和私人债务；②通过附条件的规划贷款来促进发展中国家进行经济结构的调整。从实施的结果来看，尽管发达国家所提供的"附条件的规划贷款"的确防止了（至少暂时看来）国际金融体系的崩溃，但对于最初"以贷款换政策"的期待则仅仅实现了一半。此外，在80年代，新古典主义盛行一时，市场机制得到进一步重视，政府的干预则受到一定的抑制，在此背景下，官方援助数量有所下降，私人资本开始取而代之，出现了所谓的"援助疲软"现象。

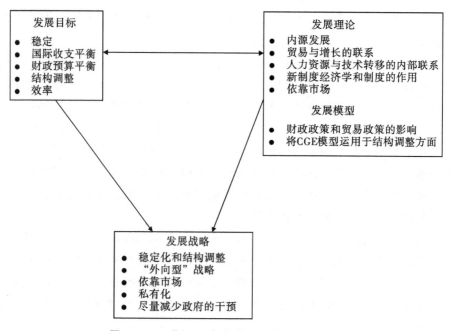

图 6-4　20 世纪 80 年代的国际发展援助框架

## 五　20 世纪 90 年代的发展援助框架

### （一）发展目标、发展理论和发展战略

20 世纪 90 年代上半期，追求稳定和结构调整仍然是当时最主要的发展目标。尽管大部分非洲国家和一部分亚洲国家在经历了痛苦的调整之后已经重返发展之路，但总的形势仍不容乐观，尤其是在撒哈拉以南非洲地区的管制问题上和东欧解体后的经济转制问题上。在援助国集团看来，只有完善管制，

让市场机制充分发挥作用，结构调整的成功才能翘首以待，非洲和东欧的问题才能迎刃而解。因此，制度建设成为新一轮的热点。90年代后半期，亚洲金融危机以不可阻挡之势席卷了东南亚地区，同时，俄罗斯及其他独联体国家的社会经济状况进一步恶化，这就促使发展援助目标骤然发生逆转，长期减贫计划成为关注的焦点。世界银行行长为此明确表示，今后发展援助的重心是减贫，并且是在更宽的领域内追求"减贫"，也就是说，在减贫中除了要让穷人享受到最基本的健康、卫生和教育等权利外，还应包括向他们提供信息服务和参与决策的机会等。此外，亚洲金融危机还带给人们关于资本全球化和贸易自由化的深刻思考，华盛顿和国际货币基金组织公约（Washington and IMF consensus）中所倡导的金融体系管制解除化（deregulation）和资本、贸易自由化遭到了前所未有的挑战与质疑。

在发展理论界，争论最多的是政府和市场之间的关系。新制度和公共选择学派认为政府是通过以下几个方面的活动来影响经济发展的：①创造有利的宏观经济和微观经济激励机制；②提供制度方面的基础条件——如产权设置、法律条例和规则等；③提供最基本的公共设施和公共服务，如基础教育、卫生保健等。此外，理论方面还有以下几方面的建设。

（1）"制度"曾被认为是发展的前提条件，是发展的外生变量，而从政治经济学的角度出发，此观点却遭到了严峻的挑战。根据政治经济学的观点，政策是由特定的制度环境衍生而来的，是内生的。

（2）社会资本继人力资本之后开始成为新兴话题。所谓社会资本，简单来说，是指个体或群体所掌握的实际的或潜在的网络资源。对于贫困家庭来说，获取社会资本是跳出贫困陷阱的重要手段。

（3）经济增长因素分析理论。有人认为"东亚四小龙"经济发展的奇迹是基于资源积累之上，而非效率改进之上，因而这种增长是不可能持续的。这个结论是根据"全部要素生产率分析"（total factor productivity）得出的。所谓"全部要素生产率分析"是指先计算出某一时期劳动投入量的增加和资本投入量的增加各自对该时期产量的增长所做出的贡献，然后将这种贡献从该时期的实际增加量中减去，剩余的数值就是技术进步对产量的增加所做出的贡献。但这种分析方法很容易低估企业内部在组织改进方面所取得的成果，即罗森斯坦所谓的"X效率"。

在20世纪90年代，"可计算一般均衡模型"逐日得以重视，并逐步完善

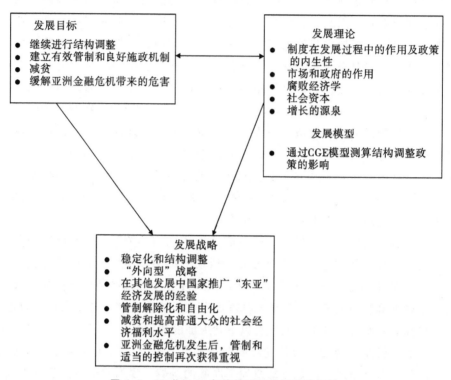

图 6-5    20 世纪 90 年代的国际发展援助框架

起来。通过它可以轻松地测出结构调整政策对收入分配和贫困问题的影响，与此相对应，一般均衡模型则只能对结构调整项目所产生的影响和不采取结构调整项目所产生的影响进行对比研究。

在发展战略方面，90 年代早期主要还是延续 80 年代追求稳定和结构调整的目标，但随着发展实践的深入，80 年代所实行的结构调整战略遭到了强烈的挑战，批判者认为结构调整只是一种追求短期效应的战略，因为其没有注意到脆弱的经济结构才是造成非洲地区宏观局势不稳定和经济停滞发展的深层次原因，因而，要想真正取得长远效应，就必须进行"结构转型"（structural transformation），也就是说，不仅要进行一般的结构调整，还须进行制度结构的变化。还强调发展援助必须更多地关注结构调整在社会层面的影响，强调要加强人力资本投资、基础设施投资以及工农业管理体制的改革等。

1997 年的亚洲金融危机除了引起人们对过度贸易、资本自由化和金融管制解除化等进行重新思考外，还将减贫尤其是保障脆弱家庭的社会经济福利状况，引向发展援助的重心。

（二）国际发展援助

20 世纪 90 年代，在发展援助方面最引人注目的是"援助疲软"现象日益明显，如官方援助总量及其在援助集团总 GNP 中所占的比重在 1992 年后都出现了大幅下跌的局面，同时，私人资本大量涌入环境较好的发展中国家，在一定程度上起到了弥补作用。出现这种现象的原因主要包括以下几个方面：①冷战的结束重塑了世界政治、经济新格局，援助国出于政治战略等方面考虑而提供的大规模发展援助随即大为削弱；②发达国家担心贫穷国家对发展援助产生依赖心理，这种担忧随着实践的发展日益加强；③市场的作用进一步提升，而政府的干预则相应受到抑制。与"援助疲软"相关，在 90 年代还出现了对"附条件发展援助"有效性的强烈质疑：用援助真的能"买"来好的管制与公共环境吗？此质疑掀起了一股研究"援助有效性"的热潮。90 年代末期，亚洲金融危机的爆发不得不使人们重新思考援助的作用，重新判断布雷顿森林体系和华盛顿公约的适用性。在这方面，世界银行率先采取了行动，果断地将发展援助引向减贫与提高全人类福利的光明大道上去。

六　2000 年以来的国际发展援助框架*

（一）发展目标、发展理论和发展战略

进入 21 世纪后，随着全球化进程的不断加快，在全球不均衡的国际政治经济秩序中，发展中国家与发达国家之间的差距总体上越来越大，追求稳定的经济增长仍然是发展中国家最紧迫的任务。但单纯强调经济增长已不能解决现实存在的日益严重的发展问题。以《联合国千年宣言》的发布为标志，以消除贫困、关注弱势群体为中心，以关注人的生存和发展权利为重点，以整合经济、社会、环境的可持续发展为前提的全球发展框架开始成为新千年的发展目标。同时，这也成为新千年开始以来国际发展援助的主要援助目标。

在"千年发展目标"的 48 项具体指标中，综合起来总共分为八大指标，分别是：根除极度贫困和饥饿；实现普遍的初级教育；推动性别平等和对妇

---

*　此部分内容引自《国际发展援助概论》。

女赋权；减少儿童死亡率；提高母亲健康；与艾滋病、疟疾等疾病作斗争；确保环境的可持续发展；发展全球性的伙伴发展关系。

相比于 20 世纪 90 年代影响国际发展援助的理论创新，这一时期主要国际发展援助的指导理论开始由发展经济学理论向发展社会学和发展政治学理论范畴转移。尽管这一时期的国际发展援助仍然不能摆脱援助国集团的各种附加条件，但在具体操作方法上比过去更加隐晦。新干预主义的影响逐渐增大，而强调市场作用和自由化、私有化的"华盛顿共识"，在过去 20 年的发展困境面前逐渐失去了其理论统治地位。

同时，随着国际发展援助的主要目标由早先的结构调整再次向反贫困和促进可持续发展的转变，几个重要的理论创新所起的作用不容忽视。首先是以权利为基础的发展理念的出现，强调在缺乏使穷人能够平等享受经济增长收益的制度条件下，单纯追求经济增长并不能达到减贫的目的。对这一问题的解决，重要的是通过制度变革，重新赋予穷人本应拥有的权利，从而保证其能够获得平等的发展机会。其次是善治理论的出现。该理论认为，发展中国家长期的发展问题，除了各种客观存在的制约因素之外，治理结构和治理方式的低效率，是重要的因素。因此，需要在发展中国家发动一场治理结构和治理方式的改革，充分发挥非政府组织和社会力量在社会经济发展中的作用。最后是可持续发展理念的普遍推广，强调发展过程中坚持以人为本、保护环境的原则。

在这一时期发展目标转移和影响国际发展援助的理论创新的影响下，新世纪以来国际发展援助的主要政策和行动策略，主要包括以下几方面内容。首先，除了继续推动"结构调整战略"之外，受援国的经济社会整体平衡发展逐渐受到重视，强调对弱势群体利益的保护。其次，支持受援国第三社会力量的发展，如各种形式 NGO，并通过直接向第三社会力量转移国际发展援助的形式达到这一目标。最后，由于千年发展目标的重点关注对象在农村，因此，在 20 世纪 90 年代一度被忽视的综合农村发展战略，这一时期又再一次被国际发展援助所关注。

**（二）国际发展援助**

在实现"千年发展目标"的前提下，这一时期的国际发展援助主要有如下特点。首先，鉴于大量受援国国际发展援助的失败教训，使得这一时期的援助方式开始发生新变化，一方面援助国集团通过有条件的援助向受援国施

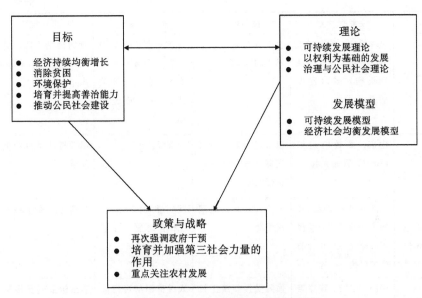

**图 6-6 2000 年以来的国际发展援助框架**

压，要求其改进政府的治理能力并提高发展援助的效率，另一方面加大对受援国第三社会力量的支持并直接把它们作为援助对象。第二，鉴于许多受援国的发展困境，债务减免再次被重视。第三，通过更有针对性的国际发展援助行动，最大限度地缓解国际发展差异，并缓解受援国严重的贫困问题。

综上所述，发展援助在过去 50 多年的变迁的历史可归结为表 6-1。

**表 6-1 历史上的发展援助**

| | 主要援助方 | 援助理念 | 关注的重点 | 援助类型 |
|---|---|---|---|---|
| 20 世纪 50 年代 | 美国以及 1956 年后作用开始上升的苏联 | 反共产主义及共产主义援助，强调国家的作用 | 社区发展运动 | 食物援助和项目援助 |
| 20 世纪 60 年代 | 双边援助计划的制订 | 反共产主义及共产主义援助，帮助国家扶持生产部门建设 | 生产部门（如绿色革命）、基础设施建设 | 双边技术援助、预算援助及多边援助 |

续表

|  | 主要援助方 | 援助理念 | 关注的重点 | 援助类型 |
|---|---|---|---|---|
| 20 世纪 70 年代 | 世界银行、国际货币基金组织及阿拉伯援助机构。多边援助盛行 | 生产部门建设、满足人的基本需求 | 贫困问题——集中在农业领域和基本需求方面（开始关注社会方面的问题） | 食物援助下降，启动进口支持（import support） |
| 20 世纪 80 年代 | 中期，非政府组织（NGO）开始兴起 | 以市场为基础进行调整（重新开始强调国家的作用） | 宏观经济改革 | 财政援助项目和债务缓解 |
| 20 世纪 90 年代 | 东欧等国家和地区开始由援助国转为受援国，建立一批相应的援助机构 | 末期，重新转向国家援助 | 减贫和加强施政（环境问题、性别问题开始兴起） | 末期转向部门支持 |
| 2000 年以来 | 中国、巴西、印度等新兴经济体国家逐渐由受援国变为援助国 | 强调受援国第三社会力量；重新关注农村发展 | 农村贫困与可持续发展 | 直接援助受援国第三社会力量；债务减免 |

资料来源：Peter Hjertholm and Howard White（2000）。

# 第二节　国际发展援助实践的历史演进

## 一　发展援助实践概况

### （一）援助资金的构成

发展援助资金一般由官方援助资金、其他官方资本支出、非政府组织赠款和私人资本构成。根据表 6-2，从它们各自占资本净支出的比重来看，尽管官方援助在 1992 年后平均水平有所下降，但仍是很重要的一种形式，尤其相对撒哈拉以南非洲地区而言，这点尤为明显。另外，从发展中国家总的情况来看，若将官方援助与私人资本进行比较，就会发现一个很明显的特点，那就是以 1992 年为分界点，两者在平均水平上作反向变化：官方援助呈下降趋势，而私人资本则呈上升趋势。具体来说，官方援助在 1987～1992 年，平均水平由 61.6% 稳定下降至 1993～1997 年的 37.2%；与此相对应，私人资本则由 1987～1992 年的 26.4% 上升至 1993～1997 年的 55.1%。

　　亚洲开发银行（ADB）在分析上述现象的时候认为，私人资本在一定程度上已逐步取代了官方援助而成为发展中国家越来越重要的一种资本来源，但这仅仅是针对发展中国家的总体情况而言的，如果具体到特定区域，情况则可能完全不同。如在撒哈拉以南非洲地区，尽管官方援助的总体趋势也是先升（在 1992 年达到最高峰）后降（虽然 1996 年的末期水平仍高于 1987 年的水平），但由于该地区尤其是一些最贫穷的国家对私人资本缺乏吸引力，因而官方援助仍是其最主要的发展资金来源。

表 6-2　发展援助资金的构成（占资本净支出的比重，%）

| 发展中国家总的情况（构成） | 平均比重（1987～1992） | 平均比重（1993～1997） |
|---|---|---|
| 官方援助（ODA） | 61.6 | 37.2 |
| 其他官方资本支出 | 6.6 | 4.5 |
| 非政府组织（NGO）赠款 | 5.4 | 3.2 |
| 私人资本 | 26.4 | 55.1 |
| 总　　计 | 100.0 | 100.0 |
| 撒哈拉以南非洲地区（构成） | 平均比重（1987～1992） | 平均比重（1993～1996） |
| 官方援助（ODA） | 89.5 | 90.2 |
| 其他官方资本支出 | 11.7 | 2.4 |
| 非政府组织（NGO）赠款 | 无法提供 | 无法提供 |
| 私人资本 | -1.2 | 7.5 |
| 总　　计 | 100.0 | 100.0 |

　　资料来源：OECD，1996，转引自 Finn Tarp（2000）。

### （二）官方发展援助详情

#### 1. 官方援助数量

　　官方援助是发展援助的主体部分，因此，通过官方援助数量的起起落落可以粗略地了解到发展援助重点的转换过程。官方援助总量及其在 GNP 中所占比重的年际变化见图 6-7。

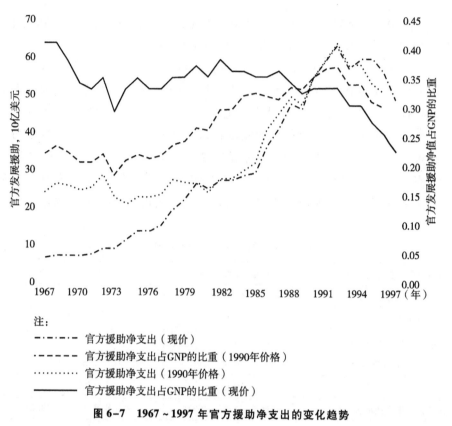

注：

　— ·— ·— 　官方援助净支出（现价）

　— — — — 　官方援助净支出占GNP的重（1990年价格）

　⋯⋯⋯⋯ 　官方援助净支出（1990年价格）

　————— 　官方援助净支出占GNP的比重（现价）

**图6-7　1967～1997年官方援助净支出的变化趋势**

资料来源：ADB（1999）、German and Randel（1998），转引自 Finn Tarp（2000）。

　　从图6-7可以看出，除"官方援助净支出占GNP的比重（现价）"这个指标外（此指标在1970～1990年呈上升趋势，在1992后呈明显的下降趋势），其他各项指标都从20世纪60年代开始呈攀升之势，在1992年到达顶峰后开始下降。例如，以现行价格计算的官方援助净支出从1992年的62.7万亿美元下降至1997年的47.9万亿美元，整整下降了23.6%。官方援助净支出占GNP的比重在1992年后也出现了明显的下跌之势。之所以会出现上述局面，除了上节所提到的"冷战的结束降低了发展援助的政治工具效应"以及政府干预受到抑制等原因外，就像发达国家所宣称的那样，还因为援助方90年代以后经济上的普遍衰退，由此导致了国内日益紧张的财政预算。经济合作组织（OECD）为此在1997年专门做了这方面的调查，结果基本证明了这一点：在发展援助委员会

（DAC）的成员中那些财政赤字最为严重的（如瑞典、意大利和芬兰等）恰恰
是官方援助数量削减最为迅猛的，而那些财政赤字最小的国家（如挪威、日本
和爱尔兰等）却相对增加了他们的实际援助规模。

　　此外，从官方援助的类型来看，赠款份额有所上升，而贷款比重却有所下
降（表6-3）。进入20世纪90年代以来，越来越多的援助国家开始实施以无偿
援助形式为主的援助方案。以1993年的情况为例，在官方发展援助资金中有
40%是以无偿方式提供的。在官方发展援助总体下降的同时，贷款减少了25亿
美元，比上一年下降了30%。特别是对最不发达国家，贷款仅1亿美元，只占
全部官方援助1.3%，减少了83%。援助国改贷款为赠款，虽然免去了受援国日
后偿债的负担，但实际投放的援助资金却大打折扣，最不发达国家在1993年接受
的官方发展援助总额为9.76亿美元，比1992年减少了20.3%（陈力，1995）。

表6-3　不同类型的官方援助净支出比重（1973～1996年）

单位：%

| 官方援助类型 | 平均比重<br>（1973～1980年） | 平均比重<br>（1981～1990年） | 平均比重<br>（1991～1996年） |
|---|---|---|---|
| 赠　款 | 61.6 | 71.1 | 77.4 |
| 贷　款 | 38.4 | 28.9 | 22.6 |
| 总　计 | 100.0 | 100.0 | 100.0 |

资料来源：ADB（1999）、OECD（1998），转引自 Finn Tarp（2000）。

2. 援助方情况

　　援助方主要是发达国家，他们或以双边项目的形式对发展中国家进行直
接援助，或通过多边项目的形式进行间接援助。各援助国1997年的官方援助
净支出占GNP的比重见图6-7。从中可以看出，在1997年，只有四个国家
（丹麦、挪威、荷兰和瑞典）达到了联合国所要求的0.7%[①]（官方援助净支

———

[①] 针对20世纪90年代以来援助需求增加和资金来源减少之间的矛盾，各国特别注重加强援助
的重点目标和效果。从1994年起，发展援助委员会（DAC）开始使用新的受援国名录，把发
展中国家分为两部分：第一部分为最不发达国家、低收入国家、中等收入国家以及较富裕国
家；第二部分为中欧、东欧和独联体国家。只有对第一部分国家和地区的援助才可计入官方
发展援助，而对第二部分国家和地区提供的援助则不能计入联合国制定的0.7%的指标中。

出占该国 GNP 的比重）的标准。

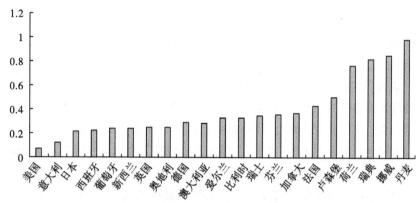

图 6-8　各援助国 1997 年的官方援助净支出占其 GNP 的比重

资料来源：OECD（1999），转引自 Finn Tarp（2000）。

从 20 世纪 70 年代到 90 年代的发展历程来看，多边援助资金在总支出的比重由原来的 22.8% 上升到 29.9%，虽然作用仍不及双边援助形式，但显示出一种上升的趋势。在多边援助方面，较有代表性的组织包括世界银行、联合国系统，尤其是联合国开发计划署和欧盟委员会。其中联合国系统的多边官方援助总量最高（表 6-4）。

表 6-4　多边援助和双边援助的比重

单位：%

| 援助方 | 平均比重<br>（1973～1980 年） | 平均比重<br>（1981～1990 年） | 平均比重<br>（1991～1996 年） |
|---|---|---|---|
| 双边的官方援助 | 77.2 | 75.4 | 70.1 |
| 多边的官方援助 | 22.8 | 24.6 | 29.9 |
| 其中：世界银行 | 5.6 | 7.7 | 8.3 |
| 国际货币基金组织 | 0.0 | 0.1 | 1.3 |
| 联合国系统 | 7.5 | 8.6 | 9.6 |
| 欧盟委员会 | 3.4 | 4.4 | 7.2 |
| 其他 | 6.3 | 3.8 | 3.5 |
| 总　　计 | 100.0 | 100.0 | 100.0 |

资料来源：ADB（1999）、OECD（1998），转引自 Finn Tarp（2000）。

## 二 发展援助的投向

从表 6-5 中可以看出，官方发展援助在投向上呈现出以下几个趋势：①社会基础设施和服务（如教育、卫生、水的供应和健康等）方面的投资呈上升趋势，尤其是在 1992 年以后，这种趋势更为明显。这主要是因为人力资源方面的开发日益得到发达国家的重视。近年来，在这方面的投资占到官方援助总量的 1/4。②同样，经济基础设施和服务（如能源、交通和通信等）也呈现出明确的攀升之势，在 1991～1997 年，平均水平已超过 20%。③另一方面，生产部门（如农业部门、工业部门、贸易部门或旅游部门等）援助从七八十年代就开始明显下降，在 90 年代末期仅占 12%。这一方面主要是因为发达国家从 80 年代开始就在援助理念上反对对生产部门的直接援助；另一方面，针对一些条件相对较好的发展中国家而言，私人资本介入生产部门越来越多，因而官方援助在一定程度也具备作调减适应的条件。④规划援助包括食物援助，在七八十年代曾发挥过重要作用，但从 90 年代开始却呈现出大幅下跌的局面，其平均水平仅为 10%。⑤近年来，多部门援助和相对持久的债务缓解活动成为发展援助的新兴领域，呈现出稳定上升的局面，在 1991～1997 年期间平均水平分别到达 4.7% 和 8.8%。

### 表 6-5 官方援助的建设重点（1973～1997 年）

单位：%

| 投向重点 | 平均比重<br>（1973～1980 年） | 平均比重<br>（1981～1990 年） | 平均比重<br>（1991～1997 年） |
|---|---|---|---|
| 社会基础设施和服务 | 20.8 | 25.0 | 26.2 |
| 经济基础设施和服务 | 13.9 | 18.7 | 21.8 |
| 生产部门 | 22.0 | 19.7 | 12.0 |
| 多（跨）部门 | 2.2 | 3.0 | 4.7 |
| 规划援助，包括食物援助 | 14.2 | 16.2 | 10.0 |
| 与债务缓解相关的活动 | 3.7 | 4.3 | 8.8 |
| 紧急援助 | 1.1 | 1.7 | 5.3 |
| 援助机构管理成本 | 无法提供 | 3.8[a] | 4.3 |
| 对非政府组织的拨款 | 无法提供 | 2.2[a] | 1.3 |
| 其他及未分配的 | 22.1 | 7.1 | 5.7 |
| 总　　计 | 100.0 | 101.7[a] | 100.0 |

说明：a 计算时 1984～1990 年的数据为平均数，因而总计不是 100%。

资料来源：ADB（1999），转引自 Finn Tarp（2000）。

### 三 发展援助的区域分配

发展援助的分配是不平衡的，从表6-6可以看出：撒哈拉非洲国家所占份额相对较大，南美所占份额较小；低收入国家所占份额较大，高收入国家所占份额较小。具体来说，从目标国所分布的地区来看，对撒哈拉地区的援助从20世纪70年代的19.8%上升到90年代的30%，成为所占比重最大的地区（尽管具体到特定的国家来说，也可能呈下降趋势），之所以会这样，一方面主要是因为深植该地的经济问题对其他国家所产生的影响在80年代初期已经显现；另一方面，也因为减贫目标逐渐成为发展援助的重中之重，而撒哈拉以南非洲地区的大部分国家正是属于"减贫"的重点区域。此外，北非、中东和中南亚地区的援助量随着自身早期在政治、战略等方面重要性的下降而下降；南美和远东地区也因为自身经济的发展和其他资金来源的介入而导致其享受较小份额的援助。

从收入水平来看，在1991~1996年，官方发展援助在最不发达国家、其他低收入国家和中低收入国家之间基本上呈现出一种平均分配的局面，分别为26.3%、24%和25.4%；而中高收入和高收入国家所得的援助明显降低，均低于10%。

表6-6 发展援助的区域分配

单位：%

| 以区域来分 | 平均比重<br>（1973~1980年） | 平均比重<br>（1981~1990年） | 平均比重<br>（1991~1996年） |
| --- | --- | --- | --- |
| 北 非 | 12.7 | 7.8 | 7.3 |
| 撒哈拉非洲 | 19.8 | 28.4 | 30.0 |
| 南 美 | 3.7 | 3.5 | 4.5 |
| 中 东 | 13.8 | 10.4 | 6.7 |
| 中 南 亚 | 16.9 | 14.5 | 11.7 |
| 远 东 | 10.7 | 10.4 | 13.4 |
| 其 他ª | 22.3 | 25.1 | 26.4 |
| 其中：欧洲 | 2.0 | 1.7 | 4.2 |
| 总 计 | 100.0 | 100.0 | 100.0 |

| 以收入水平来分 | 平均比重<br>（1973～1980 年） | 平均比重<br>（1981～1990 年） | 平均比重<br>（1991～1996 年） |
| --- | --- | --- | --- |
| 最不发达国家 | 22.8 | 28.0 | 26.3 |
| 其他低收入国家ᵇ | 18.4 | 19.5 | 24.0 |
| 中低收入国家ᶜ | 33.2 | 26.1 | 25.4 |
| 中高收入国家ᵈ | 3.6 | 3.2 | 3.3 |
| 高收入国家ᵉ | 6.1 | 5.7 | 4.0 |
| 未分配部分 | 15.9 | 17.5 | 17.0 |
| 总　　计 | 100.0 | 100.0 | 100.0 |

说明：a包括欧洲、大洋洲、中美洲和其他未分配的部分。

　　　b指 1995 年人均 GNP 低于 765 美元的国家。

　　　c指 1995 年人均 GNP 处在 766 美元和 3035 美元之间的国家。

　　　d指 1995 年人均 GNP 处在 3036 美元和 9385 美元之间的国家。

　　　e指 1995 年人均 GNP 大于 9385 美元的国家。

资料来源：ADB（1999），转引自 Finn Tarp（2000）。

# 第三节　国际发展援助组织

按照不同的分类方法，国际发展援助组织可分为不同的类型。例如，按照援助所针对的区域来分，主要可分为全球性的发展援助机构和区域性的发展援助机构，前者如世界银行和联合国系统等，后者如亚洲开发银行（ADB）、非洲开发银行（AFDB）和欧盟等；按照援助资金来源的国别来分，可分为多边发展援助机构和单边发展援助机构，前者如世界银行、联合国系统、欧盟，后者如各国的官方发展援助部门；按照组织的性质不同，可分为官方发展援助机构和非官方发展援助机构，前者如英国国际发展部、德国技术合作公司（GTZ）；后者如福特基金会、国际计划（Plan International）等。

需要注意的是，各种分类并不是绝对的，尤其是在动态的发展环境中，各类组织都面临着自身转型以及与其他机构协作的现实，如官方机构与非官方机构之间的密切协作，再如区域性发展机构向区域外拓展以扩大其援助范围等，这些无疑都增加了绝对分类的困难。因此，本章在借鉴上述各种分类方法的基础上采取一种较为综合的方式，即将国际发展援助组织大致分为：①以世界银行和亚洲开发银行为代表的国际金融发展机构；②以联合国开发计划署为代表的联合国系统；③以德国技术合作公司、英国国际发展部和日本国际协力事业团（JICA）为代表的双边发展机构；④以福特基金会为代表的非政府发展组织。

## 一  国际金融发展机构

国际金融发展机构是参与国际发展援助的重要主体，如全球性的金融性机构世界银行就将"以满腔激情和专业化手段与贫困作斗争"作为自己的宗旨。目前参与中国发展工作的国际金融机构包括世界银行、国际农业发展基金会（IFAD）和亚洲开发银行等。

### （一）世界银行

1. 职责

世界银行成立于 1945 年，当时称"国际复兴开发银行"，但随着国际开发协会、国际金融公司、多边投资担保机构和国际投资争端解决中心的成立，现行的世界银行准确来说是由上述五个机构组成的世界银行集团。世界银行是当今世界上最大的发展援助机构之一，到目前为止有 182 个成员国，其成员国的意见和利益由理事会和设在华盛顿总部的执行董事代表。世界银行设立之初致力于战后的欧洲经济复兴，马歇尔计划成功后又转向世界性的发展援助，利用其资金、高素质的人才和广泛的知识基础，帮助各发展中国家走一条稳定、可持续和平衡的发展之路。

2. 资金的来源和使用

世界银行的主要发展资金来源于国际复兴开发银行和国际开发协会。前者利用国际资本市场筹集发展资金，后者则依靠较富裕成员国政府的捐赠。具体而言：①国际复兴开发银行通过在世界各地发售三 A 级债券和其他债券来筹集资金，发售对象为养老基金、保险机构、公司、其他银行及个人；此外，国际复兴开发银行的资金里有不足 5% 的金额是成员国在加入世界银行时认缴的股金。②国际开发协会每 3 年补充一次资金，有近 40 个国家捐款，其中不仅包括发达国家，如法国、德国等，还包括发展中国家，如阿根廷、博茨瓦纳等。

从资金的使用上看：①国际复兴开发银行的贷款约占世界银行年贷款额的 3/4，其贷款的还款期限为 15 ~ 20 年，在开始偿还前还有 3 ~ 5 年的宽限期。②国际开发协会采取无息贷款（又被称为"国际开发协会信贷"）、技术援助和政策咨询等方式对无能力以商业利率借贷的贫困国家提供优惠贷款。其信贷额约占世界银行贷款总额的 1/4。借款国需支付不到贷款 1% 的手续费用于行政支出，并规定该贷款的还款期限为 35 ~ 40 年。宽限期为 10 年。

### 3. 组织和人员状况

严格来说，世界银行集团由管理层和 5 个密切相关的机构组成。其中，管理层包括：①理事。世界银行的成员国就是世界银行的股东，拥有最终决策权。②执行董事。由于部长们每年只召开一次年会，所以理事的大部分权力都下放给执行董事会。每个成员国政府都由常驻在华盛顿总部的 1 名执行董事代表。拥有股份最多的 5 个国家，即法、德、日、英、美各任命 1 名执行董事，其他成员国分别经过各国分组（或选区）选举出的 19 名执行董事代表。③行长。按照传统，世界银行的行长由拥有股份最多的国家，即美国公民担任。行长任期为 5 年，可以连任。行长担任执行董事会主席，并负责世界银行的全面管理。

世界银行集团的 5 个组成机构包括：①国际复兴开发银行（IBRD）向中等收入国家和借贷信用好的较贫困的国家提供贷款和发展援助。其投票权与成员国的认缴股份额挂钩，而认缴股份额则根据每个成员国的相对经济实力确定。②国际开发协会（IDA）在世界银行履行其减债使命方面起着重要作用。其援助对象是世界上最贫困的国家，向他们提供无息贷款和其他服务。③国际金融公司（IFC）通过为私营部门提供投资资金，为政府和企业提供技术援助和咨询服务，促进发展中国家的经济增长。其联合私人投资者向发展中国家的商业性企业提供贷款和股本融资。④多边投资担保机构（MIGA）通过向外国投资者提供非商业性风险担保，促进发展中国家的外国投资。多边投资担保机构也协助政府传播有关投资机会的信息。⑤国际投资争端解决中心（ICSID）通过调停或仲裁的方式协助解决外国投资者和东道国之间的投资争端。

从人员结构上看，在成立之初主要集中于财务分析师和工程师，教育背景具有较大的同质性，且基本上来自华盛顿。经过多年的发展，目前世界银行的人员结构逐渐呈现多元化、多学科教育背景的情形。他们包括经济学家、公共政策专家、部门专家和社会学家等，而且各成员国办公室人员占到总人数的40%。

4. 主要援助活动

世界银行通过向成员国提供贷款、政策咨询和技术援助等手段来实现减贫和提高发展中国家人民生活水平的目标。其主要业务活动包括：①投资于人，即将援助的重点放在能产生最大效应的基本社会服务上，例如，生育健康、妇女保健、营养和儿童的早期开发等。世界银行还帮助借款国政府推进社会保障和养老金制度改革，建立社会安全网，保护那些最容易受经济结构重组影响的群体。②保护环境。世界银行与其他发展机构、非政府组织，如国际自然及自然保护联盟（IUCN）、自然资源管理委员会、世界野生动物基金会以及许多其他组织互相配合，帮助推进保护河流、森林和沿海地区的项目。世界银行也是全球环境基金的一个执行机构。③促进私营部门发展。通过贷款和技术援助帮助发展中借款国政府为振兴和扩大私营部门投资创造必要的条件，如制定基本的法律、法规，进行基础设施建设、发展资本市场和银行系统的建设等。此外，世界银行还提供担保以鼓励私人投资，这些担保的目的是缓解投资风险，这对于吸引私人融资发展基础设施建设具有特别重要的意义。④促进经济改革。世界银行通过提供贷款、政策咨询和技术援助，支持开展改革以减少预算赤字、降低通货膨胀率、开放贸易与投资、实行国有企业民营化、建立健全金融体制、加强司法制度和保护产权。为缓和改革带来的负面影响，世界银行在支持改革的同时往往也资助建立社会安全网的计划，协助保护贫困人口或防止脆弱人群陷入贫困。同时还和国际货币基金组织联合发起了重债贫困国动议（HIPC），采取协调一致的行动把贫困国家的债务负担降低到可持续的水平。⑤战胜腐败。世界银行目前在95个国家开展了600多项涉及公共部门体制改革的活动，有20多个国家申请世界银行援助专门解决腐败问题。⑥援助受冲突危害的国家。世界银行对冲突结束后的国家的援助不仅重视基础设施建设，同时也注重促进经济调整和恢复、解决社会部门需求、加强机构能力建设的规划，还开展清除地雷、士兵退役安置、难民返回家园等方面的项目。⑦调动资金。国际复兴开发银行和国际开发协会的贷款通常只支付项目总投资额的1/2以下，其余部分由借款国政府自行筹集或由参与联合融资的各方提供。这种方式使世界银行的资金在影响范围和效力方面都扩大数倍。

### （二）亚洲开发银行

**1. 职责**

亚洲开发银行成立于 1966 年，是一个多边的发展金融机构。它主要以加强亚太地区的减贫工作为宗旨，致力于提高该地区人们尤其是贫困人口的生活水平。亚洲开发银行工作的优先领域包括：①经济增长；②人的发展；③性别和发展；④良好的治理；⑤环境保护；⑥私营部门的发展；⑦地区合作。在每个优先领域内都有三项与减贫相关的战略相支撑，它们是：①面向穷人，促进穷人的发展和可持续的经济增长；②社会发展；③良好的治理。

**2. 资金来源和使用**

亚洲开发银行的资金来源及使用状况可分为以下几个部分：①运营费来自债券发行、回笼资金及成员国的捐赠。②普通资本（ordinary capital resources），主要来源于成员国已缴会费（paid-in capital）、储备、外借款项和累积收入。亚洲开发银行 75% 的贷款均来自于此，该行的贷款通常是 15～25 年，一般的借款对象为经济水平较高的国家。③特别资金。亚洲开发银行还管理着一批特别资金，包括亚洲发展资金、技术援助特殊资金和日本特殊资金。④其他资金。亚洲开发银行还负责管理日本奖学金项目以及其他用于支持技术援助和软贷款的双边援助资金。

**3. 组织和人员状况**

亚洲开发银行目前有 60 个成员国，大部分来自亚太地区。总部设在菲律宾的首都马尼拉，在全球还有 22 个办公室：亚洲有 14 个常驻代表团，在太平洋的瓦努阿图有一个地区性代表团。

亚洲开发银行的管理层（board of governors）由各国代表组成，每个成员国只有一个名额，一年会面一次。通过它选举出 12 名成员组成董事会（board of directors），每个董事可以任命一个预备董事。行长由管理层选举产生，他同时也是董事会的主席。

**4. 主要援助活动**

亚洲开发银行的主要援助工具包括贷款、技术援助、担保和产权投资（equity investment）。其中贷款和技术援助是最主要的工具。对于贷款，亚洲开发银行对借款国具有以下要求：①经济上有活力，技术上可行以及金融制度上完善；②选取借款国感兴趣的发展领域进行投资；③选取的项目对打破经济发展瓶颈有作用；④借款国需还能承担额外的债务；⑤能引入新的技术以便提高生产力；⑥能扩大就业机会；⑦能根据善治标准加强机构建设；⑧将环境与社会视角引入项目。贷款包括有政府担保的贷款和无政府担保的私人部门贷款。

技术援助的资金来源包括赠款和贷款，如 2001 年共有 257 项技术援助活动，共用资金 1.464 亿美元。亚洲开发银行还为私人企业直接提供产权投资和贷款，这些贷款是没有政府担保的。此外，它还提供担保服务，其中也包括卫生和教育领域。

## 二 联合国系统

1945 年，50 多个国家的代表在美国旧金山举行的联合国国际组织会议上起草了《联合国宪章》。在中国、法国、苏联和美国及多数其他签字国批准《宪章》之后，联合国于 1945 年 10 月 24 日正式成立。其宗旨是：维护国际和平及安全；发展国际间友好关系；合作解决国际间经济、社会、文化及人类福利等领域的国际问题，增进对于全人类人权及自由的尊重。其结构为六大机关组成：大会、安全理事会、经济及社会理事会、托管理事会、国际法院和秘书处，但联合国机构大家庭还包括各类联合国系统成员，例如，联合国儿童基金会（UNICEF）、联合国开发计划署、联合国粮农组织（FAO）、联合国环境计划署（UNEP）、世界卫生组织（WHO）、世界粮食计划（WFP）、农业发展国际基金（IFAD）和联合国教科文组织（UNESCO）等。联合国系统成员有各自的理事会和预算，自行制定标准和指导方针。它们为全球发展中国家的经济和社会发展提供包括技术援助在内的多种援助支持。

联合国机构是最早参与中国的发展工作的。1979 年，联合国开发计划署在中国设立代表处，作为联合国系统在华机构的协调人。此后，联合国粮农组织、世界粮食计划署、联合国儿童基金会、联合国劳工组织、联合国人口基金会（UNFPA）等机构先后在中国设立代表处。下面以联合国开发计划署为例进行详细介绍。

1. 职责

联合国开发计划署成立于 1965 年，是联合国系统多边技术援助的主要筹资单位和计划管理单位，也是联合国促进发展活动的中心协调组织，是世界上最大的多边技术援助组织。其宗旨是帮助发展中国家和地区加强经济和社会发展，向它们提供系统的、持续的援助以促进发展中国家的自力更生。

2. 资金来源

联合国开发计划署的资金来源主要有以下几个方面：第一，其核心资源为联合国各成员国的捐赠费用；第二，信托投资基金。此外，各个国家办公室的资金来源还包括受援国的配套资金以及第三国和私营公司的捐赠款。

3. 组织和人员状况

联合国开发计划署总部设在纽约，在110多个国家和地区设有常驻代表处，它有5个地区局，即亚洲和太平洋地区局、非洲局、拉丁美洲和加勒比地区局、中东和阿拉伯国家局、地中海和欧洲局。联合国开发计划署的领导机构为管理理事会，由48个理事国组成，任期3年。联合国开发计划署由署长主持工作，署长由联合国秘书长任命，并由联合国大会认可。执行委员会代表来自成员国，并采用轮换制。它负责提供政府间的支持，并监督开发计划署的活动，同时还保证项目按照受援国的需求进行调整。其详细的组织结构见图6-9。

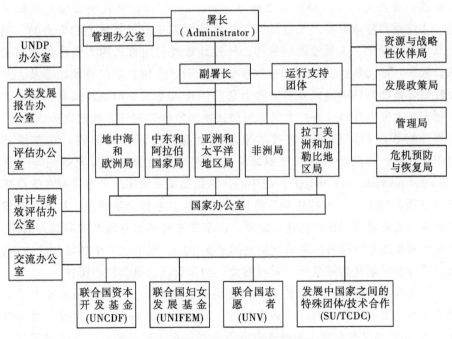

**图6-9 联合国开发计划署组织结构图**

### 4. 主要援助活动

联合国开发计划署通过开展政策支持服务、文献综述服务和联合各个机构之间的工作为各国政府和联合国系统的其他组织提供技术服务。

政策支持服务涉及的领域包括：①治理。开发计划署无论是在国际层次还是在国内层次上都致力于促进参与、信度和效力机制的形成。具体的手段是帮助加强立法和选举系统的建设，提高公共行政系统对于普通民众的开放性，并增强这些机构为急需人员提供最基础服务的能力。②减少贫困。发展中国家根据本地的需求和优先领域制定自己的国家减贫战略，开发计划署负责帮助他们保证这些战略的有效性。具体的措施是赞助减贫战略的试验性实施；并将个别案例与世界上最佳实践和相关资源相联系；促进妇女在发展中的参与；联合政府、市民社会及其他的资助者以共同协调工作。③危机预防和恢复。危机包括自然灾害和人为冲突，这些消减了发展的成果，并进一步恶化了贫困和不平等。开发计划署利用它的全球网络，开展事先警告和事后处理等方面的活动。在几乎每一个发展中国家，开发计划署在危机处理工作方面都一马当先，以连接紧急缓解（emergency relief）和长期发展之间的空当。④能源和环境保护。某些能源与环境问题靠单个国家是无能为力的，如全球气温的变化、臭氧层的空洞等，开发计划署利用自己的力量将各个国家联合起来，推动从社区层面到全球层面的行动。⑤信息通信技术的普及。开发计划署帮助发展中国家吸引世界上最好的技术专家并提供其最佳实践案例以制定相关发展战略，并扩大信息通信技术可及性以促进当地的发展。同时，开发计划署还利用信息通信技术来增强自身的全球网络建设。⑥艾滋病（HIV/AIDS）的防治。开发计划署将艾滋病的防治置于其国家规划与预算（national planning and budgets）的中心。它帮助发展中国家增强自身在管理传播者方面的能力——这些疾病的传播者一般难以进行卫生检查，并进行分权化管理以支持社区层次的行动。此外，由于艾滋病是个全球性的问题，因而，开发计划署还在加强各国联系方面发挥重要作用。在上述六个领域的活动中，联合国开发计划署始终坚持"赋权妇女"的宗旨，这是其核心所在。

在文献综述服务和联合各个机构之间的业务方面，开发计划署投入了大量的人力、物力和财力进行"知识网络"（knowledge network）建设。目前全球已有4000多名参与者，包括来自开发计划署各个部门的职员（数量超过开发计划署职员总数的一半）、世界范围内各个层次的组织及600多名来自联合国系统和其他一些外部机构。每个星期都有新成员加入这个知识网络。目前这个网络可分为 12 个专题：治理、减贫、危机预防与恢复、能源和环境、发展信息通信技术、艾滋病、评估、性别平等、人类发展报告、管理实践、千年发展目标和小型企业与小额信贷。此外，按地域分，该网络有 9 个亚地区资源库（SUPFs）：阿拉伯国家、加勒比海、中非和东非、地中海和欧洲、拉丁美洲、太平洋地区、北亚和东南亚、南非、西亚和南亚及西非。联合国国际开发署还出版著名的《人类发展年度报告》（Human Development Reports）。

## 三　双边发展机构

双边发展机构主要是援助国政府所属的发展机构，它们在开展活动时一般要求受援国政府的积极参与和财政配套。目前，在中国比较活跃的双边发展机构主要来自英国、澳大利亚、加拿大、德国、荷兰、芬兰、瑞典和日本等国。

一国双边发展机构的状况在很大程度上取决于该国援助政策的行政体制。概括而言，大体可分为三类：第一类为设置专管援助的政府部委，如德国的经济合作与发展部（MBZ），全面负责援助计划的制订和实施，对援助政策实行一元化的领导。第二种类型是外交部管辖下的援助专管机关型，如美国、加拿大、瑞典等。这一类型突出了外交部的一元化领导。第三种类型是多元分权的援助机关型，如法国、日本。有关各部委、机关在其所管的政策范围内能够自行决策；对于超过一部委、机关所辖范围的政策问题，则由各部委、机关共同协商决定（张光，1994）。当然，上述分类也是相对的，随着发展环境的历史变迁，各个双边援助机构的状况也随之发生转变。以下分别选择德国的技术合作公司、英国的国际发展部和日本的协力事业团做详细介绍。

### （一）德国技术合作公司

德国联邦政府的发展援助由该国的经济合作与发展部统一领导和协调，援助大致可分为几种形式：技术合作、财政合作与人员合作、德国教堂的对外援助、政治基金会援助以及其他一些在发展中国家与转型国家中提供的资助项目。其中技术合作主要由德国技术合作公司负责，而财政合作和人员合作则主要由德国复兴开发银行（KFW）负责。

德国技术合作公司是德国联邦政府的国有公司，主要资金来自德国联邦政府的经济合作与发展部。此外，该公司还有部分资金来源于其他国际客户，如欧盟、联合国及世界银行等，还有一些来自私人部门，该部分资金主要以承接业务的形式获得。技术合作公司按照维护公众利益的宗旨进行运作，其收入盈余用于自身的发展合作项目。

1. 职责

德国技术合作公司建于1975年，是属于德国联邦政府所有的公司，其目的在于加强与世界各地的技术合作，大力促进伙伴国人力资源的开发、组织结构的调整等，进而有效地推动受援国政治、经济、生态和社会等领域的可持续发展，提高人们的生活水平，即通过为受援国复杂的发展过程和改革进程提供技术援助来促进全球的可持续发展。

2. 组织和人员状况

德国技术合作公司的监督委员会由以下4个部门组成：①联邦德国经济合作与发展部，它是主要股东；②联邦德国对外办公室（Foreign Office）；③联邦德国财政部；④联邦德国经济部。监督委员会的主席为负责经济合作与发展部的国务卿。

就内部的组织结构来说，技术合作公司采用的是一种比较分散化、灵活的管理模式：总部办公室设有4个地区部门，共有职员1000名左右；各大部门的专家主要集中于计划与发展部；该公司在63个国家设有自己的办公室，在130多个国家配有1万名职工，其中8500名为当地人。

3. 主要援助活动

到2002年为止，德国技术合作公司已经在全球120多个国家开展了2700多个项目，涉及的区域包括亚洲、非洲、拉丁美洲和东欧转型国家以及新独立的国家。它所承担的项目内容极广，如印度尼西亚的热带森林保护项目、肯尼亚的艾滋病预防项目、阿根廷的职业培训项目和苏联的政府咨询服务项目。德国技术合作公司采用的援助工具主要是技术合作，但在实际工作中不仅要围绕技术知识的传播，同时更重要的，还注重展示和传递良好的组织结构形式和经营管理知识。随着发展环境的变化，该机构也越来越注重加强政府与市民社会之间的对话、缓解与解决社会利益冲突等。

**（二）英国国际发展部**

英国政府的对外援助始于殖民时期，但直到1929年《殖民地开发法案》颁布以后，这种援助才有了持续发展的基础。第二次世界大战后，1961年，技术合作部门成立，由它专门处理援助项目中有关技术合作这一块。1964年

10 月海外发展部成立，这是一个独立的部，有自己独立的部长，职能上综合了前技术合作部、对外与联邦中的海外援助部分、殖民地办公室以及其他的一些政府机构。但到 1970 年，海外发展部被解散，其部长之职责被移交给负责对外与联邦事务的国务卿，并在对外与联邦办公室设海外发展行政部（ODA），海外发展工作也转由该行政部负责。1974 年 5 月，政府再次宣布海外发展行政部与原海外发展部一样，是一个独立的部，有自己专门的部长。1979 年 11 月，海外发展行政部再次成为对外与联邦办公室的一个职能部门。1997 年，海外发展行政部门被国际发展部代替，其部长由具有内阁级别的国务卿担任，资金来源于英国政府。

1. 职责

1997 年英国政府发布了《国际发展白皮书》，其内容强调英国的发展援助目标与国际公认的目标一样，即在 2015 年将极端贫困的人口减少一半；同时在相同的时间内还要实现其他目标，如提供基本的卫生护理、让贫困人口普遍都有机会接受基础教育等。2000 年 12 月，第二次国际发展白皮书发布，除了再次强调第一次白皮书中所提到的目标外，还补充了一个内容，即如何管理好全球化进程以使其为穷人服务。英国国际发展部的职责就是通过合作，与政府一起实现上述发展目标，同时，它还加强建立与商业、市民社会、国际机构和研究机构的联系以更好地服务于上述目标。

2. 组织状况

英国国际发展部的部长由国际发展国务卿担任，副部长由国家秘书处的议员担任。此外，其在上议院还有一位发言人。国际发展部的日常工作受管理委员会（management board）的领导，由英国的公务员承担。管理委员会的主席为常务秘书，成员包括三位总理事和两位非执行理事。其中，三位总理事分别负责地区项目、政策与国际项目以及合作与知识分享项目。

英国国际发展部包括 4 个地区性部门和 4 个专业性职能部门。其中 4 个地区分别是亚洲、撒哈拉以南非洲、拉丁美洲和加勒比海、中欧和东欧。

3. 主要援助活动

国际发展部的援助工作主要集中于亚洲和撒哈拉以南非洲最贫困国家，同时也与拉丁美洲、加勒比等其他地区的中等收入国家进行合作，以促进减贫和可持续发展。此外，国际发展部还为中欧和东欧的转型国家提供发展援助，以确保转型过程能惠及所有的人，尤其是穷人。

英国国际发展部的发展援助活动主要围绕"减贫"的总体目标进行，具体活动范围广泛，包括：①为解决和预防非洲冲突提供支持；②提供条件，鼓励发展中国家的产品进入国际市场；③创造条件，鼓励私人部门加强在撒哈拉以南非洲地区的投资；④设立发展贸易基金；⑤缩短发达国家与发展中国家之间所谓的"数字鸿沟"；⑥加强在艾滋病等疾病研究与防治方面的投资等。其所使用的援助工具包括赠款援助、贷款援助、技术合作、债务减免以及加强发展政策研究等，并通过加强与其他国际援助机构，如世界银行、联合国系统等的合作来提高援助的效率和效力。

**（三）日本协力事业团**

日本的官方发展援助历史需追溯至 1954 年，日本加入哥伦比亚计划。自此以后，日本的援助数量逐年增加，其受援国也逐步拓宽至东欧和中欧。从官方发展援助净支出来说，日本的官方发展援助总量已名列世界前茅，1992年它是 25 个国家的主要资助者。

从形态上看，日本政府所提供的官方发展援助大致可分为三类：①双边赠款；②双边贷款，包括贷款援助，或称"日本元（Yen）贷款"；③向多边资助组织捐赠或缴纳的援助资金。国际协力事业团（简称事业团）主要负责双边赠款项目，具体包括技术合作和无偿资金援助两部分；贷款援助由海外经济合作基金（OECF）负责。

1. 职责

日本协力事业团建于 1974 年，在日本官方发展援助政策的总指引下，通过无偿资金援助和技术合作为发展中国家的社会和经济发展提供支持，并促进国际间的合作。

2. 组织和人员状况

事业团共有职员 1200 名，包括在海外 50 多个办公室工作的职工。至2002 年 12 月 31 日止，日本国际协力事业团在国内有 19 个机构、国外有 55个事务所、31 个驻外代表和协调员。它设有四个地区部，包括：①东南亚和印度、中国；②西亚、中亚、高加索和大洋洲；③拉丁美洲和加勒比；④非洲、中欧和东欧。

3. 主要援助活动

事业团的活动和援助工具主要包括以下几个方面。①技术培训项目，主要目的在于转移专业知识和技术。技术培训项目包括在日本举行的，也包括在受训者本国举行的两种形式。②派遣专家项目。自 1955 年开始，该项目成为日本技术合作的重要组成部分，其目的在于转移和传播对受援国适用的技术和知识。③设备供给项目，其目的在于加速事业团专家和日本海外合作志愿者（JOCV）的技术转移；利于受援国在外来专家撤走后仍能继续工作；帮助接受过培训的本土专家充分有效地利用自己所学到的知识和技能。④项目类型的技术合作。此项目提供较为综合的援助，从项目的规划、执行到评估的过程中，三种方法得到综合应用，即上述的①、②和③。这种方法主要应用于以下四个领域：公共卫生和人口/计划生育、农业、林业和渔业以及工业发展。⑤派遣日本的海外合作志愿者。这些志愿者一般年龄在 20 到 39 岁，具有专业技能，并要求能在受援国工作两年。⑥发展研究，指派遣研究队前往发展中国家，以协助公共部门和基础设施等相关部门进行发展规划的制定。研究队所提供的建议从技术到金融视角，同时还包括经济和社会因素、组织管理及环境影响等各个领域。⑦为赠款援助项目提供支持。日本的赠款项目基本上是为了满足人的基本需求服务的，包括医疗、护理、公共卫生、水资源的供应等。事业团体受委托对三类项目的实施进行调研以提高其实施的有效性，这三类项目为：一般赠款项目（General Grant Aid）、渔业赠款项目以及为增加食品产量的赠款援助。⑧帮助日本移民项目，主要指对日本移居在外（主要是拉丁美洲）的民众提供各类机会与扶持。⑨紧急灾难援助。⑩解决援助的有效性和全球问题，事业团成立了专门的工作委员会对援助的效力和全球性问题进行研究，并据此为事业团将来的发展提供建议。⑪社区赋权项目，这是在 1997 年引入的一个新项目，指开展一些活动使发展中国家的基层民众直接受益，从而提高他们的生活水平和福利。

## 四　非政府发展组织

20 世纪 80 年代，非政府发展组织在发展援助中发挥着越来越重要的作用。根据经济合作发展组织 1996 年的统计，1987～1992 年，非政府发展组织的赠款援助平均已达到 5.4%。相对于官方发展组织而言，非政府发展组织具有灵活、多样的特点。目前，在中国较为活跃的国际非政府发展组织包括福特基金会、世界自然基金会（WWF）、乐施会（OXFAM）等。以下主要对福特基金会进行详细介绍。

福特基金会建于 1936 年，直至 1950 年，它还是美国密歇根州的一个地方性慈善组织。从1950年开始，福特基金会得到进一步拓展，并开始超越州界和国界，成为全国性乃至今天的国际性基金会。自成立之日，它就是一个独立的、非营利的、非政府发展援助组织。

1. 职责

福特基金会致力于国际和平和改善人类福利等慈善事业。它为全世界范围内富有创新精神的人和机构提供资源，其目标主要是：①促进民主价值观的发展；②减少贫困和不公正；③促进国际合作；④促进人类的成就。

2. 资金来源

福特基金会的原始股本来自亨利和爱德瑟尔·福特赠予的福特汽车公司的股票和遗产。但目前，福特基金会已不再持有福特汽车公司的股份，而是依靠其一系列的投资活动，例如，投资美国本国或国际性的股票、定值债券、风险资本和房地产等所获得的盈余。

3. 组织和人员状况

福特基金会由国际董事会统管，并由一名国际职业专家进行管理。董事会决定基金会的政策、制订计划、管理预算、批准资金的分配，并审查贷款项目和赠款项目的目标和完成情况。福特基金会在非洲、亚洲、拉丁美洲和俄罗斯设有13个地区办公室，并由项目官员进行管理。他们分别负责在当地寻找机会以实现福特基金会的工作目标，还负责指定战略计划、推荐项目并予以资助，具体活动包括对赠款的申请书进行评估，并寻找适宜的机构与个人以开展基金会领域内的相关活动，确定相关的责任状、并提供相应的外部条件支持，最后为申请赠款或与项目相关的投资提供相应的建议书。建议书的批准权掌握在福特基金会会长和其他高级管理人员的手中。

4. 主要援助活动

福特基金会的工作主要是向政府和非政府机构提供资助，资助研究、培训、能力建设、试验和开发性项目。另外，基金会还提供一些个人资助。

为贯彻上述总目标，基金会拨款工作分为三大部门，每一部门分别资助数个领域内的活动。基金会在各个国家的项目依本国需要而设置①，并非涵盖基金会所有的工作领域。它的三大项目部门为：①生活资产建设和社区发展

---

① 福特基金会北京办事处主要资助下述领域的工作：艺术和活动；发展金融与经济安全；教育和教学；环境与发展；治理与公共政策；国际治理；法律和权利；性与生育健康。

部门。宗旨为帮助从事解决贫困和不公正问题的人和机构增强能力，提高效率。该项目支持人们开发人文、社会、金融和环境资产以推动社会发展。该项目部的工作分为两个处：经济发展处和社区与资源开发处。②和平和社会公正部门。其宗旨为谋求强化参与、反对歧视和促进真正的国际合作。该部门的工作分为两个处：人权处和治理处。③创造力与自由部门，旨在支持地方、国家乃至国际层面上的培训、技术辅导、机构建设、政策分析和选民能力建设工作。该部门的工作分为两个处：教育、性与宗教处和媒体、艺术与文化处。

# 第四节　国际发展援助的形式

国际发展援助实际上是以资本运动为主导，伴随着资源、技术和生产力等生产要素在国际上的流动。根据不同的分类方式，国际发展援助具有不同的形式。例如，按照援助资源的流通渠道来分，可分为双边援助和多边援助；按照援助的内容和性质，可分为财政援助和技术援助；按照援助资源的使用方式来分，可分为项目援助和方案援助，等等。此外，还有人道援助①、食物援助、部门援助等多种多样按照不同分类方法进行表述的援助形式。

鉴于财政援助与技术援助在国际发展援助中具有较高的使用频率和广泛的认知度，本文主要介绍这两种援助形式。概括而言，财政援助主要包括为援助项目实施提供机械、材料和厂房建设等方面的资金；而技术援助则主要是为合格的技术专家费用和为人员培训（包括培训设施）提供资金。这两种发展援助的援助对象和援助领域有所不同，但经常互相补充，结合于同一发展援助项目中。

此外，值得说明的是，不管是财政援助，还是技术援助，一般都以发展项目为载体最终落实。所谓项目是指在一定时间内为了达到特定目标而调集到一起的资源组合，是为了取得特定的成果而开展的一系列相关活动，因此，也可以说项目是特定目标下的一组任务或活动，一般预先规定了开始和结束

---

① 人道援助是指向天灾人祸的受害者提供直接迅速的援助，对难民的援助是这种援助的重要部分。人道援助包括提供食物、急需物品以及在自然灾害时派遣专家或救护队等。

的时间，并有一定的资源支持（王德海，1998）。

## 一　财政援助

财政援助是最基本的一种援助形式，自从国际发展援助诞生之始，财政投资始终被认为是解决发展中国家发展的重要引擎。尤其是在哈罗德—多马模型和"两缺口模式"的影响下，财政援助的重要性更得到广泛的认可和强调。

财政援助是指将援助的重点集中于对某一领域或某一地区的投资上，且资金投放的重点在建设、设施改善、设备的购买及培训等方面。财政合作项目中，国际、国内专家的费用比例一般只有 10%～15%，远远低于技术合作项目中的比例（40%以上）（吴斌、叶敬忠，2000）。以德国的官方发展援助为例，德国复兴开发银行所开展的援助一般为财政援助。按照援助资金的偿还性来分，财政援助又可分为无偿赠款援助和有偿贷款援助。

### （一）无偿赠款援助

无偿援助就是无须偿还的援助。从援助所针对的领域来说，无偿援助一般涉及教育、医疗、农业、环保等非营利民生福利领域。无偿资金援助还可根据各个援助国的工作领域和重心进一步被划分为一般无偿资金合作、利民工程无偿援助、文化无偿援助、紧急无偿援助等方式。从援助所针对的对象来说，无偿援助一般针对的是最贫困的群体、地区和国家。从援助的主体来说，一般双边的官方发展援助机构、非官方发展援助组织都偏向于无偿赠款项目。

### （二）有偿贷款援助

#### 1. 软贷款和硬贷款

有偿贷款援助是指援助国或组织向受援国或地区提供的长期优惠贷款（相对于商业贷款来说），它具有政府间开发援助的性质。主要用于提高受援国或地区生产力的经济基础设施建设和综合性环境治理等方面。采用该援助方式的一般为双边发展援助组织和国际性金融机构，如世界银行、亚洲开发银行等。根据发放贷款的主体以及贷款的优惠程度，有偿贷款还可进一步细分为硬贷款和软贷款。

从双边援助的情况来看，硬贷款是指利用贷款国政府财政预算内的资金所发放的贷款，这一部分的贷款利率特别低，一般在 0～1%，贷款期和宽限期都较短；软贷款是指援助国银行所提供的信贷资金，也叫出口信贷，这类贷款的贷款期和宽限期相对较长，优惠条件更多。各援助国对软硬贷款的混合比例和使用方法不尽相同。主要有两种形式：一是在使用中分别计算软贷款和硬贷款的利率和还款期，采用这一类方法的国家主要包括法国、西班牙、瑞士、意大利、荷兰等；二是将两种贷款的比例混合，按一个利率和统一的贷款期提供援助，采用这一方法的国家包括奥地利、瑞典、挪威、芬兰等。

从多边援助的情况来看，许多国际性金融机构的贷款也都可分为硬贷款和软贷款。例如，在世界银行集团中，国际复兴开发银行主要向发展中国家提供低于市场利率的中长期硬贷款，主要用于支持教育、卫生、基础设施等领域的发展项目，也用于帮助政府改变其管理经济的方式。硬贷款的贷款偿还期限为 15～20 年，含宽限期 5 年。国际开发协会则向最贫困的发展中国家提供软贷款，即针对没有能力向国际复兴开发银行借款的国家提供优惠性贷款。该贷款的偿还期限从 1987 年起规定为 35 年，含宽限期 10 年。

此外，多边援助组织还对接受软、硬贷款的国家或地区限定了严格的准入条件，并根据具体的发展状况进行灵活调整。例如，世界银行规定：人均国民生产总值小于 410 美元的贫穷国家可获得软贷款；人均国民生产总值在 410～730 美元的国家可获得混合贷款；超过 730 美元的国家只能获得硬贷款。但又规定包括中国在内的 6 个国家除外，即只贷给混合贷款。中国取得世界银行贷款的分配比例为硬贷款 60%，软贷款 40%。但近年来世界银行针对中国的混合贷款中软贷款的比例逐渐减少。又如，亚洲开发银行的硬贷款只针对经济状况较好或高收入的成员国，一般用于基础设施项目，贷款期限为 10～30 年，含 2～7 年的宽限期。具体贷款期限的长短主要取决于国别情况，以及贷款方式和贷款项目本身的财务状况；而软贷款针对的是人均国民生产总产值低于 670 美元（1983 年价格）的低收入且偿还能力有限的发展中成员国或地区提供的长期无息贷款；贷款期限长达 40 年，含 10 年的宽限期，无息，且每年只征收 1% 的手续费。

2. 特点

有偿贷款援助的主要特点包括：

第一，贷款条件优惠，具有一定的赠与成分。贷款期较长，贷款利率较低，软贷款部分有的国家甚至采取无息方式。

第二，贷款的使用和支付往往是以设备进口的形式体现，换言之，要进口贷款国的设备和材料，若贷款国的设备和材料不能完全满足受援国的要求，也可以在第三国采购一部分，但比例一般不得超过 15% 或 25%（各国贷款要求有差别）。

第三，贷款国给受援国的贷款受贷款国财政预算和对外政策的影响，各贷款国所支持的使用领域也不大一样。

第四，贷款的借贷是由政府和政府指定的银行之间谈判，并签订政府信贷协议和金融信贷协议，形成的债务属于国家主权债务。

第五，贷款金额一般较大。

## 二　技术援助

技术援助兴起于 20 世纪 60 年代，当时在对以工业化为中心、以基础设施建设为重点的发展战略反思的基础上，发展工作者逐渐认识到"人力资源"和"管理制度"的重要性。人们认为，工业化道路之所以失败，主要是因为发展中国家缺乏有效的管理体制和人力资源，因而，自 20 世纪 60 年代开始，以培育发展中国家有效管理机制、开发人力资源和进行能力建设等为主要内容的技术援助开始成为关注的焦点。

### 1. 概念

技术援助是指将援助的重点放在技术方面，旨在提高某些受援国机构或某些领域的技术水平。技术援助项目的重点包括聘请国际专家、项目人员的国内外培训、必要的技术设备等。一般而言，国际、国内的专家费用所占比例均在 40% 以上（吴斌、叶敬忠，2000）。从非正规的定义或者说从实际操作的角度来说，所谓技术援助主要是指通过援助国向受援国外派专家以达到培训当地人口的目标，其中"外来专家与本地人员结对子"的模式被广泛采用，在该模式中，本地人员能通过边干边学的方式习得新的知识和技能。如德国技术合作公司所开展的众多援助活动一般为技术援助。再如，日本的技术援助一般可分为接收进修生、派遣专家、专项方式技术合作、开发调查等四类。联合国开发计划署是世界上最大的技术发展援助组织。

值得特别注意的是，经济合作组织（OECD）与其他援助机构（如世界银行）对于技术援助的定义有所不同。经济合作组织将"技术合作"与"技术援助"相分离，称前者为"独立的技术合作"（freestanding technical co-opera-tion），后者为"与投资相关的技术合作"（investment-related technical co-operation），即这种技术合作往往结合于援助国对受援国物质资本方面的投资。因此，在经济合作组织"技术合作"的统计数据中，前者被剔除在外。

2. 实施的形式

技术援助一般通过开展咨询服务、培训、合作研究以及其他能力建设方面的活动来提高受援国和地区机构或个人的能力。如亚洲开发银行通过提供咨询性技术服务用于建立和巩固受援方的相关机构，研究和制定受援方的国家发展计划、部门发展政策与策略等。此外，亚洲开发银行的技术援助还包括实施一系列的区域性活动，如对相关问题进行研究、对相关人员的技能进行培训以及举办涉及整个区域发展的研讨会等。亚洲开发银行的技术咨询和培训目前大多采用赠款的方式来提供。

受援方相关机构的建立和发展也是技术援助的重要方式，如中国农业大学国际农村发展中心的建立和发展得益于德国技术合作公司和福特基金会的支持。

技术援助还可通过合作研究的形式进行。例如，亚洲开发银行和联合国开发计划署共同资助了"中国参与式扶贫开发方法的研究"项目，并在此基础上形成了一套完整的"中国参与式村级发展规划"的方法和程序，从而推动了参与式方法在中国扶贫领域的主流化。

3. 存在的问题及前景[*]

技术援助在20世纪80年代末90年代初遭到了强烈的挑战，许多专家对此援助形式在实际操作中的有效性纷纷提出了质疑。概括而言，这些质疑主要集中在以下几个方面。

（1）技术援助在实践操作中往往流于"供给推动型"，即在技术援助项目的设计、执行中援助方单方面做出决策，而未能吸收受援方的参与。这样做不但使受援方丧失了对项目的拥有感，进而影响到项目的可持续性，同时还容易导致项目设计与实际情况严重偏离，如在项目设计中忽略了当地最急需解决的问题。

（2）技术援助项目在实际操作中往往过于强调有形的、可计量的成果，这样非常不利于项目的正常执行，因为技术援助的目标本身就存在计量上的难度（如知识水平、技能水平的提高，管理水平的改善等都很难测量），因而

---

[*] 此部分的编写参考了 Finn Tarp（2000）。

过分强调有形成果，就容易将项目人员的注意力引向多做调查、多写报告等这些容易产生有形"成果"、便于事后评估的活动上来。

（3）受援国低效的管理制度严重阻碍了技术援助的正常运行。从这一点上说，技术援助面临着一种两难困境：一方面，提高受援国当地的管理效率是其重要的目标之一；另一方面，要保证项目的正常运行，就必须跳出现存低效无力的管理体制，而在实际贯彻落实这一点的时候，项目人员往往会依赖政府以外的人员或猎涉政府内的"优秀人才"，从而在一定程度上削弱了政府的管理能力。

（4）对培训强调不足。这主要表现在两个方面：一是对培训的地位和作用认识不足，往往将其作为项目的附属；二是许多送往国外学习的成员不愿意回国，从而达不到培养本地人才的目的。

（5）过分依赖长期居住当地的顾问。长期顾问与当地工作人员之间容易引起摩擦，这主要因为，一方面，相对于当地的工作人员来说，这些长期顾问的收入由援助国支付，且一般相对较高；另一方面，他们往往能享受政府机构所提供的各种有利设施，如交通、设备等，但同时对他们在当地政府机构中的职能又规定不严，往往容易流于形式，因而造成他们在权利与义务上的不对等。此外，文化方面的原因也容易带来长期顾问与当地工作人员之间的摩擦。

（6）"外来专家与本地人员结对子"模式的失败。在实际操作中，外来专家与本地人员之间的协作性很差，双方的交流存在一定的障碍，因而学习的效率也难以提高；同时，缺少双方互相挟制的机制：专家缺乏制订、实施工作计划的权利，当地人员也缺乏对学习培训机会的要求权。

（7）技术援助在一定程度上扭曲了当地正常的市场机制。受援国往往视技术援助为无偿援助，因而不注重援助资源的有效使用；另一方面，技术援助的"供给推动型"特征往往容易导致一种误解，即认为受援国当地人员的劳动力机会成本为零。这些都带来了无效、低效的资源配置，引发了无谓的浪费。

近年来，随着国际政治、经济和社会环境的进一步好转，在技术援助方面又出现了新的呼声，许多学者指出，技术援助的工作重心应该从公共机构领域扩展到更大的空间，同时，还应更专注于"能力利用（capacity utilization)"，而非"能力建设（capacity building)"，因为，与20世纪70年代相比，现在的发展中国家已经建立了相对有效的管理机制，拥有了一定的人才储备，因而，就目前来说，如何利用这些现有的机构和人才才是工作的关键。最后，需要指出的是，管理制度的改善和人力资源的培养毕竟是个复杂、曲折的长期过程，这也就决定了技术援助的前进道路固然艰辛，但前景还是很广阔的。

# 第五节　中国对外发展援助*

新中国成立后，面对西方资本主义国家的政治和经济封锁，中国为了争取第三世界国家的支持，积极开展对外经济技术援助和军事援助。改革开放以来，中国将工作重心转移到国内经济建设，对外援助从援助规模、布局、结构到援助方式和管理体制等方面都进行了调整，开始强调对外援助项目的经济效益。进入21世纪，随着中非合作论坛的启动，中国对外援助快速发展，援助内容和形式日趋多元化。中国的对外援助为欠发达国家或地区的经济社会发展起到了极大的推动作用，同时有力地配合了中国的外交工作和经济建设，拓展了中国的外交空间和国际影响，逐步树立起中国在国际事务中的大国形象。

## 一　中国对外援助的基本情况

自20世纪50年代以来，中国政府先后向各欠发达国家提供了大量的经济技术援助，援助方式包括无偿援助、无息贷款、优惠贷款、混合贷款、合资合作等多种方式，援助内容涉及成套项目、投资合作项目、一般物资、现汇援助、技术合作、人员培训和派遣志愿者等多个领域。

根据中国对外援助发展变化的阶段性特征，可以将中国对外援助的发展历史划分为六个不同阶段。在起步阶段（1950～1963年），中国以周边国家为援助重点，初步形成了关于对外援助的方针政策和管理体制；在发展阶段（1964～1970年），中国提出对外援助的八项原则，对外援助成为中国加强与发展中国家友好合作的重要手段；在高峰阶段（1971～1978年），中国

---

　*　此节内容整理自《国际发展援助概论》。

对外援助在数量和规模上呈现出巨大的变化，援助范围已经遍及世界五大洲，并开始参与国际多边援助活动；在调整阶段（1979～1994 年），中国从自身和受援国的实际出发，从援助规模、布局、结构到援助方式和管理体制等方面进行了调整和初步改革，更加强调对外援助的经济意义；在改革深化阶段（1995～2005 年），为实现援外方式多元化和援外资金来源多元化，中国将对外援助改革推向深入，对外援助成为中国企业走向国际市场、参与国际经济合作的重要渠道；在全面推进阶段（2006 年至今），《中国对非洲政策文件》的发布以及中非合作论坛北京峰会"八项政策措施"的提出，标志着中国对外援助进入一个新的发展阶段。[①] 中国对外援助的发展情况见表 6-7。

**表 6-7    中国对外援助的不同发展阶段**

单位：亿元人民币

| 援助阶段 | 援外支出总额 | 年均援外支出 | 占 GNP（%） |
|---|---|---|---|
| 起步阶段（1950～1963 年） | 48.91 | 3.49 | 0.37 |
| 发展阶段（1964～1970 年） | 137.49 | 19.64 | 1.08 |
| 高峰阶段（1971～1978 年） | 296.63 | 37.08 | 1.28 |
| 调整阶段（1979～1994 年） | 221.21 | 13.83 | 0.09 |
| 改革深化阶段（1995～2005 年） | 503.69 | 45.79 | 0.05 |
| 全面推进阶段（2006 年至今） | — | — | — |
| 总体情况（1950～2005 年） | 1207.93 | 21.57 | 0.09 |

对外援助支出总额占国民生产总值和财政支出的比例是衡量一个国家或地区对外援助力度的重要指标。1953～2005 年，中国对外援助总支出占 GNP 比重为 0.088%，其中 1980 年以前对外援助总额占 GNP 的 0.87%，1981 年以后对外援助总额占 GNP 的 0.054%，比前一阶段有大幅度的下降。从各援外发展阶段的具体情况看来，从 1953 年开始，中国对外援助支出占 GNP 的比重变化趋势是先升后降，最高达到 1973 年的 2.052%；随后基本上逐年递减，

---

[①] 此部分中国对外援助不同阶段的划分参考张郁慧《中国对外援助研究》，中共中央党校博士学位论文，2006 年 5 月。

2005 年占 CNP 比重仅为 0.041%，与 1973 年相差近 50 倍。对外援助总支出占财政支出比重的变化趋势与占 GNP 比重的变化趋势大体相同。改革开放以后，中国对外援助的资金总量呈大幅上升趋势。截至 2009 年底中国累计对外提供援助金额达 2562.9 亿元人民币。1950~1978 年，非洲是援助重点，受援非洲国家（地区）多达 45 个，占总数的 68.18%，援助总额占该时期中国对外援助总额的 56.96%。从 1979 年开始，非洲国家略有减少，但仍占中国对外援助国家（地区）总数的 57.8%，拉美和大洋洲数目增加较多。2000~2005 年中国对外援助的区域特点是：周边国家如越南、朝鲜、柬埔寨是首要重点，其次为非洲国家。2006 年中非合作论坛北京峰会以后，中国对外援助的重点重新转移到非洲地区。截至 2009 年底，中国累计向 161 个国家以及 30 多个国际和区域组织提供了援助，经常性接受中国援助的发展中国家有 123 个，其中亚洲 30 个，非洲 51 个，拉丁美洲和加勒比 18 个，大洋洲 12 个，东欧 12 个。亚洲和非洲作为贫困人口最多的两大洲，接受了中国 80% 左右的援助。[1]

## 二 中国对外援助的管理体系

随着对外援助工作的开展，我国逐渐建立了以商务部（14 个司局）、外交部和财政部三个部门为主，23 个部委以及地方省区市商务部门共同参与的对外援助管理体系。商务部主要负责拟定对外援助政策、编制对外援助计划、拟定国别援助方案等；外交部负责在外交战略上提出对外援助的建议，包括确定对哪些国家提供援助、采取什么方式的援助等；财政部负责制定对外援助的具体预算，在 2000 年前由涉外司统一负责援外预算职能，2000 年后由各职能司负责列入各职能部委的预算。随着我国对外援助各项机制的建立和强化，对外援助管理体系总体框架基本形成。除了商务部、外交部、财政部等国家部委和省区市商务部门，援外工作的顺利开展还需要其他相关机构的支持和协调。商务部国际经济合作事务局、商务部中国国际经济技术交流中心、商务部培训中心以及中国进出口银行就是其中重要的四个对外援助的协作支持机构。

---

① 摘自《中国对外援助》白皮书。

表 6-8　中国对外援助管理部门及其职能

| 部　　　门 | 职　　　能 |
| --- | --- |
| 国务院 | 在制定国家预算时确定一定的支出比例用于对外援助 |
| 商务部对外援助司 | 援外项目的总体规划、年度计划、项目立项等政府间事务，并对执行援外任务的机构进行监督、检查和指导 |
| 商务部国际经济合作事务局 | 主要负责援外成套项目的实施管理 |
| 中国国际经济技术交流中心 | 主要负责援外物资项目的实施管理 |
| 商务部培训中心 | 主要负责援外培训项目的实施管理 |
| 中国进出口银行 | 负责优惠贷款援助事宜 |
| 外交部 | 负责从外交战略角度考虑提出是否向发展中国家提供援助、提供什么方式的援助以及提供多少援助等建议 |
| 财政部 | 负责制定对外援助的具体预算并监督实施 |
| 各职能部委 | 协调配合 |

为进一步加强各部门间的协调，2008 年，商务部会同外交部、财政部等有关部门和机构，正式成立对外援助部际联系机制。2011 年 2 月，部际联系机制升级为部际协调机制。[1]

## 三　中国对外援助的方式和内容

### (一)　中国对外援助的方式

从援助资金的性质看，中国对外援主要包括无偿援助、贷款援助（包括无息贷款、优惠贷款和混合贷款）和项目合资合作等方式。[2]

(1) 无偿援助，主要用于帮助受援国建设中、小型社会福利性项目，如医院、学校、低造价住房、打井供水等。此外，无偿援助还用于提供物资援助、人道主义紧急救灾援助及人才培训等。截至 2009 年底，中国累计对外提供无偿援助 1062 亿元。

(2) 无息贷款，主要用于帮助受援国建设一些基础设施和民用设施项目。在过去 50 多年里，中国帮助发展中国家建设了一大批公共民用设施。今后，为

---

[1]　摘自《中国对外援助》白皮书。

[2]　参考《中国对外援助的基本情况》，2005 - 9 - 18，http：//www.bjyouth.gov.cn/special/200508zyz/5/58895.shtml。

满足受援国的迫切需要，中国政府还将保留适当比例的无息贷款，用于帮助受援国建设此类项目。截至 2009 年底，中国累计对外提供无息贷款 765.4 亿元。

（3）优惠贷款，是中国政府指定的金融机构对外提供的具有政府援助性质的中、长期低息贷款。优惠利率与中国人民银行公布的基准利率之间的利息差额由中国政府进行补贴。优惠贷款主要用于中国企业与受援国企业合资合作建设、经营当地需要又有经济效益的生产性项目，或提供中国生产的成套设备和机电产品等。优惠贷款是具有援助性质的贷款，因此主要向经济困难的发展中国家提供。截至 2009 年底，中国累计对外提供优惠贷款 735.5 亿元。

（4）混合贷款，是我国对外商业银行贷款与出口信贷以及我国政府的援助、捐赠相结合的一种贷款方式。它的特点是综合利率相对较低，还款期限较长，贷款期限可达 30 ~ 50 年，宽限期可达 10 年。混合贷款有一定限制条件，手续比较复杂。

（5）项目合资合作，是援外与投资、贸易等互利合作形式相结合的一种新的援助方式。特点是援助国政府和受援国政府在政策和资金上给予扶持，通过将受援国偿还的回收资金设立基金、鼓励援助国企业"走出去"与受援国企业开展合资合作项目而对受援国提供间接援助。目的是帮助受援国发展经济，培训管理和技术人才，促进援助国与受援国的共同发展。

除以上几种主要援外方式外，中国政府还面向非洲国家设立了"投资专项资金"和"非洲人力资源开发基金"。前者用于支持和鼓励有实力、有信誉的中国企业到非洲国家投资，开展互利合作；后者用于帮助非洲国家培训各类管理和技术人才等。

**（二）中国对外援助的具体内容**

从中国对外援助的具体形式和内容来看，主要包括物资援助、成套项目、现汇援助、技术合作、人道主义援助和人员培训项目等。

物资援助。我国最早的对外援助内容之一，物资援助又包括紧急物资援助、结 A 项目的物资援助、设备的升级换代和紧急救灾援助。

成套项目。在我国政府向受援方政府提供的无偿援助、无息贷款、低息贷款及其他财政援助资金项目下，由我国政府选定实施企业进行勘察、设计，提供施工机械和设备材料并派遣工程技术人员，在受援方境内承担或指导施工、安装和试生产全过程或其中部分阶段的各类工程项目。目前我国一共实施了 2000 个左右的对外援助的成套项目，涉及 20 多个领域，主要为社会服务福利设施建设、基础设施建设项目、农业发展项目、政府办公楼建设等。

现汇援助。主要有两种方式，一是直接提供资金和贷款，一是减免重债穷国的债务。2000 年，我国免除了 40 多个非洲国家 1999 年到期的债务；2005 年，免除了所有发展中国家 2004 年到期的债务；2006 年免除了非洲重债穷国 2005 年到期的债务。截至 2009 年底，中国与 50 个国家签署免债议定书，免除到期债务 380 笔，金额达 255.8 亿元人民币。

技术合作项目。主要包括成套项目的运营、管理、维修技术合作以及轻工类技术援助，主要是指以减贫和脱贫为目标，为当地人培训一些轻纺、针灸、针织和刺绣等技术，或者是结合当地的资源，开展竹藤编制培训以及信息技术培训等。

人道主义援助。近年来，中国已成为世界上最大的人道主义援助国之一。2005 年初，印度洋海啸后，中国向印度尼西亚提供了包括 163 万元人民币现汇、5 亿元人民币及 2000 万美元多边捐助；2005 年 8 月美国南部遭受"卡特里娜"飓风袭击，中国政府向美国提供 500 万美元救灾援款，并提供大批救灾急需物资；2005 年 11 月至 12 月，中国共向巴基斯坦地震灾区空运了 26 批次救灾物资；2009 年 4 月，为帮助墨西哥抗击甲型 H1N1 流感疫情，中国政府向墨西哥政府提供 500 万美元人道主义紧急援助。

人员培训项目。中国自 1983 年开始实施人员培训援助项目，主要形式是结合项目开展培训活动，或者开设专门的培训班。自 1983 年以来，中国共举办各类技术培训班 264 多期，培训技术人员 6500 多人，涉及农业、畜牧业、机械、能源、医疗卫生、环保等几十个专业。此外，中国政府迄今已承办 35 期中国—发展中国家经济管理官员研修班，培训了来自世界各地 110 个发展中国家和地区的 838 位官员。2006 年 11 月中非合作论坛结束后，中国加大了对非洲的人才培训的规模，计划在 3 年内至少要培训 1.5 万人。

**思考题**

1. 理解国际发展援助的理论框架从 20 世纪 50 年代到 90 年代的演变过程。

2. 了解国际发展援助实践的历史演变。

3. 什么是多边援助和双边援助？

4. 什么是财政援助和技术援助？

5. 什么是软贷款和硬贷款？

## 参考文献

1. 李小云主编《参与式发展概论》，中国农业大学出版社，2001。

2. 赵冬缓主编《新发展经济学教程》，中国农业大学出版社，2000。

3. 吴斌、叶敬忠主编《国际发展援助项目的理论与实践》，中国林业出版社，2000。

4. 张光：《日本外援政策决策的行政过程》，《日本问题研究》1994年第2期。

5. 陈力：《国际发展援助的特点与趋势》，《国际经济合作》1995年第4期。

6. 刘振喜：《外援与发展》，《国外社会科学》1995年第3期。

7. 薛宏：《西方国家对外发展援助的现状和特点》，《国际经济合作》1994年第5期。

8. 何源：《1993年西方国家发展援助趋势》，《国际经济合作》1994年第11期。

9. 王德海、张晓婉、赵维宁主编《现代项目管理的理论与方法——项目管理者操作指南》，中国农业出版社，1998。

10. 世界银行：http：//www. worldbank. org。

11. 亚洲开发银行：http：//www. adb. org。

12. 联合国开发计划署：http：//www. undp. org。

13. 日本国际协力事业团：http：//www. jica. go. jp。

14. 英国国际发展署：http：//www. dfid. gov. uk。

15. 德国技术合作公司（GTZ）：http：//www. gtz. de/english。

16. 福特基金会：http：//www. fordfound. org/。

17. S. Agarwal, K. Lee, N. Tian. "Trends in International Development Funding", Report prepared for the Center for International Development at the Research Triangle Institute, Terry Sanford Institute of Public Policy, Duke University, Durham, 1999.

18. A. Alesina and B. Weber. "Do Corrupt Governments Receive Less Foreign Aid?", NBER Working Papers 7108, Cambridge: National Bureau of Economic Research, 1999.

19. Erik Thorbecke. *The Evolution of the Development Doctrine and the Role of Foreign Aid*, 1950–2000, Department of Economics, Cornell University, USA, 2000.

20. Finn Tarp. *Foreign Aid and Development*, London and New York: Routledge, 2000.

21. Peter Hjertholm and Howard White. *Foreign Aid in Historical Perspective*, Institute of Economics, University of Copenhagen, Denmark, 2000.

22. Paul Mosley and Marion J. Eeckhout. *From Project Aid to Programme Assistance*, Development Research Center, University of Sheffield, United Kingdom, 2000.

23. Channing Arndt. *Technical Co-operation*, Department of Agricultural Economics, Purdue University, USA, 2000.

24. Ole MØlgård Andersen. *Sector Programme Assistance*, Ministry of Foreign Affairs (Danida), Denmark, 2000.

25. Raymond F. Hopkins. *Political Economy of Foreign Aid*, Department of Political Science, Swarthmore College, USA, 2000.

# 7

# 第七章　贫困与发展

　　贫困问题的研究可以追溯到15、16世纪。16世纪，空想社会主义者注意到资本主义制度的弊端，将贫困视为资本主义反理性原则的集中体现，对贫困做过政治经济学的研究。而在16世纪末，贫困就开始成为政府关注的一个重要问题，当时，英国政府颁布了《伊丽莎白济贫法》。而到了最近20年，贫困更成为众多经济学家、社会学家和发展实践者以及政府官员、非政府机构等共同关注的焦点问题，贫困的概念也正逐步从一种简单的"相对较少的收入"和"生活必需品的缺乏"的经济贫困向多维度和多元化的"权利和机会的被剥夺"的人类贫困转变。

## 第一节　贫困的概念与测量

### 一　贫困的概念

#### （一）贫困的一般意义

　　对贫困问题的专门研究，始于一百多年前英国的布斯和朗特里。朗特里1899年给贫困所下的定义是："如果一个家庭的总收入不足以维持家庭人口最基本的生存活动要求，那么，这个家庭就基本上陷入了贫困之中。"① 朗特里提出的这个贫困的概念，也就是我们通常所说的绝对贫困，只包括狭窄的收

---

① S. Rowntree. *Poverty: A Study of Town Life*, London: Macmillan, 1901.

入概念和维持最低的收入水准，它有三个基本限定：①贫困线位于仅能满足人们生存需要的水平，低于此线就是贫困，生活的享受和智能的发展都不包括在内。②贫困者的消费计算和他们的生活模式都具有严格意义上的规定。③绝对贫困的概念不与社会整体收入的发展水平相关，只进行客观的衡量比较，不受外界生活水准变化的影响。

与绝对贫困相对应的是相对贫困。相对贫困一方面指由于社会经济发展，贫困线不断提高而产生的贫困；另一方面则指同一时期，由于不同地区之间、各个社会阶层之间和各阶层内部不同成员之间的收入差距而产生的贫困，是指一个人或家庭的收入比社会平均收入水平少到一定程度时所维持的那种生活状况，也就是说，相对贫困不是根据维持生存水平的固定标准来定义贫困，而是根据低收入者与其他社会成员收入的差距来定义贫困。相对贫困的含义包括四个要素：①确定相对贫困要与其他社会成员进行比较，它是由社会经济发展的不平衡和国民收入分配不均引起的，是根据与其他社会成员之间的关系来确认的。②相对贫困是一个动态的概念，其标准要随着经济的发展，收入水平的变化以及社会环境的变化而不断变化。③相对贫困反映的是不同社会成员之间的差距，是社会不同成员之间的不平等。④它依据一定的价值判断，具有明显的主观偏好。

此外，在理解贫困的一般意义时，还应该注意到不同的学科在理解此概念时所采取的角度和侧重点均存在很大的差异。在经济学领域，一般习惯于从福利的角度来理解贫困；在历史学中人们发现贫困在不同的历史阶段其表现形式不同；在政治学那里，贫困是一个非常重要的概念，对贫困的看法和态度牵涉到国民利益的分配甚至社会制度的性质；从社会学的角度来看，贫困是一个复杂的社会现象，它集中体现了当时当地社会发展的特点。如果将这几种学科的理解整合起来，就能得到关于贫困的一般定义，即贫困是一种伴随人类社会发生、发展的社会经济现象；是人由于不能合法地获得基本的物质生活条件和参与基本的社会活动的机会，以至于不能维持一种个人生理和社会文化可以接受的生活水准的状态。贫困不仅仅表现为收入低下，而且体现为人们缺少发展的机会，缺少应对变化的能力；贫困甚至是指对人类基本能力和权利的剥夺，从而使之无法获取社会公认的、一般社会成员都能够享受到的饮食、生活条件、舒适和参加某些活动的机会。概括起来，贫困是指没有权利、没有发言权、脆弱性和恐惧感而导致的较低的福祉或者生活质量。

**（二）贫困概念的演变**

20 世纪以来，人类对于贫困内涵的认识经历了三个阶段：20 世纪 80 年代以前，贫困被理解为总收入水平不足以获得"仅仅维持身体正常功能"所需的最低量的生活必需品；20 世纪 80 年代，贫困则被理解成缺少达到最低生活水准的能力；20 世纪 90 年代至今，人们对贫困概念的理解则更为具体，其中包含很多内涵，如物质的匮乏、低水平的健康和教育程度、缺乏影响力、风险和面临风险时的脆弱性等。

作为一个以缓解贫困为己任的重要国际机构，世界银行对贫困的理解直接影响着其他机构和学术界对贫困的认识。概括而言，它们对贫困的理解经历了如下的过程：在《1981 年世界发展报告》中，它对贫困的理解是："当某些人、某些家庭或某些群体没有足够的资源去获取他们那个社会公认的、一般都能享受到的饮食、生活条件、舒适和参加某些活动的机会，就是处于贫困状态。"在《1990 年世界发展报告》中，贫困被认为是"缺少达到最低生活水准的能力"，这里所谓的"最低生活水准"不仅要考虑家庭的收入和人均的支出，还要考虑那些属于社会福利的内容，如医疗卫生、预期寿命、识字能力以及公共物品或共同财产资源的获得情况。在《2000/2001 年世界发展报告》中，贫困则被理解为："穷人生活在没有最基本的行动与选择自由的境况中，而这种自由是使他们生活改善理所当然应具备的。通常他们缺少必要的食品和住房、教育和医疗，以便使他们能过上所有人都向往的那种生活。面对疾病、经济混乱和自然灾害，他们十分脆弱。同时他们经常遭受国家和社会的不公正对待，在涉及决定他们生活的重大问题上没有发言权。"

我国对贫困的理解也经历了一个发展阶段。早期我国在理论和实践中使用的贫困概念主要是指经济意义上的贫困，强调的也主要是绝对贫困。如国家统计局在 1989 年定义的"贫困"是"个人或家庭依靠劳动所得和其他合法收入不能维持其基本的生存需求"。但这种状况已经有所变化，学术界和政府部门对贫困的认识都在深化，如林闽钢认为，"贫困是经济、社会和文化落后的总称，是由低收入造成的基本物质、基本服务相对缺乏或绝对缺乏，并且还缺乏发展机会和手段的一种状况"；赵冬缓、兰徐民认为"贫困是指在一定环境条件下，人们在长时期内无法获得足够的劳动收入来维持一种生理上要求的、社会文化可接受的和社会公认的基本生活水准的状况"；《国家八七扶贫攻坚计划》制定的消灭农村绝对贫困的标准，除了要解决温饱问题之外，还要为贫困农户加强基础设施建设，改善教育文化卫生的落后状态。《中国农村扶贫开发纲要（2001～2010年）》中我国制定的扶贫的目标就是"尽快解决极少数贫困人口的温饱问题，进一步改善贫困地区的基本生产生活条件，巩固温饱成果，进一步改善贫困地区的基本生产生活条件，提高贫困人口的生活质量和综合素质，加强贫困乡村的基础设施建设，改善生态环境，逐步改变贫困地区社会、经济、文化的落后状态，为达到小康水平创造条件"。

这些概念都各自有一个要素，即"社会公认的条件"、"最低生活水准"或"社会公认的基本生活水准"。贫困的存在即指不具备这些"基本或最低"的条件，这些条件本身的含义是贫困概念形成的基础。但"基本或最低"取决于社会的看法，它们不是绝对的。最小需求的内容大致是：基本生理需求，维持正常生存活动必需的营养与热量、最低衣物和居住场所；基本社会服务享受，它以教育、卫生保健、文化活动等为主体；基本生产资料和生产资源的占有与使用；基本人身安全保障环境，涉及贫困户尊严、人身权利、人际交往和社会地位等因素。

值得注意的是，联合国开发计划署在《1997年人类发展报告》中提出了"人文贫困"的概念，其定义为"人们在寿命、健康、居住、知识、参与、个人安全和环境等方面的基本条件得不到满足，而限制了人的选择"。这个定义至少有以下两个方面的启示：首先，贫困不再被简单地理解为衣食无着或收入低下，它的内涵被大大丰富了；其次，这个定义指出了贫困的根源在于人们生存发展的基本条件得不到满足，限制了人们的选择，换言之，要消除贫困就要尽可能给人们提供选择的机会，就是要使人们除了获取实物和服务的能力之外，还有实现长寿、身体健康、较高的受教育水平以及能够自由地发挥自己的聪明才智，充分参与社会、经济和政治生活的能力和机会。

## 二 贫困的测量

测量贫困的方法有很多，一般来说有货币法、能力欠缺法、社会排斥法、参与式贫困指数法、参与式贫困评估方法等。其中能力欠缺法和社会排斥法由于指标难以确定，且相对比较抽象，因此使用不多。现在最常用的是货币法，也就是通常所说的贫困线法，参与式贫困指数目前在中国应用较多。此外，参与式贫困评价方法在国际机构进行扶贫干预和社区发展项目时运用得相对较多。下面就着重介绍这三种方法。

**（一）货币法**

货币法中最为常见的就是贫困线法，贫困线是用来确定贫困的收入标准，计算方法主要有以下三种。

（1）基本需求法，即首先确定生活消费的必需项目和最小需求量，再计算实现这一最小需求量必需品所需支出之和，从而确定贫困线。

（2）恩格尔系数法，这种方法是建立在恩格尔系数概念和恩格尔定律基础之上的。国际上一般认定恩格尔系数的方法是：首先确定一个最低食物支出标准，用这一标准除以恩格尔系数贫困（即0.6），便得到绝对贫困线。

（3）数学模型法，这种方法中比较著名的是"马丁法"，由世界银行马丁·雷步林先生提出。这一方法要求在确定基本食品支出的基础上，通过有关统计资料建立总支出与食品支出之间关系的数学模型，进而计算出贫困线。此外，还有"线性支出系统（LES）法"等一系列数学模型方法。

1990年，世界银行为了比较各国的贫困状况，对各国的国家贫困标准进行了研究，发现在34个有贫困标准的发展中国家和转型经济国家中，按1985年购买力平价将各国货币表示的贫困标准换算成美元表示的贫困标准，从每年200多美元到约3500美元不等，而且贫困标准与各国居民收入水平呈高度正相关。其中12个最贫困国家的国家贫困标准集中于275～370美元。世界银行在这一年即采用了370美元作为国际通用贫困标准衡量各国的贫困状况，同时为了有效地反映印度、孟加拉国、印度尼西亚、埃及、肯尼亚等国的贫困变化，将275美元（约合1天0.75美元）作为国际通用赤贫标准，用于比较各国的极端贫困状况。按1985年购买力平价计算的每年370美元的高贫困线很快被简化成"1美元1天"贫困标准，并被各界广泛接受。

中国也制定了官方的收入贫困线，用于监测人口的数量及变化趋势（见表7-1）。我国现行的政府贫困标准实际有两条：一条被称为农村贫困标准，另一条被称为农村低收入标准。从目前来看，我国收入贫困线相对较低。在有着官方贫困线的86个国家中，中国的贫困标准最低。世界平均贫困发生率为37.4%，而中国的贫困发生率仅为2.8%，与世界银行估计的15.9%相差13.1个百分点。

表 7-1　中国的贫困线

单位：元

| 年 份 | 1978 | 1984 | 1985 | 1990 | 1995 | 1996 | 1997 | 2000 | 2001 |
|---|---|---|---|---|---|---|---|---|---|
| 绝对贫困线 | 100 | 200 | 206 | 300 | 530 | 580 | 640 | 625 | 630 |
| 低收入贫困线 | — | — | — | — | — | — | — | 865 | 872 |
| 年 份 | 2002 | 2003 | 2004 | 2005 | 2006 | 2007 | 2008 | 2009 | 2010 |
| 绝对贫困线 | 627 | 637 | 664 | 683 | 693 | 785 | — | — | — |
| 低收入贫困线 | 869 | 882 | 924 | 944 | 958 | 1067 | 1067 | 1196 | 1274 |

但是，单纯用贫困线还不能有效地描述贫困状况，而往往需要借助贫困发生率和贫困缺口率两个重要概念。

1. 贫困发生率

$$贫困发生率\ Ph = q/N$$

其中 $q$ 为贫困线以下人口总数；$N$ 为特定区域的总人口。

该指标可以用来说明特定区域内贫困发生的广度。从上面的计算公式可以看出，不同贫困线下的贫困发生率具有不同的意义，因此，各国贫困发生率的比较并无实际意义。

2. 贫困缺口率

$$贫困缺口率\ Pi = (Pl - Ia) / Pl$$

其中 $Pl$ 为贫困线；$Ia$ 为贫困线以下人口的平均收入。

该指标可以用来说明特定区域内贫困发生的深度。

**（二）参与式贫困指数**

参与式贫困指数是为界定贫困村服务的。所谓参与式贫困指数即选择若干个能够综合反映贫困特征的指标，进行数据调查、赋值、分配权重，根据特定的计算公式得到能够说明调查对象贫困程度的数值。参与式贫困指数的开发，改变了传统贫困测量中自上而下的方式，让贫困群体自己参与到贫困的测量过程中，贫困群体的主体性作用得到了尊重和实现。因此，参与式贫困指数是自下而上的贫困测量的有效尝试。参与式贫困指数的计算主要包括以下几个步骤。

1. 确定敏感的贫困村识别指标

构建一个能全面识别贫困状况的指标体系是确定贫困村的关键一步，也是确保准确选择贫困村的重要保证，应当尽可能选择能反映贫困状况的一系列指标，做到简明而相互不重叠，敏感性强，能代表当地贫困状况，指标不宜超过 10 个，以便于操作。本指标体系采用三个步骤来筛选贫困村识别指标。

第一步，从我国有关扶贫的文献中查阅和总结出 42 个衡量贫困的指标，这些指标并不是一套综合的衡量贫困的指标体系，只是为了进一步筛选和确定指标而罗列出来的所有有关研究中提到过的指标。

第二步，组织县级、乡级和村级官员进行讨论，哪些指标是最关键的和最敏感的，最后确定几个关键的指标。

第三步，是让贫困村民选出他们认为最能说明贫困状况的指标，最后确定了 3 类 8 个指标作为贫困村的识别指标：①生活状况指标，包括人均年粮食产量、人均年现金收入和不安全住房农户的比重；②生产和生活条件指标，包括人畜饮水条件、通电率和自然村通路率；③卫生教育条件，包括女性长期患病率和中小学女生辍学率。这里需要指出的是，由于各地区贫困问题的差异性，在我国并没有一套全国普适的统一的指标体系，但是，大量的实践结果显示，这 8 个指标在很大程度上还是能够说明贫困村的情况，能够实现识别贫困村的目的。

2. 指标权重的确定

由于不同的指标在说明贫困状态方面的程度是不同的，因此，需要对指标的权重进行测定。权重的测定分为两步：第一步是对各类指标的权重进行测定；第二步是对每类指标中的各个指标的权重进行测定。测定的方法是由县扶贫办牵头选择全县不同类型的村的代表召开小型研讨会或者由各乡召开各自的小型研讨会，参加会议的农民代表中妇女代表应占一半。指标权重更不具有普适性，因此，这里介绍的只是指标权重的确定方法。当然，如果保证参与式贫困指数的可比性，指标权重至少要求在一个县里，如果有可能，最好是一个乡里保持一致。

3. 指标标准化处理

在选定的 8 个指标中，每一个指标不仅反映的内容不同，采用的量纲也不一样，例如，粮食的单位"公斤"和收入的单位"元"是不同的，无法进行加总，所以，需要将各个指标的分值都转换为能统一表示贫困程度的同量度单位，也就是说，要进行指标的标准化处理。指标的标准化处理有很多种方法，例如，可将这些指标的分值统一转换为无量纲的数值，取值范围为 1 分到 5 分。以人均年粮食产量指标为例，1 级幅度为 200 公斤以下，所得分值为 5；2 级幅度为 200～250 公斤，所得分值为 4；3 级为 250～300 公斤，所得分值为 3；4 级为 300～350 公斤，所得分值为 2；5 级为 350 公斤以上，所得分为 1。指标分值幅度划定的方法是由县扶贫办牵头组织由全县各种类型的村（包括富裕村）的代表参加的小型研讨会，讨论制定能反映村贫困程度的指标幅度分值。简单易行的方法是首先获得全县范围内各个指标的最高值和最低值，然后依此确定介于它们之间的各个分值的区间。确定的最终结果应征得与会代表的认可。

4. 贫困村确定的基本数据收集

当确定完各个指标分值以后，就需要调查各个村的具体指标的平均值，这一步对确定贫困村极为关键，最好由乡政府相关部门负责将所要收集的村级数据列为表格，由村委会进行逐户调查，在会计的协助下将调查结果汇总平均，上报乡里，由乡政府核实，最后统一报到县扶贫办。

5. 参与式贫困指数的计算

参与式贫困指数的计算公式为：

$$
\begin{aligned}
PPI &= 20 \cdot \sum (I_i \cdot w_{jk}) \cdot w_j \\
&= 20 \big[ w_1 (I_1 \cdot w_{11} + I_2 \cdot w_{12} - I_3 \cdot w_{13}) - w_2 (I_4 \cdot w_{21} + I_5 \cdot w_{22} + \\
&\quad I_6 \cdot w_{23}) + w_3 (I_7 \cdot w_{31} + I_8 \cdot w_{32}) \big]
\end{aligned}
$$

其中，20 是常数；$I_i$ 为 8 个贫困指标（$i = 1 \sim 8$），$w_j$ 为每一类指标的权重（$j = 1 \sim 3$），$w_{jk}$ 为 8 个贫困指标的二级权重（$k = 1 \sim 3$）。

$$w_1 + w_2 + w_3 = 1$$
$$w_{11} + w_{12} + w_{13} = 1$$
$$w_{21} + w_{22} + w_{23} = 1$$
$$w_{31} + w_{32} = 1$$

### （三）参与式贫困评价

区别于单纯依赖统计数字的评价方式，参与式贫困评价更侧重于倾听贫困的受害者自身关于贫困的体验。因而，它不倾向于设定一个固定的指标体系，而倾向于采用一种更开放的、易于贫困人口所接受的方式和指标，来展示和反映他们亲身体会的真实贫困的各个方面。参与式贫困评价的目的是为进一步的扶贫干预提供真实准确的有关干预对象的信息，以便扶贫干预的设计、规划和实施更为有效，并为扶贫干预采用参与式扶贫策略准备一个预先的方法和实践基础。而对贫困人口而言，参与式贫困评价则使他们能够表达有关贫困的切身体会，以贫困人口自己理解的方式描述他们的生存状态，以及他们对扶贫干预的具体期望，以便未来的扶贫干预尽可能最大限度地考虑和符合他们的愿望，使扶贫干预能最终变成贫困人口自己的行动，成为他们自身脱贫努力的一部分，扶贫干预也便能达到社会、经济和生态的最大效益，并在社会意义上实现可持续性。

参与式贫困评价的具体操作方法为：

（1）评价对象：贫困人口和社会边缘化群体，如妇女，老人，儿童，少数民族和不同宗教信仰的人。

（2）评价内容：①经济方面：家庭财产，收入来源，人均收入，食物安全，家庭支出；②社会/政治方面：参加选举和被选举，意见表达，社会交往，组织情况；③文化教育方面：文盲率，人均受教育年限，知识和技能，入学门槛；④健康方面：疾病以及控制，人均寿命，营养，生育观念和妇女生育保健，医疗与保健门槛；⑤基础设施方面：交通，通信，电力，饮用水供应；⑥环境和生态方面：家居环境，社区生态环境；⑦资源获取和控制：财政资源（借贷门槛），自然资源（土地使用制度，水资源分配以及使用等）。

（3）评价步骤：①制定评价计划，即明确评价的目的和内容，确定评价时间、地点、评价对象、评价工具等；②评价的具体操作和实施，其中可使用的工具包括半结构访谈，社区资源图，季节历，贫富分类，贫困原因分析，社会性别分工劳动图，走访典型农户，对策及发展建议框架图等；③评价资料的加工、处理和分析；④撰写评价报告。

# 第二节  贫困与发展相关理论

## 一  贫困的原因

对于贫困成因，在理论上有很多解释，不同的学者往往从不同的角度出发提出不同的框架。本文主要从经济的角度、社会的角度以及环境的角度对致贫的原因进行阐述。

**（一）从经济角度上看**

1. 纳克斯的"贫困恶性循环理论"[①]

由纳克斯提出的"贫困的恶性循环"理论，是经济学解释贫困问题的最早尝试之一，他认为贫困的恶性循环的中心环节是资本形成不足。从资本供给方面看，贫困地区人均收入普遍过低，人们绝大部分的收入用于生活消费支出，而很少用于储蓄，低下的储蓄能力又致使资本形成不足，其结果是生产规模和生成效率都难以提高，最后经济增长率只能维持在一个很低的水平上。如此周而复始，形成了"低收入→低储蓄能力→低资本形成→低生产率→低产出→低收入"的恶性循环。

从需求方面看，贫困地区人们生活贫困，人均收入低，则消费低和购买力低，意味着当地市场容量狭小，使得投资引诱不足，资本形成的动机不足，缺乏足够的资本形成，生产规模小，生产率低以及由此而来的低产出和低收入水平，形成"低收入→低购买力→投资引诱不足→低资本形成→低生产率→低收入"的恶性循环。

上述两个循环相互连接，相互作用，形成了贫困地区在封闭条件下长期难以突破的贫困陷阱。两个循环的起点都是人均收入过低，终点还是人均收入低下，而整个作用过程中居于支配地位的是资本形成不足。

2. 纳尔逊"低水平均衡陷阱理论"

纳尔逊1953年根据人均资本、人口和国民收入三种要素的增长分别与人均收入的关系，提出了关于贫困的自我维系的另一种循环过程和机制。主要内容是：存在一个人均收入的理论值，只要人均收入低于这一理论值，国民收入的增长就会被更快的人口增长率所抵消，使人均收入退回到维持生存的水平上，并且固定不变。当人均收入大于这一理论值，国民收入超过人口的增长，从而人均收入相应增加，直到国民收入增长下降到人口增长时为止。在这点上，人均收入增长和国民收入增长达到新的均衡，但这不是低水平的均衡，而是高水平的均衡。如果其他条件不变，这种均衡也是稳定的。

"低水平均衡陷阱理论"和"贫困恶性循环理论"都认为经济贫困在没有外力推动的情况下是一种高度稳定的均衡现象，而经济发展则是经济从低

---

[①] 纳克斯：《不发达国家的资本形成问题》，商务印书馆，1966。

水平向高水平均衡的过渡；一旦经济从低水平均衡中挣脱出来，贫困地区就走上持续稳定的增长道路。他们都强调了资产资源对于反贫困的重要性，把发展的希望寄托于政府或外部力量的支持和冲击，临界推动就成为打破贫困的政策中的重要内容。

3. 理性小农：贫困但有效率假说

以舒尔茨为代表的经济学家反驳了贫困者被动非理性的观点，认为传统农业内部的资源配置是有效率的，这就是所谓"贫困而有效率"的著名命题。农户之所以贫困是由于缺乏知识和高质量的投入。他认为只要增加农户识别以及有效使用"较好"技术的知识，引进现代农业的高质量投入，便可望打破传统的内部均衡和停滞条件，可望激发小农的投资和创新活动，从而带来更高产量，改造传统农业，消除贫困。舒尔茨的理论告诉我们，在反贫困的斗争中不仅是要依赖外部的支持，如纳克斯所提倡的那样，而且应该注重贫困者自身积极性和能力的培养，从而使得反贫困主体可以是多元化的，反贫困的路径也可以多样化。

对贫困形成的原因，除了以上的理论分析之外，从发展经济学的角度看，经济增长的不平衡是发展中国家产生贫富分化的根源。经济增长是摆脱贫困的必要条件，但实践证明，经济增长不一定就能减少贫困，贫困和高度收入分配不平等的问题取决于经济增长的性质，即增长是如何取得的，参与者的构成、生产要素的占有形式，还取决于所增加的国民收入的分配政策和制度。所谓经济增长会自动向"穷人扩散"利益的观点是不存在的。联合国在 1994 年的一份报告中指出："在经济增长的同时贫困和不平等往往也在加剧。因此减少贫穷不但要求实现总体经济增长，而且要制定能确保广泛分享增长利益的经济和社会政策。"发展中国家存在收入高度不平等分配的真正原因，是生产要素在各个阶层中极不平等的分配。物质形态和价值形态资本集中在一部分人手中，使他们可以通过教育增加人力资本，从而控制大部分的国民收入，而穷人占有的资本很少。这种不平等导致富者日益趋富，而穷者停滞不前。正如萨缪尔森所指出的，产生贫穷的原因来自财产、个人能力和教育训练的差别，但"收入的差别最主要是由拥有财富的多寡造成的"，"和财产差别相比，工资和个人能力的差别是微不足道的"。所以，任何提供穷人生活水平的努力不仅要重视增加他们的劳动报酬，还必须注重改变他们在社会中占有的物质资本和人力资本的比重，为此，除了可以实行财富的分配之外，还应注意帮助贫困者形成资产积累。

### （二）从社会角度上看

从社会角度去寻找贫困的原因，就要涉及文化、制度、历史和人口等诸多因素，通过对这些因素的分析，就可以看出贫困虽然最终表现为经济的落后，但它不仅仅是经济现象或经济问题，而且有着更为广阔的背景和复杂的社会原因。

#### 1. 贫穷的文化

"贫穷的文化"即穷人所习惯的一套规范和价值观，其特点包括屈从感，不愿为未来做计划，不能控制欲望的满足和对权威的怀疑。美国著名社会学家与人类学家刘易斯 1959 年从四个层次上说明贫困文化对穷人的影响：①贫困文化是一种亚文化，它脱离社会生活的主流，他们很少参加广泛的社会活动，分享不到社会所创造的价值。②体现为一种贫民窟的特征文化。③在家庭关系上表现为家庭结构松散，常有暴力发生，孩子文化水平低，职业训练差。④个人层次上表现为知识贫乏，生活无计划，意识到地位低下并接受这一事实，有自暴自弃或自毁的倾向。贫困文化理论认为，尽管贫困直接表现为穷人的物质匮乏，缺吃少穿等，但是，其更深刻的原因在于有一种贫困文化阻碍着穷人进入中等生活水平。因此，仅靠社会福利、社会救济是解救不了穷人的，问题的关键在于消灭此种贫困文化，改变穷人的价值观和生活方式，使他们产生内在的动力，产生劳动积极性从而摆脱贫困。

#### 2. 不完善的制度

人的行为是在一定的社会关系中产生的，个人的选择是不自由的，受到他们自身无法左右的社会制度的控制。在权力分配不平等的社会，弱小的群体与有权力的群体相比，会失去经济和其他价值报酬的有利竞争地位。社会不同群体由于受不平等地位的影响，其差别不仅表现在收入方面，而且表现在就业、住房、健康、教育等诸多方面，一种不利条件会导致另一种不利条件，最后结成一个"不利的网"。特别是在二元经济社会中，社会中存在着两种劳动市场，一种是收入高、待遇好、福利优越的劳动市场；另一种是收入低、待遇差的劳动市场，穷人便是此劳动市场的主要受雇者。这两种劳动市场的分割是由教育、文化、家庭、出身、经历、法律等多种制度因素构成的。

不完善的制度还表现在政府救济的失败，形成了结果与目的的异化。政府的救济本来是拯救贫困人口，欲助其生存并促成其发展，但广泛救济、大量"输血"的结果却不是鼓励人们摆脱贫困，而是保持贫困，长期的救济保留了一个贫困阶层，尽管此阶层生活困苦却由于救济制度尚能维持，结果救济制度阻止了穷人状况的改善，培养和助长了贫困者的依赖思想，使他们自尊心降低，不去努力改变环境，安于贫困，接受政府救济，最后导致贫困产生和永久化。

**3. 历史上形成的先天不足**

从世界范围看，被列入贫困的国家在战前都是殖民地或半殖民地国家，长期遭受外国的剥夺和掠夺，作为原料产地和产品倾销市场，经济结构上是以单一的种植业或矿物开采业为主，基本上没有加工业。战后，虽然世界上大多数国家都争取了独立，发展本国的民族经济，但这种先天不足很难在短期内克服。国内政策失误，经济基础落后，自然灾害影响，人口增长过快，加上不合理的国际经济秩序作为外因，使本来就落后的国家很难摆脱贫困的桎梏。

至于我国，目前的贫困人口主要集中在老少边穷地区和山区。历史上这些地区就与外面的经济联系较少，新中国成立前这类地区多处在前资本主义时期，有些甚至还处于刀耕火种的原始生产阶段，其落后的生产方式和经济基础构成了脱贫发展的严重障碍。新中国成立以后，社会政策方面的失误，片面强调"以粮为纲"，禁止农民从事林业经营和开发矿产资源，剥夺了山区人民的劳动对象，人为地堵死了贫困地区发展商品经济之路，使农民陷入了恶性循环的贫困之中。

**4. 沉重的人口负担**

在贫困地区，人口迅速增长给土地带来了巨大的压力，一些地区的土地已严重超载，生产出来的食品分配到每个村民口中的越来越少。农业增长慢于人口的增长，出现了人均农业负增长的严重问题。在最近的几十年里，发展中国家的农业和粮食生产的增长率都接近3%，这不仅大大高于过去年代，而且也超过了西方国家的平均增长率。但是，由于发展中国家人口增长过快，如按人口平均计算，新增的人口全部抵消了农业增长的成果，人均产量和占有水平基本处于停止状态，贫穷的依然贫穷。

从理想状态上来讲，人口变化分为四个阶段。阶段1：传统社会，高出生率与高死亡率并存，人口增长很少；阶段2：早期发展，医学技术进步，死亡率开始下降，出生不变，人口猛烈上升；阶段3：晚期发展，低死亡率，但城市化和教育使许多夫妇愿意少生孩子，降低了出生率，人口增长减缓；阶段4：人口稳定。而很多贫困地区的人口变化仍处于第二个阶段，人口增加的压力仍是导致贫困的一个重要因素。正如萨缪尔森所说的那样：与人口过度增长造成的贫穷进行战斗，仍然在全球的 2/3 的区域内进行着。

### （三）贫困与环境

贫困首先是经济问题，也是社会问题，同时也是一个生态环境问题，资源的不合理利用和生态环境恶化是造成贫困的重要原因之一，所以表现为绝大多数贫困人口居住在自然条件恶劣、自然资源贫乏、生态环境脆弱且受到严重破坏的地区。不利的生态环境、不可持续的发展方式与贫困常常伴生在一起（表 7-2）。

表 7-2　贫困与环境之间的联结

| 贫困类型 | 理论依据 | 模　　式 | 贫困与环境的关系 |
| --- | --- | --- | --- |
| 绝对贫困 | 人口决定论 | 人口超载—地力衰竭 | 贫困导致环境恶化 |
| 相对贫困 | 成本决定论 | 比较成本—重开发轻治理 | 贫困导致环境恶化 |
| 绝对贫困 | 地理决定论 | 自然资源贫乏—生产水平低下 | 环境恶化导致贫困 |
| 相对贫困 | 历史决定论 | 历史性环境恶化—历史性贫困 | 环境恶化导致贫困 |

实际上，贫困就是人与资源环境之间的一种失败关系。贫困之所以与生态环境恶化密切相关，主要是人口增长过快，人类生产生活活动对环境生态造成破坏，超过了生态环境可以承受的极限。由于贫困，人们迫于生活的需要而对森林、耕地、草地等资源过度利用甚至破坏，造成自然资源退化，生态环境恶化，这反过来使土地生产力下降，结果生活变得更加困难，更加贫困，形成"贫困→人口增长→资源环境破坏→贫困加剧"的恶性循环。

## 二　贫困与发展战略

认识贫困是为了缓解贫困。基于上述各种不同的致贫理论，各国和各国际机构均存在不同的贫困与发展战略。鉴于世界银行和联合国系统在反贫困行动中所处的主导地位，下面以其为例，着重介绍这两个机构的贫困与发展战略。

### （一）世界银行的贫困与发展战略

在《2000/2001 年世界发展报告》中，世界银行确定其减贫战略的内容包括：

（1）创造机遇：①促进总体经济的增长对创造机会至关重要；②注意经济增长的格局和质量；③市场改革对增加穷人机遇是关键性的，但相对而言，面向穷人的市场改革被忽视了，因此，应该使市场为穷人服务，以使其增加财产；④国家采取行动支持穷人逐渐增加资产，尤其是穷人的人力资本、土地和基础设施；⑤在存在严重不公平现象的社会里实现更大的公平。

（2）促进赋权：①经济增长和减少贫困的潜力在很大程度上受到国家和各种社会机构的制约；②改变治理结构，使公共行政、立法机构为全体公民提供更有效、负责的服务；③实现机会可得、反应力强、尽职尽责，需要穷人、中产阶级和社会其他群体之间的积极合作，通过使穷人更多地参与政治进程和地方决策，可以大大促进这种合作；④消除由于性别、种族和社会地位差异造成的社会和制度障碍；⑤稳健而具有反应力的机制，不仅有利于穷人，也有利于促进全面增长。

（3）增强安全保障：①减少经济动荡、自然灾害、疾病、伤残和个人不幸带来的脆弱性；②国家采取有效的行动，尽量降低整个经济的动荡；③建立有效的机制来减少穷人面临的风险，包括健康风险和气候风险；④使穷人增加财产、家庭经营多样化，提供一系列保险机制。

在上述减贫战略的基础上，报告还进一步提出了具体的行动纲领，其内容包括：

（1）创造机遇：①促进有效的私人投资；②向国际市场延伸；③增加穷人的资产：人力资产、物质资产、自然资产、金融资产和社会资产；④解决不同性别、部族、种族和社会群体之间的资产不均问题；⑤使城乡贫困地区拥有基础设施和知识。

（2）赋权：①为包容性的发展建立政治与法律基础；②创建促进经济增长及公平的公共行政管理；③促进包容性的分权和社区发展；④促进性别平等；⑤消除社会障碍；⑥支持穷人积累社会资本。

（3）安全保障：①构建规范化的途径，帮助穷人应付风险；②建立国家计划以防止、预防和化解宏观冲击——金融和自然的灾祸；③构建有利于经济增长的国家社会风险应对体系；④解决国内冲突；⑤应对艾滋病传播。

**（二）联合国的贫困与发展战略**

2000年9月，联合国峰会提出了包括消除贫困、普及教育、促进教育和卫生健康、可持续发展等八项目标的千年发展目标（MDG）。实现此千年发展目标也由此成为联合国系统在贫困与发展领域内一个重要指导思想。

**表 7-3 联合国千年发展目标**

| |
| --- |
| 目标 1：消除极端贫困和饥饿 |
| 发展目标 1：1990~2015 年，日均收入少于 1 美元的极端贫困人口数量减少一半 |
| 发展目标 2：1990~2015 年，饥饿人口数量减少一半 |
| 目标 2：普及初等教育 |
| 发展目标 3：到 2015 年，所有的儿童，包括男孩和女孩都要接受完整的初等教育 |
| 目标 3：促进性别平等和赋权给妇女 |
| 发展目标 4：到 2005 年消除初中等教育中的性别不平等，到 2015 年消除所有教育中的性别不平等 |
| 目标 4：减少婴幼儿死亡率 |
| 发展目标 5：1990~2015 年，5 岁以下儿童死亡率下降 2/3 |
| 目标 5：改善生育健康 |
| 发展目标 6：1990~2015 年，产妇死亡率下降 3/4 |
| 目标 6：与艾滋病、疟疾和其他疾病作斗争 |
| 发展目标 7：到 2015 年能控制艾滋病的传播 |
| 发展目标 8：到 2015 年减少疟疾和其他主要病的发生率 |
| 目标 7：促进环境可持续 |
| 发展目标 9：将可持续发展的原则整合到国家政策和发展活动中去，保护环境资源 |
| 发展目标 10：到 2015 年不能获得安全饮用水的人口数量减少一半 |
| 发展目标 11：到 2020 年至少要彻底改善 1 亿贫民的生计条件 |
| 目标 8：建立全球合作关系 |
| 发展目标 12：采取有效的措施解决发展中国家的债务问题 |
| 发展目标 13：为发展中国家提供必要的药品 |
| 发展目标 14：分享新技术，尤其是信息和通信带来的利益 |

资料来源：www. undp. org/mdg。

为了实现上述千年发展目标，联合国提出：

（1）将不遗余力地帮助 10 亿多男女老少同胞摆脱目前凄苦可怜和毫无尊严的极端贫穷状况。决心使每一个人实现发展权，并使全人类免于匮乏。

（2）决心在国家一级及全球一级创造一种有助于发展和消除贫穷的环境。

（3）上述目标能否成功实现，还取决于每个国家内部是否施行善政，也取决于国际一级的善政状况，并取决于金融、货币和贸易体制的透明度。为此，联合国承诺建立一个开放的、公平的、有章可循的、可预测的和非歧视性的多边贸易和金融体制。

（4）密切关注发展中国家为追求可持续发展而筹集资源时所面临的各种障碍。

作为联合国系统重要的发展干预机构，联合国开发计划署在减贫与发展方面也作了相当大的贡献。1999 年，联合国开发计划署在《人类发展报告》中指出，只有经济增长是不够的。经济增长还必须是有利于穷人，即扩大穷人的能力、机会和生活选择。为了确保推动有利于穷人的增长，国家的行动应该：①在经济政策中高度重视实现完全就业、扩大就业机会；②在宏观经济框架中取消对穷人的歧视；③通过重构公共开支和税收，为培养穷人的能力而投资；④确保穷人能够获得生产资料，包括贷款；⑤提高小规模农业的生产率；⑥推动小型企业和非正式部门发展；⑦着重以劳动密集型的工业化来扩大就业机会。

此外，为减少不平等现象，联合国开发计划署还要求通过政府、企业与非政府组织的联盟采取如下的行动：①通过教育开发人的能力、确保穷人接受教育。在解释收入差别中，教育被认为是最重要的因素，工资已经随着技能水平的不同而严重分化。②使穷人能够获得公共部门提供的自来水、医疗服务和住房。③使穷人能够获得更多的金融资产和生产资料，为他们提供生产率及报酬高的工作。④通过累进所得税以及其他再分配政策减少不平等。⑤在调整和危机时期提供收入转移和其他社会保障措施，为最贫困的人实行扶贫计划。

# 第三节　中国的农村贫困与发展实践

贫困问题一直是经济学家与政策制定者关注的焦点，对发展中国家更是如此。在经济增长的同时如何消除贫困一直是中国政府最关心的问题之一。20 世纪 80 年代中期以来，中国政府开始了有计划、有组织的大规模扶贫行动，先后出台了一系列扶贫政策措施，投入了大量的扶贫资金。

## 一 中国农村扶贫开发工作的历史演变

中国扶贫开发的历史进程可以分为四个阶段。

第一阶段是从1978年到1985年。中国农村经济体制改革，家庭联产承包责任制对生产队体制的替代，再一次使农民获得了土地的经营权，彻底解决了农业生产上激励不足的问题，加之其后的一系列农村生产、流通体制的配套改革，充分激发了农民的生产活力，农业经济增长快速。新的制度释放出来的能量对中国的贫困问题的缓解也起到巨大的促进作用，农村绝对贫困人口从1978年的2.5亿下降到1985年的1.25亿，平均每年减少1786万人，相应的贫困发生率由30.7%减少到14.8%，年均递减速度为9.4%。

第二阶段是从1986年到1993年。针对一些地区发展缓慢，一部分群众生产生活条件非常困难的情况，中央政府决定在全国范围内开展有计划、有组织、大规模的扶贫开发工作。国家成立了专门机构，促使工作机构化、专业化，扶贫进入有计划、有组织、大规模、有专门措施的扶贫阶段。这些措施包括对救济式扶贫进行了彻底改革，确定了开发式扶贫工作方针，即在国家必要支持下，利用贫困地区的自然资源，进行开发性生产建设，逐步形成贫困地区和贫困户的自我积累和发展能力，主要依靠自身力量解决温饱、脱贫致富；针对特定地区、特定人群开始进行目标瞄准，划定了18个集中贫困区域，实施连片开发。后来又确定了对贫困县的扶持标准，并核定了贫困县，分中央政府和省（自治区）两级扶持。以县为单位确立国家扶持的重点，形成按区域实施反贫困计划的基础。依靠增加扶贫资金、物资投入，扶持能为贫困户提供参与经济发展机会的生产开发项目。到1993年底，全国农村没有解决温饱的贫困人口下降到8000万人，平均每年减少640万人，贫困人口发生率由14.8%下降到8.7%（国务院扶贫办，2001）。

第三阶段是1994～2000年的八七扶贫攻坚阶段，该阶段以1994年3月《八七扶贫攻坚计划》的公布实施为标志。该计划明确要求集中人力、物力、财力，用7年左右的时间，基本解决8000万贫困人口的温饱问题，由此中国扶贫工作进入了最艰难的攻坚阶段。1996年9月和1999年6月召开的两次中央扶贫工作会议再次重申了扶贫攻坚的决心。在此期间，更加强调贫困县的瞄准，并将国定贫困县的数量从331个调整为592个，扶贫战略也开始以"满足贫困人口基本需求"为旨，同时国家加大了扶贫资金的投入。在政府强力推动和社会积极参与下，到2000年，中国贫困人口数量下降到3000万左右，贫困发生率下降到3%。亚洲开发银行曾评价："这是前所未有的奇迹性成就，它从两个方面改善了全球扶贫现状：一方面使数以百计的人口摆脱困境；另一方面对全球普遍存在的悲观情绪起到了积极作用。尤其是非洲，中国为全球带来了希望，中国现在被看做全球经济的救星。"

第四阶段是从2001年开始的新世纪扶贫工作，这一阶段主要以《中国农村扶贫开发纲要（2001～2010年）》为标志。纲要提出新世纪中国的扶贫任务不仅是解决贫困人口的温饱问题，也要帮助初步解决温饱但还不巩固的贫困人口增加经济收入，改善生产生活条件，实现稳定解决温饱。其次是强调坚持综合开发、全面发展，不但要加强基础设施建设，也要重视科技、教育、卫生、文化事业的发展，改善社区环境，提高生活质量，促进贫困地区经济、社会的协调发展和全面进步。第三是强调群众参与，用参与式方法自下而上地制定扶贫规划，实施扶贫规划。此外扶贫瞄准机制也开始采用县村两级目标瞄准，在全国一共识别了592个扶贫工作重点县和14.8万个扶贫工作重点村（贫困村），扶贫资金主要用于扶贫开发工作重点县和重点村。

## 二　中国扶贫工作的组织

中国农村反贫困的组织结构，是一种比较典型的以政府为主导的、主要依靠行政组织体系的、自上而下的管理型治理结构，它是政府管理系统的延伸。各级扶贫领导小组及其办公室、相关政府职能部门和金融机构是该结构的主体，其他类型的组织只在其中扮演了补充的角色。

### （一）政府专职扶贫部门及其执行机构

1986年6月，中国政府成立了国务院贫困地区经济开发领导小组（1993年更名为国务院扶贫开发领导小组），作为扶贫的专职机构。扶贫领导小组从中央到地方实行垂直管理，下设扶贫办公室负责日常事务。

国务院扶贫开发领导小组及其办公室的作用主要表现为：①规定扶贫的具体目标和对象。1986年以来根据具体国情制定了中国农村贫困标准，划定了贫困人口的范围，确定和调整了贫困县选择的依据。②制定扶贫的各项政策和计划。扶贫领导小组及其办公室具体负责制定反贫困的大政方针、确定反贫困的突破口和重点领域，按照中央政府的部署，参与定期组织中央扶贫工作会议，对全国农村反贫困进程进行战略性指导。③提出和确定扶贫资源的分配计划并监督计划实施，及时发现、研究和解决扶贫过程中出现的一些问题。

在理论上，国务院扶贫办对所有扶贫资源的投放都起着总揽全局的作用，但事实上，国务院扶贫办长期以来只属于正司级单位，偏低的行政级别使其在组织、协调和监督其他机构时显得力不从心。2001年后，扶贫办级别上升为副部级，这种情况有所好转。

此外，财政部、发改委和农行系统也是中国政府专项扶贫的主要组织和管理机构，具体分工如表7-4所示。

表7-4　中国政府专项扶贫情况

| 扶贫模式 | 主管单位 | 资金投向/实施情况 | 支付/帮扶方式 |
|---|---|---|---|
| 财政发展资金 | 扶贫办 | 改善贫困地区的农牧业生产条件，发展多种经营，修建乡村道路，普及义务教育和扫除文盲，开展农民实用技术培训，防治地方病 | 转移支付，无偿使用 |
| 以工代赈资金 | 发展与改革委员会 | 修建县、乡公路和为扶贫开发项目配套的道路、建设基本农田、兴建农田水利、解决人畜饮水 | 项目配套，无偿使用 |
| 贴息贷款 | 中国农业银行 | 支持有助于直接解决农村贫困人口温饱的种植业、养殖业和当地农副产品为原料的加工业中效益好有偿还能力的项目，2001年后也开始尝试直接针对农户的小额信贷项目 | 贴息贷款，年利率为3% |

### （二）政府非专职扶贫部门和企业

除政府专项扶贫资金投入外，中国政府还组织了其他各种形式的政府非专职扶贫部门和企业的扶贫活动，主要包括中央（国家）机关定点扶贫、东西对口帮扶和省内扶贫。

中央、国家机关定点扶贫开始于1994年，最先参与这项工作的单位有138个，主要是国家中央机关以及一些国有大中型企业。2001年，国务院重新部署新一轮中央国家机关定点扶贫工作，参与此项工作的单位增加到272个，受到帮扶的国家扶贫开发工作重点县达到481个，占重点县总数的80%以上。根据资金的动用能力看，中央国家机关可分为两大类：一类是拥有专门用于农村的专项财政资金支配权的部门，如农业部、国家林业局、交通部等，另一类是没有这类专项财政资金支配权的部门，如外交部等。这两类部门的扶贫资金的结构有很大的不同。前者以归自己配置且可用于农村的专项财政资金为主，后者则以引进部门外资金为主。最初，中央国家机关的扶贫资金是无偿使用的，实施"八七扶贫攻坚计划"以后，许多单位，如国土资源部，改无偿投入为部分有偿投入，通过回收周转，滚动开发，提高扶贫资金使用的可持续性。

东西协作是指东部较发达省市对口支持西部省、直辖市和自治区发展的方式，加快西部贫困地区脱贫步伐。具体执行情况是：北京帮扶内蒙古，天津帮扶甘肃，上海帮扶云南，广东帮扶广西，江苏帮扶陕西，浙江帮扶四川，山东帮扶新疆，辽宁帮扶青海，福建帮扶宁夏，大连、青岛、深圳、宁波帮扶贵州，福建厦门市和广东珠海市帮扶重庆市。协作双方根据"优势互补、互惠互利、长期合作、共同发展"的原则，在企业合作、项目援助、人才交流等方面开展多层次、全方位的扶贫协作。

省内扶贫从 1980 年代中期开始，各贫困省区主要采取机关干部下乡蹲点、区直单位定点扶贫等方式有计划地进行省内的扶贫开发工作。"八七扶贫攻坚计划"实施以来，贫困地区的省、地、县、乡各级机关单位陆续组织了大规模的包县、包乡、包村、联户的帮扶工作，省地县各级政府的做法是基本相同的，唯一的差别是省级扶贫集团的瞄准对象是贫困县，地市级扶贫集团则是贫困乡镇，县级的对象是贫困村。这一阶段省内扶贫的一种重要模式就是由政府机构、科研院所、高等院校和工商企业组成扶贫集团以发挥在反贫困中的整合优势。

**（三）国内非政府组织**

中国非政府组织（NGO）对扶贫的参与是积极的。与政府专职扶贫机构、非专职扶贫机构以及企业完全不同的是，其扶贫资金主要来自于社会上个人或企业的捐赠。NGO 最初是响应政府号召由一些群众团体启动了扶贫的计划和工程。例如，中国扶贫基金会的活动、共青团中央的"希望工程"、全国妇联的"双学双比"等，后来随着越来越多的 NGO 参与到扶贫事业中来，出现了一些专门从事扶贫的非政府组织。

中国 NGO 扶贫的对象主要是社会中的特殊弱势群体，如残疾人、妇女和儿童等。目前中国比较著名的 NGO 及其所开展的扶贫活动主要有中国扶贫基金会的活动、中国青少年发展基金会的"希望工程"、中国儿童基金会的"春蕾计划"、中国人口福利基金会的"幸福工程"、全国妇联的"巾帼扶贫行动"、全国工商联的"光彩事业"，等等。就项目规模和资金投入而言，NGO在中国农村反贫困中所占的比例很小，只能说是处于起步阶段，但它在贴近贫困人口、有效利用扶贫资源等方面有优势，长期以来对政府干预反贫困的制度创新和组织创新产生直接或间接的影响。此外，非政府组织对扶贫的参与还可以唤起社会各阶层对贫困和贫困人群的关注。

**（四）国际发展援助机构**

中国的扶贫工作受到国际社会的广泛关注，很多国际多边、双边机构以及非政府组织以多种形式参与了中国的扶贫开发。国际组织在华扶贫工作，泛指改革开放以来各类国际机构（国际组织、国际金融机构、双边机构、非政府组织）在中国开展的与消除贫困相关的活动，包括综合开发项目、信贷项目、技术援助项目、合作研究项目等等，包括与扶贫职能部门、其他政府机构、地方政府和各类非政府组织的合作。据统计，1995～2000 年间，国际组织在中国的扶贫领域的投入约为 55 亿元人民币，其中扶贫软贷款 44 亿元，扶贫捐赠 11 亿元，为中国的扶贫工作起到了很好的补充作用。

参与在华扶贫工作的国际组织从性质上可以分为四大类：①以联合国开发计划署为代表的联合国系统。联合国机构是最早参与中国扶贫工作的，1979 年，联合国开发计划署在中国设立代表处，作为联合国系统在华机构的协调人。此后，联合国粮农组织、世界粮食计划署、联合国儿童基金会、联合国劳工组织、联合国人口基金会（UNFPA）等机构先后在中国设立代表处。②以世界银行和亚洲开发银行为代表的国际金融机构。目前参与中国扶贫活动的国际金融组织有世界银行、国际农业发展基金会和亚洲开发银行、德国复兴银行、日本协力银行等。③以福特基金会为代表的非政府组织，主要包括世界自然基金会、香港乐施会等。④以英国海外发展署为代表的双边发展机构，这些组织主要是外国政府支持对华援助活动的代表机构，同时也要求中国政府的积极参与，比较活跃的有澳大利亚（AusAID）、加拿大（CIDA）、德国（GTZ）、荷兰、芬兰、瑞典和日本（JICA）等国政府的发展机构。根据联合国开发计划署在 1997 年编写的参与中国扶贫、粮食安全和妇女三类项目的国际组织名录，有 50 多个各类国际组织从不同角度参与了中国的扶贫活动。这些组织由于性质的不同，其在华扶贫工作的资金的运作上存在很大的差别。一般而言，联合国系统和非政府组织在华的扶贫投资都是无偿的，国际金融机构则以贴息或低息贷款为主，而外国政府对中国做的帮助多为无偿，但要求中国政府进行财政配套。

国际机构在华扶贫工作具有四个方面的显著特点。

（1）广泛的参与性。国际机构的扶贫工作主要基于以下认识：①贫困农户是否积极参与是扶贫项目成功与否的关键因素；②贫困农户对自己的需求有着更清醒的了解，在项目选择上有更准确的把握；③贫困农户中蕴藏着极大的潜能和创造力，许多有效的扶贫方式是他们创造的。因此，国际机构开展的扶贫工作重视发挥贫困农户的作用，让贫困群体参与到扶贫活动中去，并且这种参与不是被动地接受扶贫帮助，而是从扶贫项目的设计、实施和监测评估过程的全程真正地参与。

（2）过程的规范性。这包括制度、组织和程序的规范性。制度的规范性是指扶贫项目的确立、制定、实施和评估都有明确的规定。组织的规范性是指项目管理机构有严格的要求，无论是高层项目设计和管理机构，还是基层项目执行机构，都有专门的办公室和专职的工作人员。

（3）强调性别意识。国际项目强调赋权的理念，其基本假设是贫困的存在与目标群体的参与不足，他们没有得到充分的发展权利，并且贫困妇女是最贫困的群体，她们的贫困与参与发展的机会不足、健康状况较差和教育水平低密切相关。所以需要建立一种帮助和赋权贫困妇女模式，关注妇女问题的特殊性和妇女贫困的严重程度，特别强调妇女的公平参与。在很多的国际项目中除了专门为妇女设计的项目外，在一般项目中还有意识地向妇女倾斜；在项目的管理机构中，要求有妇女管理人员参与。

（4）强调环境意识。国际机构重视生态环境建设，所有综合开发项目都将环境分析作为可行性研究的重要内容，有些专项项目更是针对生态环境建设的，将农户收入和环境恢复结合起来，强调的是可持续发展的理念。

国际发展援助机构参与中国扶贫的重要意义在于促进了扶贫模式的创新和推广，如参与式扶贫、扶贫项目的持续性维护等，为政府干预反贫困提供了一些新的可行的思路，是中国扶贫工作的一项有益补充。

## 三　参与式村级规划

20世纪80年代末90年代初，参与式发展方法和工具被一些发展机构引入中国，国内的许多研究机构以及一些非政府组织也开始努力将参与式方法本土化，并运用到扶贫和社区发展中，开创了新的扶贫模式，即参与式扶贫模式。该模式从 1990 年代早期开始在中国的西南地区以及北京郊区开始实践，在后来的十几年中，参与式方法不断地被运用到各种类型和各种组织资助的国际发展项目中，取得了明显的扶贫和发展效果。当中国的扶贫资源的瞄准和渗漏问题日益突出的时候，以参与式为核心的国际援助以及非政府组织的努力却以瞄准穷人精度高、扶贫效果突出受到越来越多的关注和好评，而这些非政府组织的扶贫活动的最明显的特点是：以村为单元，并强调贫困群体的参与。在这样的背景下，参与式村级发展规划就应运而生了。

参与式村级发展规划的制定程序和方法为：

（一）村级基本资料的收集与整理

村级基本状况的了解是村级扶贫开发规划工作的第一步，了解的内容主要包括村的自然地理状况、经济发展程度、人口、资源、社会状况，包括教育、卫生、村级组织等不同的内容。村级基本状况的收集一方面可以作为规划的基本素材，同时也作为监测村一级扶贫开发工作进展与效益的本底数据。基本数据的获取可采用参与式快速评估方法，如半结构访谈、关键人物访谈、实地考察等广泛应用的参与式工具。

（二）农户分类

农户分类是确保扶贫资源优先支持最需要农户的第一步。虽然说在一个贫困村里，绝大多数农户都是贫困的，但是他们之间还是有差距的。优先支持是扶贫的公平原则具体的体现，建议由村委会组织村民（每个村民小组由两男两女参加）进行讨论。首先将村民分为救济户、特困户、贫困户和一般户四种类型，由规划人员向大家解释分类的大概含义，在上述四类的基础之上征求代表的意见，综合出每一类农户共有的特征，特别是他们的现金收入，从而约束分类中可能出现的偏差，也会使得农户分类更为容易，更加切合实际。然后由村民代表对本组农户进行分类，最后将各组的分类汇总成全村的分类。根据这个分类结果，请全部村民代表确定不同类型农户想得到的发展需求的支持类型，因为不同农户的发展机会是不同的。农户分类时可以采用矩阵表来进行。

（三）村级扶贫开发问题与原因分析

在对村贫困农户的基本情况进行评估之后，需要对贫困农户所面临的贫困问题进行系统的分析。规划人员在村委会的协助下邀请男女贫困农民代表各 10 位，对贫困的问题和原因进行研讨。第一步请农民代表将贫困中的各种问题罗列出来，然后将这些问题分为主干的问题以及由此产生的结果，然后再分析产生问题的原因。第二步将问题的因果关系以问题树的形式归纳出来，形成所谓的贫困问题树。问题树是关于问题因果关系的逻辑框架，为了弄清深层的原因和宜采用的措施需要将问题原因分析到最底层，然后将造成各种贫困问题的各种原因加以分类，从而形成可能解决问题的领域。

**（四）村级扶贫开发项目的形成**

虽然村级扶贫规划并不是一个完全综合的村级发展规划，但它仍可作为贫困村的发展指南。找出造成贫困的原因以后，就需要讨论如何解决问题，解决问题的方案也就变成了扶贫开发的项目内容。根据问题树的分析将直接造成贫困原因的第一层要素进行整理即可形成村级扶贫开发的主要领域。在明确了领域之后，还应继续将各领域的内容进行归纳综合，方法是将问题树中最底层的原因归纳总结出来，形成村级扶贫规划的项目内容。

**（五）发展项目的优势劣势及可行性分析**

经过扶贫开发领域和项目的归纳总结之后，需要在当地技术人员的帮助下对农民提出的这些方案做进一步的筛选与分析。主要方法是由各村民小组代表，男女代表各占一半，在村委会的组织下召开有乡技术人员参加的研讨会，分析工具可采用优势劣势（SWOT）分析方法。这一部分包括三个内容，即项目罗列、SWOT分析和可行性分析。这三个内容具有同样的目的：探讨本村可能的生产发展方向和潜力。要达到这个目的，必须把四方面的信息结合起来：①村民的乡土知识，来自于他们世代积累的经验和技术；②村民切身相关的、对可能发展出路的高度敏感性；③村民们已经形成的对于外界信息和技术需求的看法；④规划小组等外来人带来的相关信息。

优势劣势分析是帮助农民和技术人员根据村里的资源、能力、资金、技术等方面的实际情况对扶贫开发的具体方案进行详细分析，这一步是村级扶贫规划中很重要的一步，是形成最后项目的重要程序之一，也是可行性分析的基础。经过对所要从事项目的优势劣势讨论式的分析，村民、干部及技术人员对所从事的项目确实有了一个初步的认识，但仍需要对以资源基础为主要内容的优势劣势的要素进行实地考察，方法是由技术人员、村干部及几位能掌握村情况的农民代表组成考察小组，对该村的具体情况进行实地踏查获取画图类资料。

画图类资料的作用是形象地再现贫困村所有的自然资源、村民脱贫需求、现有生产生活方式的特点。在村级扶贫开发规划当中，经常采用的画图类工具有资源图、规划图、剖面图、季节历等。

经过以上分析考察，村委会将在规划人员的协助下组织由村民代表参加的研讨会，对所提出的项目的可行性做最后分析。每一个项目都要按经济、社会、技术、生态四个方面打分，最可行的打5分、最不可行的打1分。经济的可行性是指从事该项活动的成本是否在农民和国家所能承受的范围之内，是否可以产生较大的经济效益；社会可行性是指该项目的受益面的分布是否会产生两极分化，是否会得到社会各层面的普通支持；技术可行性是指从事该项目的技术要求是否在农民的素质以及县乡技术人员能力范围之内；生态可行性是指从事该项目是否破坏资源和环境，是否对下游村庄造成负面影响。假定四个方面的权重是相同的，则每个项目打分的分值加和，便获得了每一个项目的可行性指数，该指数反映的是该项目的可行性程度。

**（六）村级扶贫开发项目受益群体和参与群体的确定**

村级扶贫开发项目确定以后，需要对受益群体和参与群体的数量进行确定，并要确定谁将直接受益于该项目，谁将参与该项目。确定的方法是村干部在扶贫规划人员的协助下将各类项目列在表格上，然后由被确定为优先扶贫对象的村民每户一个代表（至少有一半的代表是妇女），说明自己是否会在某一项目中受益，是否愿意参与某一项目，这个过程也是村民最后确定项目的最后一步。

**（七）所需支持的确定**

在明确了村级项目领域以及项目内容，确定了哪些农户受益于哪些项目之后，就要对从事这些项目需要获得什么样的支持和多大程度的支持听取农户意见。评估的方法是召开由村委会组织各种类型农户代表参加的研讨会，在县乡技术人员的协助下进行。由于这一过程涉及将来村级扶贫开发工作的具体计划，因此要求广泛征求各类农户的意见，并且能够得到县乡扶贫领导部门和技术人员的参与，以使规划更加切合实际和现实，并有可能在5年内落实。

**（八）项目实施设计**

对很多基础设施类项目而言，还需要对其实施设计，设计的过程应该是在参与式的情况下进行。具体做法是技术人员应该通过召开村民研讨会，了解农民的需求以及他们掌握的技能技术，了解涉及工程施工的具体细节。

**（九）村级扶贫开发的监测与评估体系**

监测与评估是执行村级扶贫开发规划中最为重要的管理内容，是确保扶贫到村到户工作的关键，只有村级和农户的瞄准加上参与式的监测与评估，才能确保扶贫开发的支持不偏离为贫困人口服务的方向。

**（十）规划文本的形成**

参与式村级发展规划文本主要包括以下内容：①村级基本情况；②贫困状况和问题分析；③村级发展需求；④规划实施的外部支持条件；⑤规划实施的资金预算；⑥规划的组织实施；⑦规划实施的行动计划；⑧规划实施的监测评价。

需要注意的是，上述所有程序和过程中所得出的结论均为不同类型的农户共同讨论的结果。参与式村级规划不是外来专家为贫困村制定的，而是贫困村的老百姓自己经过讨论形成的。

参与式扶贫的核心在于扶贫资源的使用以村级瞄准为基础，让贫困人口真正参与到扶贫干预活动中来，使得扶贫资源更加容易向贫困人口集中，减少资源的渗漏，弥补了传统扶贫方式的欠缺，得到了国务院扶贫办的肯定，并在全国范围内进行推广和运用。根据贫困监测2003年报告，截止到2002年底，全国已经有27个省91067个贫困村编制了村级发展规划，占贫困村总数的61.5%，有55535个贫困村被纳入首批实施的名单之列，占到贫困村总数的37.5%。此外，很多国际组织也根据这一技术系统调整在华的扶贫策略，从原来的单纯项目式扶贫转向社区综合发展式扶贫，社区综合发展的实施技术就是参与式村级发展规划系统。

## 四 新世纪中国反贫困策略

从扶贫的指导方针和政策模式来回顾中国的扶贫历程，可以发现，中国早期的扶贫战略带有明显的"救济式"特征，而20世纪80年代中期以后，扶贫战略则以开发式为主了。开发式扶贫对传统的救济式扶贫进行了调整，资金分配方式从贫困人口平均分配转变为按项目效益分配，主要的扶贫机构从单纯的行政系统转向经济组织，投入要素从单纯的资金转变为资金、技术、物资、培训和配套服务等。以经济建设为中心，通过国家的必要支持，利用贫困地区的自然资源，进行开发性生产建设，逐步形成贫困地区和贫困户的自我积累和发展能力，主要依靠自身力量解决温饱、脱贫致富。

经过近 20 余年的开发式减贫，中国的贫困人口出现了大幅下降，与此同时，中国的贫困形式也发生了较大变化，遭遇到了一些阻力。

总的来说，中国的贫困问题已经从普遍贫困转变为区域性贫困，绝对贫困为主转变为相对贫困为主，长期性贫困为主转变为暂时性贫困为主；贫困原因从区域经济发展不足、地理位置偏远、自然条件恶劣、人力资源不足等结构性因素为主，转变为贫困人口生计不稳定、脆弱性强等个体性因素为主，因病致贫和因灾返贫人口成为新时期我国贫困人口的重要构成部分；贫困人口的生计特征从缺穿少吃转变为高度脆弱，贫困人口内部的结构化和多元化特点也日趋明显。

这些贫困问题特点的结构性转变，使得长期以来依靠宏观经济增长以及开发式扶贫这种双重减贫机制的有效性日益降低。因此，政府在扶贫战略中加入了社会发展的要素，以低保、义务教育等政策工具来加大对穷人的保障。中国的扶贫战略已经从开发式扶贫向保护式扶贫转变。

# 第四节　城市贫困

## 一　城市贫困人口和现状

城市贫困是指发生在城市里的贫困。由于城市和农村在产业结构、生活水平等方面的不同，无论在贫困范围还是在贫困成因方面，城市贫困和农村贫困都存在着很大差异。在绝大多数国家，贫困一般主要发生在农村，而这种贫困类型的划分提醒人们：在看似繁荣的城市里，贫困同样存在。在我国，随着经济体制改革的进一步深入，长期以来形成的就业、收入、住房、交通、教育、退休等一整套社会保障体系正在瓦解，而与市场经济体制相适应的新的保障体系还没有完全建立起来，这种由新旧体制转换带来的矛盾和在市场经济条件下产生的收入差异导致了城市贫困人口的增加。

美国社会学家戴维·波普认为，"贫困指在物质资源方面处于匮乏或遭受剥夺的一种状况，其典型特征是不能满足基本生活需要"。中国作为一个经济转型国家，由于经济的结构型调整和社会变迁，原来的分配机制和格局被打破，导致城市居民收入差距拉大。进入 20 世纪 90 年代后，中国城市贫困问题日益突出，表现在贫困人口数不断增加和生活状况的恶化。

据世界银行 1992 年的研究报告《中国减少贫困战略》估算，1980 年代城市贫困人口是 400 万左右。进入 1990 年代，由于市场竞争的结果，大量企业"关停并转"，导致城市下岗职工突发地大量增加。据中华全国总工会 1999 年对家庭人均收入水平低于当地标准的企业职工（含退休职工）进行调查统计，城市贫困户为 400 万户，1500 万人。2001 年由亚洲开发银行组织的"中国城市贫困问题"研究课题组估算，城市贫困人口为 1480 万。2011 年 5 月，民政部公布的全国城市低保对象已达 2295.8 万人，这应该是目前官方公布的城市贫困人口最权威的数据了，如果再加上"应保未保"人员，实际数字应该更大一些。

张平（2004）认为，相对于 20 世纪 80 年代，90 年代以后，中国城市贫困面不仅在扩大，而且贫困人口的贫困程度也在加深。中国城镇贫困人口的增长幅度是比较大的。对于城镇居民中的贫困人口数量的估计，基本上可以通过城镇居民最低生活保障制度所覆盖的人数统计出来。城镇居民最低生活保障制度是从 1997 年开始建立的，当时进入此范围的不超过 200 万人。到 1999 年底增至 281 万人，2000 年底增至 402 万人，2001 年底增至 1170 万人。2002 年，由于政府采取了力度较大的"应保尽保"的政策，低保人数迅速增加，达 2065 万人，2010 年底，城镇居民最低生活保障人数达 2310.5 万人。

《中国统计年鉴》显示，从 1990～2009 年，我国城镇不同收入阶层之间的居民收入差距日益扩大，1990 年城镇最低收入户居民与最高收入户居民的收入之比为 1:3.22，到了 2009 年，这两个阶层的收入比就扩大到了 1:8.91。19 年中，两个阶层的收入差距扩大了两倍以上。当前，我国城市居民收入的"马太效应"越来越明显。根据国家统计局的资料，2009 年城镇居民可支配人均收入为 17175 元，困难户人均可支配收入为 4198 元，不及前者的 25%，与 10% 的最高收入户（人均 46826 元）相比则相差 11 倍。

## 二 当前中国城市贫困群体的特征

### （一）结构性、区域性和阶层贫困并存

中国传统的城市贫困更多地集中于"三无人员"，即由民政部门负责的无生活来源、无劳动能力、无法定抚养人赡养人的公民。农村贫困则更多与长期的城乡二元社会制度设定和政策安排相关。20 世纪后期开始出现的城市贫

困，则具有明显的社会转型和制度变迁的特征，它是在中国城市出现的因社会结构转型、经济体制转轨、经济和产业调整、国有企业改革而诱发的贫困。在计划经济为主导的旧体制下以单位为主体的福利功能的瓦解，以及相应的社会保险机制的空白，造成了大量的城市相对贫困人口的出现。同时，由于城乡劳动力流动的种种限制被打破，大量农村人口到城市从事各种经济社会活动，却不能得到同步的社会保障和生活保障，于是也成为居住在城市的贫困人口的主要来源。随着小城镇建设的加快进行，被占用土地的农民群体中产生了一批新的城镇居民，由于缺乏生活来源而生活拮据。因此，下岗和失业人员、进城务工者、失地后转为城镇户口的居民等等形成了城市"新贫困"人群的主体。

**（二）大部分居民属于相对贫困，但自救能力差，生活艰难**

贫困既有绝对贫困，也有相对贫困。绝对贫困是指基本生活没有保障，简单再生产难以维持，相对贫困则是温饱基本解决，但是基本生活的满足程度以及发展机会低于或少于社会公认的基本水准，扩大再生产的能力很弱。

**（三）剥夺感强烈，群体意识强，隐含着不安定的因素**

当前中国城市激增的贫困人口并不是由于个人的某些弱势特征而沦落到贫困群体中去的，而是由于社会经济体制的变迁将大量人口几乎是同步地抛入到贫困群体之中。在这一独特背景下，目前城市贫困群体表现出一些独特的群体特征：①中国城市贫困群体陷入贫困不是因为他们缺乏劳动能力，而是就业权的丧失或者缺乏新的就业机会。②城市贫困群体开始出现长期化和相对固定化的局势。③城市贫困人口具有较强的贫困群体意识。④城市贫困群体由于长期处于物权的受忽视和受歧视的状况，使得他们正逐渐从主流社会中脱离出来，表现出了与社会分裂的趋势（何汇江，2004）。

## 三 城市贫困成因解析

我国的城市贫困是随着改革开放的不断深化和新一轮经济结构的调整而产生的一个新的社会现象。据国家民政部 2011 年 5 月公布的数据，全国城镇最低生活保障线以下的人口数为 2295.8 万。

中国城市贫困的原因是非常复杂的，许多因素交织在一起，根据李强2005 年的研究成果，导致城市贫困的因素主要体现在以下四个方面。

第一，经济结构调整，企业下岗（失业）职工增加。计划经济时期，政府推行"低工资，多就业"的政策，国家通过企业或单位向职工提供社会资源的分配。由于实行广泛的就业制度、均等的工资制度，劳动力的供给弹性已到极限，企业大量冗员无法消化。经济体制转轨后，情况发生很大变化，劳动力的雇佣和解聘逐渐市场化，职工工资与企业经济效益挂钩。20 世纪 90 年代初期以来，国有企业改革、兼并、破产在全国范围铺开，下岗（失业）职工人数骤然增加。据有关资料，1999 年全国企业下岗职工有 1100 万人，其中 490 万人通过各种渠道实现了再就业；2001 年末全国下岗职工总数为 742 万人，其中国有企业下岗职工占了 70%。随着下岗职工期满出再就业中心以及下岗职工基本生活保障向失业保险并轨的推进，城镇登记失业人员还在上升。2009 年末全国城镇登记失业人数 921 万人，比 2008 年末增加 35 万人，城镇登记失业率由 2008 年末的 4.2% 上升了一个百分点，值得注意的是，其中没有包括大批国企中的"待岗"、"放长假"的职工。

第二，劳动力资源增长进入高峰期，劳动力供大于求的矛盾相当严峻。据资料统计，在我国 13.3 亿人口中，有劳动能力的适龄人口约为 8 亿，就业人员合计约 7.8 亿，其中 3.1 亿多在城镇，近 4.7 亿在农村。大量农村富余劳动力加入了城镇打工行列，与城镇人口争抢本已十分有限的就业空间。就全国城镇本身而言，每年都有大批净增劳动力；另一方面，随着世界经济增速放缓和入世初期的冲击，我国外贸出口增加将受到极大制约，进而对扩大就业造成不利影响。同时，技术进步、经济结构的进一步调整，还会产生新的下岗和失业人员，劳动力供过于求的矛盾短期内不会得到根本性缓解。

第三，个人收入差距拉大，社会分配不公平的问题突出。改革开放以来，我国收入分配格局发生了很大变化，居民收入在不同人群之间的分配差距日益扩大。以国际上通行的反映居民收入差距的指标基尼系数为例，据国务院发展研究中心的有关数据统计，1988 年我国居民个人的基尼系数为 0.382，2007 年该数值已达到 0.452。根据国际衡量标准，基尼系数高于 0.4 属于差距过大，超过 0.45 则属于极度不平等。20 世纪 90 年代中期以前的收入差距扩大是在居民收入水平提高基础上的扩大，而近几年的收入差距扩大则是富有者越来越富有，贫困者越来越贫困的两极分化。导致收入差距过大的原因是多方面的，但分配不公平是其中不容忽视的重要原因之一。

第四，社会保障制度不够健全，安全网有漏洞。社会保障是市场经济运行的安全网和稳定器，它关系到劳动者的切身利益，是调节贫富差距的重要工具，但遗憾的是，我国目前的社会保障还难以起到稳定和调节作用。一方面，社会保障覆盖面不够广泛，由于保险基金的严重短缺，使参保者领不到足额的保险金，如养老保险由于企业累计欠缴数额巨大，个人账户空运转，虽然中央财政采取很多措施，补发过去的拖欠款，但仍有一部分离退休人员领不到足额的养老金。另一方面，现行的社会福利政策也存在较大缺陷，目前，各项社会保险基本是按职务分配，职务愈高福利愈高，反之愈低。这样使得本来已经存在的贫富差距进一步拉大。目前运行的城市居民最低生活保障制度也存在较多问题，需进一步完善。

此外，政策性歧视仍然是造成贫困的一个主要原因。城市贫困群体在实现再就业、获得失业和养老保险、参加就业培训、享受医疗和教育服务方面，遭遇到了严重的排斥。既然社会排斥是这些人生活恶化的重要原因，政府就应该提供相关的服务和培训，逐渐加大资金投入，同时，努力提高资源配置的公正和效率，给穷人提供平等的就业和发展机会。

**思考题**

1. 学习本章以后，你对贫困有什么新的认识？
2. 度量贫困有哪些标准？
3. 有人认为"反贫困"与"扶贫"、"救济"是一回事，你怎么认为呢？
4. 试总结贫困产生的原因。
5. 谈谈你对中国扶贫策略的看法。
6. 了解中国城市贫困群体的特征和产生的原因。

**参考文献**

1. 世界银行：《1990 年世界发展报告》，中国财政经济出版社，1990。
2. 世界银行：《世界银行国别报告：中国战胜农村贫困》，中国财政经济出版社，2001。
3. 世界银行：《2000/2001 年世界发展报告：与贫困作斗争》，中国财政经济出版社，2001。

4. 联合国开发计划署：《人类发展报告》，2001。

5. 李小云：《参与式发展概论》，中国农业大学出版社，2001。

6. 王国良、李小云等：《参与式扶贫培训教程》，中国财政经济出版社，2003。

7. 国家统计局农调总队：《中国农村贫困标准研究报告》，1989。

8. 张平：《中国城市贫困的现状、原因和反贫困政策分析》，《甘肃理论学刊》2004 年第 6 期。

9. 李强：《中国城市贫困层问题》，《福州大学学报》（哲学社会科学版）2005 年第 1 期。

10. 卫力：《我国城市贫困阶层现状分析》，《甘肃科技》2002 年 7 月号。

11. 梅建明、秦颖：《中国城市贫困与反贫困问题研究述评》，《中国人口科学》2005 年第 1 期。

12. 北京安邦咨询公司：《每日经济》，《研究简报》总第 1316 期，2000 年 11 月 2 日。

13. 樊胜根、张林秀、张晓波：《经济增长、地区差距与贫困》，中国农业出版社，2002。

14. 王萍萍：《中国贫困标准与国际贫困标准的比较》，《调研世界》2007 年第 1 期。

15. 中国国际扶贫中心：《世界各国贫困标准研究》，《中国国际扶贫中心研究报告》2010 年第 1 期。

16. 戴志勇：《李小云：调整中国未来十年的扶贫战略》，2009 年 6 月 25 日《南方周末》。

17. 徐月宾、刘凤芹、张秀兰：《中国农村反贫困政策的反思——从社会救助向社会保护转变》，《中国社会科学》2007 年第 3 期。

18. 林闽钢：《中国农村贫困标准的调适研究》，《中国农村经济》1994 年第 2 期。

19. 赵冬缓、兰徐民：《我国测贫指标体系及其量化研究》，《中国农村经济》1994 年第 3 期。

20. 〔美〕纳克斯著，谨斋译《不发达国家的资本形成问题》，商务印书馆，1966。

21. 纳尔逊（R. R. Nelson）：《不发达国家的一种低水平均衡陷阱理论》，转引自于中琴《阻碍发展中国家经济增长与发展的主要因素》，《世界经济导刊》2002 年第 12 期。

22. 〔美〕舒尔茨著，梁小民译《改造传统农业》，商务印书馆，1987。

23. 〔美〕萨缪尔森、诺德豪斯著，萧琛主译《经济学》（第十七版），人民邮电出版社，2004。

24. 中华人民共和国国务院：《中国农村扶贫开发纲要》（2001~2010 年），2001。

25. 中华人民共和国国务院：《中国农村扶贫开发纲要》（2011~2020 年），2011。

26. Oscar Lewis. "The Culture of Poverty", *Scientific American*, 215 (4).

# 8 第八章　性别与发展[*]

20 世纪 90 年代以来，从事妇女研究、发展研究、经济研究、社会研究的学者纷纷关注发展中的性别公平与性别平等问题，特别是 1985 年，联合国第四次世界妇女大会以后，各种有关妇女与发展、性别与发展的概念和理论迅速出现在各个发展主题和领域，甚至反映到政府的社会决策过程中。同时期，多边和双边的各类国际组织在中国及其他发展中国家的发展实践工作也陆续纳入了社会性别视角。有关性别平等目标、社会性别分析方法、性别主流化等内容成为社会发展相关研究及实践中不可或缺的部分。

## 第一节　性别的概念与内涵

性别往往被理解为男性和女性的差别。中文的性别主要指男性与女性的生物学差异。英文中，则存在分别表示生物性别的性（sex）和表示社会性别的性别（gender）的不同名词。实际上，社会性别（gender）包含了生物性差异，但当性别这个名词被社会学、人类学、政治学、妇女学等领域所采用后，其含义则更多地表示男性和女性在社会中相互关联的、具有结构与功能的一系列关系的总和。

广义的性别概念包含两层含义：生物性别和社会性别。生物性别和社会性别在很多情况下是相互交织的。例如，男女生殖器官和功能是有本质区别

---

[*]　本章内容主要参考林志斌等主编的《性别与发展导论》（林志斌、李小云，2001）。

的，这是生物性别差异。但一般意义上讲，以生物性别为基础的一方生殖功能的完成往往需要另一性别的配合，换言之，生理功能的完成事实上也包含了许多超越生理器官和功能的社会过程，这一过程在生物性别和社会性别的交织下才能完成。

虽然生物性别和社会性别并不截然分割，但是区分生物性别和社会性别还是有深刻意义的。现实中存在的许多男女之间不平等的差别往往被简单地归结为男女生理差别的结果。但事实上，在当今社会中，男女的差别已超越了生理差别本身。男女之间的生理差别虽然会导致男女的不同，但若没有诸多社会因素的作用，生理差别并不会必然导致性别不平等。

## 一　生物性别

生物性别（sex）指男女的自然性别，是用生物标准来确定的男性和女性，这种生物标准包括生理结构和解剖结构：生理结构指性染色体差异，解剖结构主要指性器官差异。生物性别首先是由染色体的遗传性状决定的，胚胎的遗传性别是在受精过程中决定的。两性的进一步深化，则是在激素的不断作用下实现的。在性激素的作用下，不同性别分别发育出不同的性器官和解剖结构，这就导致了男女两性器官、解剖结构和形体上的差异，形成男女两性不同的生物性别。可见，生物性别是与生俱来的，后天无法从根本上改变。

具体来说，首先，是受精过程决定了遗传性别。有半数精子的染色体为 $22+X$，其余半数为 $22+Y$；卵子的染色体均为 $22+X$。如果染色体为 $22+X$ 的精子与卵子结合，受精卵的染色体为 $44+XX$，胚胎的遗传性别为女性；如果染色体为 $22+Y$ 的精子与卵子结合，受精卵的染色体为 $44+XY$，胚胎的遗传性别为男性。激素是人类生物性别形成的另一个基本生理部分。激素混合体刺激胚胎组织，形成男性或女性的内部和外部性器官。在青春期，一些激素的分泌增多，促进了人体第二性特征的发育。

生理因素对男性和女性行为的影响是复杂的，人们至今也没有完全弄懂生理差异是否以及在多大程度上影响不同性别的行为。可以肯定的是，男人和女人具有基因、激素和生理结构方面的差异，但这些差异与行为之间的关系人们知道得还不是很多。

## 二　社会性别

社会性别（gender）是和生物性别（sex）相对的，是人类社会的产物。社会性别的概念十分复杂，众说纷纭。

美国历史学家斯科特（Scott，1985）的定义："社会性别是基于可见的性别差异之上的社会关系的构成要素，是表示权利关系的一种基本方式。"

《英汉妇女与法律词汇释义》的定义："社会性别一词用来指社会文化形成的对男女差异的理解，以及在社会文化中形成的属于女性或男性的群体特征和行为方式。"

《牛津社会学词典》的定义："社会性别关注男女之间由于社会结构性原因所形成的差别。社会性别不仅指个体层次上的认同和个性，而且指结构层次上的在文化预期和模式化预期下的男子气和女子气。"

"加拿大国际开发署性别平等政策"的定义："性别指由社会化过程所构建的女性和男性的作用和责任；这一概念也包括对女性（女性化）和男性（男性化）的特点、态度和行为的一种期望。"

综合各种说法，突出社会性别概念的本质特征，可以从以下方面来阐述并理解其内涵。

（1）社会性别概念认为，制度因素和文化因素是造成男性和女性的角色和行为差异的原因，生物差异不是造成男女之间角色和行为差异的决定性因素。例如，在一些发达国家，许多妇女结婚后就放弃工作而成为家庭妇女，她们自愿或不得不在家照顾孩子，以孩子的生活为中心，这是由于幼儿园和学校学生作息时间的设置完全是假设所有孩子的母亲都是家庭妇女。这就是在制度（学校作息时间）和文化（妇女而不是男性留在家里）的双重作用下，妇女成了不能外出工作的家庭妇女，而不是因为女性做不了丈夫的工作，或男性做不了家庭妇女的事情。

（2）社会性别概念认为，社会对妇女角色和行为的预期往往是对妇女生物性别所规定角色的延伸。男女生物性别差异决定了妇女生育和哺育婴儿，男性无法代替这种自然过程。但社会对妇女角色和行为的期望远远超过了生产本身。妇女在家庭中担任照顾和培养的角色，所谓适合妇女的工作性质也与此相关：护士、教师等。事实上，妇女是生育载体的生物属性完全不能用来说明或决定妇女社会属性的特点。应该说，在角色和职业选择上，男女之间应有的差异比现实社会中存在的差异小得多。在以市场价值为价值标准的社会背景之下，这种现状是社会和家庭对妇女的剥削，处于以男性为中心的社会制度安排下的妇女无力反抗这种社会现状。

（3）社会性别概念认为，人们现有的性别概念是社会化的产物。社会化包括两方面含义：第一，人是怎样学会参与社会生活的；第二，社会怎样使其成员以有助于社会正常运转的方式生活。社会化过程是使男性男性化，使女性女性化的过程。人从出生就开始这一过程，各种正规、非正规、正式和非正式教育将对不同性别的预期传递给男性和女性，并示范着男女的性别角色。

（4）社会性别概念认为，社会性别是可以改变的，因为社会性别角色是后天学习和适应而来的。这种判断有一定的事实依据，例如，和平时期的性别劳动分工模式、家庭角色模式与战争时期就有很大的不同；在同一历史时期，由于不同社会制度和政治体制也会产生不同的性别模式；即使是在相同的社会制度和政治体制下，性别模式也会由于经济、社会、文化和宗教等要素的不同而不同。总之，性别是一个社会属性的、历史的、动态的概念。

（5）社会性别概念本身是对传统性别不平等关系的不认可和挑战。男性、女性在社会中的相互关系构成社会结构与功能体系中的性别关系。这种关系是在社会权利结构的影响下形成的，在很大程度上反映了现行社会的政治权利关系。男权现象，即男性在社会、政治、生活中的主导地位，同时，相对应的女性处于从属地位，就是这种权利结构的主要体现。

（6）社会性别的概念提供了一种思维方法。社会性别概念的应用不仅是出于理论研究的需要，而且也是妇女运动的需要。当人们发现社会中广泛存在的性别不平等现象时，例如，男女同工不同酬、女童辍学、娼妓现象，社会性别概念告诉人们应该用辩证和历史的观点来分析上述问题的成因。换言之，社会性别概念提供了一个解决社会性别问题的思想方法，它使人们不再简单地认为女性生来就应该具有那样的命运。

当今，社会性别概念已被广泛地应用于发展的理论与实践中。英国萨塞克斯大学发展学院（IDS）是早期将社会性别概念发展化的主要机构。1978年，安·怀特赫德（Ann Whitehead）发表了题为《妇女在发展进程中持续的从属性》一文，并指出："对妇女的研究不可能只研究妇女的问题，而必须同时研究男性和女性，更重要的是两者之间的关系。"性别关系是由社会要素决定的，所以，某种意义上讲，社会性别是社会科学的范畴，而生物性别是生物学的范围。

# 第二节 性别与发展研究的演变

## 一 女权主义

女权主义来自英文 feminism 一词，美国历史学家南希·F. 科特（Nancy F. Cott）研究认为，feminism 是 19 世纪 80 年代由法国人发明的，在"女性"一词的法语拼写"femme"后面加上"ism"（一种代表政治立场的词缀）而形成的。[①] 在中国，feminism 被译作"女权主义"或"女性主义"。如 feminism 一词的由来一样，将其译作"女权主义"的研究者认为，feminism 自产生以来至今，所涉及的主要是不同性别之间在政治、经济、文化、家庭地位等方面的权利和地位不平等问题。在这一问题得到解决的历史时期，采用"女权主义"的译法更为合适；[②] 而由"女权主义"到"女性主义"翻译的差别并不是译者的偏好，而是一种理论发展的表征。[③] 许多学者认为，随着西方妇女运动的发展以及时代变化，feminism 涉及的问题已不仅仅是争取与男性相同的平等权利，而是女性自身如何完善和发展的问题，故译为"女性主义"更为准确。[④] 越来越多的人倾向于将"feminism"译为"女性主义"，以体现其本身多元、开放的立场，关注其政治要求之外的文化内涵。[⑤] 综合 feminism 的来源与发展过程，本书将在尊重词语原意和立场的基面上，采用"女权主义"的译法，以更准确的理解其实际含义、理解与之相关的各种妇女运动和女权主义理论。

### （一）女权主义运动的三次浪潮

根据当代西方女权主义理论和实践的发展，女权主义的发展可以划分为三个阶段，也被称为女权主义运动的三次浪潮。

---

① 孟鑫：《西方女权主义研究》，经济日报出版社，2010 年 11 月。
② 孟鑫：《西方女权主义研究》，经济日报出版社，2010 年 11 月。
③ 李燕：《当代女权主义的理论与实践：从西方到中国》，《学习与探索》2008 年第 2 期。
④ 孟鑫：《西方女权主义研究》，经济日报出版社，2010 年 11 月。
⑤ 江永霞：《翻译与文化：feminism 在中国的翻译及其演变》，《淮北煤炭师范大学学报》（哲学社会科学版）2008 年第 6 期。

第一阶段是指 19 世纪早期到 20 世纪 40 年代的女权运动。这一阶段，女权运动是与反封建运动相结合的，早在法国大革命时就开始出现，到 19 世纪中叶规模开始壮大起来。这一阶段主要与社会自由解放的革命一起，成为社会革命的重要组成部分和衡量社会解放的标准和尺度。① 第一次女权主义运动主要内容集中在对妇女权利的争取，把争取与男子享有同等的权利作为奋斗目标。在争取妇女的权利方面，主要就选举权、受教育权和就业权进行了斗争，此外还包括为妇女争取在婚后保留财产的权利、婚后保留自己工资的权利，不受丈夫虐待的权利，等等。在理论形式上表现为自由主义女权主义流派的出现。②

第二阶段主要从 20 世纪 60 年代至 70 年代，这一阶段女权主义运动的内容与目标与第一次女权主义浪潮相比，具有一定的连续性，依然是抗议女性的不平等。但是，第二次女权主义浪潮在把矛头指向男性的同时，也开始反思和批判自己，她们试图从女性本身的生理特点、生物机制等方面寻找女性受制于男性的原因，并且提出了种种改变和克服自我的设想。③ 1949 年，西蒙娜·德·波伏娃《第二性》一书出版，为这一时期的女权主义发展奠定了理论基础。注重社会性属的考察，分析性属所造成的性格的差别，是这一时期女权主义的理论基调。此间，女权主义理论开始作为一个正式的学术研究，逐渐发展成为人文学科中的一个重要的研究领域。④ 这一阶段，理论形式上表现为激进女权主义、马克思主义女权主义、社会主义女权主义、心理分析女权主义等流派的出现，而自由主义女权主义仍然在继续发展自己的理论，形成当代的自由主义女权主义思想。⑤

第三阶段主要为 20 世 70 年代以后，注重对作为人的女性权利和发展的普遍性考察。⑥ 这一时期西方女权主义的主要特点是呈现出五彩缤纷的多元化

① 〔美〕詹妮特·A. 克莱妮编著，李燕译校《女权主义哲学——问题、理论和应用》，东方出版社，2006，第 1 页。
② 孟鑫：《西方女权主义研究》，经济日报出版社，2010 年 11 月。
③ 孟鑫：《西方女权主义研究》，经济日报出版社，2010 年 11 月。
④ 〔美〕詹妮特·A. 克莱妮编著，李燕译校《女权主义哲学——问题、理论和应用》，东方出版社，2006，第 1 页。
⑤ 孟鑫：《西方女权主义研究》，经济日报出版社，2010 年 11 月。
⑥ 〔美〕詹妮特·A. 克莱妮编著，李燕译校《女权主义哲学——问题、理论和应用》，东方出版社，2006，第 1 页。

倾向。原有的女权主义理论受到了前所未有的挑战。挑战主要来自两方面：一个挑战是第三世界女权主义的出现，他们批判西方女权主义的种族主义倾向；另一个挑战是后现代主义理论对思想界的冲击。① 在这些思想的影响下，后现代女权主义、第三世界女权主义、生态女权主义等理论流派产生并不断发展。

需要注意的是，女权主义的发展过程并不是断裂的，而是一系列连续的思想过程和行动。将女权主义划分为三次浪潮，主要是根据女权主义运动发展相对活跃的不同历史时期所具有的不同特点进行归类。同样，女权主义思想与实践也不是相互独立、松散的，下文中对女权主义理论流派的划分是根据思想之间的共性进行简洁的分类以区分不同派别之间的差异，以更好地理解女权主义理论的基本思想。我们必须认识到，由于女权主义理论具有很强的复杂性、广泛的包容性，许多思想仍然缺乏连续性或完整性，即使同一理论流派内部思想也存在一些分歧。

女权主义理论是有关性别平等研究理论的核心，其主要观点流派有自由主义女权主义、激进女权主义、马克思主义女权主义、社会主义女权主义②、文化女权主义、后现代女权主义及生态女权主义等。其中自由主义女权主义、激进主义女权主义、马克思主义和社会主义女权主义被称为传统女权主义三大流派。

### 1. 自由主义女权主义（Liberal Feminism）

自由主义女权主义诞生于西欧启蒙主义运动及法国大革命时期，这一阶段欧洲大地正经历着一场史无前例的社会变革。在启蒙思想的冲击下，资本主义生产方式开始进入以工业革命为特征的近代城市资本主义时期。启蒙主

---

① 继红：《当代西方女权主义》，《马克思主义与现实》1997年第3期。

② 马克思主义女权主义与社会主义女权主义有着紧密联系，二者都以马克思主义理论作为基本的理论出发点，其哲学基础是共同的，并且方法论也十分相近。另外，社会主义女权主义就是在马克思主义女权主义的基础上进一步发展而来的，两者之间存在着千丝万缕的联系，因此，有很多学者将这两个理论流派合并，称为"马克思主义和社会主义女权主义"。此外，也有学者将这两个概念等同，将"社会主义女权主义也称作马克思主义女权主义"。也有学者将其分别作为一个独立的理论流派，称为"马克思主义女权主义"和"社会主义女权主义"。女权主义理论流派的发展本身就是互相借鉴、继承、批判的过程，因此本书将采用最后一种划分方法，将马克思主义女权主义和社会主义女权主义分别作为一个独立的理论流派进行解读，以使读者更好地理解和区分这两个理论流派的主要观点，了解其差别与联系。

义思想家倡导个人主义、自由主义、人民对权利的高度享有以及权力必须体现人民意志等资产阶级自由思想。

自由主义女权主义是最早的女权主义理论之一，它的发展大致可以分为两个阶段。早期自由主义女权主义的主要代表人物有玛丽·沃斯通科拉夫特（Mary Wollstonecraft）和约翰·斯图尔特·穆勒（John Stuart Mill）。1792年，玛丽·沃斯通克拉夫特发表了《女权辩护》一书，该书被认为是女权主义及自由女权主义的奠基之作。书中，她提出了"由于缺乏教育与机会而形成的妇女受压迫的地位"的观点，此观点后来成为自由主义女权主义的核心理论。1869年，穆勒发表了《妇女的屈从地位》一书。该书诞生于资本主义发展的一个新阶段。妇女问题已不再是简单的教育权的问题了，而是上升为政治上的平等问题，即妇女的参政权和选举权。他还撰写了《承认妇女的选举权》和《妇女的参政权》两本有关女权的著作。认为女性被压迫的状态是由于男人的习惯和态度造成的，消除妇女被压迫状况的出路主要应依靠法律和道德上的变革。

20世纪以后，当代自由主义女权主义在继承传统自由主义女权主义的基础上继续发展，自由主义女权主义的理论发展没有超越早期的基本框架，即认为假如妇女的教育及选举权利在实践中得以实现，理论上就可以认为妇女不再受到剥削。这一时期自由主义女权主义的主要代表人物有贝蒂·弗里丹（Betty Friedan）、苏珊·穆勒·欧金（Susan Mollor Okin）等。贝蒂·弗里丹在其代表作《女性的奥秘》（1963）中，首先是对传统女性家庭角色的反思。书中对女性在婚姻中的角色，尤其是充当母亲角色的作用做出论述。她指出美国白人中产阶级女性对妇女现状的不满，并号召这些妇女离开家庭到社会中寻找更有意义的工作，并认为女性应当在家庭与事业间取得平衡，这是一场艰巨的斗争，社会应当为女性提供有利的条件。另一名自由主义女权主义的理论家苏珊·穆勒·欧金，在其著作《公正、性属和家庭》中，指出，性属—结构化婚姻是引起性属—不公正不平等的重要原因。"直到在家庭里面有了公正，女性才将不仅能够得到政治的平等地位，而且在工作中，或在任何其他的方面得到平等。"①

---

① 〔美〕詹妮特·A. 克莱妮编著，李燕译校《女权主义哲学——问题、理论和应用》，东方出版社，2006，第420页。

综合自由主义女权主义的主要理论家或代表人物的思想，自由主义女权主义的主要观点有以下几点。首先，批判传统的性别观念。自由主义女权主义批判了女性与男性相比在理性上是低劣的观点，和女性应当屈从于男性的错误思想，认为女性具有与男性同等的道德、理性和智慧。她们反对强调性别差异，认为所有的男性和女性是生而平等的。理性是将人类从动物中区别出来的能力，是公民资格的基础，女性同男性一样具有理性和能力。这也是自由主义女权主义者所基于的最基本的信条。其次，自由主义女权主义者主张给予女性平等的教育机会。自由主义女权主义认为，女性之所以在理性和能力上与男性存在差异，并非是天生的，而是由于教育方面的机会不均等造成的。男女受教育不均，导致女性在社会和家庭中的不利地位。早期自由主义女权主义的代表人物沃斯通科拉夫特和穆勒的观点都体现了这一点。再次，倡导男女权利和机会平等。自由主义女权主义从主张社会正义的观点出发，认为一个公正的社会，应当为每一个人发挥潜能创造条件，社会应当在政治、经济、法律等诸多方面为男女两性提供平等的权利和机会。最后，提出对传统女性家庭角色的反思。自由主义女权主义者在高呼为争取女性平等的受教育权、选举权、平等就业权，争取女性在社会、经济上与男性平等地位的同时，也开始关注女性在家庭中的角色。自由主义女权主义认为，与男性相比，女性在家庭中承担着所有的家庭工作的主要责任，从而制约着女性参与社会生活和社会工作，进而阻碍在社会、经济领域男女平等目标的实现。[①]

2. 激进女权主义（Radical Feminism）

激进女权主义诞生于 20 世纪 60 年代末，是在第二次女权主义浪潮中发展起来的。它是一个强烈认同女性特质、基于本质主义的女权主义流派。产生的社会根源是这一时期的反主流文化环境。20 世纪 60 年代开始，对市场作用的重新认识，尤其是对资本主义发展方式所产生的资源、环境等问题的深刻反思，促使人们开始认识到市场之外的社会的存在。"家庭"和"自然"被确定为与市场同时存在的社会结构，家庭也正是激进女权主义的理论依据。长期以来，家庭被作为一个没有生产功能的单位，产生这种认识的原因主要在于社会的父权结构。父权制理论是激进女权主义的一个重要理论。1970 年，凯特·米利特在其著作《性别政治》中，最早引入"父

---

① 周天枢、傅海莲、吴春：《女性学新论》，华中师范大学出版社，2010。

权制"的概念。激进主义女权主义把父权制界定为男性主宰、压迫和剥削女性的社会机制和实践的系统，包括男性主宰社会的所有结构和组织。女性被剥夺了进入这些结构和组织的机会，因而处于无权的状况。激进女权主义主张改变这种状况，并指出，男权社会系统是妇女受压迫的主要根源。种族歧视、阶级歧视、性别歧视等都与男权结构相联系。要从根本上改变妇女受压迫的状况就必须改变社会的男权结构。

激进女权主义的主要代表人物有凯特·米利特（Kate Millett）、舒拉米斯·费尔斯通（Shulamith Firestone）、玛丽·戴利（Mary Daly）和盖尔·鲁宾。其主要观点表现在以下几点：第一，认为生物学因素是使妇女受到压迫的主要原因。主张通过生育技术革命实现妇女解放。费尔斯通在1970年《性的辩证法》一书中指出：女人由于无法摆脱生育及抚养孩子的任务而不得不服从于男人。因此，妇女运动的目标是设法使妇女摆脱生育子女的生物学革命。她将生理性别差异导致的性别家庭角色不同看做超越种族和阶级的社会存在。此外，激进女权主义提出性阶级（sexclass）的概念。费尔斯通在论述妇女受压迫的生物学原因时，运用了马克思主义的一些观点：认为"性别就是阶级"，即认为妇女由于从事人类再生产的共同特征而形成一个阶级。由此，她将社会运动分为三个层面：性，阶级和文化，而性差异是最根本的。激进女权主义者认为，男权制是社会文化结构，它以妇女的生物功能为基础把妇女定义为"异类"（Different Species）。费尔斯通的激进女权主义理论揭示了生物因素在性别不平等关系中的作用。第二，激进女权主义的另一个理论流派则将性别的社会生物学观点推向极端。他们认为女性只要与男性共同生活就不可能摆脱男性的压迫，因为社会本身是男权社会。男女关系是体现男权结构的主要形式，家庭的构建是男性实现其男权的主要体制安排。因此，破除家庭及男女关系中的制度要素是实现妇女解放的根本途径。这一理论观点为西方女性性解放，例如，女性同性恋，提供了理论依据。

3. 马克思主义女权主义（Marxist Feminism）

马克思主义女权主义是马克思主义与女权主义结合的产物，它产生于20世纪60年代第二次西方女权主义浪潮中。需要注意的是，马克思主义女权主义理论并不等同于马克思主义妇女理论，马克思主义女权主义是西方女权主义理论的重要组成部分。这一流派不完全是指引经据典研究马克思主义中关于妇女问题的观点，而泛指持经济基础—上层建筑结构影响女性的理论学派，其中甚至包括了对马克思特别是对恩格斯妇女思想的批判。[①] 马克思女权主义者对马克思主义理论所采取的是既吸收又挑战的态度。[②]

马克思主义女权主义主要指用马克思主义的理论研究妇女问题的理论。1884 年，恩格斯发表《家庭、私有制及国家的起源》一书，从而形成了古典马克思主义女权主义的基本理论框架。马克思主义女权主义将妇女的被压迫状况归结为私有财产和社会制度。私有财产和剥削阶级生来就具有剥削性和压迫性，男人在私有财产和剥削阶级中占有优势地位。因此，妇女所受的剥削和压迫来源于资本主义和阶级剥削。马克思主义女权主义强调妇女所受到的经济剥削是妇女问题的核心问题，阶级是阐释妇女受压迫的重要分析工具。

马克思主义女权主义的主要代表人物有玛格利特·本斯顿（Margaret Benston）、朱丽叶·米切尔（Juliet Mitchell）等。1969 年，玛格利特·本斯顿发表《妇女解放的政治经济学》一书，书中指出，女性从属地位的根源来自经济。[③] 1966 年，朱丽叶·米切尔在《妇女：最漫长的革命》一方中，用马克思主义与女权主义结合分析的方法，将妇女受压迫的机制概括为四大类：生产、生育、性、儿童社会化，认为这些方面的历史变化决定了妇女的地位和现状。1971 年，她又发表《妇女等级》一书，同样用马克思主义来分析妇女问题。

总体来看，马克思主义女权主义分为两大体系：第一大体系是以马克思和恩格斯为代表的早期马克思主义理论，即经典马克思主义妇女理论，主要探讨有关妇女受压迫的根源问题，这在马克思、恩格斯、列宁及毛泽东的著作中均有清晰的阐述。在马克思主义理论中，资本主义制度对工人阶级，包括男性和女性，进行剥削的现象受到了深刻的剖析，因此，它的妇女理论是政治性的、思想性的，同时，也是实践性的。在马克思主义对妇女问题的论述中，有关性别社会分工的问题并未得到更多的阐述；男权的概念被置于阶级关系及家庭经济关系之下，从而忽视了长期继承的男权社会结构对妇女从属地位的影响。第二大体系是应用马克思主义的观点来研究妇女问题的思潮，即非经典马克思主义女权主义。这一思潮的理论观点一方面受马克思主义理

---

① 金蓓:《当代国外女性学概述》,《社会科学》1996 年第 5 期。
② 孟鑫:《西方女权主义研究》,经济日报出版社,2011。
③ 祝平燕、周天枢、宋岩主编《女性学导论》,武汉大学出版社,2007,第 80 页。

论观点的影响，同时受激进女权主义影响。该理论体系有两个方面的贡献：第一，应用马克思主义的理论与方法提出了家务劳动同样创造剩余价值的观点。马克思主义女权主义者运用经典马克思主义政治经济学理论，对家务劳动进行深入分析，揭示了妇女家务劳动对人类发展的重大贡献。一方面反思资本主义社会中妇女参与社会劳动却仍处于受压迫地位的现状，另一方面也重新审视了家务劳动的价值，认为家务劳动是制约妇女解放的关键，建议通过家务劳动社会化或给家务劳动计酬的途径来解决这一问题。① 第二，将男权体制定义为建立在资本主义制度的物质基础之上的、男性用来维持同阶级的利益并同时用来支配女性的社会关系。但事实上，这种超越阶级的女权主义思想是非马克思主义的。

4. 社会主义女权主义（Socialist Feminism）

社会主义女权主义是在马克思主义女权主义基础上，受激进女权主义影响而形成的女权主义流派。因此，它既接受了马克思主义权力和阶级分析的观点以及社会主义是妇女解放首要前提的观点，也接受了激进女权主义关于父权制的观点，社会主义女权主义将男权压迫和阶级压迫视为妇女受压迫的直接根源。这种根源主要表现在私有制条件下的阶级压迫以及由私有制而自然衍生出的男性对女性的控制。因此，社会主义革命是根除妇女受压迫的主要手段。社会主义女权主义的主要代表人物有艾莉森·贾格尔（Alison Jaggar）、海蒂·哈特曼（Heidi Hartmann）、安尼·弗格森（Ann Ferguson）、朱丽叶·米切尔等。

朱丽叶·米切尔1971年发表的《妇女的资产》被认为是社会主义女权主义的奠基之作。她把妇女的剥削分为四个方面：生产、教育、社会化与性。她不认为均等的机会或经济革命以及对生育权的控制能够消除妇女的压迫地位。另一个代表人物海蒂·哈特曼进一步认为男权的基础是性别分工。并指出，马克思主义的历史唯物主义分析与女权主义父权制的分析必须同时运用，才能真正理解西方资本主义的发展和女性在其中的困境。② 他认为，男权社会的物质基础是男性对女性劳动的控制，并由此产生了家庭和社会中的性别关

---

① 祝平燕、周天枢、宋岩主编《女性学导论》，武汉大学出版社，2007，第82页。
② 〔美〕詹妮特·A. 克莱妮编著，李燕校译《女权主义哲学——问题、理论和应用》，东方出版社，2006，第573页。

系，资本主义则将这一社会化过程合理化。艾莉森·贾格尔在《女性主义政治学与人性》（1983）一书中，用异化（alienation）概念分析性别问题。她接受了马克思的论点，认为人在本性上有工作的倾向，然而在资本主义注重生产下，人产生了异化，并进一步认为妇女异化实际上是来自她的身体。

西方社会主义女权主义思潮受到马克思主义基本理论观点的影响，在解释不同阶级之间存在男女不平等时充分运用了阶级理论，但在定义阶级内部的男女不平等时却不同意马克思主义的观点，而认为是男权问题。相对于自由主义女权主义、激进女权主义、马克思主义女权主义来说，社会主义女权主义具有更强的综合性，它兼收并蓄，力图在马克思主义的社会主义理论与女权主义之间寻找最佳结合点，为女性的独立和解放找到理论基础。它主要从历史解放来看家长制的权力，特别关注阶级压迫和性别压迫在资本主义社会相互作用的方式，以一种全新的视角把女权主义的关注与社会主义目标连接起来，注重关注女性的日常生活经验和感情，反映动态的社会和现实。社会主义女权主义者一方面试图用马克思主义的理论和方法来深化女权主义，分析妇女受压迫的具体形式及其对资本主义制度的影响，另一方面又用父权制的理论来分析问题，补充甚至替代马克思主义分析。但是对于这两套不同的理论系统如何实现有机结合并在研究问题的过程中互相补充，社会主义女权者仍然没有弄清楚。

并且，西方女权主义的理论形成过程缺乏社会实践的支持，忽略了社会主义革命实践在消除男女不平等方面的卓越成就。当不同流派思想的女权主义者，面对中国妇女在其政治地位和经济地位上所获得的成就时，往往无法从现有的西方女权主义理论中获得满意解释。中国的社会主义实践为重新认识并进一步发展马克思主义女权主义及社会主义女权主义提供了实践素材。

5. 文化女权主义（Cultural Feminism）

几乎所有女权主义理论观点都是建立在男权主导下的社会价值、文化结构及政治经济制度的基础上。男权结构社会赋予了社会中男性为中心的价值体系，这种男性价值准则界定了性别的社会行为规范。无论是古典女权主义还是现代女权主义均在某种程度上寻找单一标准的女性权利，例如，男女平等权的形式庸俗化。这种女权主义研究的文化盲点使女权主义理论留下了许多缺陷。

文化女权主义从重新审视女性的性质与本质出发，思考并探索性别差异的文化结构因素。文化女权主义抛弃了用男性价值准则及行为标准衡量女性存在意义的传统框架，建立了积极挖掘妇女自身的理论意义的理论模式。它认为，通过自然（生态），或者通过教育（社会化），或者通过某种自然与教育的合并，男性和女性已经形成了不同的价值体系。按照这种观点，通常女性更注重创造和保持同他们热烈的、亲密的和谐的关系，而男性则对肯定他们个人、控制他们自己和他们的命运更感兴趣。[①] 文化女权主义的主要代表人物有卡罗·吉里根（Carol Gilligan）、内尔·诺丁（Nel Noddings）、萨拉·鲁迪克（Sara Ruddick）、玛丽·戴利、艾德里安娜·理查（Adrienne Rich）等。

卡罗·吉里根指出，女性倾向于信奉一种强调关系和义务的关怀论，而男性则倾向于信奉一种注重制度和权利的公正伦理学，对于女性来说，对于女性来说，伦理学就是关于依附和联系的学问，不是伤害他们，注重亲密和爱；而对于男性来说，伦理学是关于分离和自主的学问，关于采取一个立场，关于身份和工作的学问。[②] 内尔·诺丁也描绘了公正伦理学和关心伦理学之间区别，认为前者是男性的特征，后者具有女性的特征。并且认为，关心比公正更基础，也暗示出在我们的社会里，至少男性不得不在道德上跟上女性。[③] 另一位文化女权主义的代表人物玛丽·戴利认为，从某种意义上讲，男性之所以要控制女性是因为他们自身不具备生育能力。艾德里安娜·理查的许多论著较玛丽·戴利的观点更为深入和广泛。她在崇尚女性意识的同时，进一步阐述了女性生物学对女性的重要意义，即在阐述女性本质时将生物学和精神要素相结合，从而摆脱了生物还原主义思潮对性别生物学的影响。杰西·伯纳德（Jessi Bernard）1981 年发表了《女性的世界》（The Female World），其中对妇女的存在进行了界定：女性作为特殊的存在构成了家族的整合要素；构成了博爱及社会的精神气质；构成了与各种行为相关联的文化。

"母亲的思维"是文化女权主义中的一个重要观点，赞美女性关怀气质的

---

① 〔美〕詹妮特·A. 克莱妮编著，李燕译校《女权主义哲学——问题、理论和应用》，东方出版社，2006，第514页。

② 〔美〕詹妮特·A. 克莱妮编著，李燕译校《女权主义哲学——问题、理论和应用》，东方出版社，2006，第515页。

③ 〔美〕詹妮特·A. 克莱妮编著，李燕译校《女权主义哲学——问题、理论和应用》，东方出版社，2006，第516页。

女权主义思想家使用母亲—孩子关系作为讨论任何人类关系的必要和充分条件的出发点。萨拉·鲁迪克就是其中重要的代表人物之一，认为为她们孩子工作的母亲确实出现一种明显的道德推理模式，其中最重要的是"关心的爱的超越的道德"，她们称之为"母亲的思维"。并且，认为母亲思维是比父权制思维更加清晰的道德思维。不具有母亲思维的人往往导向赢得或建立权力的"战争行为"，而母亲思维则更多地体现为一种具有保护、关怀的"和平行为"。①

文化女权主义没有谈及妇女在阶级社会中以及男权条件下所受到的双重压迫，而是试图从文化的角度出发，通过重新确定妇女的存在价值，特别是存在的正向意义来构建新型的、平等的性别关系。该思潮对阶级压迫及男权统治的忽视是由时代背景决定的：文化女权主义主要形成于20世纪70年代末的西方社会，而在这一期间，后工业化时代的社会结构以及受激进主义女权主义影响的性解放运动使研究者无法广泛而深入地体会阶级及男性对女性的统治，从而构成了文化女权主义的极大缺陷。

6. 后现代女权主义②

后现代女权主义是伴随着西方国家进入后工业化社会和后现代主义思潮的兴起而出现的一个新的女权主义理论流派。后现代主义思想对于传统的结构主义思想具有极强的颠覆性，它对现代性进行激烈批判，反对本质主义。"后现代"思想强调，从理性转向非理性，从一元论转向多无论，从本质主义、基础主义转向相对主义、个体主义，从封闭转向开放。③ 后现代女权主义者发现，后现代主义的许多关注焦点与女权主义相同。受后现代主义影响，后现代女权主义试图发展出一套女权主义的男女平等概念，强调女性内部的差异。④

后现代女权主义很大程度上受存在主义女性主义者西蒙娜·德·波伏娃、解构主义者雅克·德里达（Jacques Derrida）以及精神分析学家雅克·拉康（Jacques Lacan）的影响，主要代表人物有南希·乔多萝（Nancy

---

① 〔美〕詹妮特·A. 克莱妮编著，李燕译校《女权主义哲学——问题、理论和应用》，东方出版社，2006，第516页。

② 祝平燕、周天枢、宋岩主编《女性学导论》，武汉大学出版社，2007，第82～87页。

③ 董美珍：《女性主义科学观探究》，社会科学文献出版社，2010。

④ 继红：《当代西方女权主义》，《马克思主义与现实》1997年第3期。

J. Chodorow）、卡罗·吉里根、埃莱娜·西苏、露丝·依瑞格瑞等。后现代女性主义流派内部理论观点众多，其主要观点有：第一，否定所有宏大的理论体系，强调关注差异性、特殊性和多元性。后现代主义反对一切有关人类社会发展规律的大型理论，认为只有分散的、局部的小型理论才是有效的，主张对"元叙述"和"宏大叙述"进行解构。受其影响，女权主义者将研究重点由建构大一统的理论转向了适应差异性和变化的小型理论的探讨，如建立社区理论，关注小范围的社区经验等。第二，话语即权力的理论。后现代主义思想家理论概念的中心由"结构"转向"话语"，提出话语即权力的理论。受此影响，女权主义者从只关注事物转而更加关注话语。埃莱娜·西苏认为，语言是主宰文化的重要力量，它可以控制主体的思维方式，要推翻父权制，就要从语言批判开始，女性要用"身体写作"，通过女性自己身体的真实写作，创造出女性话语，代替惯用的男性话语，实现对男性话语权力的解构。第三，反对本质主义和普遍主义。受后现代思想影响，后现代女权主义也对本质主义、普遍主义等理论提出质疑，认为单从生理决定论、社会性别论等的角度分析女性地位是不全面的，应当考察女性从属地位的全过程。她们对传统的二元对立提出挑战，提倡多元论的模式。第四，关于标准化和或正常化（normalisation）及惩戒凝视（disciplinary gaze）的观点。此观点是福柯的重要思想之一，他认为，社会通过纪律管束人们的身体，通过话语来定义何为正常、何为反常，通过标准化过程要求人对规范的遵从。后现代女权主义者对此表示认同，认为妇女的受压迫地位，既是男权文化压迫的结果，也是自我约束和自我遵从规范的结果，因此主张在日常生活中无处不在的标准化、正常化的束缚，使妇女获得自由和解放。第五，倡导在差异的基础上寻求平等，关注女性主体性。后现代女权主义者力求在注重差异的基础上构建整体平等，其所主张的男女平等，是在承认个性独特性的前提下的两性的具体平等，通过肯定女性的主体地位，唤醒女性主体意识，使女性在做女人的过程中从许多不同方式中找到最适合自己的方式，扭转因男权统治而造成的女性边缘地位。

后现代女权主义在解构传统女权主义理论建构自己理论的同时，也陷入自我矛盾的境地，招致其他理论流派的批判：在对所谓男权中心、宏大理论进行否定和解构的同时，也陷入解构和建构自己理论的两难矛盾之中，其自身也面临着宏大叙述和如何建构自己理论体系的困扰；过于强调女性内部差异，却忽视了女性作为一个社会群体存在的意义；其思想是运用后现代的男性思维和理论，需要借助男性权威来开展自己的理论和实践，缺乏自己的话语权力。更有批评者认为，过分强调女性内部差异不仅使女权运动丧失斗争目标，而且会导致女权主义的毁灭。①

7. 生态女权主义（Ecological Feminism）

生态女权主义是 20 世纪 80 年代开始出现的又一女权主义思潮。之所以称之为"生态女权主义"，主要是由于其对生态问题的关注，特别是对女性与自然关系的认识。法国学者弗朗科斯·奥波尼（Francoise d'Eaubonne）被认为是生态女权主义的早期代表人物。她于 1974 年出版了《女权主义或死亡》一书，首先提出了妇女在生态运动中的潜力，并形成妇女与自然关系的生态女权主义理论观点，这标志着西方生态女权主义研究的开端。生态女权主义的主要代表人物有凯伦·沃伦（Karen J. Warren）、卡洛琳·麦钱特（Caroline Merchant）、范达娜·席瓦（Vandana Shiva）等。生态女权主义认为，对妇女和对自然的统治与支配是并存的，这中间也包括对有色人种、儿童和下等人的统治与支配。生态女权主义在承袭女权主义主要理论与主张的同时，更突出了从女性角度来认识生态系统保护的重要性。她们认为，在女权主义主张中，如果不能从女性与自然的关系方面来强调生态系统及环境的主张，那么任何女权主义主张都是不完整的。同时，任何环境哲学，如果不考虑生态女权主义的观点也都是不完整的。生态女权主义将妇女与自然的关系理论应用到各种社会结构中，并重视对种族、年龄、性别因素的分析，从而形成了其理论的多元文化性，这一点也可从凯伦·沃伦的《生态女权主义》（Ecological Feminism）一书中得到印证。该书认为："生态女权主义提供了一个多元性的框架，因为实际上并不存在一个统一的生态女权主义理论，因此，也就没有一个统一的生态女权主义哲学。不同主张的生态女权主义观点均来自不同的哲学视角。当然，它们的共同点在于对妇女与自然关系的哲学思考。"著名生态女权主义活动家范达娜·席瓦的思想主要来源于否定实证科学的认识论。她将实证科学及现代化发展过程中所产生的对环境、资源的负面影响与妇女在此过程中所受到的压迫与不平等相互联系，并进一步提出了现代技术的性别不平等性。这种观点具有某种反资本主义生产方式的含义，只

① 继红：《当代西方女权主义》，《马克思主义与现实》1997 年第 3 期。

是她的观点没有从资本主义所固有的阶级剥削的角度来审视性别关系。从某种程度上说，她的观点受到西方社会主义女权主义的影响。更突出的是，她的生态女权主义包含了十分鲜明的反"现代化"色彩，她认为西方现代化导致了许多新的社会性别问题。

由于研究目的和方法不同，生态女权主义内部也具有众多分支，国内目前比较流行的一种划分方式是，将生态女权主义划分为文化生态女权主义、精神生态女权主义、社会主义生态女权主义、社会和社会—建构生态女权主义和哲学生态女权主义五个流派。[①] 不同主张的生态女权主义观点来自不同的哲学视角。它们的共同点在于对妇女与自然关系的哲学思考，认为相对于男性来说，由于生理性别的原因，女性对自然有着一种天然的亲近感和和谐感，因而将发展过程中所产生的对环境和资源的负面影响与妇女在此过程中所受到的压迫与不平等相联系，并进一步提出现代技术的性别不平等性。

该理论在很大程度上体现了一种人与自然的和谐思想。在传统农村社区，特别是一个相对封闭的社区中，人的生存与生态系统的完整是紧密相连的，而在这其中，女性起到了很大的作用。但是在贫穷的社区中，随着人口的增加，人与资源的矛盾会逐渐增加。随着这种人口的增加和环境资源的恶化所引起的恶性循环的加剧，如果在没有外力干扰的情况下，这种恶性循环会逐渐加剧。另外，在外力干预不当的情况下，也会产生同样的结果。在这个过程中，环境恶化导致的贫困往往使得处于弱势地位的女性成为首要的受害者。

生态女权主义尊重男女之间的差异性，倡导多样性，摈弃等级观念和统治观念；其结构是多元的，是不同的哲学倾向的多样化观点的汇集和多种价值观的融合，它在道德观上和认识论上的独到之处正是得益于这种包容性；该理论强调情感价值和被压迫群体的价值，批判理性主义的霸权倾向和西方社会制度的弊端，并描绘了理想化的社会蓝图。这些使得生态女权主义带有激进的左翼的政治色彩。与此同时，该理论也含有反资本主义生产方式的内容和十分明显的反"现代化"色彩，因而很多评论家也将其归为后现代主义理论思潮的一个分支。[②]

---

[①]　贾靓：《生态女权主义研究综述》，《中华女子学院学报》2009 年第 5 期。
[②]　南宫梅芳、朱红梅、武田田、吕丽塔：《生态女性主义——性别、文化与自然的文学解读》，社会科学文献出版社，2011。

综上所述，各种女权主义理论主要产生于西方社会。从早期的自由女权主义到后结构女权主义均伴随着资本主义的产生和发展这一过程，伴随着阶层利益关系的变动。在这一变迁过程中，性别关系这一人类发展过程中永恒的冲突主题也发生了相应的变化。因此，认识性别关系的理论思潮——女权主义，也表现出变化的鲜明趋势。但总体而言，上述这些思潮主要代表了"主流"社会的变迁特点，并没有反映出发展中国家社会变迁中的性别模式。例如，像中国这样国家中的性别模式的变迁就无法从中找到答案。

## 二 性别与发展研究的三个流派*

当代的发展实践从 1970 年代开始受到女权主义思潮的影响，使得女权主义理论通过制度化的条件而得以付诸实践，这就是所谓的妇女与发展的理论与实践。"性别与发展"作为发展研究的一个分支，包括妇女参与发展（women in development）、妇女与发展（women and development）和社会性别与发展（gender and development）三个主要流派。应该指出的是有关妇女问题的研究是在众多不同流派思潮影响下发展的，女权主义思潮的形成与发展从理论上为促进妇女的发展奠定了基础，发展研究和实践中出现的三个流派则为具体的发展目标、发展计划和发展活动提供了直接的指导思想和框架。

### （一）妇女参与发展（WID）

妇女参与发展理论始于 20 世纪 70 年代早期。1970 年，埃丝特·鲍赛罗普（Ester Boserup）出版《妇女在经济发展中的作用》一书。鲍赛罗普是全球范围内系统揭示农业经济中两性分工的第一人。她分析了社会现代化过程中传统农业事件发生的变化，剖析了这些变化对男人及女人所做工作产生的不同影响。其结论是：在人烟稀少的地区，农业转型往往意味着妇女承担大部分农业劳作；在使用简单技术的人烟稠密区，男人更多的从事农业活动；在密集型灌溉栽培地区，男性与女性共同分担农业劳动。她明确提出了发展中国家的妇女在经济发展中发挥着极其显著的作用的论点。其进一步指出，尽管妇女在生产中尤其是农业生产中起着重要的作用，然而她们的经济作用与贡献却被大大低估和忽视了，这主要体现在经济统计数据上和在发展计划的制订与实施中。鲍赛罗普在分析中第一次系统使用了性别这一变量，她的

---

\* 此部分内容参考了林志斌、李小云主编《性别与发展导论》。

研究使学术界关注两性分工及发展以及现代化战略对两性造成的不尽相同的影响方面意义深远。

首先使用"WID"一词的是国际发展学会的哥伦比亚特区华盛顿妇女委员会。WID 是她们提出的战略的一部分，以期使美国政策制定者注意到鲍赛罗普及其他学者提出的新佐证。美国自由女权主义者开始明确提出一套被统称为"妇女参与发展"的主张，倡导法律与行政方面的改革，以保证妇女更好地融入经济系统中。她们首先强调平等原则及制定旨在缩小妇女在生产领域中的劣势、结束对女性歧视的发展战略及行动计划。

WID 的角度与现代化理论模式紧密相连。这一模式在 1950～1970 年代支配着国际发展思考的主流。彼时普遍接受的观点是：现代化——通常与工业化等同——提高发展中国家的生活水平。这一观点认为大力扩展教育会造就一批受过良好教育的工人及管理人员，会使没有活力的、以农业为主的社会向工业化、现代化的社会进化。随着这些国家经济的发展，现代化的益处就会一点点渗入到社会所有阶层中。在此期间的现代化论著极少把妇女作为一个单独的分析单位来对待。他们假定男性的普遍经历可以涵盖女性的经历，而且当社会变得日益现代化时，所有人都会平等受益。到了 20 世纪 70 年代，很多研究人员对这种现代化观点提出质疑。他们指出，此前的 20 年里，妇女的相对地位事实上并没有提高，妇女在某些领域中的地位甚至有所下降。

妇女参与发展理论认为：首先，绝大多数发展项目中存在对妇女的歧视，这使得妇女的经济参与受到忽视和削弱；其次，由于妇女的现实角色没有得到政策上和发展干预的重视，导致了"女性贫困化"这一趋势；第三，妇女参与发展理论在强调妇女在经济发展中的作用的同时，并不赞同为了单纯追求经济利益而将妇女作为未被充分利用的劳力，因为这样会加重她们已经非常繁重的劳动负担。尽管很多情况下，她们所从事的劳动是非生产性的。

妇女参与发展理论从 20 世纪 70 年代开始影响了活跃于妇女问题领域的不同群体，她（他）们分别是政治活动分子、女权主义学者和实际工作者。在这里，实际工作者是指那些在发展机构和组织中工作，或以合同等其他形式为发展机构工作的人员。

WID 方向下，妇女对发展及社会变革有不同于男性的体验这一事实在制度上得到承认，使得专门针对于妇女的体验及角度的研究合法化。但是，理论研究者和实际工作者在投身于妇女与发展的过程中，同时也认识到该理论的局限性。

第一，妇女与发展理论的局限性从某种意义上反映了现代化理论的局限性。国际机构采用的妇女参与发展的方法植根于传统的现代化理论之中，它之所以被接受作为一个研究领域是由于人们认为它是从现代化理论中派生出来的。现代化理论的核心思想是，发展中国家只要遵循西方模式，就可以走上发达国家的现代化道路，而且发展这一概念被看做一个缓慢但却稳定的线性过程。对现代化道路的反思从 20 世纪 70 年代开始逐渐受到关注。妇女与发展理论虽然揭示了发展中国家妇女在生产中的作用，但由于其理论基础仍然来自西方国家的自由主义思潮与现代化理论，因此，其许多理论与实践观点与许多发展中国家的传统价值体系、文化传统、社会组织制度、传统技术等均存在不相适应性。一个明显的现象是：发展中国家的妇女被发达国家的妇女从理论上和实践上指导如何认识自己在发展中的作用本身就是问题。有数据表明，妇女在 20 世纪 60 年代的发展努力下处境不好就需要采取新的战略。到 20 世纪 70 年代中期，援助机构开始实施干预计划以纠正发展的"偿报"分析失衡的问题。多数情况下所采取的措施都可以归入"技术解决"的范畴，其侧重点在技术转移，提供推广服务及信贷便利，或开发能减轻妇女工作负担的所谓适用技术。

WID 方式的起点是接受现存的社会结构。它并不分析为什么妇女在过去 10 年的发展战略中受益较少，而是着重于如何使妇女更好地融入到正在实施的发展努力中。这种非对抗式的方式避免追究造成妇女地位低下及受压迫的根源与性质，而集中于倡导妇女在教育、就业及其他社会领域中更平等的参与。此外，由于妇女参与发展的方式根植于现代化理论之中，因而没有认识到诸如依赖理论或马克思及新马克思主义分析等更激进、更具有批判性的观点的贡献。同时，WID 方式容易具有非历史性的倾向并忽略阶级、种族及文化的冲击及影响。它在把妇女或社会性别作为一个分析单位时对妇女内部存在的重大分裂及剥削关系并无意识；也没有认识到剥削本身就是全球资本积累系统的一个组成部分。作为这样一个流派，妇女参与发展的方式所能提供的仅仅是一套粗浅的分析手段。

第二，妇女与发展理论的局限性从一定意义上说也反映了自由女权主义的局限性。妇女与发展理论从根本上来源于西方自由女权主义的意识形态，而这一意识形态的社会基础是西方的中产阶级妇女。西方自由主义思潮深信占西方主导政治经济和意识形态的资本主义体系的生命力和正确性。虽然它也认识到在这个体系下存在的社会不平等和不公正，但它认为这些现象可以通过体系内部的法律制度和观念变化来加以克服。自由女权主义在自由主义思潮的影响下，将妇女在资本主义社会中的依附性归结为对本应适用于每个自由人的一般标准的偏离。根源于自由女权主义的妇女与发展理论在论述妇女的贫困化现象和经济依附性时，把原因简单地归为社会系统的偏离，并认为这种偏离可以通过法制改革、价值观的变化以及有计划地干预而加以校正。然而，20多年的发展干预的实践说明，有计划地干预并没能够从根本上改变发展中国家妇女的状况。同样重要的是，西方国家妇女所关注的发展权必然不同于发展中国家的贫困妇女。而妇女与发展理论最大的局限性恰恰在于用立足于西方中产阶级性别结构的理论来审视发展中国家十分复杂多样的性别结构。

WID方式往往把注意力全部放在妇女的生产性工作方面，忽略了或极大缩小了妇女生活中再生产的一面。因此，典型的WID项目通常是创收活动，向妇女传授一门具体技术或手艺，有时组织妇女结成销售合作组。这些项目通常带有福利色彩，在向妇女传授技术的同时教一些有关卫生、识字、育儿等方面的知识。项目的计划和执行者们通常是用心良好但缺少经验的志愿者。在项目进行之前很少有人进行可行性调查以确认某一技能或产品的市场存在。项目计划者也很少注意到妇女已承担的各项工作及责任的重负。他们假定创收的可能足以激励妇女挤出时间去参加又一项活动。当妇女的创收活动确实成功了而且成为重要经济来源时，往往就被男人取而代之。对此，妇女参与发展或自由派女权主义方式往往无还手之力，因为他们并没有对性别的基本社会关系提出挑战。

第三，妇女参与发展理论忽视了性别问题的复杂性和结构性。妇女与发展理论的基本假设是妇女没能被充分地综合在发展中，该理论认为现行的社会系统没能使妇女充分发挥她们的作用，并且认为在推动现代化的进程中通过增强妇女的参与，妇女的作用是能够得到充分发挥的。这些观点虽然提出了妇女经济地位低下的一部分原因，但却忽视了性别问题的复杂性和结构性。确实，一方面在发展中国家，妇女在生产中起着很重要的作用，另一方面，妇女也确实被广泛地边缘化。然而，这种边缘化并不意味着妇女没有被综合到经济发展中。事实上，发展中国家的妇女已经是其经济系统中的重要组成部分。但是，妇女参与发展理论并没有深究妇女在经济中综合的程度如何，这种综合对妇女的就业、教育、生产效率等方面究竟发挥着什么样的作用，她们在经济系统中的贡献和其价值是否得到了体现。

在妇女参与发展理论指导下形成了一些国际发展实践的政策框架，根据卡罗琳·摩塞（C. Moser）的研究，划分为以下几类：福利、公平、反贫困、效率、赋权与平等政策框架。在本节有关社会性别分析框架中将给予详细说明。

### （二）妇女与发展

妇女与发展（WAD）理论始于 20 世纪 70 年代下半期。它的产生是由于人们感到现代化理论解释的局限，不再认为妇女被排除在早些时候的发展计划之外只是由于疏忽。它的理论基础部分来源于依附理论。依附理论认为，自由主义的发展模式通过跨国公司、对外投资和不公正的交换机制等将第三世界纳入国际资本主义体系，变成其前宗主国经济上的卫星国，以确保前者从中攫取剩余价值。与现行国家体系决裂是发展中国家摆脱发达国家奴役的唯一出路。从根本上说，妇女与发展方式的基本出发点认为妇女从来就是发展进程的一部分。艾可拉·奥凯洛·帕拉（Achola Okell Pala）曾在 1970 年代中期评论说，"把妇女融入发展"的观念已经与维持第三世界尤其是非洲国家对工业化国家的依赖密不可分地联系在一起。

受依附理论影响，WAD 角度的着重点在于剖析妇女与发展进程的关系，而不是设法把她们带到现行的发展战略中去。它的出发点是妇女在自己的社会中从来扮演重要的经济角色，而且她们所做的家庭内外的工作一直对社会的维持起着关键作用，只不过这种融合主要是维护现存的不平等的国际结构而服务罢了。妇女与发展理论认识到第三世界中的非精英阶层的男性同样受到国际系统中不平等的结构的损害。但它对阶级内部两性社会关系的分析很少，未能系统地论述社会性别问题及阶级中跨越性别的联盟与分裂。

WAD 学派恪守马克思主义女权主义的立场，认识到并特别着重分析阶级的影响，但在实际项目的设计和执行上，它往往与 WID 一样，把妇女归入同一群体，不对她们之中的阶级、种族和族裔分别做强有力的分析。WAD 未能对男权制、不同的生产方式及妇女的从属地位及受压迫之间的关系做全面的分析。WAD 学派隐含的假设是：当国际结构变得更加平等的时候，妇女的地位就会改善。同时，妇女在经济、政治及社会结构中缺少代表性仍被看做一个首要问题，解决的途径是通过周密设计的干预战略而不是在性别社会关系上的更根本变动。最后应该指出的是在 WAD 学派中存在着一种压力，不主张把妇女问题的分析独立于男性面临的问题之外，因为学者们认为在建立资产阶级资本基础上的全球结构中，男女两性同处于不利地位。由于 WAD 学派对具有压倒一切影响的男权制的意识形态做细微分析，对他们而言，妇女的状况主要是国际及阶级不平等结构中的产物。

公平是妇女与发展理论的最初的政策方式，其思想来源是基于西方女权主义思潮，其实践方式是在"联合国妇女发展十年"（1976～1985 年）期间形成和发展起来的。妇女与发展理论的论点是基于对妇女在经济活动中的作用与贡献的认识，它的最初论点是"将妇女综合到发展进程中去"。而公平途径则被认为是实现这一目标的政策框架。"联合国妇女发展十年"的口号是：平等、发展、和平。它们分别代表不同世界的声音，而平等则反映了西方女权主义思想。然而当平等的思想被赋予发展的含义之后，平等途径就不完全等同于女权主义的平等思想了。

WID 和 WAD 的共同弱点是对生产领域的单一关注，以至于影响了对妇女工作与生活中在生产方面的研究。因此，WID/WAD 的干预策略往往专注于创收活动的开展，而没有考虑这种战略在时间上给妇女增加的负担。发展项目计划者往往把西方的偏见及假设强加给发展中国家，而妇女在家中所做的工作，包括有关社会人的再生产工作，都没有被赋予经济价值。她们在家庭维持上投入的劳动一直被认为是"私人领域"的一部分，不在旨在加强创收活动的发展项目的范围。

### （三）社会性别与发展

社会性别与发展（GAD）理论兴起于 20 世纪 80 年代。GAD 的理论基础是社会主义女权主义。它把生产关系与人的再生产关系相联系，并考虑妇女生活中的各个方面，从而弥补现代化理论留下的空白。社会主义女权主义者把生产和再生产的社会构建作为妇女受压迫的基础，关注社会性别的社会关系，对不同社会中赋予男女两性角色的合理性提出质疑。他们并不轻视女性在社会、政治、经济生活各方面更多参与的重要性，其首要的关键点在于研究"为什么"妇女一贯地被赋予次等或二等角色。社会主义女权主义者把对男权制影响的分析与更传统的马克思主义方法的某些方面结合起来，以回答"为什么"的问题。

以社会主义女权主义为依托，GAD 具有与 WID、WAD 不一样的特点。凯特·杨（Kate Young）列出 GAD 方式的一些基本点。其中最重要的是 GAD 的全方位视角。GAD 的关注不仅在于妇女本身，而且在于社会性别的构建以及对男女两性的特定的角色、责任及期望的指定。GAD 欢迎同样关心平等与社会公正的男性可能做出的贡献。GAD 不是单纯关注妇女（及男人）生活中生产或人的再生产中的一面而忽略另一方。它对妇女所做的贡献分析是针对她们在家庭内部所做的全部工作而进行的，这其中包括非商品生产活动。他们反对通常所使用的公共领域和私人领域两分法，认为这种两分法常被用作一种机制来低估妇女为维持家庭及为家庭所做的工作的价值。社会主义女权主义者及 GAD 方式都对妇女在家庭中所受的压迫给予特殊注意，并进入所谓"私人领域"来分析作为夫妻关系基础的许多假定。GAD 更重视国家在促进妇女解放上的参与，把它看做国家提供的社会服务职责的一部分。

GAD 把妇女看做变革的主体而不是被动的受援人。因此，它采用的是第三世界基层妇女组织的赋权模式，通过"赋权"，使女性增强其内在力量，实现自立自主的能力，包括对基本价值的感知、拥有和决定选择的权利，获得机遇、使用资源的权利，支配自己家庭内外生活的权利、影响社会变革方向的能力等。[①] 它强调妇女必须组织起来，发出更有效的政治声音。它承认认识阶级团结及阶级区别的重要，但认为男权制的意识形态既在阶级内同时也跨越阶级来压迫妇女。因此，持 GAD 观点的社会主义女权主义者及研究人员探索社会性别、阶级、种族及发展之间的联系和矛盾。从 GAD 角度进行研究的关注要点之一是加强妇女的法律权利，包括对继承法及土地法的改革。他们也考察在许多国家中由于习惯法及成文法系统同时并存而造成的混乱以及其被男人所操控利用、损害女性的倾向。

为将赋权落实到实处，性别计划成为 GAD 理论及项目实行的重要内容。性别计划（gender planning）是性别与发展理论与实践体系中最根本的内容。主要目标是通过不同层次规划过程的性别敏感化甚至性别化而实现社会的性别公正目标。它强调在国际发展、国家发展、地区发展以及发展项目实施过程中性别要素的综合。因为如仅仅停留在提倡社会公正的口号上是无法获得社会公正的。性别计划则恰恰力图提供发展机会的公平。

---

[①] 胡传荣：《女性主义与国际关系——权力、战争与发展问题的社会性别分析》，世界知识出版社，2010，第 253、254 页。

性别计划的理论假设是，社会的经济系统是由男性与女性的经济行为共同构成的，而不是简单地由人的经济行为构成的。而发展计划的制定者和执行者在制定发展政策、实施发展计划时所具有的假设则普遍缺乏性别意识。因此，不论是发展计划还是发展项目均在执行方面呈现出性别盲视，或称性别不敏感。这种不敏感性在发展实践的微观层次上尤为突出。性别计划的理论认为男人和女人在社会中发挥着不同的作用，他（她）们有着不同的需求，因此，当我们讨论家庭、住户等概念时应该首先确定男人、女人、男孩、女孩所面临的不同的问题，因为他（她）们有不同的需求。这里又引出性别需求的概念，性别需求是性别计划的理论与实践的核心部分。性别与发展理论认为，男性与女性在社会中不仅起着不同的作用，而且他（她）们的现实利益也有不同——这就是所谓的性别利益（gender interests）。性别利益反映到计划框架中就成了所谓的性别需求（gender needs）。莫林诺克斯（M. Molyneux）1985 年提出了妇女利益与性别利益的概念。她认为应该将妇女利益与性别利益区分开来。妇女利益是由生物学因素决定的，具有相对的一致性。而性别利益则是由性别属性在社会影响下发育而成的。她进一步将性别利益区分为战略性性别利益（strategic gender interests）与实用性性别利益（practical gender interests）。莫林诺克斯对性别利益的区分为性别分析（gender analysis）提供了重要的理论根据。摩塞于 1989 年在莫林诺克斯工作的基础上正式提出了战略性性别需求（strategic gender needs）和实用性性别需求（practical gender needs）的概念。所谓战略性性别需求是指由于妇女在社会中相对于男性的依附地位（不平等地位）而形成的需求类型，如法律权力的问题、家庭暴力问题和同工同酬问题等。满足这类需求将意味着帮助妇女获得更大范围的平等地位，同时将改变妇女的从属地位。所谓实用性性别需求是指在妇女已有的社会角色下所产生的实际需求，如饮水条件的改善、卫生保健的改善及就业的促进等。

性别需求的划分为性别分析进而最终为性别计划提供了具体的方法指南。性别计划框架以性别为中心，以妇女与发展理论和性别与发展理论为基础，通过性别计划的方式满足战略性性别需求和现实性性别需求，来实现性别的平等、公平与赋权。

需要注意的是，发展中国家的发展基本上都是在发展计划的指导下进行的，性别计划自然应当被考虑到现行的发展计划中。性别计划的假设前提是，现行发展计划可以被改造成性别敏感的体系，或者可以建立一个新的计划体系，这进一步要求对现在的发展制度进行变革。虽然性别计划在一些发展项目的规划和实施中取得了相当的进展，但是其最终实施仍然存在许多困难，需要不断地研究与实践。①

总的来看，与妇女参与发展（WID）理论和妇女与发展（WAD）理论相比，性别与发展（GAD）理论在质疑由西方国家主导的现行政治经济格局及其发展理念方面要走得更远。它不再把女性作为孤立的变量"加入"发展过程，也未将其在发展中利益的受损一味归结为遍布国际国内的阶级剥削，而是把她们的遭遇放在特定的社会性别关系及其与阶级、民族、种族等其他社会分层机制的互动中加以审视，其指导思想由追究问题的唯一原因转向对之进行多角度的、全方位的考量。GAD 也不再推崇盲目追求经济增长的西方现代化模式，或简单地要求在现行世界体系之外谋求发展，而是摆脱了"经济决定论"、"阶级本体论"等线性思维，对发展予以全面的界定，把人的发展放到重要位置。②

但是，GAD 方式不是轻而易举就能应用到正在进行的发展战略及规划中去，它在实施计划及项目发展的层面上仍然存在一些弱点。主要原因是它要求有一定程度的对结构性改革及权力转移的承诺，它强调根本性的社会变革。因 GAD 具有强烈的批判精神，也难以真正为发展领域的重量级人物所看好。③虽然一些国家的政府和国际机构开始注重并使用"社会性别"及其相关的概念，但是更多地是为了表达自己"性别中立"的态度，回避在发展计划的制订与实施中要把处于边缘的妇女放到中心位置的关键问题。GAD 基础上的项目理论上应该会审查劳动的性别分工，而且会审查责任的性别分工；但是，很多发展项目的关注点都在农业中的劳动性别分工上，却很少再进一步真正实施改革社会性别关系的方案。比较普遍的战略是向妇女（或男人）提供节省劳力的技术，减轻妇女的负担，使她们以较少努力承担生产与再生产的责

---

① 苏红军、柏棣主编《西方后学语境中的女性主义》，广西师范大学出版社，2006（转引自祝平燕、周天枢、宋岩主编《女性学导论》，武汉大学出版社，2007，第77页）。

② 参见胡传荣《女性主义与国际关系——权力、战争与发展问题的社会性别分析》，世界知识出版社，2010，第255页。

③ 仉乃华：《社会性别与发展——从"妇女发展"与"妇女与发展"的异同谈起》（转引自胡传荣《女性主义与国际关系——权力、战争与发展问题的社会性别分析》，世界知识出版社，2010，第256页）

任，它对改变妇女的个人生活可能会有重大影响，但在打破现存的旧框框及以男性定位的文化模式上的作用就微乎其微了。

从 WID、WAD 和 GAD 三种思路的相继形成可以看出，女性主义对女性与发展之间关系探索在不断深化：从把妇女当做"问题"和不发达的表现，在她们身上寻求解决的办法，转向思考现行国际体系的内在矛盾及其对社会性别关系的影响；从强调发达国家专家的理论转向重视作为经济发展、社会改造之动力的发展中国家女性本人的知识和体验；从自上而下地制定法律、政策、方案转向自下而上的创意和行动。①

## 三 性别主流化及性别预算

### (一) 社会性别主流化

在社会性别与发展框架的指导下，发展研究、决策及实践中提出了社会性别主流化（gender mainstreaming）的说法。1995 年，在北京举行的联合国第四次世界妇女大会上，将社会性别主流化确定为促进性别平等的全球战略。1997 年，在联合国经社理事会上，对社会性别主流化的定义达成了共识，即把性别问题纳入主流是一个过程，它对任何领域各个层面上的任何一个计划行动，包括立法、政策或项目计划对妇女和男人产生的影响进行分析。它是一个战略，把妇女和男人的关注、经历作为在政治、经济和社会各领域中设计、执行、跟踪、评估政策和项目计划的不可分割的一部分来考虑，以使妇女和男人能平等受益，不平等不再延续下去。它的最终目的是达到社会性别平等。根据该定义，所谓的性别主流化包括两个方面的含义：一是社会决策目标包含了社会性别公平与社会性别平等，二是社会发展决策过程以及相关领域的计划及实施的整个过程采纳了有关社会性别分析的概念及方法。

社会性别主流化的提出虽然经历了并仍在面对着困难，但是，在联合国和世界妇女运动的大力推动下，其进程仍然显示出了一定的成果。社会性别主流化，即"把性别平等意识纳入社会发展和决策的主流"，最早出现在1985 年第三次世界妇女大会通过的《内罗毕战略》，集中反映在 1995 年第四次世界妇女大会通过的《行动纲领》中。1995 年北京第四次世界妇女大会上

---

① 转引自胡传荣《女性主义与国际关系——权力、战争与发展问题的社会性别分析》，世界知识出版社，2010，第 255 页。

189 个国家和政府签署的《北京宣言》强调：作为政府，我们特此通过和承诺以下《行动纲领》，确保我们在所有的政策和方案中体现社会性别观点。而《北京行动纲领》更明确地提出了"将社会性别意识纳入决策主流"的观点，其第 41 段指出：女性进步和男女平等的实现是人权的内容，也是实现社会公正的条件，不应把它们孤立地视为妇女问题。它们是建立可持续发展的、公正的和发达的社会的唯一途径。女性赋权和性别平等是实现人类政治、社会、经济、文化、环境安全的先决条件。与此同时，联合国第 50 届大会通过的50/203 号决议，也强调"联合国秘书长负责协调联合国系统内的政策，以执行《行动纲领》并在联合国所辖的活动中纳入社会性别观点"。在各种理论研究及实践的基础上，于 1997 年达成了上述对社会性别主流化的一致定义。

将社会性别理论纳入决策主流，它是一个过程也是一个战略，是指政府在立法、公共政策、各种方案和项目的宏观决策时，应从男性与女性不同的社会需求与发展的角度，来考虑整个社会的发展，从而影响决策质量、决策水平，体现出其科学性。即客观公正地认识和评价两种性别的不同需求，有利于两种性别潜能的发挥和两种性别角色利益的保护，最终达到社会性别平等。这种科学性则要求政府在每一项重大社会决策之前进行社会性别分析，要有清晰的社会性别计划方案，并分别研究该项政策可能对男性和女性各带来什么影响，如果分析的结果对男性和女性产生了不平等的影响，就要避免做出错误的决定；其次，在政策实施后，要定期审查其执行情况，评价该政策对男性和女性在实践发展中产生的不同影响是否公平，以保证男女双方都是平等的受益者。国际上实现社会性别主流化的步骤有以下九个方面：明确而坚定的政治承诺；机构设置和人员配置（包括人员的能力建设）；社会性别统计；社会性别分析；制定双头的社会性别平等政策、法律、项目；贯彻双头的社会性别平等政策、法律、项目；社会性别预算；社会性别评估；社会性别审计。

在学术层面，社会性别视角的引入，促使人们反思和审视以男性为中心的文化体制以及这一体制对两性关系的规范和对人类社会的生活和道德观念的控制，进一步发掘出隐藏在社会文化中的导致两性不平等的构成因素，揭示性别关系的特殊性、复杂性，丰富和补充阶级关系、生产力和生产关系矛盾导致两性不平等的理论。在现实社会中，社会性别视角有助于发现对妇女的歧视、妇女贡献得不到认可和合理补偿、重要作用受低估等问题，同时可以通过性别分析挖掘出存在于社会权力结构和体制中导致两性不平等的深层因素，促进传统性别观念的变革，建构多元的平等的社会性别关系。

　　一系列事实表明，社会性别与发展的研究已经介入政府社会决策领域。社会性别主流化在实践中表现出的趋势是：在国际上，联合国系统和国际社会把对社会性别平等问题的关注融入每个机构考虑事项和工作的各个方面，使对性别平等的关注成为一个机构中所有人的责任，并保证将其纳入所有的体系和工作中去，保证女性和男性平等受益；在国家层面上，社会性别主流化成为一些国家促进性别平等的战略，如加拿大、芬兰、瑞典、韩国等。中国是第四届世界妇女大会后承诺社会性别主流化的 49 个国家之一，已把男女平等作为社会发展的基本国策。

### （二）性别预算*

#### 1. 性别预算

　　性别预算（gender budget）是社会性别主流化过程中的一个重要行动步骤，是指从性别角度出发，对政府的财政收入和公共支出进行分析，分析它们对女性和男性（包括女童和男童）有哪些不同影响。性别预算是将社会性别意识引入各级预算的过程，也被称作社会性别预算和社会性别敏感预算或社会性别反应预算（gender-responsive budget）。

　　预算是政府承诺转换成财政拨款的专用工具，它反映的是政府的政策优先序列。因此，预算可能有助于复制和传播性别偏见，也完全有可能成为改变现有的男女不平等的有力工具。传统预算继承的经济模型的无视性别的性质，用一种统一的、表面中性的方式满足每个人的需要，实际上是不可能达到公平、公正的。性别预算的重要性在于它是性别平等措施实施的资金保障，因此，它既不是为妇女制定的单独预算，也不是将政府资金在男性和女性之间平均分配，而是从社会性别角度评估政府总体预算如何满足男性和女性不同群体的不同需求，真正达到政府预算公平分配的目的。

#### 2. 社会性别预算的产生和发展

　　1995 年联合国第四次世界妇女大会推出了"性别预算"的政策纲领，明确要求各国政府进行性别预算，以求至少在公共资金的分配方面能够为男女平等做一些贡献，加速男女平等的过程。在国际上，性别预算的产生过程是

---

　　＊　此部分内容参考陈方《全球化、性别与发展》，天津大学出版社，2010。

先从实践开始的。1984 年，澳大利亚设在首相和内阁联邦的澳大利亚妇女地位办公室（The Office of the Status of Women，OSW）开始在政府部门推行"妇女预算纲要"（The women's Budget Program，WBP），1987 年以后改为"妇女预算陈述"（Women's Budget Statement，WBS），要求各部门考虑经济政策，如关税、税收、工业发展政策等政策对妇女产生的影响，要求在制定经济政策时，考虑妇女与男性有不同的社会性别分工并处于不同的社会地位。1995 年以后，WBS 制度在部门和组织内实行，要求各部门在报告预算时汇报各项开支对妇女的影响，并向公众公布。从此拉开了国际上性别预算的序幕。

此后，南非、菲律宾等许多国家开始对本国政府预算进行性别敏感分析。1995 年，南非的一个妇女非政府组织与议会联合委员会一道启动了第一个性别预算计划。之后，很快菲律宾、乌干达、坦桑尼亚、瑞士和英国都开展了此类计划。据统计，到 2002 年底，世界上已经有 50 个左右的国家开展了性别预算行动；而到 2003 年，开展性别预算行动的国家增加至 60 多个[①]。截至 2007 年，世界范围内已有 73 个国家不同程度地开展了性别预算项目，其中有 26 个国家是英联邦国家，19 个国家是 OECD 成员国；启动性别预项目的国家分布在世界各大洲上，主要集中于非洲和欧洲，目前向亚洲战略展开的速度也较快。[②]

3. 性别预算分析

性别预算可在国家、省、市的层面上展开，还可以涵盖全部财政预算和选定部分内容。一般情况下，会选择性别不平等现象较明显领域以及针对性别不平等政策等方面，进行性别预算分析。性别预算分析是指对指定的对象（比如项目）从性别视角进行资金分析和评估。性别预算分析和其他形式的预算分析相比，有两个独有的特点。第一，性别预算同时以个人和家庭为基础进行分析。它强调，在进行预算分析时，不仅要从对不同类型家庭进行评估，也要注意对家庭内部的单个男性和女性进行分析和评估，以确保充分了解预算可能对家庭以及个人产生的全面影响，关注和保障妇女权利。第二，性别预算是对无报酬家庭照料工作贡献的系统性认定。在大部分国家，无报酬的

---

① 闫东玲：《浅论社会性别主流化与社会性别预算》，《妇女研究论丛》2007 年第 1 期。
② 马蔡琛、季仲赟、王丽：《社会性别反应预算的演进与启示：基于国际比较视角的考察》，《广东社会科学》2008 年第 5 期。

照料工作在男性和女性之间的分配是不平等的，大多数妇女从事大量的非生产性的无报酬的家庭照料工作，这些工作对社会进步和发展做出重大贡献，但在实际统计或预算中常常被忽略。这不仅影响薪酬工作中男女薪酬平等，而且影响男女两性机会均等地发挥各自才能。性别预算行动对这些无报酬的家庭照料工作表示充分认可和关注，并将其作为影响社会性别平等的一项关键性指标。

进行性别预算，主要是分析和评估所有部门和机构的主要支出对不同性别的影响以及分析和评估社会性别专项分配（如针对妇女、女童、男童、男性的专门项目）。相应地，性别预算分析有两类方法。

（1）分析和评估所有部门和机构的主要支出对不同性别的影响。如果政府/机构/组织的预算存在性别盲点，就可能损害作为弱势群体的性别一方的利益，加深性别不平等程度。因此，有必要从社会性别视角评估政府/机构/组织预算对男性和女性产生的不同影响，具体方法如下：①对政策和预算进行社会性别评估。分析政策对男女的不同影响，包括详细审查国家和部门政策中显性和隐性的性别含义，探讨减少或避免性别不平等影响的方法。②分性别对受益者进行评估。用参与式的方式，询问目前的和潜在的受益者，政府的政策和计划是否针对了她/他们首先关注的问题，是否满足及在何种程度上满足了她/他们的需要。③公共支出范围的分性别分析。分别分析女性和男性或女童和男童对公共支出的受益情况。④税收负担的分性别分析。检查直接和间接的税收，计算不同的个体和家庭各支付了多少税收以发现税收对男女两性的不同影响。⑤对时间利用的分性别分析。审查国家预算与家庭时间利用方式之间的关系，尤其是要关注从事无报酬工作的妇女的时间支出及其在政策分析中被计算的方式。

（2）分析和评估社会性别专项分配。对性别问题有敏感认识的预算分析法（针对妇女、女童、男童、男性的专门项目）以男人和男童为比较对象，就政府对妇女的收入和支出进行分析。该方法可以帮助各国政府明确现有政策应如何调整、哪些资源需要重新分配。作为一种手段，性别预算分析法可以强化问责机制和有关方法，影响妇女生活的方方面面，督促政府对政策负责。

在实践中，南非的性别预算工作得出了有关妇女的专项项目资金分配评估的"五步法"：①分析某个领域中女性和男性或女童和男童的地位；

②评估政策和项目资金在何种程度上用于性别平等；③评估性别平等的政策和措施的预算是否用以落实性别平等政策；④监测是否安排好计划使用了预算，评估短期内的成果，评估资金/资源是如何支出的，向哪些人支付了哪些费用，性别平等政策和措施是如何贯彻的；⑤评估政策是否让第①步的分析结果有所改变，是否对改变社会性别关系有长远影响。

除此之外，由中国妇女出版社出版、刘伯红主编的《社会性别主流化读本》中还总结了澳大利亚的三类法以及女性经济学家戴安娜·埃尔森提出的七种性别敏感的预算分析工具。"三类法"将预算分为三类：与性别相关的支出、公共部门人员平等机会支出、对性别造成影响的一般性支出，对这三类进行全面的性别预算分析。戴安那·埃尔森提出的性别敏感的预算分析工具主要包括七种：社会性别意识政策评估、分性别的受益人评估、分性别的公共支出分析、分性别的税收分析、预算对时间利用的影响的分性别分析、性别敏感中期经济政策框架、性别敏感预算报告。①

4. 社会性别预算在中国

我国是1995年第四次世界妇女大会后承诺社会性别主流化的49个国家之一。近年来，我国也开展了社会性别预算方面的尝试工作。在议政层面上，2001年时任全国妇联副主席的刘海荣在全国政协大会的发言中建议，在国家财政预算中建立专门的性别预算。②

在实践层面上，2005年河北省张家口市妇联在行动援助中国办公室（AA-IC）的技术和资金支持下，开展了国内第一个参与式社会性别预算改革试点工作。通过对人大代表、政府职能部门的培训，对贫困地区妇女获得和使用公共资源的情况进行调研以及项目交流研讨等活动进行倡导等主要活动的开展，进行性别预算敏感性分析的宣传和倡导工作。该项目是参与式社会性别预算工作在中国的首次尝试，为我国的性别预算工作开展取得了宝贵的经验。但是由于包括妇联组织在内的非政府组织在预算过程中仍处于边缘地位，难以推进公共预算的实质性变革。目前，张家口的性别预算试点基本处于停滞状态。之后，2007年全国妇联、国务院妇女儿童工作委员会办公室

---

① 刘伯红主编《社会性别主流化读本》，中国妇女出版社，2009，第118~122页。
② 马蔡琛、王思：《"金砖四国"社会性别预算的比较与启示》，《云南社会科学》2010年第6期。

和联合国开发计划署联合举办了"性别预算研训班"。2009 年 1 月，亚洲基金会与中国发展研究基金会合作，在我国进行了社会性别预算的试点。除了开展相关培训以外，同年 5 月，亚洲基金会启动了一个性别预算背景研究项目，以了解中央财政预算体系和经济支出预算的情况以及县级经济和社会支出预算的情况，这种基础性研究是在中国推动性别预算行动必不可少的工作之一。此外，地方上政府推动开展的性别预算试点工作也初步开展。① 2009 年 2 月，河南省焦作市印发了《焦作市本级财政社会性别反应预算管理试行办法》，明确提出社会性别预算的改革目标，② 直接将性别预算纳入政府部门特别是财政部门的视野。2010 年 3 月，浙江省温岭市温峤镇在人代会召开期间推出"性别预算"恳谈会。③

国际援助机构的支持、国内非政府组织和政府部门实践工作的开展，为我国性别预算工作的开展积累了一定的经验，但是多数性别预算工作仍然集中在培训研讨或者政策层面，具体的性别预算研究工作和实践工作中仍然存在许多问题，面临许多困难。总体来说，我国的性别预算还处于初始阶段，有关社会性别预算的活动多为宣传、培训、倡导和对国家及地方的预算体系与程序进行背景研究，还没有上升到对政府财政预算进行社会性别分析的阶段，因此，在中国实行社会性别预算还有很长的路要走。④

## 四　社会性别分析框架

在各种政策路线及具有社会性别意识的计划方法的背景下，出现了各种社会性别分析框架，用以在实践中落实性别与发展的相关概念和理论。主要的分析框架有哈佛分析框架、以人为本的计划、摩塞框架、社会性别分析模型、能力与脆弱性分析框架、赋权框架以及社会关系分析法等。以下介绍几种应用较为广泛的框架。⑤

---

① 刘伯红主编《社会性别主流化读本》中国妇女出版社，2009，第 124、125 页。
② 马蔡琛、王思：《"金砖四国"社会性别预算的比较与启示》，《云南社会科学》2010 年第 6 期。
③ 马蔡琛、王思：《"金砖四国"社会性别预算的比较与启示》，《云南社会科学》2010 年第 6 期。
④ 刘伯红主编《社会性别主流化读本》中国妇女出版社，2009，第 124、125 页。
⑤ 社会性别分析框架部分主要参考了坎迪达·马奇等著《社会性别分析框架指南》中文版（坎迪达·马奇，2004）。

### （一）哈佛分析框架

哈佛分析框架是 1985 年由美国哈佛国际发展学院的研究人员与美国国际开发署和妇女参与发展办公室合作出版的，是在将妇女纳入发展的"效率方式"备受发展工作领域重视的背景下产生的。该框架的设计是为了说明将资源分配给女人与分配给男人一样都有经济方面的依据，旨在帮助计划人员设计更高效的项目和提高总体生产率。这一框架认为，妇女是发展中一支不可忽视的重要力量。要达到提高妇女生产力/生产量的目的，就应满足妇女对资源和机会的需求。该框架重视发展项目/计划对妇女的影响，把妇女当做一个单独的群体对待，在不触动现存的社会性别关系结构下推行。这个框架通过列出男女在社区中从事的工作和所拥有的资源以及强调其主要区别达到上述目的。哈佛分析框架是为了在微观层面（社区和家庭层面）收集材料而开发的一个图表或模型，有四个主要组成部分。

工具 1：活动图表

列出相关的生产和再生产任务，回答"谁做什么"的问题，如社会性别、年龄、时间的分配、活动的地点等。

工具 2：使用和支配——资源和收益图表

使使用者能够列出人们使用何种资源完成活动图表中列出的任务。它表明是女人还是男人有机会获得资源，如土地、设备、劳力、现金、教育/培训，等等；谁决定资源的用途；谁控制和支配一个家庭（或社区）从资源获得的收益，如外来收入、资产所有权、基本需求（衣、食、住等）、教育、政治权力/声望，等等。

工具 3：影响因素图表

列出影响两性在劳动分工、使用和支配资源方面差异的因素，包括所有影响社会性别关系、决定男女有不同机会和不同限制的因素以及相应的机会。它们包括社群范围和社群等级，如家庭/社区形式，文化习惯和宗教信仰；人口特点和状况；制度体系，如政府体制的性质，对知识、技能和技术的产生与传播的安排；总体经济条件，如贫困水平、基础设施、通货膨胀、收入分配等；法律界限；培训与教育；社区对发展/援助工作人员的态度；等等。

工具 4：项目周期分析一览表

该工具用于从社会性别角度审视一个项目建议或干预领域。运用按性别划分的数据，旨在显示社会变化对男女的不同影响，适用于项目周期中的四个主要阶段：立项、设计、实施、评估。立项中有关妇女的考虑包括与妇女商讨评估并确认妇女对资源的使用和支配、对收益的使用及支配等方面的需求；识别项目目标是否明确反映妇女需求，是否可能对妇女的处境有不利影响，等等。项目设计中有关妇女的考虑则包括项目对妇女活动的影响，对妇女使用权和支配权的影响。项目实施中有关妇女的考虑包括对人事方面为妇女提供服务的考虑，组织结构上对妇女的激励和保护以及运作和后勤方面妇女的获益程度，财政方面的充分性以及项目管理系统中对于妇女影响的监测。项目评估中有关妇女的考虑，包括对资料的要求，妇女参与资料的收集与分析等等。

### （二）摩塞框架

摩塞框架是由卡罗琳·摩塞于 20 世纪 80 年代初在英国伦敦大学发展计划部时提出的一种社会性别分析方法。以后她与发展计划部同人一起将这一方法发展为有关社会性别的政策和计划方式，从而将社会性别纳入各类干预措施之中。该框架以"社会性别与发展"模式为取向。这一模式对"妇女参与发展"模式将妇女作为孤立的群体的做法提出挑战，主张在发展工作中采用综合的社会性别视角，将重点放在改变男女两性的权力关系上。该框架将"社会性别计划"发展成一种独立的计划："社会性别计划的目标是令妇女得以从其附属地位中解放出来并在争取平等、公平及赋权方面取得成就。该目标在不同环境中有所不同，取决于妇女作为一个群体在多大程度上附从于男性。"（摩塞 1993，Ⅰ）该框架对"计划只是纯技术性的工作"的观点提出质疑。摩塞认为社会性别计划方式与传统计划方式有几个重要区别：①其本质既是政治的，也是技术性的；②它假设计划过程中会出现冲突；③它涉及变革的过程；④它认为"辩论"是计划的特点（摩塞 1993，87）。摩塞框架的中心内容包括三个概念：妇女的三重角色；实用性及战略性社会性别需求；妇女参与发展/社会性别与发展政策路线的归类。

工具 1：识别和认定社会性别角色/三重角色

该工具通过"谁做什么"的问题来描述基于社会性别的劳动分工。摩塞认为，多数低收入妇女有三种角色，即再生产、生产及社区管理活动角色。男人则主要从事生产和社区政治活动。

再生产：指对家居及家庭成员的照料及维持，包括生育及照料孩子、准备食品、收集水及打柴、采购生活所需、照料家务及照顾家人。在贫困的社区里，再生产的工作大部分是劳动密集型的，非常耗费时间，几乎总是由妇女和女孩来承担。

生产：指生产用于消费和贸易的商品及服务（受雇于他人或个体经营）。男人女人都可能参加此类工作，但他们的具体工作及责任往往不同，妇女从事的生产常常比男人的价值低，易被掩盖。

社区工作：包括社区范围内集体组织的社会性活动及服务。这些活动对社区的精神和文化生活有重要意义，是组织社区和促进社区自治的一种途径。此类工作在经济分析中很少被考虑到，它需要大量的志愿工作时间。男女都参加社区活动，但基于社会性别的劳动分工从事不同类型的社区工作。妇女主要从事照顾性的社区工作，常常是志愿的、无报酬，由妇女在"闲暇时"承担。男人主要承担社区的政治性工作，他们参与有组织、正规的、往往是国家政治框架内的政治活动。他们的工作通常是有薪的，或者通过地位和权力提高而间接获益。

工具2：社会性别需求评估

妇女作为一个群体，有着与男人不同的社会性别需求。她们的需求可以分为两类：实用性社会性别需求与战略性社会性别需求。

实用性社会性别需求是指社会生活中妇女就其社会承认的角色和责任而确定的需求。满足这些需求会帮助妇女面对她们现实的生活，通常与生活条件的匮乏相联系。满足这些需求的干预措施包括：减低工作量、改善健康状况、增加家庭收入、提供基本的社会服务、提供教育机会等。满足实用性社会性别需求不会对现存的性别分工和妇女在社会中的从属地位形成挑战。

战略性社会性别需求是指妇女由于在社会中所处从属地位而产生的需求，与性别分工、权力与控制有关。满足这些需求，可以改变两性间的不平等权力关系。干预的措施包括：家务劳动及养育孩子的平等分工、消除对女性的暴力、改善妇女控制和使用资源的机会、加强决策方面的妇女参与、创造平等的就业机会等。

工具3：家庭内部对资源的支配及决策分析

这一工具提出："谁支配什么？谁决定什么？怎样支配和怎样决定？"该工具将家庭内部对资源的分配与决定如何分配的过程联系起来。从中看出谁支配什么资源，谁有什么样的决策权。

工具4：平衡三重角色的计划

本框架提醒使用者注意在一个计划的项目中会不会加重妇女在某一角色

上的负担并因此损害她们的其他角色。妇女必须平衡来自再生产、生产及社区责任三方面的不同要求。平衡这些角色的需要影响着妇女在每个角色中的参与，并限制了女性参与某些活动。摩塞着重指出因为没有考虑妇女三重角色之间的相互影响，行业计划（只关注某一方面并通常由政府实施的计划）是怎样常常对妇女不利。制定跨领域的或相互关联的计划应避免这一问题发生。

工具5：政策干预的目的分析

这主要是一个评估工具，用来考察现存项目、方案或政策模式及其目的。摩塞分析了过去几十年发展计划中占统治地位的六种政策模式，分别定义为福利、公平、反贫困、效率、赋权与平等模式。

福利政策框架：始于20世纪50年代，1950～1970年被广泛使用，流行至今。它是最早对发展中国家的妇女进行援助的方式，而且事实上，它不是发展援助的途径而是一种救济式援助。摩塞总结了福利政策框架的假设基础：第一，妇女被看做发展干预的被动接受者，而不是发展过程的参与者；第二，母亲这一角色是妇女的最重要的社会角色；第三，抚育孩子是妇女支持经济发展的最有效的贡献。它的目的是满足妇女作为母亲这个角色的实用性社会性别需求，如提供食品援助、采取措施克服营养不良及提倡计划生育等。福利方式并不质疑现存的基于社会性别的劳动分工及妇女的从属地位。福利政策框架下的发展援助项目所涉及的项目领域也有其自身的发展和演化过程。从20世纪五六十年代的直接的食品援助，到1960年代的母亲儿童健康项目（MCH）到1970年代的人口控制与计划生育项目。虽然社会福利项目涉及的领域与问题的扩展未改变福利政策框架自身的政策假设的改变，然而其所引发的对福利政策框架的反思却带来了对妇女与发展政策途径的深刻思考。例如，人口与计划生育的项目假设前提是：人口的过度增长导致贫困的加剧，因此，控制生育数量将有效缓解贫困，而妇女是生育的责任者，因此，通过向妇女传播避孕知识和手段将降低生育率进而缓解贫困。然而失败的发展操作向人们揭示了上述假设的错误。也就是说，单纯将妇女作为生育载体的角色确认使得福利途径忽视了影响项目实施的其他方面的重要变量，如妇女的生产角色、妇女的家庭决策地位、家庭收入水平、丈夫和妻子受教育的程度等。对妇女多重角色的思考，对福利框架的局限性的反思，再加上对妇女在经济发展中的巨大贡献的发现与认可，共同引发了妇女与发展政策途径的根本性转变，进而逐渐演变成了其他几个政策途径：反贫困途径、效率途径和赋权途径。

公平政策框架：在 1976～1985 年"联合国妇女发展十年"的工作中被广泛采用，其目的是为妇女赢得公平待遇。它把妇女看做发展的积极参与者；认识到妇女的三重角色，并寻求通过直接的国家干预，使妇女获得政治及经济自主权；减少她们与男性间的不平等，从而满足妇女的战略性社会性别需求。该模式挑战妇女的从属地位，它不失为追求从结构上和根本上改变性别关系的政策框架。在争取男女平等的立法进程中，一个重要的里程碑是 1979 年联合国大会通过的《消除一切形式的歧视妇女公约》（Convention on the Elimination of All Forms of Discrimination Against Women）。在联合国的推动下，许多国家在这个法案上签了字，并且将促进男女平等纳入国家的立法中。

反贫困政策框架：20 世纪 70 年代开始采用。鉴于妇女在最贫穷人口中所占比例远高于女性在全体人口中所占比例，提出必须协助贫穷妇女提高生产力来摆脱贫穷。即妇女贫穷是因为欠发展，而主要不是因为她们的从属地位。这种方式确认妇女的生产角色，并试图满足她们创造收入的实用性社会性别需求，尤其是从小规模项目中挣得收入。

如果说公平政策框架是从性别分工的不公平性和妇女的经济独立与男女平等这些性别不平等的根源性问题为出发点来构建的话，那么反贫困政策框架更多的是从男女不公平的后果为出发点来思考政策补救框架，因此它不像公平政策框架那样更直接地关注战略性性别需求的满足。用摩塞的话来说，反贫困政策框架是"低调"（toned down）的公平，这一政策框架把男女之间的经济不平等与贫困相联系，而没有直接与妇女的附属地位相联系。虽然反贫困政策框架是从不平等的后果为出发点，但它并非完全不关注造成这一后果的原因。反贫困政策框架在分析妇女贫困的原因时认为，妇女由于在获得土地、资金等这些生产资料时与男性不平等，而且妇女在就业中受到歧视，因此，她们比男性更贫困。基于这样的假设，发展干预往往通过促进妇女对生产资料的获得来增加她们创收的机会和就业机会。但是，其干预往往局限在妇女与生产资料获得、妇女与就业的关系上，而没有更多涉及在生产资料获得和就业中的性别关系问题。这样，实际上，反贫困政策框架的干预主要体现在促进贫困妇女创收项目上，项目活动多是微型（单人或单产）企业，企业类型也多是妇女传统从事的劳动活动，如养殖、食品加工、缝纫等。这些活动的小型化、非正规化和市场参与的不充分往往使得妇女仍处于劳动和就业的边缘。从实际效果来看，这些活动往往对增加妇女的收入起到了作用，但往往是靠妇女增加劳动时间而换得的。单从反贫困的意义上来讲，这个途径应该说是有一定成效的，但从性别公平角度来讲，如果妇女又要干好家务又要获得更多收入才能被认为与男性平等，那也许是对妇女最大的不公平。

效率政策框架：20 世纪 80 年代债务危机后被采用。其目的是通过鼓励妇女在经济领域做出贡献，从而保证发展更具效率和成效。它依靠妇女的三重角色，并假设妇女的时间很有弹性，努力满足其实用性社会性别需求，将妇女视为补偿日渐衰落的社会服务事业的力量，以延长妇女的工作时间来达到这个目的。

上述反贫困政策框架与解决发展中国家最贫困妇女的贫困状况的背景相联系，效率途径的时代背景则是 1970 年代的世界经济的恶化。1970 年代的拉丁美洲与非洲，由于出口商品价格的下降、民族保护主义和债务危机的共同作用，引发了涉及世界的经济问题。国际货币基金组织和世界银行为了改善这一状况，出台了结构调整政策（structural adjustment policies）。提高效率与生产力是这一政策的两个核心内容。在分析妇女的经济生产的效率问题时，效率政策框架认为妇女劳动对经济的贡献低是由于她们缺乏教育和没有掌握先进的生产技术。这一假设从现实状况来看是真实的，但它只看到了现象，而没有去分析导致现象的原因。事实上，发展的效益往往首先由在社会权力结构占优势的群体获得，而占弱势的妇女并没有必然受益，但反过来，社会又去责备妇女的低素质和低效率。其实，即使就针对现象出发来解决问题也许也可以对妇女有所帮助，但实际的情况是，为了提高整个社会的经济效率，社会往往通过加重妇女的无偿劳动时间来降低成本。摩塞是这样来评价效率政策框架的：它不仅没能满足任何战略性别需求，而且由于它忽视对妇女的资料分配，它还削弱了对妇女现实性性别需求的满足。

赋权政策框架：与其他途径相比是较新的、由发展中国家妇女提出的方式。其目的是通过支持妇女自我计划来增强妇女的权利和能力，从而培养她们自立。这种政策方式认为妇女的从属地位不仅是男性压迫的结果，也是殖民主义及新殖民主义压迫的结果。它承认妇女的三重角色，并寻求通过发动基层妇女，提出她们的实用性社会性别需求来间接地满足战略性社会性别需求。

赋权①政策框架是从发展中国家妇女运动、基层妇女组织和女权主义作品的本土经验出发来看待妇女与发展问题。它不认为女权主义是西方的城市的和中产阶级的产物。也正是由于这一政策框架是从发展中国家的本土经验和妇女的本体状况出发来思考问题，因此它认为研究妇女受压迫的状况不能单从她是一个女性的角度，还应该考虑阶级、民族、家庭结构、社会地位、经济状况等多方面因素。正因为妇女所受的压迫是多元化的，因此，该政策框架认为争取妇女平等的努力也应该同时在各个层次上展开。该政策框架指出的发展途径是：妇女应增强自身的能力，自力更生，自我组织，以最终拥有改变现状的能力与力量。

平等政策框架：1995年提出，重点放在满足战略性社会性别需求，把平等作为人权问题提出。它强调共同分享权力，把男女之间的平等的伙伴关系作为可持续发展的先决条件。加拿大国际开发署在其1999修订的《性别平等政策》中论述了公平与平等的区别与关系："性别公平是指公平对待女性和男性的过程。要做到公平，就必须制定措施以弥补社会及历史原因导致的对妇女的不利因素，这些不利因素阻碍了妇女和男人在同一水平线上参与社会发展。性别公平导致性别平等。性别平等是指女性和男性拥有相同的地位，意味着女性和男性在充分实现人权上具有平等的条件，同时在推动国家政治、经济、社会和文化发展过程中能充分平等地发挥她（他）们的潜力，并且可以从中平等地受益。"加拿大国际开发署在其1999年修订的政策中，将原来的《性别公平政策》更名为《性别平等政策》，其含义是：第一，公平只是获得平等的一个途径，而平等可以通过公平等多种途径来谋取；第二，公平是手段，平等是结果，而结果是我们最终所追求的。

**工具6：鼓励妇女、有社会性别意识的组织及计划人员参与制订计划**

摩塞框架要求使用者考虑鼓励妇女、有社会性别意识的组织及计划人员一起制订计划，以保证识别真正的实用性及战略性社会性别需求并将其包括在计划进程中。

---

① 加拿大国际开发署在《性别平等政策》（1999）中论述了对赋权的理解："赋权是指人——女性和男性——能支配自己的生活：制定自己的生活议程，获得技能，建立信心，解决问题，能够自立。它不仅是集体的、社会的、政治的过程，而且还是个人的过程。它不仅是一种过程，也是一种结果。其他人不能给妇女赋权，只有妇女才能给自己赋权来代表自己进行选择或发言。但是机构包括国际合作机构可以推动这一过程。"

### （三） 社会性别分析模型

社会性别分析模型是兰妮·帕克与一群为中东一个非政府组织工作的发展项目人员的合作产物。本框架深受参与式计划的现实和思想的影响，可以适应种种因资金短缺、时间不足、文化水平低、有关社会性别角色的资料匮乏等所造成的局限。该模型旨在通过提供以社区为基础的技巧来识别和分析社会性别差异，从而分析判断发展干预对女人和男人的不同影响。本框架具有改造作用，目的在于发动社区成员自己进行分析，鼓励社区居民识别并建设性地挑战自身的社会性别观念。社会性别分析模型建立在下列原则上（帕克1993，2）：所有社会性别分析所需的知识存在于人们之中，他们的生活是分析的对象；社会性别分析不是来自社区外的专家；他们的角色只是协作者；只有接受分析的人自己进行社会性别分析，才能达到改造效果。

社会性别分析框架强调社区内等数量的男人和女人组成的小组在发展工作人员的协助下实施。在项目不同阶段，都可以利用这个模型来评估外界干预对社区内社会性别关系潜在及实际的影响。

工具1：在社会的四个层面进行分析

该模型在四个层面上分析发展干预的影响：女人、男人、家庭、社区。其他层面，如年龄组、阶级等可适当加入。女人指目标群体中不同年龄的妇女或指社区内所有妇女；男人是目标群体中不同年龄的男人或指社区内所有男人；家庭是所有生活在一起的女人、男人和孩子。本层面的分析应该使用接受分析者自己的定义或分析单位。而社区则是项目覆盖地区内的所有人。社区很复杂，通常由几个不同利益群体组成。

工具2：四种影响的分析

该模型观察四个方面的影响：劳动、时间、资源以及社会文化。这四个因素横向出现在分析表中。劳动指工作的变化、所需技能的水平以及劳动能力；时间指完成跟项目有关的工作所需要的时间的变化；资源指项目导致的资源使用变化以及被分析的每一个群体对资源变化控制的程度；社会文化因素指项目导致参与者生活中社会性别角色或地位等方面的变化（帕克，1993）。随着时间的推移，社区人员应该自己进行社会性别分析。小组填写表格并定期讨论调查结果，通过回答以下问题来进行分析：表格中罗列的结果是期望达到的结果吗？与预期目标是否一致？项目对没有参与的人有什么影响？意料之外的结果有哪些？

### （四）妇女赋权框架（朗维框架）

妇女赋权框架（朗维框架）由在非洲赞比亚卢萨卡市工作的社会性别与发展顾问萨拉·朗维创立，该框架旨在帮助计划人员探究妇女赋权与平等在实践中的意义，从而批判性地评估发展项目在何种程度上支持妇女赋权。该框架中，发展意味着让人们主宰自身生活，摆脱贫困；导致贫困的根源不是生产力不足，而是压迫和剥削。

工具1：不同层面的平等

朗维框架的核心是五个"不同层面的平等"的概念。这个概念显示出男女达到平等和妇女赋权的程度，可用来评估推行特定的、促进平等和妇女赋权的发展项目的可能性。这五个不同层面的平等是分级的，注重较高层面平等的发展项目更有可能使干预措施有利于妇女赋权。用不同层面的平等来分析发展项目对妇女平等和赋权的影响时，理想的发展干预不一定在每个层面都进行活动。

资源支配
参　与
觉悟　　　　　　　　平等在增进　　　　　赋权的情况在加强
资源使用
福利

**图 8-1　朗维框架的五个不同层面的平等概念**

朗维框架对不同层面的平等做出了详细定义。①福利层面的平等：与男人相比，妇女的物质福利水平；妇女在获得食物、收入和医疗等资源方面是否享有平等机会。②资源使用层面的平等：在与男人平等的基础上，妇女使用生活资料的权利；平等使用土地、劳动、取得贷款、培训、使用营销设施和所有公共服务以及获得相应的权益。使用资源的平等权利是通过运用机会均等的原则来实现的，这一原则要求对法律及行政惯例进行改革以消除歧视妇女的形式。③觉悟层面：对生理性别和社会性别差异的认识，认识到社会性别角色是文化因素造成，能够加以改变；还涉及相信劳动的生理性别分工应当公平合理并取得两性认可。对社会性别的意识觉醒以及集体参与妇女发展过程是建立在两性平等的信念之上。④参与层面：妇女平等参与决策过程和参与制定政策、规划和实施等，是发展项目中的重要方面。参与发展项目意味着参与对需求的评估，项目制定、实施及评估。平等参与即妇女根据她们在社区所占的比例相应地参与影响她们社区的决策。⑤资源支配层面：妇女通过觉悟和控制决策过程，达到能够支配生产资料和利益分配的程度。平等支配资源指两性之间的支配权达到平衡，从而避免男性统治女性或女性统治男性。

工具2：确认"妇女问题"的层面

对"妇女问题"的定义，涉及妇女社会或经济角色的平等以及任何层面的两性平等问题。即"妇女问题"就是考虑男人和女人的关系问题。妇女赋权必须成为男女共同关心的问题。朗维指出了对妇女问题三个不同层面的认同：①消极层面：属于这个层面的目标没有提及妇女问题。经验表明此类项目极有可能使妇女状况进一步恶化。②中立层面：这个层面项目的目标认识到妇女问题，可能关注点仍在于保证发展干预不会使妇女状况进一步恶化。③积极层面：这个层面的项目目标十分关注妇女问题，并关心改善妇女相对于男人的地位。

**（五）社会关系分析法**

社会关系分析法是由英国萨塞克斯大学发展学研究所的奈娜·卡比尔与一些决策者、学者和社会活动家合作创立的，他们大多来自第三世界国家。许多国家的政府部门和非政府组织将该分析法运用于项目计划之中。这是一个具有社会主义女权主义思想色彩的框架，用来分析在资源、责任和权利的分配方面存在的性别不平等，并用来设计有助于使妇女成为自身发展的能动者的政策和计划。它运用概念而非工具来分析人与人之间以及人与资源和各种活动之间的关系以及这些关系是如何通过诸如国家和市场之类的"制度"来重组的。

概念1：发展

即为人类谋取更多的福利。发展的主要宗旨是为人类谋取更多的福利而不仅仅是经济增长或生产力的提高。人类的福利是指关系人的生存、安全和自主能力的所有方面，其中自主是指有能力全面地参与那些影响个人的选择和生活机会的个人或集体的决定。因此，不应只从技术效率方面对发展干预进行评估，还应该考虑一个项目在争取人的生存、安全和尊严这些更为宽广的目标方面的体现。生产的概念不仅仅限于面向市场的生产，还包括所有为人类的福利做出贡献的活动，包括人们为了延续劳动力所承担的所有工作（照顾老人、养育子女和看护病人）、穷人为了生存而进行的所有活动、人们为了保护环境从而最终保障自己的生存而开展的所有活动。

概念 2：社会关系

社会关系指各种结构性关系。这些关系给不同群体定位，并制造和再现制度化的差异。这些关系决定我们是谁、我们的角色和责任是什么、我们能提出什么样的权利要求等问题。这些关系还决定我们的权利以及我们对自己生活和他人生活的控制程度。社会关系制造错综复杂的不平等，它为每一个人在其社会结构和等级制度内分配一个位置。社会性别关系是社会关系的一种，其他社会关系包括阶级、种族、民族关系等等。社会关系不是固定不变的。社会关系决定群体和个人能够获得的有形和无形的资源。贫穷源于人与人之间不平等的社会关系。穷人，特别是贫困妇女，经常被排斥在正规的资源分配之外。穷人经常需要通过社会关系来获得资源，而这种社会关系通常建立在资助或依附关系之上。也就是说，穷人要用自主权来换取安全感。因此，发展项目还应支持发展建立在团结和互惠基础上的关系，这种关系能够加强而不是削弱个人的自主权。

概念 3：制度分析

"制度"是指为了达到特定的社会或经济目标而制定的各种规则的框架。"组织"是制度所采取的特定的结构形式。这些制度确保社会关系的产生、巩固和再生产，从而制造并维持了社会差异和社会不平等，包括性别不平等。制度在意识形态上并非中立。但是几乎所有的制度都不承认存在性别或其他任何形式的不平等。每一个制度都有一个"正统"的意识形态贯彻于其政策与计划。这些"正统"意识形态是建立在以下假设之上的：国家追求国家利益和国家福利；市场追逐最大的利润；社区，包括非政府组织只涉及提供服务；家庭/亲属体现利他主义。这些都是没有冲突、彼此合作的制度。要了解社会差异和不平等（体现在角色、责任、权利要求和权力各方面）是如何通过制度产生、强化和再生产的，就必须打破制度意识形态中立的神话，深入考察各制度的实际规则和实践，从而揭示它们核心的价值及其背后的假设。制度不是孤立存在的，各制度间相互联系，相互影响。同时，制度是可以改变的。制度的变化是通过不同的制度参与者不断协商和实践的过程实现的。制度分析要考虑四个关键制度，即国家、市场、社区、家庭/亲属，还可以加上国际社会。分析以上制度要考虑五个社会关系范畴：规则、活动、资源、人、权力。规则：在规则允许和限制的作用下，事情是如何做的？活动：谁做什么？资源：谁使用什么？根据什么？人：谁被包括在内，谁被排斥在外？

什么位置？权力：谁做出决定，为谁的利益服务？

概念4：社会性别政策

这个工具是用来分析发展项目或政策在何种程度上将改变不平等的社会性别关系作为工作目标。以此为标准，有下列几种类型的政策：①社会性别盲视政策。该政策不承认两性之间的社会性差异，假设任何政策对男女两性的影响是相同的，进而导致对现存社会性别关系有利的偏见。此类政策倾向于排斥妇女。②具有社会性别意识的政策。该政策认为，女人与男人一样是发展的参与者，承认现存的社会性别关系决定了妇女参与发展的方式，使妇女有不同于男性的需要、利益及重点，且使妇女常常处于发展中的不利地位。③社会性别中立政策。该政策应用社会性别差异的知识于发展项目中，使所进行的干预针对两性而不特别倾向于某一性别，满足两性的实用性社会性别需求。④针对特定社会性别的政策。该政策运用社会性别差异的知识，针对某一社会性别的实用性社会性别需要做出回应。这类政策在现存的责任和资源的社会性别分配下推行。⑤社会性别再分配政策。该政策旨在改变现存社会性别关系中权力和资源分配的不平等，令女性和男性间的关系趋向平衡。此类政策可能针对两性或只针对女性或男性。

# 第三节　性别与发展研究的实践

性别主题与发展的其他主题密切相关，存在互动。目前，性别意识在教育、健康、就业、政治法律、环境、反贫困、经济发展与农村发展等领域广泛存在，性别意识指导下的性别分析方法在这些领域发挥了重要作用。同时，性别意识也被引入发展项目之中，性别分析是发展项目的重要内容之一。本节将对性别与发展研究在各个领域中的应用做简要描述。

## 一　性别与发展研究在各个领域的应用*

### （一）教育领域

教育是改变价值体系、行为态度及技能的不可替代要素。由于历史、文

---

\* 主要参考林志斌等（2001）。

化、生理等原因，妇女在社会生活和社会发展中一直处于被支配地位，其受教育程度一直落后于男性。当今社会，由于经济发展和技术进步，决定社会进步和发展的主导因素和力量正在超越生理对妇女就业的限制，由传统体力决定论转向技术和知识起主导作用。新时期男女两性的社会性别角色发生了巨大变化，从而要求教育要适应和满足这一社会性别角色变化的新要求。

重视妇女教育具有重要意义。首先，教育是对妇女的赋权。教育的产出是拥有知识和技能的人，这部分人将会更多地获取和控制资源，更有可能成为资源的决策者，具有更高的家庭和社会地位。因此，教育实际上行使了一种赋权功能。其次，妇女教育具有巨大社会效益。有关研究表明，受过教育的母亲比未受教育的母亲更有可能采取有利于健康和营养的做法；受教育的母亲更有可能将女儿送去受教育；妇女受教育可以导致晚婚和总生育率的下降；妇女教育可以降低婴儿死亡率，提高儿童成活率。总之，妇女受教育可以带来很高的社会和经济效益。

教育的性别化过程有三个不同阶段：第一个阶段是在教育系统中建立性别意识；第二阶段是使教育的目标、内容、手段具有性别敏感性；第三阶段是使教育体系性别化。这三个阶段应该被包含在教育的每一个时段，包括家庭教育、社会教育及学校教育中。

现阶段，性别在教育领域的导入主要通过少量的高等教育课程和大量性别培训来实现。性别培训是指针对广义的性别公平与平等的学习与实践过程。它将培训作为手段，努力从不同方面获得具有性别公正的社会发展过程的有效干预手段。在这里，培训是具有社会动员意义的、广义的、社会变革的有效形式。性别培训的内容可以分为五类。①性别分析培训。性别分析框架主要指哈佛大学的性别分析培训框架。运用性别分析框架，可以概括描绘出性别劳动分工情况和男性与女性对资源的获取与控制状况。性别分析框架在国际上产生相当大影响，并被一些发展援助机构采用。②性别计划培训。该培训框架由摩塞提出，培训框架的主要部分是性别诊断与性别导入战略两大部分。③性别意识培训。旨在提高社会性别意识水平的社会动员型的培训。④性别敏感的参与式方法培训。旨在使发展实践的方法性别敏感化的培训，主要针对从事发展实践的工作人员。⑤性别化发展行动培训。把培训看做学习和行动的过程，将知识与技能方面的学习与学习后的实践相结合，形成更具激励动因的培训框架。

### （二）健康领域

现实生活中，由于存在经济、社会、文化及宗教等诸多因素影响，与男性相比，妇女健康问题常得不到重视。妇女不能同男性一样平等获得健康资源，在生殖健康方面比男性更易受到危害。从发展的角度讲，性别健康的平等问题不仅关系到妇女自身的发展，也关系到社会平衡发展的问题。因此，将性别视角纳入健康领域，是极为重要也极为迫切的。

妇女是人类发展的重要力量，在家庭及社会中担负着生产、生育、教育子女、赡养老人等多重工作。从发展的角度看，妇女的健康是一项基本人权，是社会和经济可持续发展的重要决定因素。在一个家庭中，妇女的身心健康状况，会直接影响到家庭的经济收入和营养状况、孩子的健康和教育水平以及家庭的稳定。

最早开展健康运动的是美国的女权主义者。19 世纪 60 年代，女权主义对美国的医学权威提出挑战，妇女对医学制度的种种弊端有了新的批判角度；同时倡导妇女意识到作为"科学依据"的心理治疗是压迫妇女的重要因素。20 世纪 60 年代，女权主义对 19 世纪制定的严禁堕胎法进行挑战，提倡堕胎是妇女的权利问题，妇女有权控制自己的生育。堕胎斗争使得各派女权主义者团结起来形成美国妇女健康运动，于 20 世纪 70 年代形成一股颇有影响的社会力量，为改善美国妇女的医疗健康状况做出了贡献。

20 世纪 70 年代中期，联合国人口基金会、世界卫生组织等一些国际机构开始重新调整生育健康策略，充实了生育健康的内涵和模式，朝有利于妇女发展的方向进展。健康问题成为社会学、人类学、民俗学、政策学等多个学科的研究内容。

克莱丽·M. 雷泽蒂和丹尼尔·J. 柯兰在 1992 年所著的《妇女，男人和社会》一书中，专门论述了"性别与健康"问题，主要从生物性别角度，对男女死亡率、患心脏病等疾病的可能性和程度的大小及心理健康和精神健康等的性别差异做了阐述。

1995 年 9 月，联合国第四次世界妇女大会制定的《行动纲领》中，"妇女与保健"作为 12 个重大关切领域之一被提出。《行动纲领》不仅再次明确健康及生育健康的概念，还针对目前妇女的健康现状分析原因，并提出改善妇女健康的对策和行动方案。另外，《北京宣言》也明确提出"明白确认和重申所有妇女对其健康所有方面特别是自身生育的自主权"、"确保男女在保健方面机会均等和待遇平等，并增进妇女性健康以及性教育和生殖教育"。

在中国，随着现代医学模式的转变，人们认识到从社会文化方面进行跨学科研究健康问题的必要性。1992 年初，全国妇联书记处批准了由福特基金会援助、妇女研究所负责的"妇女生育健康"项目，这是我国第一次进行大规模、多学科的妇女健康研究。随后，云南生育健康研究会等组织相继成立，大批专家学者、政府官员、妇女研究志愿者广泛参与，为改善和促进我国妇女健康事业做出贡献。

### （三）就业领域

通过了解世界范围内及中国不同性别的就业状况，就会发现就业中存在性别差异问题。这些问题的社会根源，是性别结构的社会化。关注就业中的社会性别问题，就要消除就业中的性别歧视所导致的机会权与选择权的不平等。

女性就业的不平等在农村和城市有着不同的表现。在农村，妇女的工作具有多样性，使得她们在农业生产中的贡献比重难以确定。目前的评估主要强调妇女作为农业劳动力的方面：妇女在生产劳动中承担了许多耗时耗力的工作，但商品作物的生产和收益一般由男性控制；妇女的家务劳动被视为"私人领域"的活动，不被记入生产贡献之中；妇女用于家畜和家庭创收方面的投资对于稳定家庭收入有重要作用，但当经济上的投资具有风险性时，由于女性的选择范围有限，妇女通常会转而维持传统的经济活动方式，最终使妇女的劳动生产率长期停滞不前。城市妇女就业的不平等主要表现在五个方面：①应聘时受到歧视。同等条件下，雇主总是优先考虑男性。②同工不同酬。世界范围内，同等价值的工作妇女比男子的收入少 30% ~ 40%，而且每一个年龄段和每一个地区的失业者中，妇女占的比例极高。③行业分离。较高层管理机构基本由男性占据，女性多集中在劳动密集型行业，工作条件较差、工资低、技能要求低。④工资差别加剧。妇女与男性的收入差别在加大，妇女之间的收入不平衡性加强。教育程度高的妇女收入不断增加，就业条件不断变好，与此相对，教育程度低的妇女收入停滞不前甚至下降。⑤经济危机和结构调整对妇女比对男性的伤害大。这是由家庭内部的不平等、男女性别不平衡以及经济体制改革本身的性质所导致。

一个国家妇女就业的最佳状况应该能够实现或接近以下模式：

● 平等性——妇女享有与男性完全平等的就业权利与择业机会，消除对职业妇女任何形式的歧视；在工资及各种形式的福利和待遇上，实现男女同工同酬。

- 广泛性——妇女具有充分的自由进行职业领域选择。

- 安全性——建立完善的、适合职业女性生理特点的劳动安全防护与卫生保健系统；在所有工作岗位，职业妇女的人格应受到尊重。

- 系统性——建立并完善相应的社会服务系统，保障能够为妇女解决就业后的"后顾之忧"。

- "认识上的一致性"——社会普遍承认家务劳动作为准职业及非生产性、非市场化劳动的社会经济价值。

要实现妇女就业的最佳模式，首要的是改变人们头脑中固有的传统性别模式。在此，性别视角的引入有两个方面的含义：一是考虑妇女的现实情况，加强对妇女的教育和培训，使其能够从客观上胜任工作；二是培养人们的性别敏感意识，摒弃对妇女就业的歧视，帮助妇女实现平等就业。

下面是就业领域推进社会性别主流化的一个实例。[①]

　　2002年8月由国际劳工组织和荷兰政府资助的、国际劳工组织性别平等局和亚太局性别平等专家技术支持的"在3+1机制中提高社会性别主流化能力"项目，于2002年8月在北京启动，这个项目同时在中国、坦桑尼亚、乌干达和尼泊尔执行。"3+1"机制在我国就是政府的劳动和社会保障部门、全国总工会、中国企业联合会和全国妇联。该项目目标是通过提高社会性别主流化的能力，执行社会性别主流化的战略，将社会性别平等纳入积极的促进就业的政策。2003年6～9月，劳保部、全国妇联项目组分别制定了基线调查方案并在西北和东北（甘肃、青海、湖南、四川和黑龙江）等地进行了基线调查。调查较为深入地了解了下岗失业人员特别是妇女对各级政府已颁布的积极促进就业中的创业政策的知晓和使用情况，在自主创业中遇到的问题及其政策需求；了解了3+1部门工作人员的社会性别意识及对政策制定和实施的影响；提出完善有关政策和性别平等主流化的建议。

　　在妇女创业的基线调查中进行了社会性别分析，将政府的积极创业政策分成五个方面进行社会性别分析：第一，减免税费；第二，小额贷

---

① 见刘伯红（2004）。

款；第三，创业培训；第四，市场服务；第五，社会保障。此外还有国际劳工组织劳动战略框架中涉及的问题。其中对创业培训的社会性别分析包括以下内容：持有下岗优惠证的男女性别比例，进入职业学校的男女性别比例等，并从机制、选拔过程、社会支持、妇女资源等方面进行原因分析。

该项目提出创建和完善3+1的对话和合作机制，从各个机构的职能出发，促进政策的完善和改进，推动妇女创业；并且提出在推进社会性别主流化的同时，也应重视专门针对妇女的项目，实现"双头战略"。

### （四）政治法律领域

女权主义的发起始于女性对人权的追求。随着女权运动长期以来的发展，妇女的政治和法律权利得到了很大程度的实现。但目前看来，与男性相比，妇女的权利仍然未能得到有效的保障，主要表征为政治权利的性别差异、经济权利的性别差异、妇女的人身权利以及婚姻家庭权利不能得到有效保障。

政治权利方面：妇女通过长期斗争，虽然已经争取到选举权和被选举权，但在大多数国家，从地方到中央，她们在由选举产生的岗位上的任职仍很少。各级行政及司法部门中，妇女代表的数量极少。产生这种政治权利性别差异的原因是：①整个世界政治领域的文化和风气都由男性控制，将妇女排斥在外；②多数国家妇女参政历史较短，妇女的竞选经验较少，不少妇女对卷入政治冲突有矛盾心理；③妇女参政后，面临性别歧视的各种障碍：一方面政党内存在对女性的排斥，另一方面政党活动和家务劳动难以兼顾；④妇女经济地位低，没有大量资金及社会资本来支付政治竞选的巨额资金。

世界上的各种组织正在利用各种策略和机构加强妇女参政，以消除男女两性在政治活动中的权利和地位差异。其中有些是政府进行的，如通过立法手段规定妇女的名额；有的则是妇女通过集体行动进行的，如通过组织协会等形式，为争取妇女权利而活动。

经济权利方面：妇女的经济权利主要包括与男性平等的就业权、财产权和劳动保护权等。客观地讲，虽然现行的法律、法规及政策对保护妇女的经济权利做了具体到位的规定以确保妇女的利益，但在具体现实中妇女在经济权利方面仍处于劣势地位：妇女的就业受到歧视；女性的财产权不能得到保障；妇女的劳动保护权不能得到实现，甚至成为其失去工作的原因。

人身权利方面：妇女是家庭暴力的主要受害者，是社会暴力的主要侵害对象，使妇女的人身权利受到严重威胁，生命权、健康权和人格尊严受到严重侵害。针对妇女暴力产生的原因可以归为五类：①经济上的不平等；②采用暴力手段解决冲突的文化；③家庭中的男性权威文化；④社会控制力度不够；⑤社会企图控制妇女的行为。

婚姻家庭权利方面：婚姻家庭权力主要包括婚姻自由（结婚自由和离婚自由）的权利以及生育自由的权利。目前的婚姻家庭领域，各国妇女的权利状况有很大差别。发达国家的妇女与男性婚姻家庭权利基本平等；一些发展中的落后国家，妇女缺乏基本的婚姻家庭权利；我国只有少数落后地区的农村妇女缺少婚姻自由权利的保障。

在政治和法律领域，我国乃至国际范围内都有相关的法规、法律或政策措施来保证妇女的基本权利得到保障。但事实是，各个范畴的性别差异仍然存在，妇女仍然处于劣势地位。这就需要我们将性别视角引入日常发展领域，将政治法律已有的关于保护妇女权利的条款介绍并普及到社会中去，以确保其发挥作用，真正做到保护妇女权益。

### （五）环境保护领域

由于两性生物学特性上的差异及社会学意义上分工的不同，男性和女性在与自然环境的关联中扮演不同角色，对环境的认识、态度及处理环境问题的行为方式等方面存在差异。致力于环境问题的女权主义学术和行动派别主要有以下几种：①生态女权主义（Eco-feminism），断定妇女与自然之间有密切的联系，因为它们都有受父权制机构和西方主流文化压迫的历史，并且妇女与自然积极认同；②女权主义环境保护论（feminist environmentalism），强调基于物质上截然不同的日常工作和责任而对特定的资源和生态过程具有社会性别化的利益；③社会主义女权主义（socialist feminism），着眼于把社会性别纳入政治经济分析之中，她们用生产和生育的概念来描述妇女与男子在经济体系中的角色；④女权主义后结构主义（feminist poststructuralism），把环境上的社会性别化的经验视为由社会性别、种族、阶级、族裔及年龄等不同的身份与差异造就的处境知识（situated knowledge）的体现；⑤环境保护论（environmentalism），从自由主义女权主义（liberal feminism）视角探讨社会性别问题，从而把妇女当做环境保护项目的参与者和合作者。

妇女同环境与可持续发展关系密切。环境危机是当前世界问题的重中之重。在不可持续和不公平的发展模式下，男女两性都会受到影响。但由于劳动的性别分工及妇女所遭受的制度性和结构性歧视，环境退化对女性生活和健康会造成更大损害和更直接影响。同时，妇女对影响人类健康和生存的问题具有敏感性；妇女作为物质文明创造者、日常生活管理者、主要消费者以及母亲的角色，对环境保护和可持续发展具有推动和维护作用。生态女权主义者认为对妇女的统治与支配，与对自然的统治与支配是等同的。与男性相比，妇女更有自觉意识去结束这种统治和支配状态。生态女权主义突出了从女性角度来认识对生态系统的保护和重视生态系统的重要性。

要促进妇女参与环境保护和可持续发展，有五个环节值得特别关注。①确保妇女在自然资源获取、使用与管理方面享有平等的权利，包括土地使用权和所有权等，以便更合理地管理自然资源。②加强妇女在地方、国家及国际各个层面对环境管理和决策的参与。妇女所具备的大量知识往往可以开发出合理使用资源和节约能源的途径。因此，要肯定、采纳和利用妇女的环境知识、经验和技能，倾听她们的声音，并反映到环境决策中。③对全社会进行性别敏感的环境教育。提高男性和女性对资源、环境及人口压力的忧患意识，唤起人们的危机感和责任感，使男性和女性认识到自己为子孙后代保护环境的责任；提高妇女对需求与权利的意识，使其担当起参与环境保护的责任并参与决策。④增强妇女在社区层次的决策权是最有效的途径之一。⑤用性别敏感的视角审视所有发展项目，进行社会性别分析并收集分性别的数据。

### （六）反贫困领域

贫困是一种综合的社会、经济、政治和文化现象，各个学科用各种不同的观点和方法对贫困问题进行研究。性别视角的引入是研究贫困问题的一个新的切入点。在性别意识指引下来研究贫困问题，是贫困研究的重要契机。

性别与贫困视角所研究的贫困问题，主要是针对妇女贫困。作为一个特殊群体，妇女的贫困问题往往被忽视。在贫困统计中，没有区分性别的统计。事实上，妇女是贫困群体中需要优先关注的。曾对 14 个发展中国家包括 6 个亚洲国家（孟加拉国、巴基斯坦、尼泊尔、印度尼西亚、菲律宾、越南）进行的调查显示，贫困家庭中女性与男性的比例为 116：100，贫困女性明显高于男性。根据中国妇联 1990 年的全国抽样调查资料，中国农村男性的平均收入为 1518 元，女性的平均收入为 1235 元，只相当于男性的 80%（陶春芳等，1993）。

为了有效地分析贫困问题，需要探索导致贫困的本质原因。在此，引入加拿大国际开发署的贫困分析框架来分析贫困的特征与原因。该框架中，资产、机会和支持条件是实现脱贫的三个相互作用的方面。其中个人所拥有的资产是进行社会经济参与的基础；机会是对资产的利用；支持条件是那些使个人能够利用机会去使用其所拥有资产的条件。

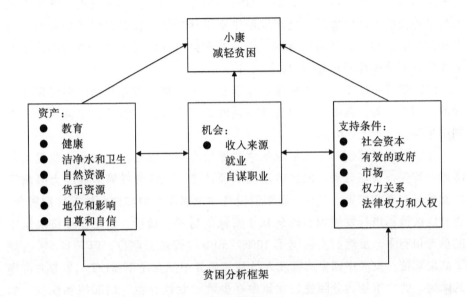

贫困分析框架

**图 8-2 加拿大国际开发署的贫困分析框架**

反贫困中的性别视角主要表现在两种类型的扶贫上：性别瞄准机制和性别敏感的参与式扶贫。扶贫中的性别瞄准机制是性别与发展研究在实践中的应用。性别与发展理论经历了"WID"、"WAD"和"GAD"的演变历程，性别瞄准机制的侧重点也一直处于变化状态：先是关注两性分工及发展，之后关注社会性别的社会关系，对不同社会中赋予男女两性角色的合理性提出质疑。在现有的文化背景下，人们进一步提出赋权于妇女。1995 年，世界妇女大会的《行动纲领》将"贫困"确定为妇女问题的核心。在我国，性别敏感手段在扶贫领域还是新生事物，但在国家的扶贫战略中也开始逐渐意识到性别敏感的重要意义。性别敏感的参与式扶贫是较性别意识更为进步的一种考虑性别的扶贫方式，它兼顾了参与式和性别敏感的扶贫意义：①使妇女的决策参与成为可能；②可以成为影响性别关系进而促进性别平等的机会；③可以促进妇女的自我组织和自我发展。

**（七）经济发展领域**

性别问题是经济发展中不可忽视的问题，主要有两层含义：①妇女是重要的人力资源；②经济增长的最终目的是服务于以人为本的发展，使男性和女性平等受益于经济发展。经济发展中不平等的性别关系阻碍了妇女对经济发展的贡献。因此，性别视角的引入及性别公平政策对于消除性别不公平和减少性别不平等起着重要作用。

经济发展中的不平等性别关系体现在三个方面。首先是家庭内部资源分配的性别不平等，其次是农村劳动中的性别不平等，最后是城市就业中的性别不平等。

经济发展中性别不平等形成的主要原因有三个方面。①妇女素质提高的障碍。首先，市场劳动、家务劳动和照顾孩子、社区责任等多重压力限制了妇女参与教育和培训。其次，政策制定者和发展项目的实施者缺乏性别视角，在制定政策和进行发展项目时忽视了女性的需求。最后，妇女在经济决策中的参与很有限。虽然妇女占据了10%～30%的管理者职位，但只有5%占据了高层职位。发展中国家的行政人员和管理者中妇女还不到1/7。②劳力市场的障碍。劳力市场的分隔使妇女集中在少数"女性为主"的部门和职位，如文书、教育、销售等。同时，许多妇女从事的工作是非全日制、临时、保险系数低及非正式部门的工作，极少得到社会和法律保护。由于传统观念的影响，妇女在进入社会保险体系时受到歧视。在劳力市场上，女性的讨价还价能力低，处于一种孤立和无组织状态，缺乏集体力量，很难在竞争中获得平等进入市场和各种经济机会的途径。③获取经济机会的障碍。男女获得资源的途径是有差异的：由于文化和体制障碍，妇女很难独立获得资源；妇女很难进入以男性为主导的工作网络以及男性导向的经商方式。

为了保证妇女发挥在经济发展中的重要作用，改变性别不平等现状，将性别视角引入经济发展领域是十分必要的。目前，促进性别平等的战略措施主要有四个方面。①政府和发展机构的行为。包括为妇女提供接受教育和培训的机会；为妇女提供法律咨询，将性别意识和法律意识引入人们的生活，增强两性在经济发展中的平等竞争意识；极力促成社会保障和工作保险机制建设，确保妇女在工作中的权利得到维护；支持建设妇女组织，由妇女自己觉悟来维护应有利益。②在发展计划和发展项目中运用性别分析。将性别意识主流化，使性别敏感渗入到社会生活的各个方面，潜移默化地影响人们的意识，从思想上接受性别平等这一原则。③进行性别统计。在国民核算与国家统计资料中，应该包括妇女对国民经济的作用。尤其是无报酬的劳动，应该予以衡量和估价，以保证她们不会被排斥在政策制定和发展计划之外。④加强对性别与经济发展问题的研究。

### （八）农村发展领域

农村可持续发展的一个基本准则是实现社区成员在发展过程中的公平和公正。我国传统的农村发展战略忽视了一个重要群体的发展，即农村妇女的发展。随着参与式理论和性别发展理论在农村发展实践中的应用，妇女在农村发展中的作用逐渐突出。性别在农村发展中的涉入表现在妇女与农业资源管理、土地制度与分配，妇女与农业推广和培训，妇女与乡土技术开发，妇女与农业环境，妇女与农业可持续发展等方面。

## 二　性别与发展项目实例

本部分将以澳中河北水与农业项目作为一个案例，来说明发展项目操作中如何引入性别敏感的视角，将社会性性别平等的原则引入项目之中。

澳中河北水与农业项目①

在澳大利亚国际发展署（简称澳发署）的支持下，河北水与农业项目于2002年7月启动。项目周期为5年，以能力建设为原则，在河北省的6个贫困县针对农业用水的低效和水资源的不可持续性的管理，进行节水农业示范。

1. 澳发署的社会性别平等政策

澳发署将社会性别纳入所有相关项目活动之中。其社会性别政策体现在妇女和男性在发展过程中的同等参与权利和平等的受益机会，促进妇女和男性在发展项目活动中的执行参与和决策参与。一般而言，澳发署的发展项目中没有为妇女专门开展的活动或项目组成部分。然而，妇

---

① 该案例见 http：//www. China-gad.org/test. asp? News/D=331，河北省水利厅澳援项目办公室的报告。

女作为主体被包括在项目的活动和机制中。澳发署的社会性别平等政策建立在以下原则基础上：只有在社区所有民众的积极参与下，才能达到可持续发展的目的；社会性别平等本身就是一项发展目标；妇女和男性在资源管理和使用方面的平等权利对高效的资源管理目标和减轻贫困至关重要。

社会性别问题被要求由中澳项目执行机构和技术专家组综合考虑到项目全过程的每个细节中。澳发署跟踪社会性别与发展政策的执行情况，通过七个标志进行，这些标志提供的监测信息是用来评价项目如何将社会性别视角纳入项目活动的设计和实施的。

标志1：项目活动的目标是否促进了妇女和男性的平等？

标志2：鼓励妇女和男性的平等是否成为项目活动的一个或许多部分的目标？

标志3：社会性别敏感结合进活动中去了吗？

标志4：项目是否有社会性别战略以克服妇女和男性全面参与的阻碍？

标志5：项目有没有促进妇女和男性公平参与决策的战略？

标志6：项目有没有社会性别敏感的监测评估指标？

标志7：项目预算中有没有专门的预算用来从事促进社会性别平等的活动？

该部分说明项目发起者在项目开始之前要求社会性别平等参与项目的性别敏感，从而能够指导和把握项目过程中的社会性别平等参与。

2. 河北水与农业项目概述

河北水与农业项目的目标是农业中水资源的有效利用和可持续管理。其意图是促进各机构和示范社区对农业高效用水的了解，确定并实施可持续性的水资源利用回应。本项目支持我国优先促进农业和农村经济的改革和发展的战略，旨在增强水资源保护机构的能力，控制我国正在逐渐恶化的包括环境污染和生态破坏等问题，促进优化管理、改善农村发展、环境与自然资源管理。参与式、反贫困和促进社会性别平等也是项目积极倡导的理念和实践。

3. 项目的社会性别战略计划

项目的社会性别战略是将社会性别敏感纳入高效农业用水示范的计

划与执行过程中，进而达到可持续利用资源的目的。只有当6个项目县农村社区的男性和女性成员和执行机构的工作人员充分理解了节约用水的原则并积极参与付诸农业高效用水的实践，社区水资源的可持续利用才可得以实现。获得政府和全社会的积极参与尚需做出努力，即项目应制定出社会性别战略计划：参与项目的机构和个人需增强社会性别意识；开展广泛深入的社区磋商，全面听取男性和女性的意见和建议；识别现存的限制男性和女性积极参与的障碍；设计适合男性和女性公平参与的活动计划并按计划执行；设定社会性别敏感的项目活动计划与执行监测指标。

4. 项目的社会性别战略实践

(1) 对项目设计和实施活动的参与

项目应向妇女和男性社区成员提供尽可能多的机会，使他们参与到项目活动的讨论和设计中来，具体措施包括：在了解社区资源的基础上，平等参与初期的社区资源管理计划过程；村规民约的起草和更新，加入相关的节水内容；详细的农业节水示范选择和设计过程；对示范活动进行日常的监督和信息传播交流。

(2) 项目结构中的参与

项目旨在确保在项目管理和监督结构中妇女能够有平等的参与，包括各级项目领导小组、项目管理办公室、年度评估（作为机构或农民代表），生产小组、村示范委员会、项目社会经济监督研讨会（作为机构和社会经济监测小组代表），参与监督与评估和示范技术监督（作为监督人员），以及项目支持的社区协会（男女领导是选举出来的）。目前项目办工作人员和村民选举出的示范委员会成员中的男女性别比为3:2。

(3) 项目学习机会的参与

妇女参与任何的正式培训、推广、农民讨论、参观或地方考察活动的最小比例，将根据妇女参加某项活动的比例而定。按照项目规定的原则，妇女参加这些活动中的任何一项的最小比例应该与男性和妇女对活动表示出的兴趣程度密切联系起来。迄今为止的培训活动表明，男性和妇女参与情况大致为1:1。有必要每年进行一次培训需求评价，以确定预期的比例和男女农民及相关机构人员的期望。考虑到男女农民的不同角色和需要，开展培训的适当时间和地点应与可能的参加者共同协商确定。

（4）决策的参与

根据村级基线调查的结果，妇女和男性在社区公共事务参与程度方面存在着很大的差异。女性参与明显低于男性。社区规划程序旨在确保妇女在大会上的决策、小组讨论和个别访谈中的积极参与。这些程序还将鼓励妇女在活动中担任村民代表职务，如示范委员会委员等村级项目组织。在项目执行过程中，鼓励妇女参加社区事务决策，积累经验以便提高他们在非项目决策组织中的参与。

（5）资料汇总和宣传

项目社会经济监测将设计出一个适当的社会经济监督与评估体系和项目活动的一套监测指标。相关机构的男女工作人员将参与项目影响调查以及日常的实地分性别数据的采集、分析和提供给每年或半年一次的项目社会经济影响研讨会，进而做出相应的调整措施以解决出现的明显不利的影响和问题。项目将在结束前整理出分性别的数据，编辑一份在项目基线调查基础上的项目区男女社会经济地位状况和变化报告，包括男女对资源的使用和控制、劳动时间支配和参与面临的制约因素等方面的情况。

项目成果的推广和宣传活动将使用项目的数据和经验，介绍男性和女性在改进农业用水效率和反贫困中发挥的作用。

5. 项目的社会性别战略实践反思

社会性别作为一个新概念，伴随着社会性别意识培训，包括农村妇女在内的项目参与者对这一概念有了初步了解。今后还需通过项目实施的各项活动来使参与者进一步加深对为什么要提高社会性别意识、怎样增加机会和保证男女平等地在项目中受益等问题的认识。

就项目而言，设计社会性别战略计划，将社会性别敏感纳入项目执行的总体目标是一个可行的经验。但如何检测项目中妇女和男性的平等机会和积极参与情况，发展项目在村级执行中还应充分注意下列几点：示范活动是否充分反映了村民特别是妇女的需要？村民是否参与了项目示范活动的设计和实施？是否更多的村民尤其是妇女参加到了培训等项目活动中？

判断项目带来的影响：给村民特别是妇女的生产生活带来了什么影响？积极的，还是消极的？村庄是否增强了参与意识和社会性别意识？

平等磋商情况如何？妇女参与社区管理决策是否得到了加强？

在我国广大农村地区，传统的社会性别意识造成了男女两性在诸多方面的不平等，进而阻碍了女性发展。女性的落后对家庭、社会都有不良影响，最终将影响两性发展。因此，无论是从事社会性别理论研究的学者，还是社会性别与发展实践的操作者，都应该运用参与式的思想、方法和工具，逐步改变传统的社会性别观念，建立更加平等和谐的两性伙伴关系，促进社会成员的机会均等，促进男女两性共同发展。

## 思考题

1. 如何理解性别的概念？
2. 如何理解女权主义的几个主要流派？
3. 性别与发展研究的三个主要流派及其演变过程是怎样的？
4. 如何理解并将几种社会性别分析框架应用到社会实践中？
5. 如何理解性别与发展研究在社会实践中的应用？
6. 性别与发展项目的具体操作步骤是什么？

## 参考文献

1. 林志斌等主编《性别与发展教程》，中国农业大学出版社，2001。

2. 林志斌、李小云：《性别与发展导论》，中国农业大学出版社，2001。

3. 坎迪达·马奇、伊内斯·史密斯、迈阿特伊·穆霍帕德亚：《社会性别分析框架指南》，社会性别意识资源小组译，社会科学文献出版社，2004。

4. 王政、杜芳琴主编《社会性别研究选译》，生活·读书·新知三联书店，1998。

5. 高小贤、江波、王国红等编著《社会性别与发展在中国：回顾与展望》，陕西人民出版社，2002。

6. 杜芳琴、王向贤主编《妇女与社会性别研究在中国（1987～2003）》，天津人民出版社，2003。

7. 马元曦等主编《社会性别与发展译文集》，生活·读书·新知三联书店，2000。

8. 伊林·吉特、米拉·考尔·莎编《社区的谜思：参与式发展中的社会性别问题》，社会性别窗口小组译，社会科学文献出版社，2004。

9. 刘伯红：《"在国际劳工组织机制中提高社会性别主流化能力"中国项目介绍》，《妇女研究论丛》2006 年第 12 期。

10. 孟鑫：《西方女权主义研究》，经济日报出版社，2010。

11. 〔美〕詹妮特·A. 克莱妮编著，李燕译校《女权主义哲学——问题、理论和应用》，东方出版社，2006。

12. 周天枢、傅海莲、吴春：《女性学新论》，华中师范大学出版社，2010。

13. 祝平燕、周天枢、宋岩主编《女性学导论》，武汉大学出版社，2007。

14. 董美珍：《女性主义科学观探究》，社会科学文献出版社，2010。

15. 南宫梅芳、朱红梅、武田田、吕丽塔：《生态女性主义——性别、文化与自然的文学解读》，社会科学文献出版社，2011。

16. 胡传荣：《女性主义与国际关系——权力、战争与发展问题的社会性别分析》，世界知识出版社，2010。

17. 陈方：《全球化、性别与发展》，天津大学出版社，2010。

18. 刘伯红主编《社会性别主流化读本》，中国妇女出版社，2009。

19. 李燕：《当代女权主义的理论与实践：从西方到中国》，《学习与探索》2008 年第 2 期。

20. 江永霞：《翻译与文化：feminism 在中国的翻译及其演变》，《淮北煤炭师范大学学报》（哲学社会科学版）2008 年第 6 期。

21. 继红：《当代西方女权主义》，《马克思主义与现实》1997 年第 3 期。

22. 金蓓：《当代国外女性学概述》，《社会科学》1996 年第 5 期。

23. 贾靓：《当代女性主义研究综述》，《中华女子学院学报》2009 年第 5 期。

24. 闫东玲：《浅论社会性别主流化与社会性别预算》，《妇女研究论丛》2007 年第 1 期。

25. 马蔡琛、季仲赟、王丽：《社会性别反应预算的演进与启示：基于国际比较视角的考察》，《广东社会科学》2008 年第 5 期。

26. 马蔡琛、王思：《"金砖四国"社会性别预算的比较与启示》，《云南社会科学》2010 年第 6 期。

27. FAO, *Gender and Law: Women's Rights in Agriculture*. Rome: 2002.

28. *The Impact of Economic Development on Rural Women in China: a Report of the United Nations University household, Gender and Age Project*. Tokyo: The United Nations University, 1993.

29. *Women's Budget Initiative. Cutting edge pack, Gender and Budgets, Bridge, Money Matters Two Women and the Local Government Budget*, edited by Karan Hurt and Debbie Budlender, published by Idasa, 6 Spin St, Cape Town 8001, Jan, 2000.

# 9 第九章　社会资本与发展

从 20 世纪 90 年代以来，社会资本逐渐成了西方社会学、经济学和政治学等许多学科关注的热门概念和分析的重要起点。社会资本概念的提出为人们研究和认识社会提供了一个崭新的视角，使人们对社会行动、社会关系和社会结构的理解和认识进一步深化，同时也为促进经济与社会的发展提供了一种崭新的理论与方法。

## 第一节　社会资本的概念和内涵

### 一　社会资本概念的起源

长期以来，"资本"一直是经济学中非常重要的概念，一百多年来对其进行了大量的研究。在古典经济学中，生产要素分为三种：土地、劳动和资本，其中资本是指以交换的媒介为体现形式的价值凝结物，有具体的物质形式。随着社会的发展，资本也成了一个不断扩展的概念。20 世纪 60 年代，T. W. 舒尔茨和加里·贝克尔把人力资本引入经济学分析之中，"人力资本"是相对于"物质资本"而提出的一个概念，亦即"非物质"的资本。这种资本之所以与"物质资本"不同，主要在于它直接体现在人身上，而不是体现于物身上。更为直接地说，它是指个人所具备的知识、才干、技能和资历等因素。人力资本的提出使"资本"向广义的扩展成为可以带来价值增值的所有资本的代名词，抽象了资本的最初含义，为社会资本的提出奠定了词源上的基础。

然而，无论是"物质资本"还是"人力资本"，都只是一种经济性的资本概念，并不能完全地解释许多经济增长的现象，虽然在帕森斯之后出现的"新经济社会学"提到了"社会资本"，但并没有赋予它清晰的界定。社会学家们开始试图解决这一问题，一般认为，社会资本的产生是建立在社会网络研究的基础之上的，其直接理论来源是美国学者格兰诺维特、林南（Lin Nan）等关于个人的社会网络与其拥有的社会资源的关系的研究，而当代对社会资本的研究是从简·雅各布斯、皮埃尔·布迪厄、琼—克劳德·帕瑟伦、格伦·劳德等人的研究开始的。

皮埃尔·布迪厄开始只是将社会资本与其他形式的资本等同起来，并没有做专门的解释。1977年，布迪厄和帕瑟龙（Passernon）合著了一本名为《再生产》的著作，布迪厄进一步发展了社会资本的概念。但这本书并没有对所提到经济资本、文化资本、语言资本、学术资本、社会资本等各种资本形式做出准确的定义。1980年，布迪厄在《社会科学研究》杂志上发表了题为《社会资本随笔》的短文，正式提出了"社会资本"这个概念，并将其界定为"实际或潜在资源的集合，这些资源与由相互默认或承认的关系所组成的持久网络有关，而且这些关系或多或少是制度化的"。一年以后，经济学家格伦·卢里（Glen Loury）在批判新古典经济理论时也提到了这个概念。他虽然没有对这个概念展开论述，但是却从经济学的角度使用了这个被布迪厄做过社会学解释的概念。到了1988年，社会学家詹姆斯·科尔曼（James Coleman）在《美国社会学杂志》发表题为《社会资本在人力资本创造中的作用》一文，把社会资本定义为"许多具有两个共同之处的主体：它们都由社会结构的某些方面组成，而且它们都有利于行为者的特定行为——不论它们是结构中的个人还是法人"。科尔曼对社会资本的研究在一定程度上吸收了布迪厄的观点，并将社会资本的概念进一步扩展，从社会结构的意义上论述了社会资本的概念，并在此基础上形成了他的"经济社会学"理论。

但是，真正使社会资本概念引起广泛关注的是哈佛大学社会学教授罗伯特·D. 普特南。普特南和同人就社会资本问题花了20年的时间对意大利行政区政府进行调研，并在此基础上写成了《让民主政治运转起来：现代意大利的公民传统》（1993）一书。该书成为美国当年的最畅销书之一，在社会上引起广泛影响，书中提到的社会资本概念也因此而成为人们关注的焦点。在此后的几年里，普特南又在《美国展望》杂志发表了《独自打保龄球；美国下降的社会资本》（1995 年春季号）、《公民美国的奇怪消亡》（1996 年冬季号）、《繁荣的社区——社会资本和公共生活》（1996 年春季号）等文章，对美国的自发社群组织、公众参与和"公民精神"的变化状况做了大量的评论。这些文章引起了学者们的广泛关注，他们纷纷发表文章与普特南教授展开了讨论。同年夏季，普林斯顿大学社会学教授亚历山德罗·波茨（Portes）等也在《美国展望》上撰文《社会资本的下降趋势》，参与这场有关美国公民精神问题的讨论。至此，关于社会资本的讨论进入了一个高潮。

此后，还有不少学者如罗纳德·博特（Ronald Bult）、格兰诺维特、林南、厄普赫夫（Norman Uphoff）等参与了社会资本的讨论和研究，他们分别从社会、经济、政治角度阐述了社会资本在各自领域的应用，从而使这一概念的研究逐步理论化。到 20 世纪末，社会资本研究成了社会科学相关学科的热门课题。

## 二　社会资本的概念与内涵

### （一）基本概念

当代对社会资本的研究从布迪厄等人开始，在科尔曼、普特南、波茨等学者的努力下，研究逐步理论化，并引起广泛关注。然而，不同的研究者往往从不同的角度出发来使用"社会资本"，由此导致对此概念的定义十分混乱，目前学术界尚未形成统一的定论。但借用布朗（2000）等人的观点，对社会资本的定义可分为三类。

（1）微观层次上社会资本的概念。在微观层次上，社会资本是指将社会关系和关系网络看做个体可以利用借以实现个体目标的资源。如伯特 1992 年指出，"社会资本指朋友、同事和更普遍的联系，通过他们你得到了使用其它形式资本的机会"。布迪厄认为社会资本是指某个个人或群体，凭借拥有一个比较稳定又在一定程度上制度化的相互交往、彼此熟悉的关系网，从而积累起来的实际或潜在资源的总和。波茨 2000 年也认为"社会资本在理论上的最大魅力在于个人层面"，认为社会资本是处在网络或更广泛的社会结构中的个人动员稀有资源的能力。国内许多社会资本研究也是在这个层次上进行的，如张其仔（1997）把社会资本定义为社会网络，边燕杰、丘海雄也把社会资本定义为"行动主体与社会的联系，以及通过这种联系摄取稀缺资源的能力"。还有许多研究将社会资本视为"关系"（或称"关系资本"）。

从上述定义可以看出，微观层次的社会资本概念强调两点：①社会关系和关系网络是一种可以利用的资源；②社会关系和关系网络被个体用于实现自己的行动目标。这里所说的个体不仅仅指个人，也可以是组织，例如，企业。但是，无论是个人还是组织，它希望解决的问题与自身所处的网络范围内的集体行动没有任何关系。换言之，它只考虑如何利用自身所处的网络关系和社会关系来解决自身遇到的问题，而不考虑除自身以外的整个关系网络中可能遇到的集体行动问题。

（2）中观层次上社会资本的概念。中观层次的社会资本概念也称结构的观点，强调社会资本的公共产品性质，主要以科尔曼的定义为代表。正如 Ostrom 所说的，科尔曼为社会资本从狭义向广义扩展提供了理论基础。以下这段话是科尔曼 1990 年对于社会资本的经典概括，也是被后来的研究者引用最多和最频繁的：

> 社会资本是根据其功能定义的。它不是一个单一体，而是有许多种，彼此之间有两个共同之处：它们都包括社会结构的某些方面，而且有利于处于某一结构中的行动者——无论是个人还是集体行动者——的行动。和其他形式的资本一样，社会资本也是生产性的，使某些目的的实现成为可能，而在缺少它的时候，这些目的不会实现。与物质资本和人力资本一样，社会资本也不是某些活动的完全替代物，而只是与某些活动具体联系在一起。有些具体的社会资本形式在促进某些活动的同时可能无用甚至有害于其他活动。

科尔曼的这个定义至少表达了三层含义：①强调了社会资本的社会结构性质，社会资本是特定社会结构的一种属性和功能；②指出了社会资本的功能在于促进个人和集体行动者实现行动目标，它既有利于处于某一特定结构中的个人实现个体目标，又有利于集体行动者解决集体行动问题；③指明了社会资本的作用范围，有些具体的社会资本形式可能促进某些活动，却也可能有害于其他活动。

科尔曼提供了对社会资本更广泛的理解，即认为社会资本不仅作为个人获取利益的手段，也是解决集体行动问题的重要资源。科尔曼还是系统论述社会资本理论的第一人。在《社会理论的基础》一书中，他论述了社会资本的形式、特征以及社会资本的创造、保持和消亡的过程。

（3）宏观层次上社会资本的概念。宏观上，社会资本的概念又称嵌入结构的观点，这种观点将社会资本与集体行动和公共政策联系起来。虽然这种理解被波茨称为政治学家对社会资本所做的"一个有趣的曲解"，但却极大地拓展了社会资本的解释力和研究领域，其政策实践意义也大为增强。普特南1993年的定义和研究最具代表性。他认为社会资本指称社会组织所具有的某种特征，如信任、规范和网络，它们能够通过推动协调的行动来提高社会的效率。普特南及其合作伙伴在运用新制度主义方法解释现代意大利南北政府绩效的差异时引入社会资本的分析范畴。他们首先探索了经济现代化程度与制度绩效之间的关系，但是他们发现，仅仅将南北制度绩效上的差异归结为南北方经济现代化程度上的差异，这个解释有很大的局限性，因为，虽然经济现代性在某种程度上与高绩效的公共制度相关，但这并不能表明现代性就是产生绩效的唯一原因。也有可能绩效产生了现代性，或绩效与现代性二者都受到第三个因素的影响。带着这些问题，普特南等人假定，制度的实际行为受活动于其内的社会关系的影响，并进一步考察了制度绩效与公民生活的特性之间的关系。他们深入到意大利一千年前的历史中寻找根源，运用大量证据有力地证明，公民生活的差异在解释制度成功方面有着关键性的作用。他们发现，意大利的某些地区富有公民活动的网络和规范，它们充满活力；而另一些地区所具有的则是一种垂直的政治结构、零碎而且孤立的社会生活以及互不信任的社会文化。他们得出结论说，制度变迁对政治生活有决定性的影响，而历史及社会关系对制度的成功构成了强大的制约。

在普特南看来，社会资本有两种形式：一种是把彼此已经熟悉的人们团结在一起的社会资本，它起到纽带的作用；另一种是把彼此不认识的人或群体联系到一起的社会资本，它起桥梁作用。由此可见，普特南的社会资本概念以及在这个概念基础上建立起来的社会资本理论框架已经超越了布迪厄、科尔曼等前辈所使用社会资本研究的范围。

综上所述，从微观层次上看，社会资本是一种通过对"体制化关系网络"的占有而获取的实际的或潜在的资源集合体，社会资本的形成是个人或组织"有意识投资策略的产物，而非其它社会行动的副产品"。从中观层次上看，科尔曼从社会结构的功能出发定义社会资本，认为社会结构是一种可以实现行动者利益的、可资利用的资源。他认为社会结构的资源不仅可以成为增加个人利益的手段，而且强调了社会结构资源对于达成集体行动的作用。从科尔曼开始，社会资本引起了人们的重视，并且也正是科尔曼较为完整地阐述了社会资本理论，使之成为一种新的解释范式。普特南则在科尔曼等人研究的基础上，将社会资本概念扩大到更广阔的社会政治生活分析领域。在其研究中，更重要的不是社会资本对单个个体的有用性，而是集体层面上的公共精神，如信任、互惠规范和参与网络等，这样的公共精神将有助于集体行动中的广泛合作，并克服集体行动的困境，从而促进经济繁荣。

### （二）社会资本的特征

国内外学者尽管对社会资本的表述不同，但都承认它是一种特殊的资本形态，具有不同于物质资本的一系列特征。

（1）社会资本具有生产性。与经济资本和人力资本等经济学意义上的资本概念一样，社会资本也是一种有用的资本。社会资本是一种具有社会结构性质的资源，它能够产生相应的社会效益并降低行动的成本，有利于特定社会结构中的行动者实现其相关目标。是否拥有社会资本，决定了人们是否可能实现某些既定目标。

（2）社会资本具有不完全替代性。也就是说，社会资本的生产性功能只有与具体的社会行动相联系才能实现。某种社会资本可以为这种行动提供便利，但它对其他行动可能是无用甚至有害的。只对某些特殊的活动而言，它可以被替代。

（3）部分公共物品性质。经济资本既可为公共物品，也可为私人物品，社会资本则部分是公共物品，一旦形成就不仅仅是一个人能使用它，这与社会资本的性质有关，它只能存在于两个以上的人中间。

（4）社会资本具有不可转让性。社会资本对受益者来说不是私有财产，不可能由拥有者依主观愿望转让给另一个体而使之受益。因此说它具有不可转让性。

（5）个人特质依赖性。社会资本存在于人与人之间，它离不开个人而独立存在，却不完全依附于个人。

（6）无形性。经济资本既可以是有形的，也可以是无形的。如物质资本表现为厂房、机器等，就是有形的。人力资本存在于劳动者之中，表现为劳动者的经验和受教育程度，和经济资本中的技术一样是无形的。社会资本是无形的，是一种能感觉到却看不见摸不到的东西。

（7）投资收益不确定性。行动主体动员它们所可能带来的总体上的正面功效具有很大的主观认定性。这种主观认定性在很大程度上受到文化的影响而无法做到完全理性。因此，社会资本具有投资收益不确定性的特征。

**（三）社会资本的功效**

在社会资本的功效问题上，存在着微观和宏观两个层次。在微观层次上，社会资本主要具有如下功效：①社会资本可以为个人提供各种物质支持。亲属、朋友在人们的日常工作和生活中发挥着相当重要的作用，包括生活保障、经济支持、劳力支持、决策咨询等方面。②社会资本可以提供人们所需要的情感支持，包括在情绪低落时给予同情，面对挑战时给予鼓励，在其孤独时给予友谊。当一个人长期不能从他的社会资本中获得这些情感支持时，会产生某种程度的心理障碍，影响其正常的生活和工作。③社会资本能够使人们的道德观、价值观内在化，规范人们的行为。能够使人们充分考虑其行为结果对他人的影响，尤其是当他的行为结果影响到他的情感和责任对象时，他就会对其行为采取谨慎和负责的态度。对于那些缺乏社会资本的人来说，社会资本的缺乏可能会增加他们犯罪行为的可能性。④社会资本对个人职业地位的获得、职业声望和收入水平起着极其重要的作用。通过社会资本获取就业的信息和机会，成为人们最为经济、最为现实的选择。

在宏观层次上，社会资本主要具有如下功效：①社会资本有利于公共事业的发展。社会资本是将生产资本、自然资本和人力资本结合起来的"介质"，社会资本的关键特性是促进联合成员为共同的利益进行协调与合作。在一个公众参与程度高、社会资本丰富的社区，公益事业就会兴旺发达。②社会资本对于企业的发展有重要影响。经济组织及经济活动是嵌入于社会关系网络之中并受其限定的，良好的社会关系网络，包括企业间的网络和企业内部的网络，有利于企业交易费用的节约，交易活动的维护；有利于企业效益的提高，规模的扩大。③社会资本具有识别社会结构的功能，社会资本如果运用得当，具有生产性。社会结构中的社会资本，具有人力、物力资本所无法替代的社会保障与社会支持功能。④联合国开发计划署在《人类可持续发展报告》中指出，可持续发展就是通过社会资本的有效组织来实现的，社会资本对可持续发展意义重大。⑤社会资本影响资源的分布。经济资源和社会资源在一个社会资本丰富的网络中往往是均匀分布的。但在缺乏联系的不同网络之间，由于网络的性质不同以及其社会资本的存量不同，经济资源和社会资源并不均匀分布。解决的办法就是把不同的网络连接起来形成更大的富含社会资本的网络，增大社会资本的受益面。

当然，社会资本在具有正面功效的同时，它也具有某些负面作用。①具有不同利益和关系网络的团体，常常为了寻求他们自己团体的利益而牺牲或损害更大团体的利益。某些利益群体容易形成对某个人、某个目标或某项事业的反对和损害。例如，有些因具有共同利益或相同观点而结合形成的群体，在群体之外的人就会处于一种不利的地位。②从某种社会环境中获得社会资本的人同时也受到了社会环境中规则的限制，并阻止他做出各种变革和创新。社会网络密度越大，复杂程度越高，个人受到已有的社会规则约束的力量就越大。当紧密的网络纽带给个人提供各种经济资源时，它也限制了个人的积极性和创造性。③人际关系和政治权力结合扩大了腐败的范围，损害了政治廉洁。社会资本的这些负面作用，应在社会资本的研究中引起高度重视。

**（四）社会资本的表现形式**

关于社会资本的表现形式，科尔曼认为有五种：①义务与期望。当某个人为他人提供了一定服务，并确信他人会为此对自己承担起特定的义务时，他就拥有了一种社会资本。社会环境的可信任程度以及个人承担义务的范围影响了这种形式的社会资本存在的可能性。社会环境可信任的程度越高，人们履行义务的可能性就越大，义务与期望形式的社会资本也就越普遍；个人在社会结构中承担的义务越多，他拥有的可利用的社会资本就越丰富。②存在于社会关系内部的信息网络。个体可以从他的社会关系网络中获取对自己行动有用的信息，这种社会关系就构成了社会资本。已存在的社会关系是获取信息的重要途径，处于该关系中的行动者利用社会关系来获取信息，从而为行动提供便利。③规范和有效惩罚。规范对个人行动起着重要的约束作用，它通过惩罚自私自利的行动，奖励大公无私的行动，要求个体放弃自我利益而按公共利益行事，从而使某些行动目标更容易实现，由此构成了极其重要的社会资本。这类社会资本对组织目标的实现、社会秩序的维护，乃至社会运动的成熟与发展都提供了有利的条件。④权威关系，它为人们解决共同性问题提供帮助。权威是个人拥有的控制他人行动的权利，当某位行动者有权控制另一位行动者的某些行动时，他和后者之间就存在着权威关系。这种以控制权为特征的权威关系正是社会资本的表现形式。由于权威关系的存在，在众多行动者共享同一利益，但单个行动者又都想坐享其成而不愿为公共利益付出代价的情形下，个体可以把行动的某些控制权授予具有超凡魅力的领导人，形成权威关系，来解决共同性问题，从而增进公共利益。⑤多功能组织和有意创建的社会组织。科尔曼认为，组织的创立可以提高个体行动的一致性，产生更大的社会影响，从而使行动更为有效。多功能的社会组织是指出于某一目的建立的组织同样可以服务于其他的行动目的，由此成为组织成员的重要社会资本；有意创建的组织包括商业组织以及建立在自愿基础上的具有公共物品性质的联合会等。这类组织不仅可以使创建者受益，也可使其他人获得一定的好处。

# 第二节 社会资本与发展相关研究

## 一 国外对社会资本的研究<sup>*</sup>

### （一）社会资本与经济发展

（1）经济发展中的"镶嵌"与"自主"

镶嵌（embeddedness，也译作嵌入，二者意同）最初是由波兰尼1944年在其著作《大转型》中提出来的。现代经济思想的传统认为，经济是一个由相互连锁的市场组成的体系，这个体系能通过价格机制自动调节供给和需求。即使是在经济学家承认市场体系有时需要政府来克服市场失败时，他们还是把经济视为经由有机整合的市场组成的均衡体系。波兰尼的"嵌入"理念则认为，经济并非像经济理论中说的那样是自足的（autonomous），而是从属于政治和社会关系的。但波兰尼主要是从宏观方面证明了经济与社会的嵌入关系，对于具体的嵌入过程和规则并没有进行深化研究，因而，在相当一段时间内嵌入性主要处于概念提出阶段，其进一步的理论化是在20世纪80年代由格兰诺维特完成的（刘巍，2010）。

格兰诺维特的镶嵌概念基于对经济学和社会学在个体行动的出发点问题上的分歧的反思。古典和新古典经济学秉持功利主义传统，坚持理性人的假

---

\* 此部分主要参考〔美〕迈克尔·武考克《社会资本与经济发展：一种理论综合与政策构架》，参见李惠斌、杨雪冬主编的《社会资本与社会发展》，社会科学文献出版社，2000。

设，主张社会性孤立的、低度社会化的人类行动，即生产、分配与消费行为完全不受社会关系与社会结构的影响；而"在现代社会学中，人被过度社会化了"，人被视为完全敏感于他人的意见，并完全屈从于共有的价值与规范系统，这些价值和规范经由社会化过程成功地内化，人们毫无反抗（格兰诺维特，2007）。

格兰诺维特针对这两种偏向提出了自己的观点：从宏观的角度看，习俗、文化和政治等因素无不影响着行动者的决定；从微观的角度看，行动者也不可避免地夹杂在复杂的社会关系网络之中，受同伴的影响。现实中的个体行动者进行经济行动，固然有着理性计算和个人偏好，但是不可避免地杂糅着非理性动机，行动者会不断和周围的社会网络交换信息，搜集情报，受到影响，甚至改变偏好。行动者的行为既是自主的，但同时也是嵌入到其所在的社会关系当中的（刘巍，2010）。

20世纪80年代后期，镶嵌和自主的社会关系组合成为致力于解决微观和宏观层面实际问题的新经济发展社会学领域内的总的概念框架。到了90年代中期，从事种族企业家和社会事业机构比较研究的学者明确指出，镶嵌和自主的社会关系是社会资本的不同形态。镶嵌和自主在宏观和微观两个层面上分别有着不同的含义。镶嵌在微观上是指社群内部的关系，而在宏观上则指国家与社会之间的关系；自主在微观上是指社群外的网络，而在宏观上则指制度的能力和可靠性。

基于美国移民社群中企业家的研究，波茨提出，以下组织具有很高的社会资本：①具有独特的表型或文化特征且外界对其歧视增强的组织，因为在这类组织中，加入和退出的概率都降低；②与其他更为强大的组织进行长期激烈对抗的组织；③要忍受高度的歧视，在社会荣誉与经济机会方面无路可选的组织；④拥有高度的内部沟通并能向其成员授予独特奖赏的组织。

高水平的社会资本可使其组织成员获得特许的、"弹性的"资源和心理支持，同时还可降低非法行为的风险和交易成本。但高水平的社会资本也有其消极作用，即它对组织成员提出了很高的特殊要求，因而限制了个人表现和进步；允许在社群资源的使用上搭便车；促使那些因强制性非市场机制而长期边缘化的团体成员形成"否认通过个人努力而实现成功"的信念。

波茨提出的社会资本的前提与结果的模式有助于人们更好地理解社会资本，尤其是特定组织或地方社群内社会资本的"积极"方面和"消极"方面。像波茨一样，许多研究者也试图将其理论框架建构在古典传统基础之上，尽管其关注点在本质上可能是宏观的。例如，吕申梅耶和伊文思吸收了迪尔凯姆和韦伯的观点，认为一国的发展能力依靠的是其在协调日益复杂的经济交易时建立必要的官僚制度的愿望和能力。

（2）社会资本和经济发展的困境

迄今为止，有关社会资本的研究充分显示"投入与社会资本的形成"之间有着潜在的联系，但依然问题重重，因为它掩饰了古典社会学的问题，即：①在不同的制度部门之间，社会关系变化的本质和范围，②由于经济交换变得日益复杂，这些关系所承担的任务也必定会有所改变，③在任一特定的制度层面上，如果社会资本"过少"或"过多"，都会对经济行为产生阻碍。因此，社会资本要保持其作为一个合乎理性的理论和经验概念这种地位，就应不仅是一个能够帮助团体从根本上克服集体行动的"静态"困境的手段，而且也必须包含一定程度的社会维度，并要表现出解决"动态"组织困境的过程中所要求的一定的关键属性。

社会资本有四个不同的维度，即微观层次上的整合与联合和宏观层次上的整合与协作（图9-1）。当四者在不同的结合中组配在一起或在微观和宏观层次上互动时，社会资本的整体图景就会更加丰富和动态：社会资本这四个方面不同的结合可以导致许多发展结果，从极端的无政府个人主义（社会资本的这四个维度都缺乏）到另一个极端的仁慈自主（四个维度都存在）。

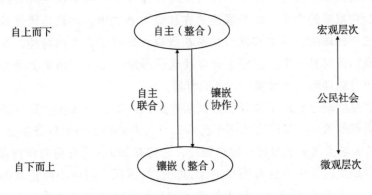

图9-1 自上而下和自下而上的发展与社会资本的形态

（3）社会资本与经济发展的反思

为什么贫穷的村民不信任外人，甚至彼此也不信任？是什么阻碍了他们在一种更为合作的状态下一起工作，来解决其共同的问题？为什么有的国家能够创造并维持比其他地方更为有效、效率更高以及更公平的发展的制度环境？

这就需要对国家与社会之间、特权团体与边缘团体之间、给予者与接受者之间达成凝聚、连接与互补的条件进行明确的说明。如果社会资本被定义为社群的个人和制度关系的本质及程度，那么接下来是什么决定了可能出现的这些关系的类型与组合？在以下这些情况中，社群完成可持续的、合理的、可参与的经济发展前景的可能性很低：①阶级、性别与种族的不平等很广泛，并呈上升趋势，而且是合法的；②贫困长期存在，未受到社会保险网络的抑制，而且通过稳定就业也难以解脱；③统一的法律软弱无力，不公正，受到藐视，或者被肆意推行；④政府不是自由、公正选举产生的，或选民几乎没有人真的选举选择；⑤上级或下级组织不能从集体成果中分享经济利益；⑥战争、饥荒、严重的通货膨胀、疾病或长期的未充分就业冲蚀了人们对于秩序和可推断性的基本观念；⑦少数派公开或隐蔽地受到歧视。所有这些历史上出现的情形，都侵蚀了社群整合和联合的存在及其组织的协作和整合。

上述陈述可以说是不言自明的，但流行的发展理论认为自由市场、私有化、最小主义（minimalist）的民主政权是实行持续发展的唯一重要条件，因而对上述现象漠不关心。文化、权力及理性能够而且确实在发展成果的形成过程中起到重要的作用，但发展成果在社会关系之中，而且是通过社会关系来得到真正的调解。不了解社会关系在微观和宏观层次上的特性，这些层次是否以及如何与另一个层次相结合以及这种程度的结合在历史上是怎样形成的，就不可能理解发展政策和计划的背景。

在制度明确地超越了微观和宏观层次的情况下，上述社会资本框架可能会产生良好的效果。最恰当的例子就是以小组为基础的小额信贷制度（GBM-FIs），最著名当属孟加拉国的绿色银行，它拥有200多万贫穷的借贷者，其中大多数是妇女。尽管也曾有明显的无力支付的情况，但该小额贷款的偿还率高达97%。在近年来通过小规模的收入和发展就业来满足世界上400多万贫困人口金融需求的努力中，小额信贷制度始终是广泛得以盛赞的一种成功经验。

小额信贷制度与本地的循环储蓄与信用社（RoSCAs）的共同方法是利用伙伴性团体作为扩大对穷人信用的一种附属担保，但它具有更为复杂和持久的制度结构。最重要的区别是循环储蓄与信用社在本质上是一种自主的"自下而上"的组织形式，由成员自己创立并维持，创立时与正统的商业银行相隔离；而以小组为基础的金融制度是"自上而下"，由将要提供服务的社群之外的行为者（通常是非政府组织的成员）而创立的。创立小额信贷制度是一项非常困难的任务，需要职员们赢得村民的信任，并用组织银行的方式来引导不信任和文盲的村民。这项任务也要求非政府组织要保持其自身行为的可信和高效，同时认识到它必须帮助成功的借贷人超越其社群内关系（他们的信用组织的基础）进入新的社群外关系，此外，还应该注意当他们收入增加且参加的经济交换变得日益复杂的时候，就应该考虑将其与商业银行联系起来。

小额信贷制度目前面临的挑战是，作为一个仁慈的自主代理人，他们越成功，其存在的必要性就越小。因此，正如上述困境中所分析的那样，随着社会团体经济要求的扩大，就要考虑社会团体之间自下而上的"耦合与去耦"任务，在发展性制度与其将要帮助的对象之间建立持久的协作，以及随着时间的推移，它们之间互动对社会资本每一个维度的相对重要性的改变，即罗伯特·默顿所说"战略性研究点"。

**（二）社会资本与政治参与**

20世纪90年代以来，有关发展的概念在学术界和政界都出现了明显的变化，更具体地说，最近几年以来，发展的话语已经开始集中在政治参与与发展之间的关系上来，"参与有利于发展"的观点日益被接受。在此观点中，"社会资本"和"社会组织"的概念逐渐产生了关联，并将参与体现于社会组织中。其实，早在19世纪80年代末法国学者托克维尔（Tocqueivlle）对美国制度的分析中，就已经注意到市民自发建立的联属组织（association）对于培养参与意识的重要作用，这一思想在普特南那里得到进一步发展。普特南考察了意大利各地经济水平成功与失败结果后认为，广泛地参加民间组织是高社会资本的表征。正因为意大利北部大量自愿组织的协会为其提供了大量的社会资本，而南部协会非常少，导致了北部地区的经济绩效较为突出。这些协会为成员反复灌输合作的习惯，形成集体的责任和团结。他指出，市民对于公共事务的自愿参与有助于产生自发的社会网络组织以及社会成员间的信任和规范，而后者即构成一个市民社会（civic society）所赖以生存的"社会资本"。尽管其他研究者如奥菲（Offe）和帕克斯顿（Paxton）等并不同意普特南的一些具体结论（如美国的社会资本正在衰减等），但他们普遍同意以社会参与和自发联属组织为代表的社会资本是市民社会的"黏合剂"和"基石"，人们不仅可以通过社会参与行为和自愿组织活动更为积极地参与社会政治生活与公共事务、交流信息和思想，而且可以在自发形成的组织活动中自然地体验到参与的程序和实质，这些都为参与制度的建立和健康发展奠定了坚实的基础。

然而，当一个集团的经济目标与其他团体或个体的利益发生冲突时，团体组织对经济绩效的影响将有很大的不确定性。奥尔森（1992）注意到协会将阻碍经济增长，因为协会组成的特殊利益团体通过游说左右政府政策，而加强了不必要的社会成本。协会的活动可能可以增强信用，但也可使寻租行为有机可乘，协会对于信用来讲是一种双刃剑的作用。那些孤立的、狭隘的或与社会的集体利益相矛盾的团体和网络（匪帮、毒品卡特尔），就是为邪恶的而不是为生产性的目的服务的，它们会阻碍发展，造成资源的浪费和普遍的不安定。

肯尼斯·纽顿在其《社会资本与民主》中曾经提到三种民主与社会资本的模式。一是公共社会、机械的团结、"深度的"信任和初级的民主模式。二是自发社团，有机的团结和"轻度"信任：市民美德的托克维尔模式。三是现代民主：虚构的社群，抽象的信任、教育和媒体。但是，他也指出，在那种面对面的小型社区中，"深度"信任是机械的团结或礼俗社会必不可少的构成要素，它常常是通过同一部落、阶层或民族背景的人与人之间集中的、日常的接触而产生的。这种社区通常在社会上是同类的、孤立的和排外的，并且能够试行严格的社会约束力，这对于巩固深度信任是必不可少的。但是初级民主在现代国家的政治水平上无法运作。而托克维尔模式存在的主要问题就是它的假设，它认为社会资本是最根本的现象——是通过大量的参与而产生的。在自发性组织的成员、政治态度和政治活动中最可能有一种封闭的社团，但是它们也会受到政府结构和政策的强烈影响——一种自上而下的过程。他认为，一种更抽象的信任形式在现代社会中变得愈加重要。抽象的信任不是建立于原始社会的个人关系之上的，也不是建立于正式组织中第二层关系之上的。在现代社会中，抽象的信任可能是由教育和媒体这样至关重要的社会机构产生的。

## 二  国内对社会资本的研究

国内关于社会资本的研究是从 20 世纪 80 年代末 90 年代初开始的，早在 1988 年，国内就出版过名为《经济与文化》的小型刊物，开始对经济与文化的协调发展进行研究。1994 年，中央编译局所属的当代马克思主义研究所与浙江金华市委联合成立了经济文化研究院，组织有关专家对经济与文化的关系进行了较深入的研究，同时把企业形象建设的模式引入了政府工作和城市建设，开始了有关地区形象建设和城市形象建设的研究和实践。所有这些研究都不同程度地注意到了文化（包括信任、规范、制度、传统、网络、形象等）对经济和社会的发展，具有十分重要的推动作用。大家一致称其为"文化力"。这些研究虽然没有使用"社会资本"这个概念，但研究的内容与社会资本理论是基本一致的。从那以后，社会资本研究日益受到关注。李路路（1995）考察了私营企业家的"社会资本"在其发展中的影响。他指出，私营企业家所拥有的社会资本，就成为获得资源和成功的重要渠道；社会文化传统和原有社会结构体系（如"单位制"）是积累这种社会资本并将其转化为经济资本的深厚土壤。张其仔（1997）把社会资本简单地定义为社会网络，探讨了社会资本对厂商行为、经济增长、劳动力的转移以及技术创新和制度创新的影响，对社会资本与经济效益的关系做了较成功的量化研究。边燕杰、丘海雄（2000）提出了企业社会资本概念，认为，企业社会资本是企业通过纵向联系、横向联系和社会联系获取稀缺资源的能力。一个企业社会资本量的大小，受经济结构和企业家能动性两大因素影响；社会资本对企业的经营能力和经济效益具有直接的提升作用。杨雪冬（2000）在其主编的《社会资本与社区发展》一书中撰文一篇，题为《社会资本：对一种新解释范式的探索》，他在文章的最后提出在中国应用社会资本应该注意的三个问题，第一个问题就是社会资本概念的界定问题。他认为应该这样定义社会资本：社会资本是处于一个共同体之内的个人、组织（广义上的）通过与内部、外部的对象的长期交往、合作互利形成的一系列认同关系以及在这些关系背后积淀下来的历史传统、价值理念、信仰和行为范式。陈劲、李飞宇（2002）通过实证分析，分析了纵向社会资本、横向社会资本和与外部实体之间的社会资本对企业技术创新绩效的影响。黄栋、邹珊刚（2002）将社会资本引入区域创新系统，研究社会资本对区域创新的影响与作用。周德翼、杨海娟（2002）

分析了陕西社会资本形态及其对经济发展的影响，通过分析认为：西部缺乏的不是劳力、产品资本、自然资本、技术等"硬"要素，而是适合市场经济发展的"软"的社会文化制度。商业文化及相关的企业家才能的缺乏，导致了资金、土地、技术的闲置或低效使用，文化因素——社会习惯对商品经济的不适应是陕西落后最根本的原因。钟涨宝、黄甲寅、万江红（2002）认为社会资本对农村结构变迁具有解释功能，并对传统农村个人社会资本、现代农村个人社会资本、将来农村个人社会资本从主要类型、差异程度、运作机制、运作风险几个方面进行了比较。

随着研究的深入，国内社会资本研究的领域也不断拓展。虞大鹏、赵世涛、栗斌（2002）针对我国城市化发展加速期必然会伴生的各种各样的经济和社会问题，运用社会资本理论进行分析，提出运用协作型竞争的手段来促进我国城市和城市化的健康发展。顾新、郭耀煌、李久平（2003）认为社会资本在知识链中发挥着重要作用，表现在：①促进组织间交互学习；②减少交易费用；③提高知识链整体的创新能力；④形成知识链的竞争优势；⑤产生锁定。童宏保（2003）通过借鉴社会资本理论对人际关系、社团组织、网络沟通以及规范契约等的研究，在教育经济学研究中，教育对经济的影响同样也会因为教育对人际关系、社团组织、网络应用以及契约规范的影响而对经济产生影响。它会遵循着"教育—社会资本—经济增长"，即教育促进社会资本增长，社会资本增长促进经济增长的规律，影响着社会经济的发展。胡巧蓉（2004）从社会网络的社会资本功能的角度分析农民巴结农村大学生的现象。在农村，人们试图与农村大学生建立良好关系是有其目的的。而农民之所以倾向于选择巴结的手段将大学生纳入个人的关系网络中，则是看上了由巴结形成的社会关系网络不可替代的作用，即他们某些需求的满足只有借助于关系网络的功能发挥。李东霞（2004）运用社会资本的理论，从社会资本的视角分析了它对社会经济发展的影响。在回顾有关社会资本理论及其发展的基础上，以在短期内脱贫致富并走上小康之路的魏庄村为例，说明社会资本是如何在经济发展中起作用的，并从社会信任、社会网络、社会规范等方面具体分析了社会资本对经济发展的促进作用，在肯定社会资本积极作用的同时，也指出社会资本的负面影响。宋雁慧（2004）通过对我国当前流动人口子女的社会资本分析，认为我国流动人口子女在社会资本方面存在着几个问题：①社群网络相对狭小。②从信息共享渠道来看，流动人口子女占有的信息少、慢、旧。③从流动人口子女所处的社区文化看他们的社会资本。"差序格局"和个人中心使得他们对于社区事务缺乏积极性和主动性，也难以形成社区成员的相互信任，使他们难以达成共识、促进一致的行为和形成良好的公众舆论，从而影响个人乃至整个社区的社会资本积累。④国家政策的都市取向成为流动人口子女社会资本积累的障碍。陈伟涛等（2004）通过分析当前我国农村弱势群体面临的社会资本困境，认为在我国农村地区，农村弱势群体的社会资本可谓先天不足，究其原因，主要有以下几个方面：①弱关系网络资源的严重不足；②体制性因素导致农村弱势群体社会资本的困境；③民间志愿组织的弱小加剧了农村弱势群体社会资本的缺失。李珍刚（2004）认为社会资本的累积及分布情形会影响到政府行政改革工作的推动，表现在：①行政组织的重建影响社会资本的发展。行政组织是一个与内外部环境相互作用的开放系统，为了适应环境变化，行政组织结构需要不断分化和整合。当行政组织重建时，原有组织架构下所衍生的长期信赖关系以及公务员的原有业务、服务对象、责任制度等都将有新的改变，这样，原来各机构所积累的社会资本也会不同程度地发生变化。②法制社会的建构促进社会资本的累积。③电子政务的发展使社会资本的内容更为丰富充实。④公共服务的市场化对社会资本具有双重影响。⑤公共部门与民营部门的协作通常会增加他们的社会资本。

　　国内关于社会资本或与社会资本有关的研究大致可以分为三个方面：一是从比较宽泛的经济与文化的关系的角度所进行的研究；二是从制度经济学的角度研究制度、规范以及网络对于经济发展的意义；三是主要关注社会网络关系、直接以社会资本为对象的理论研究。这些研究中最有代表性的就是以林南等人为主要代表人物的社会资源理论。该理论强调权力、财富、声望等社会资源是嵌入于社会网络之中的，缺乏这些资源的人们可以通过社会网络而摄取（借用），而社会资源的利用是个人实现工具性目标的有效途径。所谓社会资源，就是那些嵌入个人社会网络中的资源，这种资源不为个人所直接占有，而是通过个人的直接的或间接的社会关系而获取。由于社会资源理论是建立在社会网络分析的基础之上的，它将社会网看做社会关系和社会结构的基本要素之一，重视社会网络和关系网络等结构性因素对人们摄取社会资源的作用，因此，又有人将这种观点称为"网络结构观"，对应于社会学中将人们在社会中所处的地位和位置看做决定其社会资源占有的"地位结构观"。社会资源理论重视人际关系及其人际关系所形成的网络，强调人际间的联系和资源的嵌入性，强调个体通过这种人际网络摄取和利用资源的多少等等。可以说大部分相关研究如社会资本与私营企业家的研究、企业的社会资本研究、农民工求职过程的社会网络研究等等都是以这一理论作为其研究视角的。

在国内的相关研究中，还有一些学者虽然没有使用这个词，但实际上已经触及了社会资本的内涵。例如，对农村家族宗族研究是农村研究中的一个热点，有些学者不自觉地涉及了农村社会资本的内容，因为在农村，家族宗族、亲属关系、邻里互助等都是社会资本的表现形式。其中比较有影响的研究有肖唐镖等人对宗族在村治权力分配与运行中的影响分析，王铭铭在其《村落视野中的文化与权力》一书中对农村民间互助、人情、人缘、民间权威等的研究。又如，有学者在研究村民自治制度推进过程中村庄秩序的获得时，注意到了由村庄内部人与人之间的联系而产生的共同行动能力是村庄秩序获得的一个内生变量，他们采用了这样一个概念叫做"社会关联"（贺雪峰、仝志辉，2002）。所谓"社会关联"指的是村民之间的具体关系及建立在这种关系上的行动能力。他们认为，这种行动能力为村庄社会提供了秩序基础，也为人们理解村庄秩序的性质提供了途径。但是，笔者认为，在研究宗族和农村关系网络对农村治理尤其是对村民自治的影响时，有些研究者往往找不到合适的理论支撑点，从而大大降低了其学术研究的价值。

通过上述对社会资本概念的梳理以及对中国社会资本研究状况的总结，我们可以看出社会资本概念提出的意义在于：首先，社会资本的分析框架为我们的研究提供了新的视野。社会资本概念和社会资本分析框架对我们的启示是明显的。它是一种新的研究途径，为我们更充分认识社会发展的内在原因提供了一个新的角度。社会资本的分析途径有助于引起人们对政治、经济以外的非制度性因素的重视，促使人们从更深的理论层面关注那些隐藏于社会结构之中的社会关系以及公民参与网络、信任和互惠规范等社会资本形式，从而有助于人们更加全面地认识到表现为信任、规范、参与等形式的社会资本对个人、家庭、公司、社区的发展乃至对一个国家的经济发展、政治民主以及社会和睦所起的重要作用。其次，社会资本分析大大提升了相关经验研究的理论价值。社会资本作为一个新的概念和术语，它具有两个方面的新内涵：第一，它将经济学意义上的资本概念的外延扩大了，丰富了资本概念的内涵。第二，它将社会关系、社会网络等社会结构的某些特征视作一种资本。它不仅梳理了关系、网络、信任等概念和相关理论，赋予这些概念以新的意义和内涵，并为社会关系、社会网络等的研究提供了一个很好的理论视角，从而提升了相关研究的理论价值（周红云，2004）。

## 三　社会资本研究中存在的问题

社会资本理论的产生，正如当年人力资本理论的产生一样，给人以耳目一新的感觉。它大大开拓了经济问题研究者（这同时包括经济学家与社会学家）的视野，解释了很多过去所无法解释的问题。但是，作为一个全新的理论，它还存在着某些方面的理论局限。

### （一）概念上的问题

或许正因为社会资本理论的影响力过于巨大，以致无法确定它的精确含义。在这一问题上，作为从新经济社会学中演化出来的一种分析工具，社会资本概念却遭受了许多批评。关键的一点在于，无法有效区分社会资本这一概念所包容的诸多不同含义。例如，林南对社会资本概念运用中的严谨性提出了质疑。他指出，当社会资本研究迅速增长，其文献扩展到无数研究及应用领域时，这个术语成为包罗万象、能医百病的灵丹妙药的危险性亦随之增加。布朗也批评说，虽然这个术语很快成了社会科学和决策圈内的常用词，但明确的含义却并不多见。使用这个概念的那些人，很少有人详尽地阐述过社会资本的理论细节。

### （二）测量与比较上的问题

国外许多学者早已经尝试测量社会资本，奈克（Knack）2001 年总结了研究人员从不同的方法来测量政府社会资本和民间社会资本。其中用于测量政府社会资本的角度包括公民自由和政治自由、政治暴力的发生频率、政治风险的主观评级、对企业家进行调查、契约关联货币。用于民间社会资本测量方面包括市民团体和政府绩效、普遍信任、集团成员、社会分化文化解释等。科门德和美格瑞可能是最早使用跨国统计方法来探讨政府社会资本和经济绩效关系的学者。他们的研究以 1950 ~ 1977 年选出的 47 个国家作为样本，以每一资本收入的平均年增长和投资占 GDP 的比率为基础，将增长和投资作为因变量进行回归分析（数据来自《国际金融统计》），检验了收入收敛、人口增长、政府规模、贸易开放度和通货膨胀的假设前提，并探讨了经济绩效与公民自由之间的关系。"公民自由"是雷蒙德·加斯蒂尔（Raymond Gastil）1990 年在"自由屋"出版的书中设定的一个参数。参数值的范围是 1～7，越小的数字表示公民权利越大，他的判断标准主要是政治和社会。科门德和美格瑞对检验"经济的权力"（包括私人财产免受侵犯、产权和私人契约的实施效率）感兴趣，他们承认公民自由参数并不是用来测量经济的权力的，但两者之间很可能存在相关关系。在使用"公民自由和政治自由"来测量政府社会资本方面，还有格瑞尔和图尔洛克（Grier and Tullock）、斯卡列（Scully）、奈克和基弗、艾沙姆、考夫曼和普里切特也在各自的相关研究中采用了这一指标。另外，巴瑞（Barro），莫诺（Mauro），奈克和基弗，布鲁尼特、基森克和维德（Brunetti, Kisunko and Weder）等人分别从政治暴力的发生频率、政治风险的主观评级、对企业家进行调查、契约关联货币几个方面对社会资本进行的测量。

在民间社会资本的测量方面，赫列维尔（Helliwell）和普特南（1995）从市民团体和政府绩效来测量民间社会资本，严格验证了普特南 1993 年提出的假设，该假设认为在意大利的不同地区，社会资本导致了不同的经济绩效。他们检验了三组不同地区的社会资本指标，通过控制 1950 年人均收入，发现所有指标都与 1980～1990 年间的增长呈现显著相关。福山（Fukuyama）1995 年第一个将各国经济绩效的差别归咎于各国信任和"自发的社会性"的不同，但他的经验证据大部分是描述性的、定性的。拉·波塔等（La Porta, etc）、奈克和基弗使用《世界价值调查》的数据系统地检验了他的假设。在《世界价值调查》包括的 29 个市场经济中，奈克和基弗将调查来的信任度加入巴瑞类型的投资和增长回归模型中，发现信任提高 12 个百分点导致年收入增长将近 1 个百分点，信任度提高 7 个百分点导致投资占 GDP 的比例增长 1 个百分点。此外，Narayan 和 Pritchett 在 1999 年建构了一些指数去度量坦桑尼亚农村的社会资本。其特点是通过大规模的调查问询，了解个人社会活动的范围和特点以及他们对各种机构和个人的信任程度，进而把它作为对社会资本量的度量，并与村民的家庭收入联系起来，结果发现村寨的社会资本水平可提高村民家庭的收入。Temple 和 Johnson 1998 年用部族多样性、社会流动性和电话的普及情况来近似地代表社会网络的密度，又把一些相关的指标综合为社会能力（social capability）指数，结果表明这种方法可以解释社会资本与经济增长率的一些内在联系。

在社会资本的测量上，有一个重要的学者需要特别介绍，那就是诺曼·厄普赫夫。他发展了社会资本的另一个重要层面，将社会资本的范畴从结构型扩展到认知型。在其 2000 年发表的《通过评估保证和发展印度拉贾斯坦邦河流流域的集体行动来度量社会资本》一文中，使用处理农作物疾病、处理公共牧地、解决争端、管教走入歧路的孩子、对团结的重视、对他人的信任六个变量联合组成社会资本指数，将社会资本的结构和认知联系起来反映了如何安排人们采取集体行动、互相支持。在奈克和厄普赫夫等人的研究基础上，C. 格鲁特尔特提出了测量社会资本最理想的方法应该包括的四个象限（见图 9-2）。

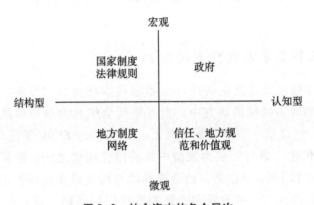

图 9-2　社会资本的各个层次

资料来源：C. 格鲁特尔特、T. 范·贝斯特纳尔（2004）。

然而在实践中，对国家层次上的社会资本测量技术还没有达到比较精确的水平，格鲁特尔特在总结经验的基础上认为：社会资本的测量应该放在三种类型的替代指标上，包括地方联盟和网络成员身份、信任的指标和对规范的忠诚以及集体行动的指标。

在实际研究中，社会资本这一概念的具体运用存在着许多困难。任何经济资本都可以化约为一个统一的尺度——货币，并通过货币数量的大小来加以衡量。此外，货币这统一尺度的存在，加上经济资本与具体的个人没有直接依附关系，使得经济资本成为抽象的可以自由转让的物。对于社会资本而言，情况就大不一样了。每个人的社会资本都是独特的、与他个人紧紧依附在一起的，无法转让。而且，社会资本也无法用一个统一的尺度加以衡量，谁能准确地说出某人的关系资源值多少钱呢？这就排除了社会资本的可比性与量化能力，实际上大大加深了运用社会资本概念分析经济问题的难度。如果说社会资本概念在微观层面上加以运用存在一定难度的话，那么，在社会宏观层面上困难就更大了。例如，要准确计算社会资本对社会经济增长的贡献率是非常困难的一件事情。因为，我们无法知道某个社会在特定时间内的社会资本总量，更谈不上根据有关统计数据来分析其对经济增长的贡献率。

# 第三节　社会资本与发展实践

## 一　社会资本与国际发展组织

社会资本概念及其理论研究具有很强的实践意义，目前广泛地应用于经济、社会和政治领域的研究中。世界银行组织对发展中国家的援助项目中，"参与"一直是一个很重要的概念，但从 20 世纪 90 年代开始，"社会资本"开始代替"参与"成为发展中的关键性概念之一。根据哈理斯和利兹奥的研究，自 1993 年以来，社会资本就开始变成发展词汇中的关键性词汇了，被国际组织、一些政府和非政府组织广泛采用。到 1997 年，社会资本概念被大量地引述到世界发展报告中，同时，大量具有影响的数据资料也已经出现，目的是探索出一种社会资本影响发展的途径。

1997 年，世界银行在《拓展财富衡量》的报告中专辟"社会资本：失落之链"一章，论述社会资本的衡量与意义。这个报告中所阐述的社会资本思想在世界银行的起源则可以追溯到该组织 1993 年发布的《东亚奇迹》的报告。世界银行 2001 年指出了社会资本对发展的影响：在教育中，在学生的父母及公民对孩子的教育福利有积极兴趣的社区，教师更为尽职，学生的成绩更好，学校的设施更好地用于该社区；在医疗卫生服务中，受民间团体支持和监督的医务人员工作更为认真；在农村发展中，有较高社会资本的村镇会更多地使用信贷和农业化肥，在道路修建中有更多的村级合作。迄今为止，社会资本已经成为国际机构的流行概念之一。世界银行专门成立了社会资本的研究机构，即社会资本协会（The World Bank's Social Capital Initiative）。他们关注"社会资本的特殊资源"，如家庭、社区、公共领域、种族和性别等。随着时间的推移，社会资本研究的话题也越来越宽泛，如犯罪与暴力、经济与贸易、教育、环境、金融、贸易与移民、健康、营养与人口、卫生、信息技术、贫困与经济发展、农村与城市发展、供水与卫生系统等。为加强沟通与交流，同时推动相关发展行动，世界银行于1999年7月召开了一次社会资本讨论会。在此基础上，世界银行于2001年大力倡导注重加强穷人社会资本的投资与建设，并将其作为缓解贫困的重要手段。

联合国开发计划署对于社会资本在可持续发展中的地位也十分重视，它视社会资本为一种自觉形成的社会规则，体现于社会各组成部分的关系中，体现于人与人之间的关系之中。它只有建立在民间团体和组织所达成的协议的基础上才可能是稳定的。UNDP在"人类可持续发展"一文中指出，可持续发展就是通过社会资本的有效组织，扩展人类的选择机会和能力，以期尽可能平等地满足当代人的需要，同时又不损害后代人的需要。社会资本对可持续发展方面的贡献是直接而巨大的，没有社会资本的支持，物质的财富很难达到正确的利用。社会资本使民众参与变得容易，社会资本鼓励各部门间的合作。社会资本的概念使满足后代需要的思想变得易于实现，可以为把可持续融入整个人类的发展事业铺平道路。

## 二　社会资本投资与发展

从20世纪90年代以来，社会资本之所以成为人们关注的热门概念和许多社会问题分析的起点，主要原因除了西方国家中极端个人主义和向更小的共同体回归的变化之外，还在于东亚发展带来的理论提示。对东亚发展成功的原因有许多看法，但是有一种看法逐渐在论据的可信度上占据了优势，并且获得了像世界银行这样的国际组织的支持。这种看法认为，东亚之所以在短时间内取得了如此惊人的经济成就，重要的原因在于：整个社会在经济发展目标上达成的共识；以家庭为核心的社会伦理观和社会关系结构；国家与社会之间的相对和谐关系。东亚发展的成功为社会资本的研究提供了动力和丰富的实证资料。

发展理论的研究向人们表明，影响一个国家或一个区域经济和社会发展的不仅有经济因素，还有社会组织、社会传统、社会制度以及道德规范等各种文化因素。通过借助社会资本这一概念，关于发展理论的研究可在一个融合社会、政治及经济于一体的概念性框架中展开，使研究有了一个更为全面的视角。如果回顾一下发展经济学的发展历程，当发展经济学开始走向衰落时，是随着 20 世纪 80 年代初期新制度经济学的兴起才重新焕发了生机。对比一下"社会资本"理论和"新制度经济学"这两个理论体系的发展，会发现两者几乎形成于同一时期，加利福尼亚大学的彼得·埃文斯教授在《跨越公私界线的发展战略》一书中，认为社会资本理论进一步拓展了发展理论中的制度理论；科尔曼在他于 1980 年出版的《社会理论基础》一书中将"制度安排"称为"社会资本"。可见，制度理论和社会资本理论存在某些重合领域，但二者又有不同的范畴，制度经济学更多地应用于经济学领域，社会资本理论则更多地应用于社会学领域。然而，随着经济学与社会学的交叉与融合，社会资本作为一种促进组织网络进行团结协作并提高生产收益的无形资源，与制度所起的作用几乎是相同的。尤为值得注意的是，1980 年首次出现的"可持续发展"概念，突出了社会资本在经济发展研究中的重要性，1995年世界银行发展了新的国家财富及可持续发展能力的评价系统，综合评价自然资本（或自然资源）、物质资本（或生产资产）、人力资本（或人力资源和社会资本），上述资本的总和的非负数增长，就意味着可持续发展。联合国开发计划署指出，社会资本对可持续发展的贡献是直接和强大的，通过社会资本的有效组织，扩展人类的选择机会和能力，尽可能平等地满足当代人的需要，同时不损害后代人的需要，将为可持续发展融入整个人类的发展事业铺平道路。

社会资本逐渐被认为是全世界经济发展的关键因素。研究者从宏观社会资本的定义出发，将社会成员之间形成的信任与合作关系以及在此基础上建立起来的社会规范和社会网络均视为一种社会资本，着重研究这些社会资本与经济社会发展的关系。他们发现，社会成员彼此之间的信任、合作以及在此基础上形成的个人及组织间的网络联系将有助于降低经济运行的"交易成本"，通过信任和规范可以有效地减少组织内部的"搭便车"行为，解决"集体行动的逻辑"悖论。同时，社会资本可以促进信息流动，减少因信息不完全而带来的风险和不确定性，从而有利于经济的繁荣和发展。市场制度不可能在"真空"中运行，因此正式制度的绩效将在很大程度上依赖于社会资本等非正式制度的作用。纳克和基弗根据在 29 个市场经济国家进行的"世界价值观调查"（World Value Survey）所得数据对宏观社会资本和经济发展关系进行了经验验证，结果发现一个国家的国民对他人的信任程度越高，国家的公民规范越明确，则该国的经济发展水平就越高，三者之间存在着显著的关联。纳拉扬（Narayan）等通过在坦桑尼亚乡村地区进行的经验调查证明了宏观社会资本在乡村经济发展中所起的积极作用，据他们测算，社会资本对于人均收入的影响要远远大于教育等其他因素的作用。

从这一理论出发，学者们认为与人力资本投资相似，以赶超为目标的国家必须在全社会范围内由政府通过公共政策进行社会资本投资，目标是在保持本民族文化主体性的前提下，形成能与外来的先进制度融合的文化要素和社会环境，因此，一个国家社会资本积累有两个层面：一是制度建设，二是文化变迁。社会资本投资具有特殊性质——不受资金制约；有赖于政府能力；决定制度质量高低，进而决定人力资本和物质资本投资的收益率。因此，社会资本投资是资金匮乏的发展中国家实施赶超最为重要的、基础性的投资。

制度建设是一个费时的复杂工程，要求具有长远眼光和持续性努力以及次序合理的操作过程。"制度发展悖论"指出，在最需要良好制度的国家，却最难以获得这种制度。在完善的制度建立起来之前，通过公共政策的设计和实施，是一种推动制度迅速建立的有效途径。可持续的经济增长和发展要求实施与市场一致的、与环境和谐的、符合人的需求的政策，而在越来越多的政府干预失败的案例中，政府公共政策的实施始终与"政府最小化"观念结伴前行。1997年世界银行年的世界发展报告《变革世界中的国家》在讨论国家在经济发展中的作用时，首次提出了"有效的国家"概念，认为东亚的"奇迹"不能证明小政府才是好政府的新古典学派观点，战后发展中国家的实践表明，虽然统制型经济的发展失败了，但没有政府干预的发展更糟糕。国家对经济发展的作用不取决于政府规模的大小，而取决于国家的有效性，即国家构建推动经济发展的制度的能力。这份报告在《东亚奇迹》的基础上进一步肯定了国家有效的政策干预和制度能力在推动发展中国家工业化过程中的积极作用，这对于向来被认为是新古典派大本营的世界银行来说，确实是一个重大的立场转变。

进而，世界银行认识到帮助发展中国家的政府提高行使职责的能力比起简单的物质援助要更为有效，市场机制的有效性以及市民参与社会管理的程度都依赖政府的作用。提高政府质量的有效途径是使政府将精力集中于只应由政府处理的事务和行使的功能，同时尽可能地增强市场机制的作用，并提高公民自愿参与社会事务的程度。自愿参与机制能够动员社会最基础性的能量。随着通信技术及经济全球化的发展，自发组成的民间组织在影响公共政策方面发挥出前所未有的影响力。作为一种公共产品的政府政策，其制定和实施要求等级制、市场机制以及自愿参与制度的有机结合，孤立地增强政府能力是无效的，在加强政府职能的同时，构建由政府、市场以及公民自愿参与所形成的三角框架并精心维护三角框架的平衡至关重要。由此可见，对于在更大程度上以强制性制度变迁方式进行制度建设的后进国家，制度质量取决于政府制定公共政策的能力及政策的有效性，而政策有效性又有赖于先期形成的社会资本的质量。从源头上来看，制度建设也是一个社会资本投资和积累的过程，社会资本的积累不是一种简单的量的积累过程，而是一个构建社会网络的复杂过程。

东亚在与外部世界的密切接触中，由于扩大了制度选择集合，通过移植、学习和模仿西方有形的制度安排，如产权、金融制度等形式化规则，迅速建立了经济追赶所需具备的制度框架，这是一个"制度资本"积累过程。而东亚的制度移植之所以成功，是由于拥有支持制度移植的文化机制：这种文化机制使得政府通过公共政策形式移植外部先进制度时，得到了公民的支持和响应。公民的态度很大程度上受到传统文化的影响，赶超型经济所特有的一个文化特征是热爱学习且善于学习，如日本文化虽源于中国，但作为一种继生态文化，日本文化具有更强的拿来主义特征，兼容并蓄了许多中西文化的优点和长项，使儒家文化从一种阻碍原生性资本主义产生的因素演变为一种推动后发性资本主义实施赶超的因素。文化学习和变迁的过程可视为一个"文化资本"积累过程。社会资本积累包括上述两个相互影响的资本积累过程。文化变迁是一个"慢过程"，制度移植虽然能在短期内迅速完成，但是制度建设却是在制度移植完成后才开始，而不是结束，是随着文化变迁而逐步完成的，同样是一个"慢过程"。可见，后进国家的"文化资本"积累与"制度资本"积累虽然相对先进国家迅速得多，但仍然是需花费时间的渐进积累过程。这里，又表现出一个悖论，即"资本积累悖论"：越是基础性资本，其形成越是缓慢。因而更需通过超前的社会资本投资，加速其形成过程；这个过程不可能是自发的，而需政府通过公共政策有意识地进行。从某种意义上可以这样说，社会资本投资和积累是一个民族性塑造过程。一个国家的民族性是独特的，但并不是固定不变的，同样需要与时俱进，政府对于民族性的塑造所起的作用是不可或缺的。

## 三　社会资本与发展项目

正如格鲁特尔特、T. 范·贝斯特纳尔（2004）在《社会资本在发展中的作用》中证明出：社会资本对大多数发展项目的效率和质量产生影响。而大部分的发展机构和发展项目已经充分关注社会资本，1997 年《世界银行发展报告》中提出，政策制定者应该"通过重新激活公共机构的方式来增强国家能力"。世界银行还成立了专门的社会资本研究机构。格鲁特尔特的《社会资本在发展中的作用》一书中的十个研究项目就是世界银行社会资本协会所进行的研究工作的一个部分，这些研究项目反映了该组织的三个目的，即评估社会资本对发展的作用、说明外部援助有助于社会资本的形成，并且开发监督社会资本的相关指标。该书中的十个研究项目分别从微观、中观和宏观来分析结构性社会资本和认知型社会资本通过信息与集体行动对发展项目发生作用。而联合国开发计划署在宣传《我们共同的未来》（Our Common Future）主旨的报告中认为，如今发展面临政策、市场和来自自然科学的三大危机，故而必须重新定义发展的内涵，相应给出的可持续发展定义是：通过社会资本的有效组织，扩展人类的选择机会和能力，以期尽可能平等地满足当代人的需要，同时不损害后代人的需要。亚洲开发银行在 2003 年 7 月的《扶贫与社会发展报告》指出，要用参与式活动营造社会资本。

在有关国际组织对社会资本的认同和关于社会资本研究的影响下，中国的发展机构和发展项目中也开始关注社会资本与发展项目的关系，李小云教授曾经在《反贫困的制度创新——有关贫困社区及群体的参与问题》一文中指出，贫困农户一旦真正感到自己拥有权益时，他们就非常珍惜外部投入资源的重要性。这就如同农村改革诱发广大农民的生产积极性。他们逐步发育出不同的组织形式来保证项目的顺利完成。在贫困社区中，信誉、社会关系、互助等社会资本即可有效地在扶贫行动中发挥作用。中国农业大学人文与发展学院的大部分项目都关注农村社区的社会资本，并通过有效的机制来促进农村社区社会资本的积累。2003 年在中国成都举行的国际 NGO 中国项目生态旅游座谈会中指出，生态旅游的社区参与中需要关注乡村的参与过程、社会资本危机等。有关草海项目的报告中指出，尽管村民用于人情钱（用于参加亲戚、邻居和朋友的婚、丧、嫁、娶等活动的礼钱）占他们支出的很大部分，但它却是村民社会活动的重要部分，也是村民追求社会归属感和积累社会资本的一个重要方面。

然而，尽管中国大部分的发展项目都开始关注社会资本问题，但大部分对社会资本的关注只是停留在问题的表面层次上，对诸如社会资本是如何影响发展项目的，发展项目对农村社会资本又有什么样的影响，社会资本作为一种"资本"，对发展项目的产出是如何增值的、哪些社会资本是对发展项目有害的、如何在发展项目中建立一套有效的社会资本监测和评估指标体系等问题都缺乏深入的、微观的、定量的分析，而这些问题对今后的发展项目有至关重要的影响。

## 四 社会资本与灾害

近年来，社会学家们开始注意到人际关系网络与社群在灾害中的作用，在灾害研究中引入了"社会资本"的概念和理论框架，进行了大量理论和经验研究。

赵延东（2007）指出，人们不仅可以依靠经济发展和技术进步来预防和控制自然灾害，而且可以利用诸如社会资本这样的社会资源来减轻灾害带来的损失。在个人层面上，人们可以依靠自己的社会网络关系获取有关灾害的信息，得到救援帮助、物质支持和精神鼓励等实质性资源。在群体层面上，公众自愿组成的公民组织、人际信任以及合作与利他的社会规范可以使受灾社区及受灾居民更积极地参与到灾后重建工作中来，齐心协力应对灾害的挑战。社会资本还是一种有可能在灾害中得到更新和补充的资本。根据社会冲突论的基本原理，面临着外来威胁时，群体内部的整合程度反而会提高，这意味着适度的外在压力将有利于社区的成长。这也意味着在灾害中，社区和个人的社会资本反而有继续增长的可能性。自然灾害就是这样一种挑战和困难，当地的居民和社区在这种挑战中可以积累起更丰富的社会资本，从而为应对未来的灾害做好更为充分的准备。

张克俊等（2010）就地震救援中涌现的"大爱精神"进行了论述，认为这种"大爱精神"在灾后重建中得以凝聚和升华，这种建立在大灾之上的人际网络超越了传统的建立在血缘或地缘基础上的社会关系，能够使信任迅速在群体成员之间传递，降低经济社会的经营管理和监督成本。在汶川地震灾后救援和重建实践中，大爱文化不断发挥着巨大的作用，特别是在降低交易成本、推动区域合作和城乡统筹、优化政府公共职能和促进社会良性互动、升华公民意识等方面收益显著，使灾区大爱文化氛围浓厚，信用和合作理念深入人心，社会规范逐步形成，社会网络不断拓展，为社会资本培育奠定了良好基础。进一步对现有社会资源加以引导和利用，能够显著提高资源配置效率，推进灾区重建进程，因此，应采取措施引导和培育以大爱文化为基础的社会资本，在未来发挥更大的作用。

符平（2010）基于川、陕、甘三省灾后贫困村的质性调查资料，揭示了以关系网络、互惠合作和政治信任为内容的社会资本在村庄灾后重建中的表现及问题。他发现，社会资本在灾后重建中的作用与功效在所有村庄均同时体现出增进与损害的双重特性——尽管在不同村庄中的表现形式和作用程度具有一定差异。总体而言，作为一种非正式支持，社会资本在形成互助网络、促进互惠行为、改善村庄社会治安、提高村庄整合度等方面起到了明显的正面作用，是国家正式制度支持的有效补充；同时，社会资本产生的负面功效也展露明显，如排斥非群体成员合法的社会权利、损害村庄干群关系、降低村民的参与度等。他认为，培育村庄良好的社会资本、促进社会资本的积极功效，理应纳入灾后重建工作的议事日程，社会资本也应该成为灾后政策评估的重要维度。

社会资本理论吸引了不同学科背景的研究者的关注，目前有关社会资本的研究主要集中于以下几个领域：劳动就业与移民，教育与家庭，社会分层与社会转型，经济与社会发展，社会参与，科学发展与技术创新等（赵延东，2003）。此外，在灾害研究、扶贫、相关农村问题研究等领域也有应用。

**思考题**

  1. 什么是社会资本？

  2. 如何认识社会资本概念的理论价值和实践意义？

  3. 你认为社会资本概念的研究有哪些不足之处？

  4. 如何从社会资本的角度来分析一国的经济发展？

## 参考文献

1. 赵延东：《"社会资本"理论述评》，《国外社会科学》1998 年第 3 期。

2. 陈健民、丘海雄：《社团、社会资本与政经发展》，《社会学研究》1998 年第 4 期。

3. 肯尼斯·纽顿著，杨松编译《社会资本与民主》，《马克思主义与现实》2000 年第 2 期。

4. 托马斯·福特·布朗著，木子西编译《社会资本理论综述》，《马克思主义与现实》2000 年第 2 期。

5. 田凯：《科尔曼的社会资本理论及其局限》，《社会科学研究》2001 年第 1 期。

6. 殷德生：《社会资本与经济发展：一个理论综述》，《南京社会科学》2001 年第 7 期。

7. 钟涨宝、黄甲寅、万江红：《社会资本理论对农村社会结构变迁的解释功能》，《华中农业大学学报》（社会科学版）2002 年第 1 期（总 43 期）。

8. 杨瑞龙、朱春燕：《网络与社会资本的经济学分析框架》，《学习与探索》2002 年第 1 期。

9. 侯高岚：《社会资本与经济赶超》，《江淮论坛》2002 年第 3 期。

10. 虞大鹏、赵世涛、栗斌：《社会资本、协作型竞争与我国城市的发展》，《城市问题》2002 年第 5 期。

11. 周德翼、杨海娟：《论陕西省社会资本形态对经济增长的影响》，《中国软科学》2002 年第 6 期。

12. 周红云：《社会资本理论述评》，《马克思主义与现实》2002 年第 5 期。

13. 庄洁：《"社会资本"理论研究综述》，《发展论坛》2003 年第 1 期。

14. 阎海峰、鲁直：《社会资本：认识网络组织的一个新视角》，《华东理工大学学报》（社会科学版）2003 年第 1 期。

15. 方竹兰：《从人力资本到社会资本》，《学术月刊》2003 年第 2 期。

16. 郭熙保、张克中：《社会资本、经济绩效与经济发展》，《经济评论》2003 年第 2 期。

17. 张广利、桂勇：《社会资本渊源理论局限》，《河北学刊》2003 年第 3 期。

18. 胡巧蓉：《从社会资本理论看农民对农村大学生的"巴结"》，《社会》2003 年第 3 期。

19. 童宏保：《从人力资本到社会资本：教育经济学研究的新视角》，《教育与经济》2003 年第 4 期。

20. 张文宏：《社会资本理论争辩与经验研究》，《社会学研究》2003 年第 4 期。

21. 张广利、桂勇：《社会资本：渊源·理论·局限》，《河北学刊》2003 年 5 月第 23

卷第 3 期。

22. 刘敏、免平清：《论社会资本理论研究的拓展及问题》，《甘肃社会科学》2003 年第 5 期。

23. 陈全功、程蹊：《"社会资本"理论研究新进展》，《贵州财经学院学报》2003 年第 5 期。

24. 顾新、郭耀煌、李久平：《社会资本及其在知识链中的作用》，《科研管理》2003 年 9 月第 24 卷第 5 期。

25. 郑杭生、免平清：《社会资本概念的意义及研究中存在的问题》，《学术界》2003 年第 6 期。

26. 张方华：《企业的社会资本与技术创新——技术创新理论研究的新视野》，《自然辩证法通讯》2003 年第 6 期。

27. 杨先明、周昭：《论社会资本》，《思想战线》2003 年第 6 期。

28. 周红云：《社会资本：布迪厄、科尔曼和普特南的比较》，《经济社会体制比较》（双月刊）2003 年第 4 期。

29. 徐斯俭：《"有序参与"与中国农民权益保障》，搜狐网，2003 年 8 月。

30. 乔·沃利斯、布赖恩·多勒瑞著，孙晓莉译《政府失灵、社会资本以及新西兰公共部门改革模式对发展中国家的适用性》，《上海行政学院学报》2004 年 1 月。

31. 周红云：《社会资本及其在中国的研究与应用》，《经济社会体制比较》2004 年第 2 期。

32. 杨永：《从"我"回到"我们"——社会资本理论视野下的集体主义重构》，《前沿》2004 年第 3 期。

33. 李东霞：《从魏庄村的发展看社会资本与经济发展的关系》，《科技情报开发与经济》2004 年第 3 期。

34. 陈伟涛、陈昌文、陈运、黄乐：《当前我国农村弱势群体面临的社会资本困境》，《阿坝师范高等专科学校学报》2004 年 3 月号。

35. 李珍刚：《论社会资本与行政改革》，《广西民族学院学报》（哲学社会科学版）2004 年 3 月。

36. 宋雁慧：《我国当前流动人口子女的社会资本分析》，《民主与科学》2004 年 4 月号。

37. 梁莹：《重塑政府与公民的良好合作关系——社会资本理论的视域》，《CPA 中国行政管理》2004 年第 11 期（总第 233 期）。

38. 张其仔：《社会资本论——社会资本与经济增长》，社会科学文献出版社，1997。

39. 李惠斌、杨雪冬主编《社会资本与社会发展》，社会科学文献出版社，2000。

40. 陈劲、张方华：《社会资本与技术创新》，浙江大学出版社，2002。

41. C. 格鲁特尔特、T. 范·贝斯特纳尔编，黄载曦等译《社会资本在发展中的作用》，西南财经大学出版社，2004。

42. 赵延东：《自然灾害中的社会资本研究》，《国外社会科学》2007 年第 4 期。

43. 赵延东：《社会资本理论的新进展》，《国外社会科学》2003 年第 3 期。

44. 张克俊、张鸣鸣：《以大爱文化为基础的社会资本培育和灾后重建问题研究》，《社会科学研究》2010 年 2 月。

45. 符平：《贫困村灾后重建中的社会资本问题》，《人文杂志》2010 年第 2 期。

46. 刘巍：《"嵌入性"理论及其在中国研究中的发展》，《淮阴师范学院学报》2010 年 4 月。

47. 〔美〕马克·格兰诺维特著，罗家德译《镶嵌：社会网与经济行动》，社会科学文献出版社，2007。

48. 〔美〕奥尔森著，陈郁等译《集体行动的逻辑》，上海人民出版社，1995。

49. Coleman, J. "Social Capital in the Creation of Human Capital". *American Journal of Sociology* 94 (Supplement), 1988, S95—S120.

50. Coleman, J. *Foundations of Social Theory.* Cambridge, MA：Harvard University Press, 1990.

51. Putnam, R. *Making Democracy Work.* Princeton, NJ：Princeton University Press, 1993.

52. Narayan D. "Bonds and Bridges：Social Capital and Poverty". *Policy Research Working Paper* 2167. Poverty Reduction and Economic Management Network. World Bank, Washington, DC.

53. Uphoff, N. "Understanding Social Capital：Learning from the Analysis and Experience of Participation". In P. Dasgupta and I. Serageldin (eds.), *Social Capital：A Multifaceted Perspective.* Washington, DC：World Bank, 2000.

# 10 第十章　自然资源管理与发展

　　人类生存繁衍的历史是人类社会同大自然相互作用、共同发展和不断进化的历史。20 世纪以来，特别是第二次世界大战之后，许多国家相继走上了以工业化为主要特征的发展道路。随着社会生产力的极大提高和经济规模的不断扩大，人类前所未有的巨大物质财富加速了世界文明的演化进程。但是人类在创造辉煌的现代工业文明的同时，对发展内涵的理解却步入了认识的误区，一味地滥用赖以支撑经济发展的自然资源和生态环境，使地球资源过度消耗，生态急剧破坏，环境日趋恶化，社会实际福利水平下降，人与自然的关系达到了空前紧张的程度。要保证人类的可持续发展，就必须正视和处理好自然、环境与发展的关系。

## 第一节　自然资源管理的基础

### 一　自然资源与自然资源管理

#### （一）什么是自然资源

　　对于什么是自然资源，不同的学者有不同的定义，在本书中，将采用联合国环境规划署对自然资源的定义，即自然资源指在一定时间和技术条件下，能够产生经济价值，提高人类当前和未来福利的自然环境因素的总称，通常包括矿产资源、土地资源、水资源、气候资源与生物资源等。它同人类社会有着密切联系：既是人类赖以生存的重要基础，又是社会生产的原、燃料来源和生产布局的必要条件与场所。自然资源仅为相对概念，随着社会生产力水平的提高与科学技术的进步，部分自然条件可转换为自然资源。如随着海水淡化技术的进步，在干旱区，部分海水和咸湖水有可能转化为淡水资源。

一般来说，自然资源有如下几个特点（根据姚清林的《论自然资源与资源管理》[①] 一文整理）：

（1）重要性：这主要是指自然资源对人类发展而言的，如果用一句话概括的话那就是："如果没有了资源，也便不再会有人类与其他生物了。"

（2）有限性：自然资源不是取之不尽、用之不竭的，即使是最持久最广泛存在的资源之一的太阳能也有其最终的寿命，更何况其他的自然资源。

（3）变异性：自然资源从形成到消退一直处于一个不断发展变化的过程中。这种变化分为质与量两个方面，进化与退化两个方向，自然作用与人为作用两个原因。

（4）区域性：指资源分布的不平衡，存在数量或质量上的显著地域差异，并有其特殊的分布规律。

（5）整体关联性：具体指资源的生成与环境条件的关联性；不同资源之间存在关联性；资源对人类的意义或价值上具有关联性。

（6）可调节性：主要是指资源的概念或范畴是可变的、资源的利用价值是可变的以及人类的适应能力是可变的三个方面。

**（二）自然资源管理的概念及其管理途径的变迁**

1. 自然资源管理的概念

人类对自然资源的利用由来已久，可以说，最初经验式的利用就是自然资源管理的起源（王月，2009）。而现在所说的自然资源管理，一般是指兴起于二战之后的，由自然资源紧张所引起的人们对自然资源进行合理利用、管理的一种方式。

一般来说，自然资源管理是指人们按经济规律和生态规律，运用行政、法律、经济、技术和教育等多种手段，对自然资源在各社会集团和各时间阶段的合理分配，对自然资源的利用和保护进行组织、协调、规划和监督活动的总称。由于开发自然资源和保护自然资源都是人类生存的必要条件，因此，达到并维持为增加人类福利的资源开发和为保证资源永续利用及生

---

① 姚清林：《论自然资源与资源管理》，《国土资源科技管理》2000 年第 3 期。

态多样性的资源保护之间的平衡是自然资源管理的基本目的（周国华，1999）。

2. 自然资源管理途径的变迁与发展①

人类社会发展的历史，可以说也是一部人类不断对自然资源进行开发管理的历史。在远古时代，由于人类的生产力水平低下、科学文化水平落后，人类不得不依靠大自然提供的资源存活，采集和捕猎成为了人类对自然资源最传统的利用方式。这种开放进入的自然资源管理体制和粗放的经营管理模式成为人类想当然的一种自然选择。随着人类社会生产力水平的不断提升，人类对自然资源开发利用的方式越来越复杂，对自然资源的需求量也越来越大，尤其是工业革命之后，人类为了满足自己对发展的疯狂追求，不顾后果的开发利用自然资源，结果导致了一些自然资源的枯竭和生态环境的恶化，自然资源危机成为各国不得不面对的一个棘手的问题，如何对自然资源进行有效合理的管理也成为社会各界关注的热点。

20 世纪 50 年代可以说是现代自然资源管理的第一个阶段。这一阶段以 Gordon（1954）和 Scott（1955）所做的关于开放进入的海洋与渔业资源退化之间关系的论证为标志，在这一阶段，研究者开始承认资源退化与它的占有形式之间的关系。

60 年代学者们开始着手探寻资源退化背后的人为原因，并试图寻找不同于以往对自然资源过度开发的新的资源管理手段。1967 年 Hardin 利用博弈理论解释了公共资源过度利用背后的行为逻辑。他在"公地悲剧"模型中假设资源使用者是均质的，利润最大化的个人行为动机使得这些资源使用者不能按照社会最优的方式来选择自己的行为模式，或者说是个人理性的策略导致了集体非理性的结局。根据这种理论，很多学者在关于自然资源管理方面的政策建议中把解决"公地悲剧"的方法指向自然资源的国家集权管理或资源私有化，这是自然资源管理走向专业化阶段的萌芽，这种以国家为资源管理主体的方法在二战后很长一段时间内（一直到 80 年代）成为自然资源管理的主流途径。

20 世纪 80 年代是自然资源管理的又一个发展阶段，在这一阶段学者们主

---

① 本部分根据董海荣的博士学位论文《社会学视角的社区自然资源管理研究》（中国农业大学 2005 年博士学位论文）第二部分整理。

要是讨论了关于社区共有资源的管理问题。他们主要从当地的生态背景条件下，探讨了资源的利用和占有之间的关系。80 年代大量的案例研究为不同形态和文化背景下的集体财产管理体制提供了民族地理学的证据。这些案例表明集体财产管理体制是建立在传统的生态知识体系之上，并通过当地的社会规则来维持的。这种文化生态学的方法否认了"公地悲剧"关于个人是自私自利的和资源退化是个人资源利用行为结果的假设，认为当地人在自然资源管理中是重要的，尤其是他们所形成的适应变化的能力和通过不断试错而发现的解决当地自然资源和环境的能力更是不可忽视的。在这一阶段，人们逐渐从自然资源国家集权管理的神话中脱离出来，开始将目光投向以前被认为是资源破坏者的当地居民，不过这只是一个萌芽，完整的理论方法的形成还有待时日。

20 世纪 90 年代关于自然资源管理的讨论承接了 80 年代关于社区共有资源管理的探讨。80 年代的研究已使人们开始关注当地居民在自然资源管理中的重要性，但是当地管理自然资源的有效性并不是一件想当然的事情，它依赖于一套嵌合在当地和区域水平上的社会关系中的背景因素。因此，适应当地变化的以及能够成功融合到更广泛的制度安排中的管理能力成为这一阶段的主要关注点。这一阶段的主要代表是 Pinkerton（1989）所做的关于共管的研究。他在关于公共资源的"政治生态学"方法中认为当地制度在保护资源方面表现出很大的潜能，同时他也提出共管制度的开发应该包括在复杂的政治进程中多样化资源的利用和不同使用者群体的参与。这种"政治生态学"的方法与 80 年代的"文化生态学"的方法的最大不同在于，前者强调的是在资源使用上不同使用者之间的关系，后者则强调资源使用者和资源之间的关系。总的来说，"政治生态学"的方法对于共有资源的研究上，倡导的是为了识别影响当地管理制度的创造、维护和崩溃的因素，对资源使用者进行详细的分析；倡导从更广泛的背景下来分析当地的管理，包括当地的、外来的以及影响资源系统的物品和服务的需求和供给的各种因素，尤其是当地的背景因素。这些背景因素嵌合在当地的社会结构中几乎不能被观察到，却往往对揭示某种特定的管理制度成败的原因具有很强的启发性作用。在综合这两种理论方法的基础上社区自然资源管理的理论系统逐渐成形，社区自然资源管理也成为当下最为流行的一种自然资源管理途径。

## 二 保护与可持续发展

### (一) 保护的概念

按字面意思来解释，"保护"有保持、保卫、保障或保证某物安全或完整的含义。自然资源是人类生存和社会发展的基础。面对社会经济发展而引发的全球性资源和环境危机，人类开始越来越关注人类与资源、环境之间的尖锐矛盾，注重对自然资源与环境的保护。从更为宏观的层面上来理解，环境实质上也是一种自然资源，这里主要讨论自然资源保护的含义。

自然资源保护是一个有多种含义的概念。持生态伦理的人把人类社会的伦理观念扩大到自然资源乃至整个自然界；环境论者认为人们必须保护自然资源和环境以备将来利用；技术工作者常常将保护等同于治理土壤侵蚀、栽植树木、驯养牧群时所采用的技术手段；而旅游管理者则把保护视为对景观、垂钓和狩猎条件等的改善；政治家们又往往将保护看做与选民利益密切关联的政治目标；宣传保护好处的游说者们则把保护比喻为美好生活的象征，是达到"使最多的人获得最大的好处，并且永远如此"的灵丹妙药。

关于自然资源保护的种种观点，可归纳为以下几个方面。

#### 1. 生态伦理层次

作为一种解读人与自然之间关系的新范式，西方生态伦理思想孕育于18世纪后期至19世纪末，创立于20世纪中叶，20世纪60年代逐渐分化为人类中心论与自然中心论两大流派。人类中心论坚持以"人类共同利益"来统一自己的思想学说，延续了传统伦理学的人伦之理，只是把自然作为涉及不同主体之物而纳入了伦理学视野；自然中心论则坚持以"地球优先"来表达自己的理念诉求，把自然价值及自然权利作为扩展道德关怀的依据，并以此为支点来展示自己的理论体系。人类中心论与自然中心论的根本差别在于两派对于"自然价值"与"自然权利"观点的差别。对于"自然价值"，人类中心论认为价值应该只为人所独有，因为人是自然进化的最高成就，唯有人具有理性，人之外的存在不过是为人而存在的、只有工具意义的存在，自然亦不例外，所以唯有人具有内在价值，自然也只是具有工具性的价值。对于此，人类中心论者认为肯定人的目的性价值和事物的工具性价值并非就不能走向生态伦理学，他们认为，他们保护自然为人而用的可享用性，正是服务于人要获得生存和发展这个目的；如果以为事物只有工具价值而不加以保护，恣意妄为地破坏，那么人的价值就不能得到保障。人类中心论者正是基于此种目的对自然进行保护的。自然中心论者则认为正是在人类中心论这种主张指使下自然遭到破坏，他们认为自然不仅仅具有工具性的外在价值，还具有不依赖于人的意识而存在的自我内在价值，因此自然的价值也应该得到尊重和保护。对于"自然权利"，自然中心论者认为自然权利就是指自然有着按照自然当理之理（规律）的生存资格或利益，是一种客观存在的权利，是人类不可否认的"天赋权利"。自然中心论者认为每一种生命形式在生态系统中都有发挥其正常功能的权利，简而言之，"生存和繁荣的平等权利"，自然中心论者将人类的伦理道德扩展到自然界之中。而人类中心主义者则认为权利只能在人与人之间使用，不能外推，自然的权利只能被理解为人对自然拥有的权利，赋予动物、植物、景观与自然生存权利只能招来混乱。虽然两大流派之间存在着不小的思想差异，但是双方也存在着共同的理念，双方都把追求公正作为基本理念，把践行可持续性作为实践理念，在具体要求上，都以洁净生产、合理消费和适度人口为其主要规范，并且就生态伦理的发展趋势看，双方的整合已不可避免。①

生态伦理学认为，自然界中没有等级差别，在人与自然的关系中，人与其他物种乃至其他自然要素是平等的；就像人有其价值和权利一样，自然资源和自然环境也有其价值和权利；人的价值和权利应该得到保护，自然资源和自然环境的价值和权利同样应该得到保护。

2. 可持续发展层次

可持续发展思想基本反映了生态伦理思想的"可持续性"这一内在主张。按照可持续发展原则，自然资源保护是要给后代留下同等的利用机会和条件，在开发利用自然资源的同时强调保护，为的是持续地实现资源利用的经济效益、生态效益和社会效益。从这个意义上讲，自然资源保护的严格定义应该是："保护地球上的资源以使潜力和效率不降低，或是保持近似于自然状态下的条件，或只容许明智地耗用资源。"

3. 经济含义层次

上述为了未来利用而不触动自然资源的保护观念，并未被所有的人接受。

---

① 关于生态伦理思想的观点是根据曾建平的博士论文《自然之思——西方生态伦理思想探究》（湖南师范大学，2002）整理的。

确实，有许多保护主义者在强调为了未来利用而节约某些资源的必要性，甚至其中有些人可能过分地强调了这一点。然而，绝大多数人反对这种不利用的政策，虽然他们也赞成自然资源保护和节约，但只限于在保护政策与目前有效利用方案不矛盾的范围内进行。因此，在讨论保护时，多把重点放在高效、合理、有序地利用资源，消除经济浪费和社会浪费，使社会净收益长期最大化等方面。

从经济和社会角度来看，"保护"可以定义为资源的长期明智利用。这种定义有两个缺点：空洞和易混淆。说它空洞，是因为对"明智利用"含义可以有多种理解；说它易混淆，是因为不同类型的资源有相当不同的保护措施。但须知，保护确实是针对社会和私人有关资源在目前和未来之间分配的决策而言，是针对提高某种资源未来可用量而采用的政策和行动而言，保护指的是"何时"利用资源。

在探索保护的经济含义时，有一点是很重要的，即要强调资源的长期明智或最佳利用目标，要强调保护的经济含义同资源有序的高效利用、消除浪费和使社会长期净收益最大化等概念之间的相互关系。

人类未来的发展道路问题是一个重大的战略性问题，它不仅涉及每一个国家和世界发展的全局，而且关系到子孙后代的利益，影响世界的长远发展。经过几十年的争论和探索，人们终于在处理经济发展与资源环境关系上达成了基本一致的认识，寻找到了一条经济发展与资源环境相互协调的发展道路，这就是可持续发展战略。

**（二）可持续发展的起源与概念**

**1. 可持续发展的起源**

发展是人类社会不断进步的永恒主题，人类经过三百多年的工业化进程，物质生产已达到了一个较高的水平，矿产资源的消耗越来越多，环境污染越来越严重，在人口急剧增长的形势下，人们开始考虑：地球的承载力到底有多大？怎样的发展才能够实现既能满足当代人的需要，又不损害后代人满足其需要的发展能力？如何正确处理保护资源和环境与实现发展之间的关系？在对这些问题的思考探索中，可持续发展的思潮逐渐成熟。

（1）《寂静的春天》：对传统观念和行为的反思

20 世纪中叶，随着环境污染的日趋加重，特别是西方国家公害事件的不断发生，环境问题频频困扰人类。1962 年美国海洋生物学家 R. 卡尔森发表了划时代的著作《寂静的春天》，研究了当时滥用以 DDT 为代表的剧毒农药对生态系统造成多方面危害的后果，对常规农业现代化中的"化学化"提出有力指控，并首次唤起了全社会对环境问题的关心。她告诉人们，地球上生命的历史一直是生物与其周围环境相互作用的历史，只有人类出现后，生命才具有了改造周围大自然的异常能力。在人对环境的所有袭击中，最令人震惊的是空气、土地、河流以及大海受到了致命化学物质的污染。这些污染是难以清除的，因为它们不仅进入了生命赖以生存的世界，而且进入了生物组织内。她还向世人呼吁，人类长期以来行驶的道路，往往被误认为是一条不断前进的、平坦而舒适的超级公路，但实际上，这条道路却潜伏着灾难，而另外的道路则为人类提供了保护地球的最后的、唯一的机会。这"另外的道路"究竟是什么样的，卡尔森没能确切地说明，但作为环境保护的先行者，卡尔森的思想在世界范围内较早地引发了人类对自身传统观念和行为的系统、深入的反思。

（2）《只有一个地球》和《增长的极限》

在《寂静的春天》发表 10 周年之际，即 1972 年，以美国科学家 B. 沃德为首的，包括来自 58 个国家的 152 名顾问组成的委员会发表了《只有一个地球》这一报告，并以非政府组织的名义向同年召开的首届联合国人类环境会议提交了该报告。报告谴责了由于人类过分关注经济增长而破坏生态环境的行为。文中首次提出了人类必须与地球建立密切伙伴关系的观点。1972 年国际环境大会在瑞典首都斯德哥尔摩召开，会议以"发展不应该破坏环境，要协调经济发展与环境保护，寻求某种和谐关系"为中心议题，并提出了"生态发展"、"合乎环境要求的发展"、"无破坏发展"、"连续的和可持续的发展"等概念，可持续发展第一次进入人们的视野。

20 世纪 70 年代初出现了全球性"四大危机"，即能源危机、环境危机、人口危机和粮食危机。尽管事情的起因主要是由于爆发中东战争而出现的"石油危机"以及前苏联连年歉收向西方大量购买粮食而导致的"粮食危机"，但这些事件却使一些学者认为，有必要对全球的资源和环境状况做一番全面的、认真的调查和研究。就在调查和研究的过程中，人们开始对当时居主流地位的发展思想产生怀疑，进而引发了一场辩论。最后主张变革的思潮取得了压倒性的胜利，形成了大规模反思传统发展观的全球性运动。20 世纪 70 年代非政府组织"罗马俱乐部"连续发表专著，系统反思了传统经济增长所带来的一系列危害。其中最著名的是 1972 年出版的系列报告中的第一个，即美国麻省理工学院的 D. H. 米多斯及 D. L. 米多斯等四位教授撰写的《增长的极限》，用数学模型分析证明了传统人口增长方式不能持久。如不改变发展方式，到 21 世纪中期全球将出现人口、环境、资源、社会等一系列严重危机。此后罗马俱乐部对这种主张经济"零增长"的观点不断修正，逐渐演变为"有机增长"，直至为"可持续增长"。

（3）《熵：一种新的世界观》

1981 年，一部在西方学术界引起普遍震惊的著作《熵：一种新的世界观》问世。所谓熵定律就是热力学第二定律，客观存在表明物质世界和能量只能不可逆转化到不可利用的状态，从有效的状态转化到无效的状态。物理学意义上的熵，就是这种不能再被转化做功的能量的总和。该书作者霍华德认为："机械论世界观以持久的物质增长为出发点，而熵的世界观则以保存优先的资源为思想基础。"工业化国家把自然资源转化成经济产品的速度越快，使其他国家及后代人从自然宝库中得到的资源就会越少。技术进步之多能加速资源的转化，却使自然资源贮存枯竭。而且，在这个过程中，制造出更多的垃圾和更大的混乱。事实上，熵值不断增长，已接近一个非常危险的水平。今天，人类被迫从以非再生资源为基础的工业化时代过渡到一个新型的、重新以可再生资源为基础的时代。而且，必须在这一代完成这项任务。这个新型的时代只有在可持续发展概念中才能找到答案（叶正波，2002）。

（4）《我们共同的未来》：环境与发展思想的重要飞跃

从 20 世纪 80 年代开始，联合国本着研究自然的、社会的、生态的、经济的以及利用自然资源过程中的基本关系以确保全球发展的宗旨，于 1983 年 3 月成立了以挪威首相布伦特兰夫人（G. H. Brundland）任主席的世界环境与发展委员会（WCED）。经过三年多的深入研究和充分论证，该委员会于 1987 年向联合国大会提交了研究报告《我们共同的未来》。在这个报告中采用了"可持续发展"的提法，并对此概念做出了解释：可持续发展是指既能满足当代人需求，又不损害后代人满足其需求的能力的发展。报告深刻指出："在过去，我们关心的是经济发展对生态环境带来的影响。而现在，我们迫切地感到生态的压力对经济发展带来的重大影响。因此，我们需要有一条新的发展道路，这条道路不是一条仅能在若干年内、在若干地方支持人类进步的道路，而是一直到遥远的未来都能支持全球人类的道路。"这实际上是卡尔森在《寂静的春天》没能提供答案的、所谓的"另外的道路",即"可持续发展道路"。

在很长时间内,可持续发展主要体现于政府行为之中,尤其是国际间的政府行为,由于牵涉不同国家之间的利益问题,国际上的相关争议也未曾停休。特别是在1988年的联合国开发计划署理事会会议期间,发达国家与发展中国家成员,对可持续发展概念的解释存在很大的分歧和争议。协商的最终结果是请联合国环境理事会起草一份关于可持续发展普遍可以接受的解释和说明。

1991年4月联合国粮农组织与荷兰政府主办的农业和环境会议上,粮农组织将可持续性定义为"对自然资源基础的管理维护,对技术及体制变化的导向,并以该种姿态保证达到并持续地满足当代及后代人的需求。这种可持续发展(在农业、林业和渔业部门)保持了土地、水、植物和动物的种质资源,不破坏环境,技术上适宜,经济上可行,社会上可接受"。这次会议发表了《关于可持续农业和农村发展的登博斯宣言和行动纲领》。宣言指出:"到2025年,世界将必须多供养32亿人口,而其依赖的自然资源已受到非持续性农业生产方式和因人类其他活动而造成的环境问题的严重威胁";"工业化国家的情况已表明,伴随着集约化而来的往往是对非可再生资源的大量需求、环境污染、废物处理、乡村人口加速外流和非持续性生产模式的发展等问题","全世界面临的任务是吸取过去的教训,使进一步的发展需求同环境保护的要求相协调"。这次会议的重大贡献之一,在于突出强调了必须同时实现三个基本目标,即粮食安全、根除贫困以及自然资源和环境的维护,并认为需要进行重大的变革和调整,为可持续发展创造条件,特别是在那些人口稠密、土地贫瘠、小农户和无地者难以维持生存又无其他出路、只能以牺牲有限资源和破坏生态环境为代价来维持生计的地区,必须把农村发展、根除贫困放在首位。因而该宣言提出的完整口号是"可持续农业和农村发展",这样就避免了以往那种可持续农业思想仅用于少数发达国家的局限,使各国都能广泛接受和参与。

(5)联合国环境与发展大会:环境与发展的里程碑

1992年,国际环境与发展首脑会议在巴西里约热内卢召开,共有183个国家的代表团和70个国际组织的代表出席了会议。会议通过了《关于环境与发展的里约热内卢宣言》和《21世纪议程》两个纲领性文件,相约各国都要分别制定本国的《21世纪议程》,这表明各国在可持续发展的认识上有不小进步。此外，各国政府代表还签署了联合国《气候变化框架公约》等国际文件及有关国际公约。可持续发展得到世界最广泛和最高级别的政治承诺。

国际环发大会以后，国际标准化组织（ISO）和国际电工委员会（ICE）成立了环境问题特别咨询组（ISO/SAGE）。在此基础上，1993 年 6 月，他们又正式成立了 ISO/TC 207 环境管理技术委员会，负责开展环境管理及其体系国际标准化方面的工作。ISO 14000 是继 ISO 9000 之后推出的又一套国际系列标准，使用对象是全球商业、工业、政府、非营利组织和其他用户。与 ISO 9000 系列一样，ISO 14000 系列标准对世界贸易具有重大的促进作用。在制定 ISO 14000 系列标准时，TC 207 明确了三条指导思想：第一，不增加贸易壁垒，并努力消除贸易壁垒；第二，此标准可以用于对内、对外的认证、注册等；第三，必须避免对改善环境无帮助的任何行政干预。

1994 年 9 月在罗马举行了国际人口与发展会议，会议通过了国际人口与发展《行动纲领》，提出"可持续发展问题的中心是人"的观点，给可持续发展以新的意义。后来相继召开的国际社会与发展会议、第四届国际妇女会议等，都将可持续发展列为重要议题。通过讨论，人们对可持续发展加深了理解，并在许多方面产生共识。

1995 年 3 月在丹麦哥本哈根召开的联合国社会发展世界首脑会议，讨论的社会发展问题中有三个核心问题，即减轻和缩小贫困、扩大生产就业和加强社会参与。贫困和就业是许多国家，特别是发展中国家面临的突出问题，要解决好这两个核心问题，要促进社会发展，必须加强社会参与。所谓社会参与，是指社会发展事业是人民群众自己的事业，必须依赖人民群众的积极参与去实施和实现。

此外，会议还指出，社会发展问题已经不是一个国家内部的问题，而是国家间共同的问题（例如"南北问题"），发展中国家的社会发展问题会影响到发达国家。冷战结束以后，社会发展问题日益突出，有些国家的社会发展问题往往成为国际冲突，甚至局部战争的根源。因此，不能孤立地考虑一国的社会发展问题，国际社会也有义务关注并帮助发展中国家解决其社会发展问题。

2. 可持续发展的概念与内涵

"可持续发展"的概念来源于生态学，最初应用于林业和渔业，指的是对于资源的一种管理战略，即如何合理地使用资源，在不破坏资源的同时使新成长的资源数量足以弥补消耗掉的资源数量。例如，一定区域内渔业资源的可持续生产是指鱼类捕获量适当低于该指定区域内鱼类的年自然繁殖量。经济学家由此提出了可持续产量①的概念，这是对可持续性进行正式分析的开始。很快，该词被广泛用于农业、生物圈和发展等领域，且不限于考虑一种资源的情况，而是更关心人类活动与多种资源管理实践之间的相互作用及其累积效应，关注视角也扩至全球。

从近年来联合国国际会议的内容上看，可持续发展涉及空间跨度上人类生产生活的各个领域，它不是针对某一行业的特殊要求，而是涉及全人类发展的奋斗目标，是一种全新的世界观。在这意义上，可持续发展属于哲学范畴，既以各种不同的学科作为其理论基础，又对各门学科的发展起着重要的指导作用。

（1）"可持续性"的定义

"持续"一词来自拉丁语 sustenere，意思是"维持下去"或"保持继续提高"。针对资源与环境，则应该理解为保持或延长资源的生产使用性和资源基础的完整性，意味着使自然资源能够永远为人类所利用，不至于因其耗竭而影响后代人的生产与生活。一个可持续的过程是指该过程在一个无限长的时期内，可以永远地保持下去，而系统的内部不仅没有数量和质量的衰退，甚至还有所提高。因此，可持续性最基本的和最必要的要求是保持自然资源总量存量不变或比现有的水平更高。从经济学角度讲，单纯使用存在银行里的本金所产生的利息就是一种可持续发展的过程，因为它保持了本金的数量不变，而任何比这更高的使用速度则会破坏本金。

人们认识到可持续性牵涉生物地球物理的、经济的、社会的、文化的、政治的各种复杂因素的相互作用。根据不同的目标，对可持续性可以有经济的、生态（生物物理）的和社会文化的这三种主要的不同解释：从经济学观点对于可持续性的追求基于希克斯·林达尔的概念，即以最小量的资本投入获得最大量的收益；从生态学观点看可持续性，问题则集中在生物物理系统的稳定性，从全球看，保持生物多样性是关键；可持续性的社会文化概念则试图保持社会和文化体系的稳定，包括减少它们之间的毁灭性碰撞，保持全

① 由可再生资源的一定的最优存量所得。

球文化多样性，促进代内和代际公平是其重要组成部分。

赫尔曼·戴利指出可持续性由三部分组成：①使用可再生资源的速度不超过其再生速度；②使用不可再生资源的速度不超过其可再生替代物的开发速度；③污染物的排放速度不超过环境的自净容量。从目前来看，第三点见解所受批评较多，因为环境对于许多污染物的自净容量几乎为零（如氯氟碳CFCs、铅、电离辐射等）。因此，许多学者认为，问题的关键是确定污染物究竟达到什么程度，其危害才是人们可以忍受的。

摩翰·穆纳辛格和瓦特希勒认为，可持续性的概念应该包括：①生态系统应该保持在一种稳定状态，即不随时间衰退；②可持续的生态系统是一个可以无限地保持永恒存在的状态；③强调保持生态系统资源能力的潜力，这样，生态系统可以提供同过去一样数量和质量的物品和服务。在这里，其潜力比之于资本、生物量和能量水平更应被看重。摩翰·穆纳辛格和杰弗里·A. 麦克尼利（Jeffrey A. Mcneely）将可持续性定义为："动态的、人类的经济体系同更大的、动态的，但通常变化较慢的生态系统之间的一种关系。在此关系之下，人类生命可以无限延续，人类个体可以充分发展以及人类文化可以发展。但是为了不破坏生命支持系统的多样性、复杂性及其功能，人类活动的影响应该保持在一定的范围之内。"

伊斯梅尔·萨拉格丁（Ismails Sarageldin）认为"可持续性系指留给后代人不少于当代人所拥有的机会"。然而，如何测定机会？从经济学角度讲人们可以使用"资本"（capital）这个概念来表示"机会"，保持人均资本拥有量不变或使其更多，就意味着为后代人提供了不少于我们所拥有的机会。为了理解可持续性的核心内涵，萨拉格丁认为必须扩大对资本的理解，至少有四种类型的资本：①人造资本（man-made capital），通常被认为是财政和经济；②自然资本（natural capital），自然资源等；③人力资本（human capital），对个人的教育、卫生健康和营养方面的投资；④社会资本（social capital），一个社会发挥作用的文化基础和制度等。例如机器、工厂、道路是人造资本，知识和技能则属于人力资本。于是他认为也可以将可持续性定义为"我们留给后代人的以上四种资本的总和不少于我们这一代人所拥有的资本的总和"。

在生物地球物理层面上，可持续性就是"维持或提高地球生命支持系统的完整性"。为了维持生物圈，为了当代和后代的经济和社会的进步，应当为将来提供尽可能多的选择，包括：①提供足够的措施以保持生物多样性；

②保护和合理使用生物圈的大气、水和土地资源，并保持其完整性。在一个生态系统中，存在着物种多样性的阈值，如果其中一个物种数量减少到低于其阈值，整个系统的自组织就可能破坏。一个生态系统的完整性通过其自组织的保持程度来衡量。

（2）可持续发展的概念与内涵

前已述及，可持续发展战略的思想源于对自然资源和环境保护的关注。1980 年 3 月，联合国向全世界发出"必须研究自然的、社会的、生态的、经济的以及利用自然资源过程中的基本关系，确保全球的可持续发展"的呼吁。同年，国际自然资源保护同盟在《世界自然保护策略》一书中对可持续发展做出了定义，即"强调人类利用生物圈的管理，使生物圈既能满足当代人的最大持续利益；又能保持其满足后代人需要与欲望的潜力"。1987 年，以挪威首相布伦特兰夫人为主席的世界环境与发展委员会提出了一份《我们共同的未来》的纲领性报告，该报告将可持续发展定义为："既能满足当代人的需要，又不损害后代人满足其需求的能力的发展。"1991 年，国际自然资源保护同盟、联合国环境署和世界野生动物基金会联合发表了《保护地球——可持续发展战略》报告，将可持续发展定义为"在不超出支持它的生态系统的承载能力的情况下改善人类的生活质量"。1992 年 6 月，联合国环境与发展会议发表的《关于环境与发展的里约热内卢宣言》宣告了可持续发展的基本原则和基本条件。

由于人们对可持续发展的理解角度不同，对达到可持续发展的途径看法不同，目前关于可持续发展的定义多种多样。经济学家侧重保持和提高人类的生活水平，生态学家侧重点放在生态系统的承载能力，但基本共识是，可持续发展至少包含三层定义，即：生态持续性，"不超越生态环境系统更新能力的发展"，使人类的发展与地球承载能力保持平衡，使人类生存环境得以持续；经济持续性，"在保护自然资源的质量和其所提供服务的前提下，使经济发展的利益增加到最大限度"；社会持续性，"资源在当代人群之间以及代与代人群之间公平合理的分配"。总之，它是一种在保护自然资源基础上的可持续增长的经济观，人类与自然和谐相处的生态观以及对今后世界公平分配的社会观（梁燕君，2005）。

可持续发展的基本内容主要有三个方面。

①强调发展。发展是满足人类自身需求的基础和前提，停止发展人类就

难以继续生存，可持续发展就无从谈起。人类要继续生存下去，就必须强调经济增长，但是，这种增长不是以牺牲环境来取得的增长，而是以保护自然资源和环境为核心的可持续的经济增长。通过经济增长保证人类的生存与发展，在生存和发展中提高增长，并把消除贫困作为实现可持续发展的一个重要条件。

②强调协调。经济增长目标、社会发展目标与自然资源和环境保护目标三者之间必须协调统一，即资源环境与经济协调发展。经济增长速度不能超过自然环境的承载能力，必须以自然资源与环境为基础，同环境承载能力相协调。要考虑环境和资源的价值，把环境价值计入生产成本和产品价格之中，逐步建立资源环境核算体系，改变传统的生产方式和消费方式。

③强调公平。既要体现当代人在自然资源利用和物质财富分配上的公平，也要体现当代人和后代人之间的代际公平；不同国家、不同地区、不同人群之间也要力求公平。

可持续发展在代际公平和代内公平方面是一个综合的概念，它不仅涉及当代的或一国的人口、资源、环境与发展的协调，还涉及同后代的和国家或地区之间的人口、资源、环境与发展之间的冲突。可持续发展以自然资源的可持续利用和良好的生态环境为基础，以经济可持续发展为前提，以谋求社会的全面进步为目标。只要社会在每一个时间段内都能保持资源、经济、社会同环境的协调，那么，这个社会的发展就符合可持续发展的要求。人类的最终目标是在供求平衡条件下的可持续发展。可持续发展不仅是经济问题，也不仅是社会问题和生态问题，而是三者互相影响的综合体。往往是经济学家强调保持和提高人类生活水平，生态学家呼吁人们重视生态系统的适应性及其功能的保持，社会学家则将他们的注意力集中于社会和文化的多样性。

同时，可持续发展也是一个动态的概念。可持续发展并不是要求某一种经济活动永远运行下去，而是要求不断地进行内部的和外部的变革，即利用现行经济活动剩余利润中的适当部分再投资于其他生产活动，而不是被盲目地消耗掉。

## 三　保护与发展相关理论

### （一）自然保护区与发展

人类发展历史进入现代，人们在欢呼经济、社会快速发展，物质财富急剧增长的同时，大自然也"报复"了人类。全球变暖、沙漠化、环境污染和人口迅速增加，以及人类对自然资源的滥用和环境恶化，已使生物灭绝的速度比自然灭绝高达 1000 倍，而一种物种的灭绝常导致 10～30 种生物的生存危机。根据世界自然保护联盟（IUCN）估计，世界上已知的 25 万种高等植物中有 2 万～2.5 万种，即 1/10 处于受严重威胁的状态。建立自然保护区，进行生物多样性保护，是人类面对生存环境发生巨大变化而做出的明智、有效的选择。

20 世纪初，随着资本主义经济的发展，自然资源遭受了严重的破坏，造成了多次生态灾难，引发了世界性保护自然界的运动。但那时所谓保护自然界仅仅是指保护自然界的名胜、罕见的自然景观以及面临灭绝的动植物，而不是自然资源。1872 年，在美国建立了第一个世界国家公园——黄石公园；1879 年，在澳大利亚的悉尼附近建立了世界上第二个国家公园。20 世纪中叶以来，由于人类掠夺式地开发自然资源，出现了自然资源危机，于是出现了保护自然界的新方向，即保护自然资源。此外，鉴于生物圈受到严重的污染和破坏，人类亦建立了一个新概念——保护自然环境。因此，1972 年在巴黎召开的联合国教科文组织第十七届大会上讨论 1973～1980 年该组织的计划时，第八项就是专门研究自然保护区问题的。并且，该组织一致认为自然保护是人类环境保护的一个重要组成部分。1972 年联合国在瑞典斯德哥尔摩召开了第一次人类环境会议，讨论并签订了自然保护公约。这引起世界许多国家的重视，并建立了国际性组织和国家机构，如国际自然与自然资源保护同盟、世界野生生物基金会（WWF）、人与生物圈（MAB）计划、联合国环境规划署（UNEP），以及国家公园和保护区委员会（CNPPA/IUCN）等。从此自然保护区和国家公园成为各国保护自然生态和野生动植物免于灭绝并得以繁衍的主要手段和途径。自然保护区的管理方式也在逐渐地发生改变，由原来的政府为主导的管理逐渐转变为政府和社区共同管理。

1. 以政府为主导的管理方式

传统的自然保护区的管理主要是由政府投资，通过技术人员的规划和论证来划定区域，然后建立相应的保护机构进行日常的资源监测和管护工作，最主要的形式就是不同级别和类型的自然保护区。众所周知，自然保护运动兴起的直接原因是世界范围内环境状况的恶化、发展差距拉大、贫富差距增加以及实际不安定因素增加等。这种环境问题的世界性加速了全球化的进程并使任何一个国家无法独立于世界其外而独善其身。主张采取以政府为主导的自然保护方式一是为了强调各国政府对日益恶化的环境问题的负责任的态度，二是方便政府投资的使用，三是相信政府在经济、法律和技术方面的能力。但这种传统的以政府为主导的管理方式忽略了社区中人的参与，效果不是很好。传统的对农村人、农村社区和农村社区实践的定位，不相信社区的能力、经验知识，这种认识和定位在今天看来实际上是对农村社区的种种偏见。

2. 自然保护区的社区共管（cooperative management）

"共管"较早应用于社区林业。社区林业的理念后来在其他自然资源和自然保护区管理中得到应用。共管也被称为参与式管理、合作管理、共同管理，是管理自然资源的一种多元化方法。其基本内涵是社区群众和保护区管理部门结成合作伙伴关系，共同参与保护区建设和周边发展的一种运行机制。具体地说就是社区群众和保护区管理部门等相关方共同讨论、协商、共同制订保护区的保护规划和保护区周边社会综合发展计划，社区群众参与保护，而保护区管理部门在经济、技术上协助社区发展，走共同保护、协调发展的道路。

20 年来，保护区在保护数量和被保护面积上得到了很大的发展，但由于实行的是严格保护政策，在自然保护区规划设计与管理中存在着资源利用冲突、原有居民难以安置等问题。长期以来，保护区丰富的自然资源为生活在周边地区的人们提供了生存的物质基础。由于交通不便、信息闭塞等原因，习惯于"靠山吃山"的村民把在保护区采药和采集其他林副产品作为经济收入的主要来源，有的进入保护区放牧、采集薪材等，个别的甚至盗伐、偷猎珍稀资源。保护区周边社区群众认为，保护区的存在限制了他们的发展。大多数保护区在建立时很少考虑或没有考虑当地群众的利益，保护区资源管理中存在资源管理主体与利用主体并不一致的现象，保护主体是保护区，而利用主体是保护区周边的社区居民；保护区对资源的最大期望是能够保护资源的完整性，尽量减少外界的干扰和破坏，而社区则是考虑利用资源，这种管理主体与资源收益主体的不一致造成了社区居民对社区的掠夺式开发和利用。社区共管则是协调管理主体与受益主体。通过村民直接受益于资源管理，调动村民管理资源的积极性和主动性。采用这种参与式的保护区资源管理方式，保护区在保护自然的同时，通过管理资源、协调生产和营销等工作，为社区提供更好的服务和支持，改善了农民的生计，提高了农民的自我组织和管理能力。这种共管的方式使得保护区和社区都成为资源管理的受益者。

共管的形式是多种多样的，有比较正式的，有非正式的；有针对保护区的，有针对保护区和周边地区的；有两个利益群体组成的，也有多个利益群体组成的；有以组织化为基础的，也有以协议为基础的；有以单个社区为基本单元的，也有以整个区域为共管单元的……众多的形式反映了共管的具体做法必须根据当地的具体情况来确定。自然保护区社区共管的做法之一，是在社区和保护区本地调查的基础上，了解社区存在的问题和需求以及对保护区的威胁，然后根据这些基础信息确定社区共管示范村，民主选出共管组织，共管组织按照具体要求与村民一起磋商制订资源管理计划，筛选发展项目，确定保护体系，在计划得到批准后，组织村民起草合同，明确各自的责任和义务；在项目实施过程中，遵循公平、公正、公开的原则，相互监督项目实施并组织检测项目的运行状况。

尽管通常涉及共管的基本利益群体是周边社区和保护区管理机构，但地方政府在共管安排中有着十分重要的作用。地方政府的参与应该是共管的一个基本内容，在共管做得比较成功的地方，地方政府本身就是共管各方相互交流的平台。从责任体制来讲，地方政府应该对选举它的当地人民负责，应该较多地考虑地方利益；另一方面，地方政府也应该对国家的有关法律负责，保证相关法律的施行，同时对于特定的一届政府也有它自己的施政目标。让地方政府正确地理解共管及其必要性才能真正保证共管的持续性。各地政府是否有许多发展计划，要把保护区的管理纳入当地的发展计划，也要力争将这些发展计划的其他内容同保护区的管理目标相联系。

### （二）社区资源管理与发展

自然资源是人类赖以生存和发展的基础，自然资源管理也因此一直和人类社会的发展密切相关。可以说，人类社会发展的历史也是人类开发利用和管理自然资源的历史。随着西方进入工业化时代，科学技术迅速发展，生产力水平不断提高，通过提高生产力水平来满足不断增加的人口的基本需求的方法和实践成了当时主流的发展思路。这种以生产为中心的发展思想在自然资源管理上体现为强调运用现代科学技术提高资源的产出率，以满足不断增加的需求。然而随着工业化和人口的发展，人类对自然资源的巨大需求和过度消耗已导致资源基础的削弱、退化、枯竭，严重制约着经济和社会发展，尤其是导致了农村社区贫困的加剧。因此，如何持续利用和保护这些资源，促进经济、社会的持续发展和改善农村社区的福利一直是全球关注的焦点，更是发展中国家面临的严峻挑战。二战以后随着殖民化时代的结束，大多数发展中国家纷纷独立，政治、经济体制发生了巨大的变化，这种变化在很大程度上改变了资源权属关系，从而也改变了原有的资源管理模式。新的管理模式强调国家或政府的直接控制和干预作用。尽管政府也努力吸引当地社区或当地人参与公共发展或自然资源管理过程，然而在实践中，一方面，政府低估了当地的资源管理系统或当地人经过长期的经验积累的管理当地资源以满足他们自己需求的能力；另一方面，政府又高估了自己管理资源的能力。当然，传统的或当地人的资源管理系统也常常是不公平的和低效的。但是，从上至下的、中央集权的国家干预又削弱了当地系统的能力，同时通过将资源和管理权力从当地向国家或国家精英转移，不但未能提高资源利用生产率反而加速了资源利用与管理上的不公平性。在一定程度上这又直接导致了资源环境的破坏和贫困的加剧。社区自然资源管理方法正是在国家从上至下的、中央集权的或官僚的资源管理方式低效或失败的情况下产生和发展起来的。国际上特别是东南亚地区正逐步完成从以国家为主体的从上至下的管理方式到以社区为基础的管理方式的过渡。

尽管到目前为止社区自然资源管理方法还未全面融入主流的政策框架，还处于探索阶段，但是，人们已经广泛认识到它代表了自然资源管理发展和演变的方向和潮流，并被认为是一种社区发展的思路和方法。

1. 社区自然资源管理的基本概念①

（1）社区（community）。在社区自然资源管理中，"社区"一词的含义源自生态学，指具有相同利益的和居住在相同地域的人群。社区也是地域的概念，相当于中国的生产组或村。从社会学的角度，社区也不只是个体的集合或一个地域，它更是社会的一个基本的组织系统。在这个系统内，成员间相互交流和相互作用，因而会产生不同的观点、问题甚至冲突，因此，为了社区集体的利益，社区需要一种机制对个人的行为做一定的限制等。在实践中，当谈到"以社区为基础的"这个概念时，"社区"常常包含了社区、社区内的小组

---

① 社区自然资源管理的基本概念和基本要素，转引自周丕东《社区自然资源管理方法的理论探讨》，《贵州农业科学》2001 年第 4 期。

以及个人的三个层次，即所谓的"当地"的层次。

社区自然资源管理方法的基本原理是基于一些关键的假设，这些假设认为，与中央政府和外地管理者相比，社区或社区基础的机构更能适应当地特定的社会和生态条件，更能代表当地的利益和喜好，更了解当地生态变化过程和传统的资源管理实践，能更容易通过当地适应的或传统途径和管理实践调动当地的人力资源和物质资源，对他们所代表的当地人生计有关的自然资源管理决策和行动更有责任感。

（2）参与（participation）。在社区自然资源管理中，"参与"是指受益群体（当地社区、当地政府和其他有关的机构或组织如自然资源管理研究机构）主动介入资源管理整个过程，包括管理问题的诊断、分析、决策和行动以及利益和风险的共享。同时，参与也是乡土知识的应用与创新和当地社区对资源的利用与控制的过程。此外更重要的是，参与也是能力建设、赋权和机制建立的过程。当地社区村民的参与其哲学依据是当地人最了解他们自己的资源及其存在的问题，他们也有知识和技能解决存在的问题，管理和利用好自己的资源。

（3）社区自然资源管理（CBNRM）。综上所述，社区自然资源管理的定义可以概括为：受益群体主动参与社区资源管理过程，特别强调当地社区及村民是自然资源管理的主体，通过能力的培养、赋权和管理机制的建立等，给当地社区居民机会或责任管理他们自己的资源，确定他们自己的需求、目标以及做出自己的决策的过程，从而实现社区自然资源的可持续利用和社区社会、经济和环境的可持续发展。

2. 社区自然资源管理的基本要素

（1）管理机制的建立

所谓"机制"，通常解释为"普遍理解和普遍接受的一套行为和做事的方式或准则"。在社区资源管理中，建立机制指的是制定一套受益群体特别是社区内成员共同理解和接受的自然资源管理制度。社区自然资源管理是一种参与性的和以人为中心的管理和发展方法，因而，机制的建立必然也包括了以社区为基础的资源管理组织或机构的建立。这种以社区为基础的资源管理机制的建立克服了国家机制（国家的自然资源管理政策法规）的不完善和宣传执法力量的不足的缺点，增强了社区管理资源的权力、责任和义务，充分调动了社区参与管理资源的主动性和积极性。在贵州少数民族山区从事社区资源管理研究的结果和经验表明，制定"村规民约"式的自然资源管理制度和建立相应的社区资源管理小组，实行"有偿使用，有偿服务，有偿管理"的管理机制对当地社区资源的有效、持续与公平利用发挥了十分关键的作用。当然，资源管理机制的成功与否还取决于机制和机构的建立和运作方式。

（2）合作伙伴关系的建立

社区自然资源管理是受益群体主动介入资源管理的整个过程，包括责任、义务、利益与风险的承担与分享。在相关的自然资源管理研究文献中也常常出现共同管理（co-management）、协作管理（collaborative management）以及社区管理（community management）等术语，尽管它们在自然资源管理中的具体含义不尽相同，但它们都涉及受益相关群体的共同参与，都特别强调当地社区在资源管理与控制中的重要角色。随着人口—资源—环境矛盾的日益加剧，必须改变原有的自然资源管理方式。实践表明，单凭传统的村寨社区难以实现这种变化，而国家或政府也不可能通过其官僚手段完成这种转变。因而必须发展一种更密切的和更灵活的合作伙伴关系，这种关系需建立在当地社区现有的能力和现实的利益基础上，由国家营造的有利政策环境和提供的机构联系作补充。在资源管理实践中这种合作伙伴关系的建立通常发生在当地社区和当地政府之间，有时也涉及一些民间团体和研究机构。不同相关群体在资源管理中有不同的权利、责任和义务，也有利益的冲突。因此，合作伙伴关系的建立往往通过权力的转移、责任和义务的分享以及利益的协商来实现。

（3）赋权（empowerment）

当地社区或当地人是资源管理的主体，这是社区自然资源管理方法的核心思想，赋权就是将国家的部分权力转移给当地社区以体现他们的主体地位，同时增强他们管理资源的权力。赋权是建立良好的合作伙伴关系的基础和重要过程。当然赋予当地社区多大的权力取决于国家和当地的政治、经济和文化背景。

（4）能力的培养（capacity building）

社区自然资源管理方法强调当地社区乡土知识和乡土人才的应用，但是乡土知识和乡土人才也有它们自身的局限性，需要不断地创新和提高。同时，社区自然资源管理涉及相关受益群体的共同参与和多学科的知识与技能。因而，能力的培养是实现资源持续利用至关重要的过程。能力建设主要包括资源利用技术、管理技能与意识以及乡土知识创新的能力。

（5）性别主流化（gender mainstreaming）

社区自然资源管理强调相关受益群体公平地管理和控制资源，其中涉及最主要的是性别平等问题。社区自然资源管理中的性别主流化指在资源管理的机制建立、赋权和能力培养中更多的关注妇女，反映妇女的心声，因为妇女往往是资源的主要使用者和管理者。

# 第二节　自然资源管理与发展的实践

## 一　可持续发展的实践

### （一）联合国的努力

1972 年联合国在瑞典斯德哥尔摩召开联合国人类环境会议，当时人类面临着环境日益恶化、贫困日益加剧等一系列突出问题，国际社会迫切需要共同采取一些行动来解决这些问题。在会议上通过了重要文件——《人类环境行动计划》。这次会议之后，联合国根据行动需要迅速成立了联合国环境规划署（United Nations Environment Program，简称 UNEP）。

1975 年联合国环境规划署和国际自然与自然资源保护联盟经过讨论形成了编制《世界自然保护大纲》的思想，并委托 IUCN 起草，并在 1980 年正式公布。《大纲》提出了七项保护自然的对策。

1985 年联合国粮农组织的热带森林开发委员会开始推行在各国林业部门、联合国有关机构以及非政府组织共同努力下制订的热带森林保护行动计划（TEAP）。这个行动计划确定需要采取行动的五个相关的重大领域和八个保护热带森林生态系统的目标，其中第二个目标就是要选择并建立一系列可覆盖各种热带森林生态系统类型的保护区。

1992 年联合国在巴西召开了联合国环境与发展会议。这次会议通过了《21 世纪议程》等重要文件。根据形势需要，联合国在这次会议之后成立了联合国可持续发展委员会（Commission on Sustainable Development，简称 CSD）。同年 2 月，IUCN 在委内瑞拉首都加拉加斯召开了第四届国际国家公园与自然保护区大会。来自世界 140 多个国家和地区的 1500 多名代表参加了大会，共同发表了《加拉加斯宣言》，强调建立和保护保护区是人类社会持续发展、保护生物多样性所必需的。同时还制定了《加拉加斯行动计划》等战略性文件。

1993 年以来，联合国可持续发展委员会每年召开一次年会，检查回顾环发大会提出的《21 世纪议程》的实施进展情况和存在的问题，并就环境贸易、技术转移、如何鼓励企业和非政府组织以技术、资金推动发展中国家可持续发展等议题广泛进行讨论。到 1996 年，全球已有 150 多个国家设立了国家级委员会或协调机制，说明各国政府已经认识到了可持续发展的重要性。可持续发展正被越来越多地引入各种多边会议，并成为国际组织投资的重点领域。在下列会议中，可持续发展问题都是会议的重要议题之一：世界儿童首脑会议、全民教育世界会议、人权世界会议、联合国人口与发展大会、世界减灾大会、联合国社会发展首脑会议、小岛屿发展中国家可持续发展会议、第四届世界妇女大会等等。

1996 年召开的第二届联合国人居大会也将环境与发展问题列为主题之一，1997 年召开的特别联大则主要讨论全球的可持续发展问题。2002 年在南非召开了《可持续发展世界首脑会议》。这次会议的主要目的是回顾《21 世纪议程》的执行情况、取得的进展和存在的问题，并制订一项新的可持续发展行动计划，同时也是为了纪念《联合国环境与发展会议》召开 10 周年。经过长时间的讨论和复杂谈判，会议通过了《可持续发展世界首脑会议实施计划》这一重要文件。

联合国粮食及农业组织、联合国开发计划署、人口基金会、世界银行、国际货币基金组织、联合国工业发展组织等机构，也将各自主管的领域与环境挂钩，在开展项目活动、提供援助时均向"环境领域"倾斜。欧盟制定的对华合作框架中，将扶贫、环境保护和机构改革作为合作的重点领域。

在联合国的引导之下，现在几乎所有的国家包括发展中国家都已经意识到合理利用和保护资源对经济发展的重要性。各国在这方面也做了很大的努力。澳大利亚是一个严格履行生态发展政策的国家，有"绿色拇指"之称。该国十分重视通过对资源及其产品与环境效益计价的办法，把保护与发展结合在一起，以达到持续发展的目的，例如对清洁的空气、水源、区域环境质量优美和舒适程度进行计价。他们建立价值数据库，系统地收集不同区域的资源及其产品与环境效益的计价，为制定政策、指标、调节项目费用和得益等提供有效参数。对发展中国家如何才能把环境问题列入其经济政策中去，总的说应从财政、贸易政策和国家收入统计系统等来考虑，但要具体地从大气、水资源质量、生物资源、生态系统合城市管理等项目入手。美国也是一个非常重视自然、生态保护的国家，其用于自然保护的资金来源渠道广，数量大。有时一年从社区投入和个人捐赠就可获得 1000 亿美元。哥斯达黎加每年花费 1200 万美元用来管理它的国家公园，1991 年吸引了 50 万人前来旅游观光。

### （二）中国的努力

1992 年联合国召开了环境与发展首脑会议，这是人类在保护环境与可持续发展进程中迈出的重要一步。中国政府立即做出反应，在所有国家中率先制定国家级的实施可持续发展战略的纲领——《中国 21 世纪议程》，并采取一系列相关对策和措施。1995 年 9 月，江泽民总书记发表了《正确处理社会主义现代化建设中的若干重大关系》，即十二大关系。其中把"经济建设和人口、资源、环境的关系"列为第三大关系。江泽民同志在文章中谈道："我国耕地、水和矿产等重要资源的人均占有量都比较低。今后随着人口增加和经济发展，对资源总量的需求更多，环境保护的难度更大。必须切实保护资源和环境，不仅要安排好当前的发展，还要为子孙后代着想，决不能吃祖宗饭，断子孙路，走浪费资源和先污染、后治理的路子。要根据我国国情，选择有利于节约资源和保护环境的产业结构和消费方式。坚持资源开发和节约并举，克服各种浪费现象。综合利用资源，加强污染治理。"发展与环境的关系，其本质是人与自然的关系。协调发展与环境的关系，就是协调人与自然的关系。科学家形成的共识，能够在这么短时间内成为决策者的共识，在我国现代化进程中尚属首次。而决策者的共识，又将强有力地推动和形成全社会的共识，从而促进经济与社会的发展同资源、环境相互协调，建立人类与大自然的和谐关系，保证人类的基本生存和可持续发展。

在中国，认识人与自然的关系有着极其特殊的重要意义。众所周知，中国是一个人口众多、地域辽阔、人均资源少、发展极不平衡的大国，与此同时，中国正处在工业化加速阶段，人均收入水平迅速提高，人均农产品和其他消费品不可抑制地增长，使得有限的自然资源和脆弱的生态环境承受着空前的、持久的巨大压力。这是中国从传统的农业社会向现代的工业社会转变过程中难以避免的重大挑战，也是中国在 21 世纪必须予以解决的重大问题。

面对人口、资源、环境、食物等诸多方面的巨大压力，中国如何有效地控制人口、保护环境、节约资源？在经济高速增长、资源消耗扩张的情况下，中国能否走西方高资源消耗、高生活消费的传统现代化模式？如果走不通，那么中国将选择什么样的发展模式，才能使得整个社会持续快速健康地发展？

在 20 世纪 80 年代末，中国科学院国情分析小组明确地提出中国面对人口增长、资源短缺、生态破坏、能源危机以及粮食短缺等五大危机，必须坚持经济建设和人口、资源、环境协调发展，必须走一条符合中国国情的现代化道路，从而有力地推进了中国科技界对上述问题形成广泛的共识。

中国科学院"九五"项目研究小组在近四年的时间里，充分利用国内外已有研究成果、丰富资料和信息数据，应用传统和现代的科学方法和技术手段，对于前 50 年（即 1950～2000 年）中国资源、环境和经济的作用关系进行了深入、系统的综合分析，通过三者演变轨迹和相互作用的关系研究，揭示了其相互作用的规律、存在的问题和症结；根据前 50 年资源、环境与经济发展演变过程和世界有关经验及典型地区实地调研，提出未来 50 年（2001～2050 年）中国资源、环境与经济发展的演变趋势及协调三者关系的模式和对策。这些研究成果可为国家制定 21 世纪资源、环境与社会经济可持续发展战略提供科学依据，也有利于促进中国和世界资源、环境与经济的协调、持续发展。

## 二　自然保护区的发展实践

各国对自然保护区的定义不完全一致，但大致是相同的。根据我国有关法律文件的定义，自然保护区就是国家为保护自然资源和自然环境，拯救濒于灭绝的生物物种和进行科学研究，长期保护和恢复自然综合体及自然资源整体而划定的特定区域，并在该区域内设置管理机构，采取保护措施，使其成为保护环境及自然资源特别是生物资源，开展科学研究及环境保护意识教育的重要基地（国家林业局野生动植物保护司，2002）。

### （一）自然保护区的发展与现状

在过去的数十年里，主要是 20 世纪 20 年代以来，发达国家的自然保护区建设速度较快，受保护的对象和面积越来越多，如日本是工农业发达而国土面积较小的国家，目前自然保护区的面积占国土面积的 12.3%；美国建有自然保护区和国家公园 937 个，面积共 9846 公顷，占国土面积的 10.5%。此外，德国、瑞士、英国、澳大利亚、新西兰、法国等国家也建立了大量的自然保护区。

自 1950 年代以来，在发展中国家，自然保护区的建设得到迅速的发展，尤其是非洲、亚洲和拉丁美洲。目前，许多发展中国家的自然保护区面积都已超过国土面积的 10%。例如，非洲国家博茨瓦纳占国土面积 17.6%，坦桑尼亚 13.8%，中国有 763 个，面积 6618 多万公顷。据 IUCN 的世界自然保护监测中心（WCMC）统计，至 1993 年，全世界已建自然保护区（指 IUCN 标准的 1～5 类型，包括科学保护区、国家公园、自然纪念地、野生生物保护区和景观保护区 5 类型）8619 个，面积达 79226.6 万公顷，占全球土地面积的 5.9%。实际上，因为统计不完全，此数比实际数要少。

上述自然保护区数目和面积仅指狭义的自然保护区的统计数。依 IUCN 保护区分类标准，尚有第 6～8 类型未统计在内，这三种类型为广义的保护区，指自然资源保护区、人类学保护区和多种经营管理区。至 1993 年，全世界已建有此三种类型保护区共 3868 个，面积达 35884.8 万公顷，占全球土地面积的 2.68%。因此加上前述的 5 种类型狭义自然保护区，全世界保护区总数达 12487 个，总面积达全球土地面积的 8.58%，实际上可能超过 9%。

此外，根据国际保护计划和一些国际公约的需要，还在各国已建保护区的基础上，逐步发展了一些专门类型的保护区网络，如联合国教科文组织管理的"生物圈保护区网"，列入 78 个国家的 312 个自然保护区（1993 年），面积 17124.1 万公顷，到 2007 年底，已有 97 个国家的 440 个自然保护区被认定为世界生物圈保护区；《拉姆萨尔公约》建立的"水禽湿地保护区名录"，纳入 75 个国家的 590 个自然保护区（1993 年），面积达 3669.5 万公顷；《保护世界文化与自然遗产公约》将世界 100 处保护区纳入"世界遗产名录"，面积达 10098.0 万公顷（1993 年）。

我国于 1956 年建立了第一个自然保护区——广东鼎湖山自然保护区。到 1978 年，我国共建立了 45 个自然保护区，总面积为 126.5 万公顷。随着我国的改革开放和经济建设的发展及人口的增长，自然环境所面临的压力越来越大，同时，政府和社会公众对于保护自然的认识也逐步加深，我国自然保护区建设进入了一个比较快速的时代。截至 2010 年底，全国共建立各种类型、不同级别的自然保护区 2588 个，总面积达 14944 万公顷，陆地自然保护区面积约占国土面积的 14.9%，在已建的自然保护区中，国家级自然保护区 319

个，面积 9267.56 万公顷。① 我国的自然保护区主要分布在边远地区、山区、少数民族地区，1997 年底云南、黑龙江、海南、广西、四川、湖南、辽宁等 7 个省区的自然保护区总数占全国总数的 50% 以上，这些地区一般社会经济水平较低，人民生活比较困难，而且各地方的社会经济结构差异大，目前的自然保护区管理体制实际上难以适应这种巨大的差异性。

### （二）我国自然保护区社区共管的实践

由于保护区周边社区存在不同程度的生计困难，在保护区建立建设过程中，社区的一部分权益受到损失而且缺乏应有的补偿，在农村社区同各种机构的交往经历中，农村社区往往处于不利的地位，农村社区对保护区的信任不够。在启动社区共管时，通过对社区生计和发展的支持，来建立互信关系，是中国保护区共管实践中采用较多的做法。

在云南屏边大围山自然保护区，保护区管理部门与周围社区在资源管理与利用上存在的问题主要包括：①土地权属问题；②由于禁止砍伐木材、采集烧柴、保护区内放牧，农林争地与森林资源减少，野生植物资源的过度利用与资源枯竭，经济作物种植与生物多样性破坏等原因造成的自然资源管理与利用冲突；③相关资源管理与保护政策、法规的出台损害了依靠保护区资源生产生活的村民利益所引起的纠纷；④当地传统习俗与资源管理法规之间的冲突，等等。为了缓解冲突，保护区采取的主要措施有：在紧靠保护区且烧柴供需矛盾最为突出的地区实施沼气池和节能改造项目；有项目无偿向村民提供苗木以解决村民自用材需求；对社区农户现有经济来源途径进行改造，主要包括加强对社区种植的现有经济作物经营管理和对生猪饲养方法的改进；依据当地气候环境及资源优势，结合市场需要，挖掘新的经济来源；建立较为灵活的社区与保护区管理部门的交流制度；通过重新定位保护区管理机构的职责与职能，加强保护区管理机构能力的建设，完善保护区管理制度，提高社区工作能力与技巧，使自然保护区管理部门机构的能力建设和职能发生转变。这一过程中需要充分调动当地居民的积极性。

在社区共管活动中，引导社区居民充分参与各项工作是共管的关键，解决参与不足的问题所采取的策略是让老百姓真心实意地认为共管是在为自己

---

① 数据摘自中华人民共和国环境保护部网站《2010 年自然保护区建设与管理情况》，http://sts. mep. gov. cn/zrbhq/zrbhqgzjb/201106/t20110603_ 211638. htm，2011 年 6 月 3 日。

办事，所做的活动要与老百姓密切相关；要选好共管班子；坚持公正、公开的原则；把决策权交给村民；关照特殊人群。

在江西九连山自然保护区的发展与建设过程中，引入了"综合保护和发展"的概念和方法，制定了相应的社区共管规划。组织上，建立保护区管理当局与当地社区的共管体制，成立共管委员会；制度上在社区建立联合管理制度，与周边地区建立联防保护组织，促进社区协调发展；编制社区共管与发展规划，制订社区土地利用计划，合理调整产业结构，实施针对社区居民的生产技能和技术培训，开展自然与生物资源管理示范，以达到社区建设的目的。开展以下项目来实现上述规划：技术培训、环境工程、节能工程建设、低产毛竹改造、低产茶园改造、森林蔬菜种植、果园基地建设、药材基地建设、种苗基地建设、水电站建设。

勐腊县"天保"工程的管户措施中，特别强调了社区共管与发展社区经济对天然林保护工作的重要性，各级政府部门齐抓共管，引入社区模式，发挥行业优势，大力发展社区多种经营。通过发展社区经济，搞好社区管理可从根本上杜绝森林资源的人为破坏，确保"天保"工程的顺利完成。

高黎贡山自然保护区西坡社区对森林资源存在严重依赖，具体表现在采薪、伐木、放牧、采集非木质林产品等行为活动上，这造成了对森林资源的破坏。在此背景下，保护区提出了保护森林资源社区发展的思路：完善管理体系，加强法制；发展社区经济，实行社区共管；开展多种经营，实现多能互补；开发森林生态旅游等。

老君山自然保护区在生物多样性保护方面计划采取社区共管管理模式，以实现资源在当地的合理利用。主要措施包括：以当地村民居住相对集中的乡村或小流域为单位，建立老君山资源共管委员会，推广剑川县林业局在上兰乡新和村委会彝族村民小组试行的以彝族村民管理为主，县、乡林业局、站管理为辅的共管模式；举办生物多样性保护及社区发展培训班，组织当地政府官员和村民代表外出参观考察，提高县、乡政府机关及村民及社区发展的能力；建立保护区野生动物损害庄稼和人畜的赔偿机制；进行生物多样性保护知识的教育，编写老君山多样性生物及其保护知识的通俗读本，作为当地小学、中学教育和干部培训的教材。当地村庄的发展行动计划包括村村通公路工程、村村通电工程、人畜饮水工程、微型电视、农村能源建设、发展畜牧业、厕所革命、希望小学建设等。另外，老君山自然保护区在保护区的统一规划与管理下，在丽江县石头乡、剑川县上兰乡等地发展生态旅游，主要是徒步攀登老君山、滇池金丝猴观赏游、杜鹃花海游等，不搞现代宾馆，不建索道，以减少对保护区自然资源的破坏。

### 三　社区资源管理的发展实践

#### （一）社区资源管理的国际经验

目前，CBNRM 方法在世界范围内得到广泛的认可和实践。许多主要的国家发展组织如世界银行、USAID、IDRC 都把 CBNRM 列为他们的主要自然资源管理政策之一。在一些非洲国家如博茨瓦纳、布基纳法索和马里，CBNRM 都已成为国家有关自然资源管理政策的中心议题。

1. 印度尼西亚社区自然资源的分权管理

在印度尼西亚，森林常常是具有不同政治权利的社会角色之间相互冲突的场所，尤其是像加里曼丹这样一个森林资源十分丰富且极具商业价值的地区，该地社区在政治上十分软弱，同时对森林的依赖性又很强。直到 1998 年苏哈托下台后，这个高度集权的国家才开始放弃对自然资源的控制。印度尼西亚以集权统治著称，对自然资源实行掠夺性开发，并通过国家法律和政策对以森林为生的社区实行种种限制。

面对这种情况，印度尼西亚对自然资源的管理制度和政策进行变革，试图把森林管理权转交给当地的社区，解决村民与其他角色之间的争端，以改善当地的生活水平和森林状况。在 1999 年 5 月，印度尼西亚政府通过了令人鼓舞的分权管理法，即关于地方管理的第 22 号法令和关于政府间财政平衡的第 25 号法令。这两个法令的精神实质在许多方面直接针对传统的中央集权管理。印度尼西亚的分权管理确保了拥有自然资源的地区取得资源收益，通过地方自治实现可持续的自然资源管理，既保护了森林资源，又改善了当地农民的生计，缓解了自然保护与发展之间的矛盾。

2. 尼泊尔的"社区森林"管理方法

社区森林项目在尼泊尔是一个成功的自然资源管理的例子，它燃起了合理利用资源、保护资源和成功地进行自然资源管理的希望。社区森林的核心就是赋权于当地的人们，让他们来管理森林资源，通过他们积极地参与，满足他们的基本需求。森林的利用者被赋予了合法的权利来管理他们的资源。社区成员可以不经过政府的允许销售林产品来获得资金，并决定和管理资金的使用。

以社区为基础的森林保护和管理在尼泊尔已经有很长的历史了。尽管在那个时候没有政府的制度和政策的支持，但在有林地的许多地方，当地人们都建立了他们自己的森林资源管理系统。然而，尼泊尔政府在1957年通过个人森林国家化法案收回了所有个人的森林资源（除了Terai的1.2公顷以外）。结果这项举动导致人们渐渐地丧失了保护森林、合理利用森林资源的兴趣，这就导致了尼泊尔森林资源的不断恶化。多年后政府意识到森林资源的管理和保护不能没有当地社区的参与，因此他们在1961年又重新通过了一个森林法，1978年又一次做了修正，将森林资源分配下去。森林部门的这项计划在1989年又进一步建议：在尼泊尔，社区森林应该是森林部门的一个优先选择。类似地，1993年的森林法和1995年的森林规则通过合法地允许销售森林产品，通过捐赠和增加收入来增加投资，进一步地赋权于当地的人们。

在尼泊尔，乡土的森林资源管理方式是成功的和可持续的。当地山区的人们与森林有着密切的联系，他们依靠周围的森林资源来维持生计。由于他们远离市场和有限的资源利用方式，当地人对资源的利用是建立在一个可持续的基础上的。这种乡土的资源管理方式的主要因素是：①一个强大的社区；②当地人对当地资源的控制；③资源利用者有关于利用和管理森林资源的乡土知识和技能。

如今这种社区森林的做法已在很多国家得到实施，而且效果很不错。然而到目前为止，还没有一个广泛一致的社区自然资源的管理方法。在菲律宾，Ferrer（1992）提倡一个三要素的管理方法：社区组织，技术—经济工作和网络建设。成功的自然资源管理的一些重要的因素也许包括社区组织、环境教育、制度化、资源管理运作、当地人的可持续生计和网络。

**（二）社区资源管理的国内实践**

自从20世纪70年代末和80年代初期以来，我国在农村的一些改革实际上一直是一个逐渐地向农村社区放权的过程。农村社区自然资源的利用和管理权力逐渐向社区和农户手中转移，同时伴随着各项农业、林业等政策的实施，农村社区自然资源管理出现了多样化的模式，如农业耕地资源的农户分散管理模式、林地资源承包管理等。

当前我国农村大部分自然资源属于农村社区集体所有，由于自然资源的属地性质，有些自然资源虽然属于国家所有，但对于幅员辽阔的疆土，中央集权的管理还是有点鞭长莫及，而实行社区管理却是比较现实可行的。但长期以来，我国自然资源的国家集权管理由于过多考虑了国家整体的利益，未顾及不同农村社区具体的自然、社会和经济条件，结果这种管理模式并没有起到最初政策制定者所预期的效果，尤其是在许多相对贫困的农村社区，农户为了维持家庭的生计需求大肆利用和开发当地自然资源，使当地自然资源基础遭到严重破坏。同时，这种状况也说明，如果不将社区的发展纳入自然资源保护之中，不发挥自然资源所在社区居民参与管理的积极性，就不可能保护好自然资源。

我国关于 CBNRM 的研究和实践，在很大程度上是伴随着一些国际援助项目的实施而展开的。中国农业大学人文与发展学院、贵州省农业科学院农村发展研究中心、云南省社会科学院经济研究所、云南生物多样性和传统知识研究会以及其他相关机构都对此进行了理论和实践方面的探讨，并取得了显著成绩。这里以在贵州省为例简要介绍 CBNRM 的国内实践。[①]

贵州省山多地少，是我国最典型的山地农业省，又是一个经济欠发达省，也是全国经济最贫困的省份之一。贵州少数民族人口占 35%。由于我国对少数民族实行了相对宽松的计划生育政策，贵州山区人口增长较快，人口—资源—环境之间的矛盾日显突出。长期以来，各级政府的扶贫措施，多偏重对资源的开发利用，忽视了对自然资源系统的管理保护，加之一些政策导向的失误和农民迫于生存的自发行为，导致了资源毁损、生态环境恶化，农村经济正失去持续发展能力。加拿大国际发展研究中心（IDRC）从 1995 年开始，资助我国立项开展了"中国贵州山区社区自然资源管理"这一对贵州农村未来发展具有深远意义的研究。通过研究，已总结出一套适应贵州少数民族贫困山区自然资源开发利用和有效保护的管理措施，逐步提高了社区农村经济的可持续发展能力，确保了当地社区食物安全，提高了家庭的福利和收入，并产生了以下创新成果。

（1）初步建立了一套"村规民约"式的自然资源管理制度和相应的管理机构，从源头上落实了对自然资源的有效管理。研究实践证明，这种制度化的、嫁接于贵州少数民族地区传统社区管理程式的管理制度，具有很大的权威性、约束性和可操作性，从而也具有极大的可推广性，弥补了国家法规和

---

① 例子摘自贵州省农业科学院《中国贵州山区社区自然资源管理》，项目参与性评估报告，2004。

管理中存在的不足。例如社区经常出现的一些轻度破坏自然资源的行为（如村民砍伐集体统管或其他村民承包林地的一棵树、几捆柴），国家相关法律法规就没有也不可能做出统一详尽的处罚规定。然而，这些经常发生的、轻度的破坏行为若得不到及时制止，就会造成自然资源管理的严重失控。"村规民约"式的管理制度，则可防微杜渐，对资源实施有效管理。

（2）通过参与性的技术发展研究，组装、配套出多套适应黔中高海拔地区提高资源利用率的农艺技术措施，大幅度地提高了各种资源的利用率和产出率。这些农艺技术包括旱地分带轮作多熟技术、稻油两熟丰产栽培技术、桃树建园丰产栽培管理技术、荒山快速绿化技术，等等。

（3）培养提高社区村民的参与能力。这是实现自然资源有效持续管理成败的关键。一方面要确信社区村民是自然资源管理的主体，他们有能力按照自己的需求和目标管理资源；另一方面，由于历史和现实的多种原因，贵州少数民族贫困山区村民文化素质普遍偏低，观念陈旧，信息不灵，接受新事物的过程较长，受一些有负面因素的传统习俗的束缚还比较深，因而，使他们的参与能力受到一定局限，直接影响了他们参与的主动性和积极性。

为了提高村民的参与能力，真正实现自然资源的持续管理，他们开展了以下参与活动：①组织社区干部村民外出参观学习。同时，每年组织2~3次的试验村干部和村民代表相互参观学习。②协助乡、村改善电视网络差的现状，村村建广播站、宣传栏，散发科普刊物，播放科技录像等。③培养"二传手"，采取"农民培训"的方式，开展大量的管理和新技术培训。④充分依靠、信任当地的乡土知识和乡土人才，发挥他们在资源管理中的骨干作用，从而激发和增强其他村民参与的积极性和自信心。

（4）初步形成了一套基础设施建设的参与性实施与管理机制，为贫困地区发展项目外部资金的投入及管理构建了一种高效可行的模式。在自然资源管理研究中，必须对试验区基础设施建设和规模开发项目给予一定的资金投入。为了保证这种外部投入的启动性、导向性和有效性，经与社区干部和群众充分协商，规定了以下原则。

第一，项目研究经费投入一般不超过建设总投入的40%，社区及村民投入（含集资、投物、投劳）不低于60%，主要依靠社区村民的投入参与进行建设。一般不采取包工承包建设方式。

第二，建成一项设施，制定一套管理制度，组建一个管理小组（或推选专人）管理，实行"有偿使用，有偿管理，有偿服务"。

第三，外部投入的资金，一般要求在设施建成后，从有偿使用的回收效益中逐年提取归还；并以归还资金为主，设立"社区（一般为自然村）发展基金"，滚动使用于社区生产性、公益性项目。

实践证明，这一投资管理方式充分调动了社区村民的参与性，克服了长期以来形成的依赖性，保证了基础设施建设及开发项目的质量，延长了建成设施的使用寿命，充分发挥了投入效益；同时，通过发展基金的建立，逐步形成自我积累、自我发展的运行机制，增强了社区的经济实力和管理能力；"有偿使用，有偿管理，有偿服务"的实施，也在村民中树立了"资源有价，爱惜使用"的意识和观念。这一模式已得到县、乡各级领导的充分认同和初步推广。

# 第三节　自然资源管理中的冲突管理

冲突是现实生活中最常见的现象之一，表现于人们由于立场观点、思想感情、要求愿望等方面的差异而产生一定的矛盾，或不同社会、群体或个人之间为了物质或精神方面的利益，相互进行破坏性甚至毁灭性的行动等。冲突与人类的政治、经济和文化生活有着千丝万缕的联系。在自然资源管理中，各利益相关者（如当地政府、当地老百姓、参与其中的企业等）之间爆发冲突也是经常出现的事情。由于自然资源对各利益相关者的生存和发展至关重要，所以每一方都希望能够最大程度地获得满足其发展的资源，但是自然资源的有限性，又使得他们在追求各自利益的过程中充满着矛盾以及产生冲突的条件。冲突有其积极的一面，也有其消极的一面，关键取决于冲突管理的方式。20世纪80年代以来，冲突管理的概念开始运用于发展实践中。这一概念在自然资源管理的实践中得到了极大的应用。随着自然资源管理的不断发展，冲突管理的内容不断得到丰富，冲突管理与发展之间的关系也日益密切。①

---

① 本章的编写参照了中国西南森林资源冲突管理研究项目组编著的《冲突管理：森林资源新理念》（2004）、《森林资源冲突管理培训者手册》（2004）、《冲突与冲突管理》（2002）。该系列著作详细介绍了冲突管理方面的概念、理论、方法、工具和相关实践。有兴趣的读者可进一步参见该系列。

# 一　冲突与冲突管理

## （一）冲突

### 1. 冲突的概念

冲突是哲学、社会学、政治学、心理学、社会心理学、管理学等许多学科的一个重要研究对象，不同学科对冲突概念的理解也有差异。在哲学意义上，冲突和矛盾有着十分密切的关系，但矛盾并不完全等同于冲突。从矛盾到冲突，要经过差异和两极分化。所以，哲学上所理解的冲突是矛盾的显性阶段，是自然、社会、思维等领域的显性矛盾（图 10-1）。在管理学领域，对冲突概念主要是从社会学意义上来加以理解的。这里的冲突可以有广义和狭义之分。从狭义上说，冲突是指社会生活中明显的矛盾，也就是显露出来的矛盾；而从广义上讲，冲突等同于社会生活中的任何矛盾，换言之，冲突也就是社会矛盾。

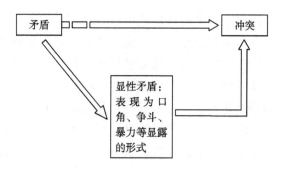

图 10-1　哲学意义上的冲突

冲突产生于矛盾，但矛盾不一定必然产生冲突，只有通常表现为口角、争斗、暴力等形式的显性矛盾才被认为是冲突。冲突一定是矛盾的必然结果，是矛盾激化的必然表现。冲突的发展可以分为三个过程，即潜在、正在涌现和已经显露。有些冲突仅仅只是潜在的威胁，并未影响到人们的行为和决策。在这个阶段，冲突可能潜伏着，或隐藏在人们不易察觉的地方。但即便对于这样的冲突，仍然应当加以应对。如果否认这种冲突的存在，有可能出现逐渐紧张的社会关系，随着问题的增多和深化，冲突开始逐步升级显露。

冲突是人类社会交往中出现的正常现象，在人类社会生活的任何方面和领域，冲突都有可能发生。冲突由多种原因所导致，与人类的政治、经济和文化生活有着千丝万缕的联系。可以说，从有人类的那一天起，冲突就出现了，它伴随着人类历史的演变而变化。

2. 冲突的类型

根据不同的标准，冲突可以被分为不同的类型，而目前冲突的分类标准比较繁杂，无法统一，以下将以目前比较流行的几种分类标准对冲突进行简单的分类。根据冲突的主体可将冲突分为社区内、社区之间、社区与外部组织之间的冲突等。而社区内部的冲突又可进一步细分为社区内的个人与个人之间、个人与群体之间、群体与群体之间、个人或群体与组织政府之间的冲突等。根据冲突的成因可将冲突分为制度性冲突、非制度性冲突与复合型冲突。制度性因素主要是指（以森林资源冲突为例）管理森林资源的经营管理制度，包括森林资源经营管理体制、经营管理政策以及大环境下的法律法规等。非制度性因素主要包括森林资源本身所固有的属性以及冲突主体的道德标准、价值观念、文化差异、行为规范以及对待冲突的态度等。不过现实中的许多冲突都是制度性因素与非制度性因素共同作用的结果。根据冲突的性质可将冲突分为建设性冲突与破坏性冲突，建设性冲突是指对森林资源的经营管理目标的实现有帮助的冲突，对森林资源的可持续发展有着积极的作用；破坏性冲突则是对森林资源经营管理的目标的实现有害的冲突，往往会阻碍森林资源的可持续发展。不过两种冲突的划分标准又不是绝对的，两者往往相互交叉，相互转化。

综观上述各种分类方法，其中最常用的是根据冲突的主体将其分为社区内部的冲突和社区与外部组织之间的冲突两种基本类型。

社区内部冲突也称当地冲突，包括发生在朋友之间、邻里之间、宗族内部、相邻的土地所有者和资源利用者之间、土地所有者和迁入户之间的冲突。由此可见，它往往发生在具有一定信任度、已建立良好社会关系的人们之间。尽管这种冲突经常表现为个人之间的关系，但往往会通过群体合作来达到共享资源的目的。在当事人中间，冲突会激发多种不良情绪，从而影响他们之间的交流态度。

社区和外部组织之间的冲突则有完全不同的特征。相对而言，这种冲突往往发生在社会关系网不太牢固、利益也不太重叠的群体之间，因而，完全用当地的解决办法来解决冲突有时往往难以奏效，冲突解决办法的选择范围也大大缩小，在这种情况下，第三方的协调和帮助往往是化解冲突的较好选择。

3. 冲突的特点和成因

冲突具有不稳定性，自产生伊始，其形态和强度就一直在发生变化。此外，冲突还具有复杂性，不仅影响到发生冲突的当地和当事人，还可能会涉及冲突发生地域和人群之外的更大的政治或经济组织和人群。概括而言，对于冲突，人们首先应该明确：①冲突往往不仅仅是发生冲突的双方之间的纠纷；②冲突是具有因果关系的事件，涉及的要素包括作为主体的人、资源和决策；③冲突的起因通常是复杂的、多样的，可以是当地的文化制度，但也和广泛的政治、经济因素相关。要从深层次上了解冲突，分析其产生的根源，就需要了解冲突的基本特征。

以上述的冲突分类为基础，冲突的特征可大致概括为以下几点。

（1）社区内部的冲突

社区内部冲突的特征主要包括：①冲突的起因往往源于关键主体之间的个人关系，例如，家庭层面或个人层面上双方关系的不融洽甚至仇恨等；②发生冲突双方具有共同的历史背景；③感情力量；④冲突的焦点一般是围绕"谁对特定资源拥有正当利益"的争论；⑤涉及对权威和权力的社会和文化的定义；⑥"不能看到的冲突"也是其中的一个部分；⑦对当地政治和经济关系有影响；⑧与广义的政治和经济结构有联系。

例如，在建立一个新的社区组织来监督森林保护和管理时，冲突可能出现在以下几个方面：分享利益的成员资格；家庭代表；家庭大小和社区组织中所承担的工作；个人日常对资源的依赖程度以及他们的亲戚在更大社区群体中的权力和影响力；社区中更强势群体为了自己的利益，试图控制新的社区组织；会议程序缺乏透明度；社区组织的决策未能得到一致同意。

在某些案例中，小群体会对什么是好的管理方式表达他们的不同意见，甚至家庭的不和也会被带进社区组织，从而阻碍社区的决策。反对派的形成和政治参与，将会进一步分化社区。

（2）社区与外部群体的冲突

社区与外部群体冲突的特征主要包括：①对事物的看法具有重大的分歧；②冲突各方具有完全不同的目的和意图；③更多地依靠正式途径来解决冲突，例如，法律体制和政府决策；④解决冲突的选择办法不多；⑤冲突各方具有明晰的经济利益；⑥在广泛意义上社会政治和权力的更具有支配力的强烈影响。

例如，在林地管理目标中，当首先考虑的是保护价值，而不是当地其他林产品的用途时，冲突就会出现在以下方面：①将以森林为经济来源的社区排除在外的政策和计划过程；②将需要保护的森林与"缓冲区"分隔开的界限没有与当地传统的生产用地融为一体，妨碍了传统的耕作方式；③政府从许多个村中只选出一个村，作为"联合管理委员会"的地区代表；④出于丢掉文化特性的担忧，当地社区需要进入森林中某些有象征意义的场所，但是被拒绝；⑤政府机构只给一个村（作为森林保护样板村）而不给其他村经济援助。

4. 冲突的不同阶段

一般而言，冲突的发展可分为三个阶段：潜在阶段、显现阶段和爆发阶段。其中潜在阶段（latent conflict）是指冲突的前期，在此阶段，冲突只表现为一种潜在的威胁，隐藏或潜伏于社区中、社区与社区或社区与其他外部关系之间。如果人们忽视或否认这种冲突的存在，不采取相应的措施加以防范，社会关系则可能会越来越紧张。显现阶段（emerging conflict）是指处于潜在阶段的冲突随着时间的流逝日益明显，从一些小的方面开始逐步成长、积累起来。此时，冲突有可能逐步显现并保持稳定，有时也会因为一些突发事件而使其快速发展起来。冲突的爆发（manifest conflict）阶段是指随着冲突的发展和程度的加深，冲突终于爆发，彻底表现于公众的视野之下（图11-2）。冲突的显现阶段和爆发阶段，一般比较容易识别，而冲突的潜在阶段（或称为"隐性阶段"），则往往被忽视。

图 10-2 冲突的三阶段

**（二）冲突管理的概念**

冲突是人们在政治、经济和社会生活中最常见的现象之一，有其积极的一面，也有其消极的一面，关键取决于人们的处理方式，即冲突管理的方式。

管理不善，冲突将进一步升级，各方之间的关系将进一步恶化，甚至发展成冷战、暴力和战争；而管理适当，冲突则能成为推动社会变革的催化剂。事实上，人类在长期的社会发展进程中已经积累了丰富的冲突管理经验，社会发展的历史就是人类发现冲突、分析冲突和解决冲突的过程。

对于冲突管理，目前尚没有一个明确统一的定义。相当多的社会科学研究者将冲突管理定义为"为了实现个人或群体目标而对冲突进行调解、解决的活动"。还有人认为冲突管理是"怀着主要目标，为防止现有的激烈冲突在垂直（激烈程度的加深）和水平方向（地域扩展）上的升级而采取的措施"。也有人将冲突管理定义为"如果可能做出的抑制冲突的努力，让多方参与到冲突中来，减弱冲突的激烈程度，通过对话交流，期望解决纠纷和终止冲突"。

冲突管理的基本要求是，首先要对冲突持积极主动的正视态度。也就是说，当冲突发生时，要敢于正视冲突，而不是消极地回避冲突。冲突管理的目的，是改正社会体制中权力和资源分配不平等的现象，希望权力和资源能够按照各自的利益重新配置，以有利于各方为前提。冲突管理的主要任务，是对来自内部或者外部的各种冲突持积极主动的态度，认真构思冲突解决方案，在必要的时候甚至有意识地引导冲突来达到自己的目的。也就是说，通过调控自己在冲突中的角色和地位来驾驭冲突，而不是消极地对待冲突。

冲突的发生和发展是一个过程，冲突管理时必须针对冲突的每一个阶段都认真思考介入的时机、方式，这样才能在冲突中处于主动地位。

冲突管理并不只是管理已显现和爆发的冲突，冲突管理的另一重要作用是要识别出隐性冲突，这样才能够使人们有可能在冲突没有造成大的损害或负面影响之前，采取措施，降低损害。在解决冲突的时候，首先要明确哪一个是冲突最直接和最真实的原因，还要了解冲突发生的历史背景。冲突分析中有一个关键点，就是让处于冲突中的群体和个人自己来确定他们心目中的冲突原因是什么以及冲突后面的历史渊源。分析冲突的起因，是理解如何正确解决冲突的关键一步。

## 二 冲突管理的相关理论

### （一）冲突分析方法

冲突分析的目的是让利益相关者理性地了解冲突产生的原因及其发生和

发展的过程，了解他们在冲突中的关系，创建相互理解与合作的条件。冲突分析对冲突管理主要有以下两方面的贡献：第一，在利益相关者之间寻求有效合作的基础，并明确各方必须采取的行动；第二，帮助利益相关者认识他们在冲突中的分歧，以及所能达到的合作程度。

冲突分析的关键因素包括：①明晰冲突的范围；②确认冲突所产生的原因，并对这些原因进行排序；③确认冲突的影响；④确认利益相关者的利益；⑤明确利益相关者之间可能在哪些方面进行沟通，并合作；⑥了解现有的冲突方面的信息，并确定进一步需要了解的信息；⑦考虑一些特殊的影响因素，例如，政策、文化和性别等；⑧增强当地利益相关者分析与处理潜在冲突和显现冲突的技能。

1. 冲突分析的工具

（1）问题树

问题树是冲突分析中常用且有效的一种工具。其做法是让冲突所涉及的不同利益相关者讨论出关键问题，然后对关键问题进行层层剖析；目的是帮助人们对冲突产生的原因及原因之间的逻辑关系获得清楚的认识，并通过原因分析寻找解决冲突的思路。

相对于单纯运用文字概括和叙述来分析问题而言，问题树的优点在于它更具有直观性和逻辑性，避免了对问题的冗长叙述、笼统概括以及对问题的分析缺乏逻辑联系等方面的缺点；同时，它还具有开放性和灵活性，能够激发利益相关者参与到问题分析的过程中，通过集思广益等方式将问题分析得更加准确而透彻。

**例　问题树在冲突分析中的应用**[*]

四川省渠县卷硐乡梨树村六组因集体林长期没有经济收益，影响了村民参与集体林管理的积极性，村民与组长、村民与护林员之间经常发生冲突。为了帮助社区搞好集体林管理，渠县林业局工作人员运用参与式方法与村民共同讨论，大家一致认为林分质量下降是最关键的问题（图10-3）。

---

[*]　资料提供者：四川省渠县林业局唐才富。转引自中国西南森林资源管理研究项目组（2004）。

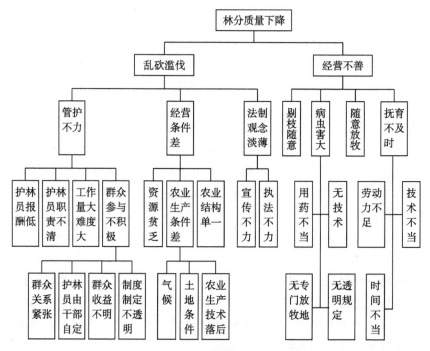

**图 10-3　冲突的问题树分析**

资料来源：转引自中国西南森林资源冲突管理研究项目组编著《冲突管理：森林资源管理新理念》，人民出版社，2004。

（2）排序

排序是根据一定的要求对调查问题进行评分，并按分数的高低排列顺序。其目的是通过利益相关者对不同冲突问题的评价和判断，得出不同的优先顺序或重要性程度。排序可以充分调动群众的参与性，尤其是在村民文化水平很低的地方，用当地能够理解的符号或农作物的种子数量来表达出排序意愿，既能激发村民参与的积极性，又能了解人们对冲突问题的看法与判断。

排序方法应用较广，例如，对冲突问题的重要性可以进行排序，对冲突的成因也可以进行排序，对利益相关者的排序等。现实中，因某种资源而导致冲突的原因可能有很多种，但这些原因之间有主次之分，各利益相关者对此会有不同的看法和判断标准；同时，对一些比较敏感的信息，人们不便直接用绝对数字进行评分，也能利用排序的方式给出一个相对的分数。

（3）冲突矩阵

冲突矩阵的作用是帮助人们了解冲突对各利益相关群体的影响程度以及冲突中各利益群体的相互关系。该方法能够帮助人们从复杂多样的冲突中快速地分析出最主要的冲突，确定出与该冲突相关的主要利益群体和次要利益群体，并帮助人们分析引发冲突的原因。其具体操作步骤见图10-4。

在一个时段上分析冲突

⇩

通过参与冲突分析的利益相关者讨论出引发冲突的资源、冲突涉及的范围以及受到冲突影响的群体

⇩

按横向和纵向分别列出引发冲突的资源及其涉及的主要的和次要的利益群体

⇩

给出分值（也可以用不同的标记，比如画不同符号等，只要便于理解且参与者又认同即可），通过参与者横向和纵向比较进行选择与打分，从而判别出最主要的冲突以及冲突中最直接和最主要的利益相关者

**图10-4　冲突矩阵的操作步骤**

（4）利益相关者分析

利益相关者是指能够在某事件、某系统、某项目中受到正面或负面影响，或从正面或负面影响该事件、系统或项目的个人、群体、组织或机构。利益相关者分析的作用是：①有助于了解每一利益相关者在冲突中的角色、拥有的权力和影响力；②有助于了解每一利益相关者受冲突影响的程度或限度；③有助于确认各利益相关者的利益；④有助于了解冲突中各利益相关者之间的关系；⑤有助于确认各利益相关者在冲突管理中的潜在贡献。

利益相关者分析的目的是让冲突中的主要利益相关者和其他利益团体自由地确定和表达他们的立场、利益和需求，帮助他们更加深刻地认识冲突，并共同寻求解决冲突的途径和机会，从而最终促进各方的有效合作。

### 2. 冲突分析的步骤

进行冲突分析首先要收集资料，从鉴别冲突主题入手，逐步深入分析该冲突产生的原因，并对各种成因进行排序，以确认需要参与冲突管理的利益相关者；在此基础上，让不同利益相关者清楚各自在冲突中的立场、利益和需求，分析利益相关者之间的关系以及各利益相关者的立场和利益，最终来寻求与确认共同利益（参见图 10-5）。

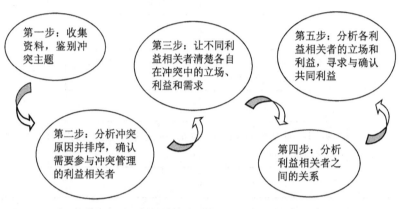

**图 10-5　冲突分析的五个步骤**

（1）收集相关信息，鉴别冲突主题

在信息收集过程中，经常遇到的一个问题是，使用什么样的工具和收集多少信息。对于这个问题，没有简单的答案或者固定的步骤。收集信息的过程也是一个参与的过程，它可以通过不同的视角与冲突所涉及的各利益群体合作，最终取得一致意见。在实践中，经常也会遇到遗漏的信息、不清楚的信息以及很难收集到的信息，冲突管理者应学会如何应对这些不完善的信息。鉴别冲突主题时，可以采用排序工具，将各群体描述的冲突主题进行排列，筛选出重叠的主题，再让各利益群体共同鉴别确认。

（2）分析冲突原因并排序，确认需要参与冲突管理的利益相关者

冲突分析有两个重要步骤：分析冲突原因和确认需要参与冲突管理的利益相关者。这个步骤可以促进利益相关者参与制订冲突解决行动方案的初步计划中。在实际操作中，首先要探究冲突的起因，这是冲突分析中的一个关键起点，需要从确认和描述冲突、探究冲突的范围及其内在关系开始。通过

利益相关者探究冲突及其原因的过程，可以使人们原先对冲突事件的假想和怀疑逐步变得清晰。在分析一个冲突的原因之前，人们通常会面对一个极为复杂的问题，但是可以将其分解成较小块的冲突原因，然后再细致地加以研究，这样就可能找到方案。通常涉及冲突的问题可以分成五大类（见表10-1）。

表10-1　影响冲突问题的类型

| 问题类型 | 因素 |
|---|---|
| 利益问题 | • 因需求、渴望、效益和用途产生的冲突<br>• 包括设想和实际的利益竞争<br>• 冲突可以因缺乏利益共享而出现 |
| 信息问题 | • 因缺乏信息或解释同一信息的差异而引起<br>• 可以与不同的评估或解释信息的方法相关联<br>• 缺乏交流（倾听或表达）或者冲突各方面的交流不当 |
| 关系问题 | • 在人性和情感上的差异以及理解错误、陈词滥调和偏见<br>• 工作方法和风格的差异，不同的期望，解决问题的不同态度和方式<br>• 各方之间冲突的历史渊源和不好的情绪 |
| 结构问题 | • 对规则和权力持不同观点，例如土地边界问题，商品分配和资源利用问题<br>• 竞争、权力控制、资源分配的不公平<br>• 阻碍共同合作的因素，例如决策不透明、独断专行以及时间制约等等 |
| 价值观问题 | • 文化、社会或个人利益差异产生不同的世界观<br>• 不同的目的、期望以及反映个人历史和教养的表现 |

资料来源：转引自中国西南森林资源冲突管理研究项目组编著《冲突管理：森林资源管理新理念》，人民出版社，2004。

冲突的根源十分复杂，许多冲突源于利益群体之间权力、地位和等级的悬殊。分析冲突根源的关键是寻找出冲突的现状与历史渊源以及它们和潜在冲突之间的本质联系。前面介绍的问题树工具可以帮助进行分析。一般而言，在最初确定利益相关者时，要尽可能地考虑到与冲突有关的群体，可以主要采用以下三种方式列出利益群体名单：根据二手资料确定、由其他利益相关者确认、毛遂自荐。以上三种方式各有利弊，在确定时需要综合考虑，也可以使用有关的冲突分析工具。

在初步确认利益相关者名单的基础上，再进行优先排序，确认主要的和次要的利益相关者，主要的利益相关者即是需要直接参与冲突管理的群体，次要的利益相关者可能需要间接参与冲突管理。

（3）让不同利益相关者清楚各自在冲突中的立场和利益

尽可能地激发每一利益群体都能从自身开始进行分析，并将他们的观点同其他群体共同协商。冲突管理行动客观上需要利益相关者参与到冲突分析的过程之中。事实上，各利益群体间的立场冲突并不是最根本的问题，冲突中不同利益相关者的需求、渴望、顾虑以及他们关心的问题才是冲突的本质所在。因此，正确理解各群体在立场和利益之间的差异，能够促进其从立场向利益转移，并形成新的结果，为进行更有效的协商奠定良好的基础。

（4）分析不同利益相关者的关系

首先，分析各利益群体的权力差异及其影响，讨论出权力所导致的问题。其次，分析不同利益相关者的关系。通过绘制关系图，可以帮助冲突管理者清楚理解各利益相关者之间的关系（见图10-6）。图中冲突的起因在于森林企业砍伐森林的区域是村庄 A 中的最主要的区域。对于村庄 A 来说，非政府组织是村庄 A 的联盟；森工企业与村庄 A 在采伐森林地域上有很大的冲突；

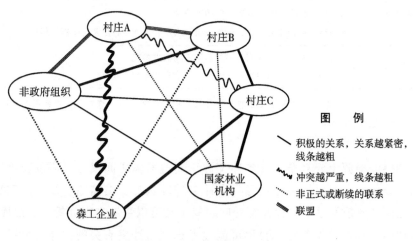

图 10-6　利益相关者关系图

资料来源：转引自中国西南森林资源冲突管理研究项目组编著《冲突管理：森林资源管理新理念》，人民出版社，2004。

在同意企业计划方面与村庄 C 有小的摩擦；同林业机构过去的关系很好。对于村庄 B 来说，一是与村庄 A 有很近的亲属关系，二是与林业部门或公司很少接触。对于村庄 C 来说，为支持采伐计划，森工企业为村庄 C 的人提供新的供水设施和工作机会。对于非政府组织来说，通过合作林业教育项目，与林业部门建立了很好的关系；通过项目同村庄 C 建立合作关系；很少接触木材公司，目前两者的交流也很有限。因此，为加强村庄 A 的影响，可以采取如下的行动：①利用联盟来游说林业机构和外来的利益群体；②村庄 B 作为村庄 A 和村庄 C 的中间人，以恢复和加强联系；③非政府组织代表村庄 A 来向林业机构表达他们的担忧；④非政府组织向村庄 B 解释他们对采伐影响的担忧。

（5）分析利益相关者的立场和利益，寻求与确认共同利益

分析每一个利益相关者在冲突中的立场和利益（见表 10-2），引导他们注重利益而不是固守立场。一些从事冲突管理的专家发现，用一个洋葱和它的多层类比关系，可以阐述立场、利益和需求之间的关系。洋葱的最外层可以被看做不同对立群体的公众立场——即他们所说的和所做的；第二层就是他们的利益——即他们想从一个特定环境中得到什么；最后，"洋葱"的核心就是动机——需要满足的需求。

表 10-2　利益相关者分析框架

| 冲突主题 | 主要和次要的利益相关者 | 立场 | 利益（现实的和理想的） | 各群体的共同利益 | 为共同利益采取的行动 |
|---|---|---|---|---|---|
|  |  |  |  |  |  |

3. 其他相关因素分析

（1）文化因素

文化是一个特定社会或人群所建立的一套标准、信念、体系和行为。不同群体文化差异的存在，导致了在一个特定社会或人群中，所有群体或个人都不会按照单一的文化价值观去约束自己的行为。当一个群体同其他拥有不同文化价值观的另一群体接触时，会强烈意识到本群体文化的存在。文化差异以及一个群体对另一个群体的文化缺乏了解通常是冲突产生的原因之一，不同文化反映了不同群体的价值观、目的、需求和期望，它在影响不同群体

参与和处理冲突的方式上扮演着中心的角色。

（2）政策因素

在冲突管理过程中，自然资源的管理政策举足轻重。但是在资源管理实践中，尽管所有管理政策的目的都是为了解决冲突，但是它们往往是一把双刃剑，一些政策能够为解决自然资源冲突提供重要手段，另一些政策又可能直接导致冲突。政策冲突的主要原因在于：对不同利益群体的认定不准确及与其磋商不充分；无当地参与的强制性政策；对计划实施情况的监测和评估不足；规划不协调；有效的冲突管理机制欠缺；信息分享不足或较差。因此，在冲突分析中，有必要充分考虑政策因素。

（3）社会性别因素

社会性别是从社会的角度来定义妇女和男性之间的差异，它建立在文化基础上，在不同的社会形态下通过文化表现出巨大的差异。在某些文化中，受传统习俗或法律规定，妇女和男性在资源拥有权和控制权方面处于不平等的地位。然而，男性和女性所扮演的不同社会角色，使其在社会、政治、经济、文化，自然资源利用与管理等领域有着不同的作用、不同的责任、不同的机遇和不同的限制。因此，妇女和男性在信念、价值观、知识体系、需求、兴趣、利益等方面存在差异。

**（二）冲突预测**

1. 冲突预测的概念

冲突预测是指在冲突发生之前，人们在分析某种资源管理和利用的历史过程、不同利益群体之间的关系、冲突发生的种种征兆等情况的基础上，借助社区内外的预测机制，对冲突发生的原因、可能发生的时间、类型、涉及的各个方面、影响程度等进行科学的预先估计与评价，并及时采取有效措施化解矛盾，防止冲突发生或激化，从而使可能发生的冲突得以避免的一种管理策略。

在许多情况下，预防冲突比解决冲突更加可行，也更加重要。如果说解决冲突是为了修复已经损害了的关系，那么预测冲突就是为了使有关方面的关系不受损害，或者是为了培养各个方面的关系。通过冲突预测，可以缓和或减轻冲突带来的负面影响。而且，通过事先的积极主动的关系培养，促进不同利益群体之间建立参与过程，可以协助平息紧张局势，减小社会冲突。正因为如此，在冲突发生之前对冲突进行正确的预测，具有十分重要的意义。

## 2. 冲突出现的征兆与原因

任何事件的发生，都有其特定的背景和原因。同时，在事件发生之前，往往会出现不同形式的征兆。因此，要对冲突进行预测，需要从观察预示潜在冲突的种种迹象和征兆着手，并注意分析冲突发生的原因。如果因为某种原因，一个社区存在潜在的某种冲突，那么，冲突从潜藏到发生、发展、激化，将会表现出不同的阶段性，并经历一个一定长度的时间。在冲突发展的各个阶段，一般都会出现各种各样的迹象或征兆。在很多情况下，引发冲突的原因往往是多方面的，是错综复杂的。在进行冲突预测时，需要对这些可能存在的原因进行全面、综合的分析，并从中找出主要原因，才能对症下药，提出化解矛盾的办法，进而达到避免冲突发生，防患于未然的目的。

## 3. 冲突预防机制

由于对潜在的冲突进行正确预测具有十分重要的意义，因此，人们期望通过有效的冲突预测机制，达到预防冲突的目的，并能发挥良好的作用。在冲突预测过程中，冲突预测机构和人员需要采取一系列的行动，进行一系列的工作。首先，冲突的预测是参与性的管理实践，对潜在的冲突能否进行有效预测，关键在于与冲突有关的社会群体参与的程度。若缺乏可能受冲突影响的各方的充分参与，就很难成功地对冲突进行预测。其次，在冲突预测的参与性过程中，不同利益群体之间的充分交流和信息共享是十分必要的。再次，"热点"是冲突管理过程中经常使用的一个词汇，包括"热点地区"和"热点问题"。要对一个潜在的冲突做出准确预测，及时而正确地识别热点地区和热点问题是十分重要的。第四，不论解决什么问题，诚信都是必不可少的。在冲突预测过程中，所有不同利益群体之间的诚信度是保证冲突预测工作取得成功的关键。第五，冲突预测可以与冲突解决过程有机地结合起来。正确预测一个潜在的冲突，把可能发生的冲突解决在萌芽期间是最好的策略。最后，资料的整理与积累很重要。把冲突预测与冲突解决的经历、所收集的各种文献资料等加以有效的整理并积累起来，再进行科学的分析与归纳，可以总结冲突管理的经验，把握各种类型冲突发生、发展的规律，有利于以后对新发生的冲突做出准确的预测。

## （三）冲突管理策略

### 1. 双赢

双赢是通过自己最有限的利益妥协和让步满足他方的基本利益目标，从而真正取得自己长期稳定利益目标的一种冲突管理策略。双赢作为一种良好的冲突管理策略，要真正得到实现，需要具备一些基本条件。

首先，要有健全的冲突管理机制。健全的冲突管理机制包括冲突管理队伍的建设以及冲突管理机制和冲突预测机制的建设。有了这些机制，便可以依靠法治而不靠人治来管理冲突，把冲突的破坏成分转化为建设成分，为实现双赢创造条件。其次，管理冲突的能力。它是指介入冲突的利益相关者和参与协助解决冲突的第三方要实现有效的冲突管理所应具备的基本素质和技巧，它的内容和重点随所处的角色各异而不同。管理冲突的能力包含资格、知识、技术、态度、组织结构和后勤支持等。再次，冲突各方着眼于达成和扩展共识。冲突中各利益相关者对冲突产生、发展、控制、解决起着正面和负面的影响作用。为了保障自身利益的稳定实现，冲突各方必须有接受不完全满足自己利益需求的心理准备，着眼于同其他利益群体达成和扩展共识。最后，应合理选择冲突管理的办法。在冲突管理中，有许多可供选择的冲突管理办法，如社区传统习惯、协调、调节、协商、国家法律制度、政府行政手段等等。这些管理办法侧重点各有不同。在处理冲突的实践中，既可单独使用某一种办法，也可以使用某几种办法，最关键的是必须根据冲突发生、发展的不同阶段进行合理选择，尽量为双赢结局创造条件。

2. 沟通

沟通是冲突管理的一个重要策略，是指人与人之间传递和接受某种意义的符号化信息的过程。沟通的本质是人与人之间的信息交流和相互理解。沟通方式主要有面谈、倾听、阅读、书面表达、身体语言等（见表10-3）。沟通的要素主要包括编码、译码、通道、背景、反馈等（见表10-4）。

表 10-3　沟 通 方 式

| 沟通的方式 | 内　容 |
| --- | --- |
| 面　谈 | 面对面地通过语言表达感情、交流思想、探讨问题 |
| 倾　听 | 耐心、细致地听取讲话者所讲的内容 |
| 阅　读 | 对已有的资料进行阅读并加以理解 |
| 书　写 | 把要表达的内容用文字写出来 |
| 身体姿态 | 通过眼睛接触、坐姿、面部表情和手势等进行非语言交流 |

表 10-4　沟　通　要　素

| 沟通的要素 | 内　　　容 |
|---|---|
| 编　码 | 发送者将某种意义转化成语言、文字、图片等符号的过程 |
| 译　码 | 接收者将符号化信息还原的过程 |
| 通　道 | 由发送者选择的借以传递信息的媒介物（如交谈、书写、电话等） |
| 背　景 | 发送者和接收者双方的情绪和态度、沟通的场所、沟通双方的社会角色和文化背景等 |
| 反　馈 | 接收者对所接收符号化信息的回应 |

　　总之，理想的沟通是双方都能够考虑对方的背景，用通俗易懂的语言（含非语言）进行互动式交流。沟通途径可以分为正式沟通和非正式沟通两种。正式沟通是有计划的、通过组织召开社区会议等形式进行沟通；非正式沟通不受计划、场所等方面的限制，它建立在社区成员情感和动机的需要之上。成功的冲突管理者应当充分利用以及善于利用正式的和非正式的沟通途径进行有效沟通。

　　沟通时应注意技巧，在人们相互沟通过程中，有三种不同的倾听方式：被动倾听、承认式倾听以及主动倾听（见图 10-7）。

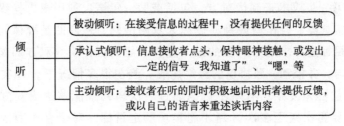

图 10-7　倾听的方式

　　在冲突管理中，主动倾听备受推崇。此外，要把握好沟通的距离。沟通距离是指沟通过程中人与人之间在空间上的距离，这种距离与不同的文化背景密切相关，因为人与人之间在不同的场合和时间会选择一个特定喜欢的沟通距离。在不同的场合下也应运用不同的沟通技巧。如果在协商会议中充当的是会议的主持人，就必须努力促进各利益群体之间的沟通。同时，要把握好使用非正式沟通途径的时机。而且沟通时要做好记录，记录下这个过程中的关键内容。

实践中，不少冲突协调者缺乏沟通技巧，或者说存在有效沟通障碍从而影响协商或谈判结果。导致有效沟通障碍的原因有评论、谩骂、吹毛求疵、赞美过头、命令、要挟、说教、过度或不恰当的提问、告诫、转移话题、重复刺激等。冲突各方的协商、合作过程通常需要第三方（协调人或调解人）来帮助。当各利益群体之间有明显的权力差异时，让第三方参与到冲突管理过程中，能够有效促进各方沟通。实际上，许多解决冲突的传统方法也大多是依靠当地人扮演第三方角色。

3. 谈判协议的最佳底线选择

谈判是指不需要第三方介入，由两个或两个以上的利益相关者的代表，为解决彼此之间凸现的冲突或未来预见冲突的协商过程。当双方选择了谈判时，就意味着冲突双方已经由对抗开始走向合作，至少是承认双方之间存在着一定的共同利益。

谈判有两种主要形式：竞争型谈判和合作型谈判。竞争型谈判的目的是要使自己在处理冲突问题中的收益最大化。谈判者的基本策略就是使最终协议符合自己的谈判协议最佳选择区。为了达到此目的，在竞争型谈判中，要特别注意两点，即发现对方的拒绝点和影响对方的拒绝点（谈判底线），并且要经常使用一些战术来制伏对方，包括威胁、承诺、利用权力操纵、虚张声势、制造错觉等。合作型谈判亦被称为双赢谈判，强调的是群体间的共同利益。它的目标是寻求双方利益的最大化，一般而言，谈判双方都能够以积极的态度参与，并推动一致协议的最终达成。但在很多情况下，冲突涉及的范围广、利益群体复杂，有时不可能通过一次谈判就能够达成双方满意的协议，而需要再次甚至多次谈判才能实现既定目标。对于合作型谈判和竞争型谈判比较详尽的对照见表10-5。

从表10-5中可以看出，竞争型谈判的结局是一输一赢，合作型谈判则可能是产生双赢的结局，而双赢正是冲突管理所推崇的重要策略。

任何群体在确定冲突管理的最佳策略过程中都需要考虑大量复杂的社会、文化等方面的因素。研究人员在冲突管理办法中发展了谈判协议的最佳底线选择（The Best Alternative to a Negotiated Agreement，简称BATNA），并将其作为帮助某一利益相关者理解冲突和确定或重新考虑他们协商要求的指南。谈判协议的最佳底线选择是指冲突一方与冲突另一方为达成所希望的一致协议的商议过程中，当最高的理想选择可能不能达成一致意见时，事先所确定的最后妥协或让步的底线。

表 10-5　合作型谈判和竞争型谈判的比较

| 合作型谈判 | 竞争型谈判 |
| --- | --- |
| ● 将冲突看成是双方的问题 | ● 将冲突看成不是输就是赢 |
| ● 追求共同的结果 | ● 追求本群体的结果 |
| ● 创立双方都能满意的协议 | ● 强调另一方的顺从 |
| ● 公开地、诚恳地、准确地沟通群体的需要、目标与建议 | ● 对群体的需要、目标和建议进行虚假的、不正确的误导性的沟通 |
| ● 避免威胁（以减少另一群体的防范） | ● 利用威胁以迫使其他群体顺从 |
| ● 观点、立场的自由交流 | ● 在交流中固守自己的观点和立场 |

资料来源：转引自中国西南森林资源冲突管理研究项目组编著《冲突管理：森林资源管理新理念》，人民出版社，2004。

谈判协议的最佳底线选择作为冲突管理的重要策略，能够帮助冲突各方了解本群体最关注的一些关键问题。有了谈判协议的最佳底线选择策略，各利益群体参与协商会议时的自信心将得到有效增强，因为他们能够清晰地确定什么问题可以在协商会议上进行谈判，运用哪些资源可以实现本群体的利益，如果不能达成一致协议，什么是可替代的选择方案。各利益群体在运用谈判协议的最佳底线选择时，应充分考虑以下因素：利益相关者要把对谈判结局的预测建立在自己的利益而不是立场的基础之上；每一群体需要计划各自倾向的结局；协商计划必须给所有参与群体提供一个比"谈判协议的最佳底线选择"更好的保证；考虑到不同的谈判结局可能会很琐碎，因此你需要去平衡你想要的或担心的东西和每一个计划结局的期望值；冒险的态度影响谈判结局。

**（四）冲突管理手段**

1. 回避

回避，即不问冲突的原因而允许冲突有控制地存在下去，其目的只是缓和冲突，避免冲突公开化，使矛盾不致被激化，是传统的冲突管理方式经常采用的一种手段。客观地讲，在下列情况中使用回避手段来管理冲突是比较有效的：当冲突问题很轻微，根本没有必要引起冲突管理者的注意，或者还有其他更重要的冲突需要立即解决的时候；当冲突问题非常复杂，且冲突解决的弊大于利时；当其他人能更加有效地解决冲突时。但如果冲突管理者置具体情况于不顾，一味采用回避的手段有意忽略或拖延已经发生的冲突，就会带来下面两种后果：当冲突达到了相当严重的程度时，要想回避已不可能；如果在双方当事人隔绝状态下使用回避，会导致双输的结局。所以，回避作为冲突管理的一个手段，它的使用是有条件和有限制的。

2. 胁迫——"武力解决"

胁迫是一种传统的冲突管理方式，是指当双方发生冲突（尤其是有形冲突）时，特别是双方实力悬殊时，一方总是想将自己一方的结果强加于另一方，甚至不惜采用威胁或武力，以求用力量对比进行较量，迫使对方就范，其结局是力量强大的一方往往会在冲突中获利。用胁迫甚至武力解决的手段管理冲突，只会得到两种结局：一种是在很短的时间内把已经凸显的冲突强制压下去，但冲突并没有得到任何解决；另一种是使冲突更加激化，以至无法解决。因此，胁迫虽然是冲突管理手段中的一种，但是一般不鼓励采用。

3. 妥协与让步

妥协是指冲突的一方或双方以适当让步来达成共识，使冲突得到解决。在一定的情况下，适当让步可以实现更重要的利益目标。由于不同利益群体的立场、需求和利益目标存在差异，妥协时，各群体的让步程度不可能完全一致，因此，在协商过程中，本群体既要考虑其他群体目前的立场和利益，也要考虑其过去的立场与利益，避免在让步程度上一味地追求对等，人们在使用妥协手段管理冲突时，务必需要清楚这一点。

让步是指冲突中的一方部分或全部放弃自己的权利，让对方获得其所要的利益。通常这是弱势方采用的一种冲突管理手段，其优点在于能够维系冲突群体间的彼此关系，并能避免冲突扩大化和剧烈化；缺点在于让步的一方利益受损，并且不同利益群体之间难以通过精诚合作去实现双方的利益目标。

4. 合作

国内外大量实践活动表明，采用合作手段管理冲突会取得双赢局面。合作是冲突管理最重要和最有效的手段。真正的合作是指涉及同一冲突问题的利益相关者（两个或更多）通过探索和协调他们之间的差异，寻找到互惠互利的解决办法的过程。促使人们参与合作的因素有以下三方面：利益相关者对合作有基本的认同感；利益相关者之间的协议能够为他们的成员提供积极的成果；利益相关者之间有建立和维持彼此关系与联盟的需要。同时，在合作的过程中，要注意下面的七个要素：一是利益相关者共同收集信息和分析问题；二是利益相关者的磋商；三是利益相关者的识别和分析；四是培养能力；五是发展合作关系和加强联盟；六是共同监测和评估；七是建立冲突管理机制。

有关合作手段管理冲突各阶段的内容划分，有许多不同的方式，下面所述的五个阶段所包涵的内容在各种各样可能合作的条件下都非常有用（参见图 10-8）。

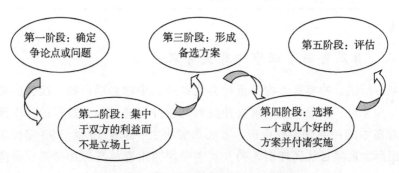

**图 10-8　合作手段管理冲突的五个阶段**

5. 仲裁与裁定

仲裁与裁定是国内外普遍采用的一种传统的冲突管理手段，一般由双方都信赖的、具有一定权威的人士出面，对双方的冲突进行仲裁，仲裁无效时进行裁定，即完全依靠司法程序来解决冲突。仲裁是指将冲突交与双方接受的第三方来做出决定。仲裁作为一种冲突管理的手段，如果运用得当，可以发挥较好的作用，关键的问题是仲裁人如何使用好仲裁手段来有效管理冲突。仲裁人可以促进冲突各方之间的有效沟通，可以制造一定的缓冲环境，还可以使冲突各方的讨论集中于实质问题上，并能提高冲突各方的满意度。而仲裁人在处理冲突过程中能否发挥良好的作用取决于他的公正性、知识水平、责任感和工作经验等。裁定是由法院在冲突事件审理过程中做出决定。仲裁的具体调节过程见表 10-6。

表 10-6　仲裁具体调节过程的八阶段

| 阶　段 | 内　容 |
|---|---|
| 第一阶段 | 准备：仲裁人要了解冲突的性质，从而判断冲突是否适合于使用仲裁人来进行 |
| 第二阶段 | 导入：扼要说明调节过程并树立信誉 |
| 第三阶段 | 倾听各方当事人的陈述并进行归纳总结 |
| 第四阶段 | 把问题分类，提出工作日程表 |
| 第五阶段 | 寻求备选方案，谈判 |
| 第六阶段 | 确认并达成协议 |
| 第七阶段 | 履行、检查、修改 |
| 备选阶段 | 当调解过程出现僵局时的应对措施 |

## 三　自然资源管理中的冲突管理

如前所述，冲突是事物乃至社会发展过程中的必然产物，社会的前进就是在预知冲突、发现冲突、解决冲突和驾驭冲突的过程中进行的。中国自然资源管理中的冲突管理的理论、方法和实践主要是在 20 世纪 90 年代末伴随一些国际发展项目从国外引入的，其中中国西南森林资源冲突管理研究项目组结合云南、四川和贵州等地的森林资源管理过程，开展了以森林资源冲突管理的研究和实践。

### （一）森林资源冲突的基本类型及表现形式

1. 按冲突发生的内容、发生范围以及解决方式划分基本类型

冲突归根结底是由特定的利益引起的，它总是针对特定的内容发生。森林资源的冲突按内容划分，大体可以分为四种类型。第一种是为林木资源而引起的冲突，比如木材的砍伐、薪柴的收集；第二种是为林副产品而引起的冲突，比如采集野生药材、野生花卉、打猎等；第三种是为林地之下的资源而引起的冲突，比如煤炭及矿产资源；第四种是为森林资源经营的计划，也就是为不同的培育和使用目的而引起的冲突，比如有人喜欢种用材林、有人希望开垦成农地、有人希望作为柴山等。

按冲突发生的范围划分，可以分为五种类型：①单个农户之间的冲突，主要表现为农户之间山林界限的模糊；②不同利益的农户群体之间的冲突，它可能是同一个村里的不同农户群体之间的，也可能是组与组之间、村与村

之间甚至是乡与乡之间的冲突；③单个或群体农户与企业或国有林管理之间的冲突；④农户或企业的森林经营与国家政策发生的冲突，可以描述为农户或企业与政府的冲突，这是现阶段森林资源最普遍也是最严重的冲突；⑤不同利益集团混合在一起的冲突，这是最复杂的森林资源冲突，它往往还伴随着一些历史的原因。

　　按冲突的解决方式划分，可以分为两大类。第一类是通过正式途径解决的冲突，也就是通过村民组长、村委会、乡及乡以上人民政府甚至通过人民法院解决的冲突。一般而言，当冲突的范围比较大、导致冲突的原因比较复杂、冲突所涉及的人比较多时，这样的冲突大多通过正式途径来解决。解决的结果具有权威性，有文字协议。但解决的成本较高，有时也会受人为因素的干扰。第二类是通过非正式途径解决的冲突，就是通过社区内有威信的人或社区的非正式机构进行必要的澄清、说服和教育工作而解决的冲突。这种类型的冲突往往规模小、涉及人员少，而且多发生在社区内部。其解决结果容易为冲突各方接受，解决的成本低，但不具权威性，容易被推翻，并以口头协议为主。

　　2. 森林资源冲突的表现形式

　　冲突的表现形式多种多样（参见图10-9），可分为非表面化的冲突和表面化的冲突两大类。其中非表面化的冲突又可分为潜在的冲突和隐性冲突两种。由于林业本身具有周期长的特点，所以冲突的出现很可能不是突发性的，它有一个很长的时间是处于潜伏的状态。

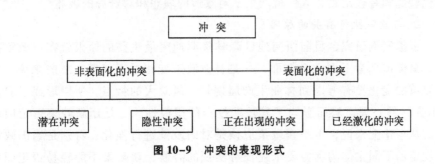

图 10-9　冲突的表现形式

　　隐性冲突就是从发生到结束始终没有表面化，或者是以其他形式表现出来。对这种冲突就需要花时间才能分析和认识它。所以，如果分析森林资源的冲突仅仅局限在一些已经发生的林政案件上，那是远远不够的。不以林政案件表现出来的森林资源冲突仍然具有破坏力，仍需要加以管理。表面化的冲突又可以分为正在出现的冲突和已经激化的冲突。对于正在出现的冲突，人们比较容易理解和接受，因为是看得见并表现为一定的实物形式，如森林砍伐，树苗被拔等。而已经激化的冲突是森林资源冲突的极端形式，是最具有破坏力的，也意味着一个地区森林资源经营和冲突管理工作的失败。其表现形式同正在出现的冲突相比就是，森林资源已经完全不复存在。但真正的区别是：前者对森林资源的破坏，也许还只是一种警告和示威，希望引起有关部门的关注，还对冲突的解决持乐观态度并抱有希望；但已经激化的冲突则是人们经历了从希望到失望到彻底失望，从而对森林资源进行彻底地破坏。

## （二）引起冲突的主要原因

### 1. 经济原因

绝大多数的冲突都是因经济利益矛盾引起并最终需要通过调节经济利益来解决。当一方要实现其经济利益而又限制或减少另一方或几方的利益时，就会产生冲突，森林资源中的冲突同样也会在这时候开始显现。比如一片林地仍是荒山的时候，谁去砍草、找材、放牧，没有人会在乎。但如果谁要造林并宣布归自己所有，或者政府出钱造林已经看得见收益时，冲突就出现了。目前最普遍的森林资源冲突发生在当地人的经济利益因为政策的变化和实施而受到影响时，比如天然林保护政策的实施、自然保护区的建立等。当地人长期使用森林资源的权利受到限制，生产和生活受到影响，但又没有相应的替代资源和替代出路，人们就产生了对政策的埋怨和对资源的破坏。

### 2. 与政策执行有关的原因

根据案例研究，目前西南地区森林资源冲突最主要的原因就在于政策执行。具体体现为下面六个方面：一是林业政策变化过于频繁。总的来说，林业政策的变化没有考虑到林业生产周期长、风险大的特点，所以形成了农户"怕变"的心理，从而影响了其长期投资的积极性。二是用新政策否定旧政策。从理论上来说，本来新政策应该是对旧政策进行强化，特别是当旧政策所规定的不同主体的利益要求还没有实现的时候，新政策不能轻易否定旧政策所做出的承诺。但林业的一些政策却没有做到这一点，比如"两山"政策规定了农户对林地的使用权是长期不变的，但荒山转让的政策又是在暗示农民"只有买了才是你的"，甚至简单、无偿地把甲农户的"两山"转让给了乙农户或者社区以外的人。三是林业政策简单照搬农业政策。因为农业政策的分田到户极大地焕发了农民的热情，农业生产力也得到极大发展。林业就想用相同的政策来取得同样的效果，但实际情况在很多地方却恰恰相反，"两山"政策鼓励了农户对已有森林资源的破坏。四是政策规定与实际执行情况不相符，或者政策执行者没有灵活性，搞"一刀切"。比如天然林保护的政策，从理论上说是为了保护为数不多的、宝贵的天然林资源。但在现实中，执法人员要在市场上就木材去区分是来自天然林还是人工林，几乎不可能。五是鼓励政策没有实际的经济利益。六是政策执行粗放。就是在执行政策的过程中出现的不认真现象，比如"口头协议"、"目估面积"、"交叉持证"以及林权证的数字与实际经营的面积不符。还有一些历史上形成的粗放经营，已经成为今后林业进一步发展的障碍。

### 3. 社会文化原因

这在西南的少数民族和贫困地区最为明显，不同民族对山和森林有不同的价值观念。有的民族认为森林是自生自灭的，没有必要去种；有的民族则是逐森林而居；有的民族则一直有森林资源持续经营的思想，等等。但总的来说，各民族并不缺乏科学的环境意识。他们非常反对计划经济时代森工企业大规模的砍伐方式，并一直存在冲突。在少数民族之间，也存在相互指责对方破坏森林资源的冲突。同时，由于很强的民族性，在森林资源冲突过程中，特别是在村与村的冲突中，它甚至超出了经济利益本身，变成了两个村之间为了自己的面子互相争强好胜，最后出现典型的两败俱伤的局面。

### （三）冲突的发展过程及冲突导致的影响

#### 1. 冲突的发生、发展及解决与转化

在森林资源经营的过程中，从理论上说，最理想的经营方式当然是既能满足生态平衡和保护生物多样性的需要，又能满足经营者在经济上、甚至文化方面的需求，也就是所说的可持续发展。但是由于某些原因不利于实现可持续发展，于是在森林经营过程中，不协调、不和谐、不一致、矛盾即这里所讨论的冲突不可避免地发生了。所以冲突的出现，在很大程度上是不以人的意志为转移的，人们不能完全避免它，更不能简单地掩盖它。

森林资源冲突一旦发生后，并不一定马上就明显化并起着显著的破坏作用。它有一个发展和演变的过程，最初是人们不愿意去讨论它，不愿意去主动地管护森林资源，更不愿去投资于森林资源。在西南地区的森林资源冲

突管理实践中，人们对待森林资源的冲突有五种做法：一是通过政府系统正式解决；二是通过诉讼的形式，请求法院裁定；三是通过非正式渠道来解决；四是诉诸武力和暴力，求得冲突的暂时解决；五是听之任之、默然视之。由于森林资源冲突不易明显化，或者更准确地说是没有太多的人去注意它，或者出现了也没有得到有效管理，所以森林资源的冲突在发生后，就会发生转化，但是转化是朝两个极端进行的。第一个极端是好的方面，而且非常好。就是当森林资源冲突出现后，就引起了足够的重视。第二个极端是差的方面，就是冲突发生之后，森林资源遭到破坏，不但没有人去制止它，反而是互相攀比，"你砍我也砍，不砍白不砍"，直至森林资源被全部破坏。

**2. 冲突导致的影响**

人们往往习惯从消极的方面来认识冲突，但需要指出的是，冲突的影响也可以是积极的。首先来分析积极方面的影响。一方面，冲突可以成为林业发展的机遇。冲突就是双方或多方的经济利益发生了矛盾，而且各方都有兴趣为自己争取更多的利益。所以如果林业部门作为一个冲突管理机构适时介入，或许会促成多方的谈判和协商。从已有的冲突出发，分析造成冲突的原因，分析冲突各方的利益要求，并把这些利益要求放到一起比较各自的合理性。这样一种过程不仅仅在于解决特定的冲突，更是一次社区共同协调管理森林资源的成功实践。这样，冲突就不再是一种破坏力，而是为林业发展提供了一个机遇。另一方面，冲突可以成为动员社会参与，实现社区自主管理的契机。冲突出现后，如果得到科学管理，它不仅仅可以成为林业发展的机遇，人们还可以在讨论如何解决冲突的过程中，实现协调不同利益群体要求的目标，通过讨论、沟通、协调及让步来求同存异，达成共识。如果成功的话，社区就可以把这样的机制应用到社区其他事务的管理之中。

从消极方面来看，冲突有下面三种负面影响。一是森林资源的破坏。这是森林资源最直接的消极影响，而且这种对森林资源的破坏是毁灭性的，也就是前面所分析的在森林资源破坏过程中的攀比心理，"你砍我也砍，不砍白不砍"，"你砍树，我就连疙瘩也挖"，直到把它变成荒山秃岭。二是人们对政策丧失信心。正如前面所分析的，森林资源的冲突在很大程度上是政策变化引起的。反过来，经历多次的冲突之后，人们对林业政策就失去了耐心和信心，认为政府总是开空头支票，政策说变就变，反正都是政府说了算，所以就尽量做急功近利的事。三是社区社会资源的损失。由于森林资源的冲突，在社区内肯定是有一部分人受益，另一部分人受损。这就形成了一部分人与另一部分人的对立，而且这种对立会转移到社区的其他事务之中。这样，社区的凝聚力和协作精神将会受到影响，也就是所说的社区的社会资本将会减少。这比森林资源的减少更具有破坏力，它使整个社区的管理变得非常艰难。

## 思考题

1. 如何理解保护与可持续发展的概念、内涵及相互之间的联系？
2. 如何了解自然保护区和以社区为基础的自然资源管理之间的区别与联系及其在国际、国内两个层面的实践？
3. 在冲突分析过程中，一般需要考虑哪些因素？
4. 你觉得在确定谈判协议的最佳底线之前，应该考虑和分析哪些因素？
5. 作为冲突管理手段，回避、胁迫、妥协与让步是被鼓励采用的吗？请分别加以分析说明。

## 参考文献

1. 张坤民：《可持续发展论》，中国环境出版社，1997。
2. 程序、曾晓光、王尔大：《可持续农业导论》，中国农业出版社，1997。
3. 袁光耀、田伟强、程光生等：《可持续发展概论》，中国环境科学出版社，2001。
4. 教育部高等教育司：《可持续发展引论》，高等教育出版社，2001。
5. 周毅：《21世纪中国人口与资源、环境、农业可持续发展》，山西经济出版社，1997。
6. 王献溥、崔国发编著《自然保护区建设与管理》，化学工业出版社，2003。
7. 中国农业大学人文与发展学院编著《中国自然保护区合作管理研究国际研讨会材料》，2004。
8. 云南省林业厅FCCDP项目办编著《自然保护区综合管理理论与实践》，云南科技出版社，2004。
9. 楼惠新、董谛：《农村自然资源管理的社区浅论》，《资源科学》2000年第22期。
10. 周丕东：《社区自然资源管理方法的理论探讨》，《贵州农业科学》2001年第4期。
11. 《印尼社区自然资源的分权管理》，《林业与社会》2003年第4期。

12. 国家林业局野生动植物保护司编《自然保护区社区共管》，中国林业出版社，2002。

13. 董锁成主编《中国百年资源、环境与发展报告》，湖北科学技术出版社，2002。

14. 钱易、唐孝炎主编《环境保护与可持续发展》，高等教育出版社，2000。

15. 贵州省农科院：《中国贵州山区自然资源管理》，项目参与性评估报告，2004。

16. 赵冬媛主编，陶意清、齐顾波副主编《新发展经济学教程》，中国农业大学出版社，2000。

17. 世界环境和发展委员会（WCED）：《我们共同的未来》，吉林人民出版社，1997。

18. 世界自然保护同盟、联合国环境署和世界野生生物基金会：《保护地球——可持续性生存战略》，1991。

19. 世界发展银行：《世界发展报告》，1992。

20. 蔡运龙编著《自然资源学原理》，科学出版社，2000。

21. 梁燕君：《可持续发展战略源于环境保护》，《价格与市场》2005年第9期。

22. 叶正波：《可持续发展评估理论及实际》，中国环境科学出版社，2002。

23. 赵俊臣编著《谁是生物多样性保护的主体?》，云南大学出版社，2004。

24. 姚清林：《论自然资源与自然资源管理》，《国土资源科技管理》2000年第3期。

25. 王月：《自然资源管理》，《世界环境》2009年第2期。

26. 周国华：《我国自然资源管理的初步研究》，《经济研究参考》1999年第1期。

27. 董海荣：《社会学视角的社区自然资源管理研究》，中国农业大学博士学位论文，2005。

28. 中国西南森林资源冲突管理研究项目组编著《冲突管理：森林资源管理新理念》，人民出版社，2004。

29. 中国西南森林资源冲突管理研究项目组编著《森林资源冲突管理培训者手册》，人民出版社，2004。

30. 中国西南森林资源冲突管理案例研究项目组编著《冲突与冲突管理》，人民出版社，2002。

31. 〔印度〕塞雅尔·沃拉赫、〔美国〕迪昂·塞斯拉尔·斯文森、〔菲律宾〕卡罗琳·翁格莱奥著，吴於松、邓维杰、范隆庆、左文霞、邵文编译《综合保护与发展培训者手册——在矛盾中寻求和谐》，科学出版社，2003。

32. 胡云乔：《冲突管理》，《中国人才》2002年第3期。

33. 李朔：《冲突的管理》，《辽宁商务职业学院学报》（社会科学版）2003年第4期。

34. 许小东：《冲突：管理的认识与对策》，《连锁与特许》1998年第4期。

35. 周满：《闽北林区商品林冲突管理研究》，南京林业大学硕士学位论文，2006。

36. 刘金龙：《云南省南华县彝族松茸山林权安排和利益分配机制》，《中国农业大学学报》（社会科学版）2009 年第 3 期。

37. 陈红国：《农村林权制度改革路径的重述和展望——认林权属性的变迁为视野》，《河北法学》2010 年第 12 期。

38. 曾建平：《自然之界——西方生态伦理思想探究》，湖南师范大学博士学位论文，2002。

39. 中华人民共和国环境保护部：《2010 年自然保护区建设与管理情况》，中华人民共和国环境保护部官网，2011 年 6 月 3 日。

40. Norman Uphoff. *Community-based Natural Resource Management*：*Connecting Micro and Macro Process*，and *People With Their Environments*，Plenary paper for International Workshop On Community-based Natural Resource Management Economic Development Institute，The World Bank，1998.

41. Jay Ram. Adhikari. *Community-based Natural Resource Management in Nepal with Reference to Community Forestry*：*A Gender Perspective*，A Journal of the Environment，Vol. 6. 7，2001.

# 11 第十一章 权利与发展

　　权利和发展本是紧密相连的，早在联合国创立之初就将人权、发展、和平作为其基本宗旨。但在随后的几十年间，人权和发展逐渐分裂开来，主要原因是人们狭隘地将人权理解为政治权利，认为其属于法律工作者和政治家的工作范畴，而发展则是科学家和经济学家研究的领域。不过随着发展理论与发展实践的不断深入，人们逐渐认识到人权不仅包括政治权利，同时还包括经济、社会和文化权利。自此，权利概念越来越成为联合国和各国政府、机构考虑的重点要素，以权利为基础的发展方法也不断被应用于发展项目中。

　　值得特别注意的是，本章在讨论权利问题时的出发点是"为了促进发展"，强调以权利为基础的发展途径，而不是单纯地着眼于权利。换言之，本章仍然是在发展的框架内讨论权利问题，而不是在人权的框架内探讨权利问题。

## 第一节　人权与发展权

### 一　关于人权

　　人的权利简称为"人权"，是指在一定的社会历史条件下，每个人究其本质和尊严享有的或应该享有的基本权利，同时也指保护个人和团体不受违反基本自由和人的尊严的行为侵害的普遍法律规则。人权的中心思想在于权利持有者（right-holder）和义务责任者（duty-bearer）间的关系，权利持有者（right-holder）有资格向义务责任者（duty-bearer）要求享受自己的权利，但同时也必须尊重其他人的权利。

人权的本质特征是自由和平等。人权的实质内容和目标是人的生存和发展。人权具有以下重要特点：①具有普遍性；②受国际社会的保障；③受法律保护；④重点是人的尊严；⑤保护个人和群体；⑥要求国家和国家行为者承担义务，不能放弃或减损；⑦平等和相互依赖。

人权作为一个普遍的理论概念，有其历史性。1945 年，联合国成立之初就确定其宗旨之一为"不分种族、性别、语言或宗教，增进并激励对于全体人类之人权及基本自由之尊重"。1948 年，联合国大会通过了《世界人权宣言》，第一次系统地在国际范围内提出人权的具体内容，并将其作为所有国家和人民努力实现的共同目标，为随后的国际人权活动奠定了基础。1966 年，联合国大会进一步通过了《国际人权公约》，即《经济、社会和文化权利国际公约》和《公民权利和政治权利国际公约》，以法律的形式确认了《世界人权宣言》的基本内容，同时突出地确认了民族自决权、自然资源和财富的主权等人权内容。1986 年，联合国大会又通过了《发展权利宣言》，确认发展权是一项不可剥夺的人权。

人权的范围十分广泛。按享受权利的主体分，人权包括个人人权和集体人权两种。前者是指个人依法享有的生命、人身和政治、经济、社会、文化等各方面的自由平等权利；后者是指作为个人的社会存在方式的集体应该享有的权利，如种族平等权、民族自决权、发展权、环境权、和平权等。按照权利的内容分，人权包括公民、政治权利和经济、社会、文化权利两大类（表 11-1）。其中前者是指一些涉及个人的生命、财产、人身自由的权利以及个人作为国家成员自由、平等地参与政治生活方面的权利；后者是指个人作为社会劳动者参与社会、经济、文化生活方面的权利，如就业、劳动条件、劳动报酬、社会保障、文化教育等权利。总之，人权是涉及社会生活各个方面的广泛、全面、有机的权利体系，是人的人身、政治、经济、社会、文化诸方面权利的总称。它既是个人的权利，也是集体的权利。

**表 11-1  国际人权的两大类型**

| 类型 | 公民权利和政治权利 | 经济、社会和文化权利 |
|------|------|------|
| 内容 | 1. 生命权 | 1. 就业权以及公正和公平的工作条件权 |
|  | 2. 自由和人身安全的权利 | 2. 享有充分的医疗和健康服务的权利 |
|  | 3. 迁移的自由 | 3. 教育权 |

| 类型 | 公民权利和政治权利 | 经济、社会和文化权利 |
|---|---|---|
| 内容 | 4. 法律面前平等<br>5. 公平审判权<br>6. 财产权<br>7. 思想和良知<br>8. 自由表达的权利<br>9. 自由集会的权利<br>10. 参与公共事务的权利<br>11. 选举和被选举权<br>12. 自决权 | 4. 享有充足的食物、住处、服装和社会保障权<br>5. 参加文化生活的权利<br>6. 发展权 |

资料来源：联合国人权事务高级专员办事处编《人权培训》，1999。

## 二 关于发展权

发展权利又称"发展权"，首次正式出现于 1986 年联合国大会所通过的《发展权利宣言》中。根据此宣言，发展权利是一项不可剥夺的人权，根据这种权利，每个人均有权参与和促进经济、社会、文化及政治的发展，并享受发展的成果。

发展权利的内容包括：①对自然资源的永久主权；②自决；③人民参与；④机会平等；⑤为享受其他公民权利以及文化、经济、政治和社会权利争取适当的条件。

《发展权利宣言》同时还明确规定：①人是发展的主体，因此，人应该成为发展权利的积极参与者和受益者；②充分尊重所有人的人权和基本自由，以及他们对社会的义务，这也就意味着所有人都独立地、集体地对发展负有责任，这种责任本身就可确保人的愿望得到自由和充分的实现，因而，还应增进和保护一个适当的政治、社会和经济秩序以利发展；③国家有权利和义务制定适当的国家发展政策，其目的是在全体人民和所有个人积极、自由和真正参与发展并享受发展成果的基础上，不断改善全体人民和所有个人的福利。

《发展权利宣言》格外强调政府在发展权实现方面所应承担的责任。它强调，各国应采取一切必要的措施以实现发展权利，并确保除其他事项外所有人在获得基本资源、教育、保健服务、粮食、住房、就业、收入公平分配等方面的机会均等。国家还应采取有效措施以确保妇女在发展过程中发挥积极作用，并进行适当的经济和社会改革以根除所有的社会不公正现象。此外，国家还应鼓励民众在各个领域的参与。

# 第二节 权利与发展相关理论

从历史的角度来看，对发展的理解大致可分为四个阶段：20 世纪 50 年代强调经济发展，70 年代则开始强调社会发展，80 年代提倡可持续发展，20 世纪 90 年代之后则开始提倡以人为中心的发展即以权利为基础的发展。基于权利的发展理念不仅强调经济增长，而且重视社会公平、增强人的能力和扩大人的选择，并高度重视消除贫困、妇女参与发展进程、人民和政府自力更生以及当地居民的权益，主张保护后代的生活机会，尊重一切生命所赖以生存的自然环境。因此，以权利为基础的发展是个经济、文化、社会和政治的综合发展过程。

## 一 以权利为基础的发展途径框架

### （一）以权利为基础的发展途径的历史演进

权利和发展本是密切联系的，早在 60 年前联合国创立之初就将人权、发展、和平作为其基本宗旨和要求。但在随后的几十年间，人权和发展逐渐分裂开来，其原因在于政治权利的快速发展使得人们误认为人权就是政治权利，是属于法律工作者和政治家的工作范畴，而发展则是以科技的发展推动的经济增长，是科学家和经济学家研究的领域。在冷战期间，联合国又颁发并通过了两个重要的人权公约文件：《公民权利和政治权利国际公约》及《经济、社会和文化权利国际公约》，这两个公约将人权的概念重新定义为不仅包括政治权利，同时也包括经济、社会和文化权利，人权和发展的联系又重新密切起来。

冷战结束后，人权和发展的联系更加密切。1986 年，联合国通过了《人权发展宣言》。尽管宣言没有太大的约束力，而且也没有得到富裕的西方国家的支持，但是宣言使公民权利、经济权利和发展得到了紧密的结合。三年后，也就是 1989 年,《儿童权利公约》通过,公民权、政治、社会、经济和文化权利的紧密结合得到了广泛的认同。1993 年的维也纳人权会议再次确认了人权和发展的不可分割性。到了 20 世纪 90 年代中期,联合国开始倡导以权利为基础的发展,要求联合国机构的任务就是促进以权利为基础的发展,联合国开发计划署已将"以权利为基础的发展"作为一项基本目标,并规定了以促进和尊重人权作为发展援助的要素。同时,其他国际组织和机构也开始响应联合国的倡导,将以权利为基础的发展作为其活动的基本原则,尤其是 1997 年联合国系统进行改革,提出联合国的发展活动一定要坚持三个原则,即:①所有的发展合作、政策和技术援助项目必须在《联合国人权宣言》以及其他的国际人权公约的框架下开展,并有助于更高程度地实现人权;②所有发展项目的每一部分内容和每一步骤都必须接受《联合国人权宣言》和其他国际人权公约中所包含的人权标准和原则的指导;③发展合作必须有助于提高权利持有者和义务责任者的能力。

亚太经济社会委员会(ESCAP)秘书处已帮助其成员及合作者制定、并执行了与以权利为基础的发展方法(RBA)相适应的政策和项目,领域涵盖了性别平等和妇女赋权、人口、残疾人、老年人、儿童和预防艾滋病等。英国国际发展部(DFID)把以权利为基础的发展与其消除贫困的中心任务结合起来。该机构在 1997 年的年度报告中就强调了权利的重要性;在 2000 年则进一步明确提出要采用以权利为基础的发展方法;同年,该机构出台了有关人权的政策文件。在以权利为基础的发展过程中,1995 年 3 月在哥本哈根召开的社会发展高级峰会起到了关键性的作用,因为一项新的共识在此达成,即可持续发展要以人为本,人是发展的主体;在发展目标的设定上,消除贫困、促进充分而高效的就业以及社会公正三个方面的内容必须同时坚持,不可偏颇。

1999 年和 2000 年,随着两份著名出版物——阿马蒂亚·森的《以自由看待发展》和联合国开发计划署的《人权和人类发展》报告——的诞生,以权利为基础的发展思想得到了更加广泛的认可和应用。

现在,许多联合国组织、西方政府和非政府组织都采用了以权利为基础的发展方法。而此发展方法能得以普及的一个主要原因是人权和发展作为一个整体比单独强调人权或发展更加有效。

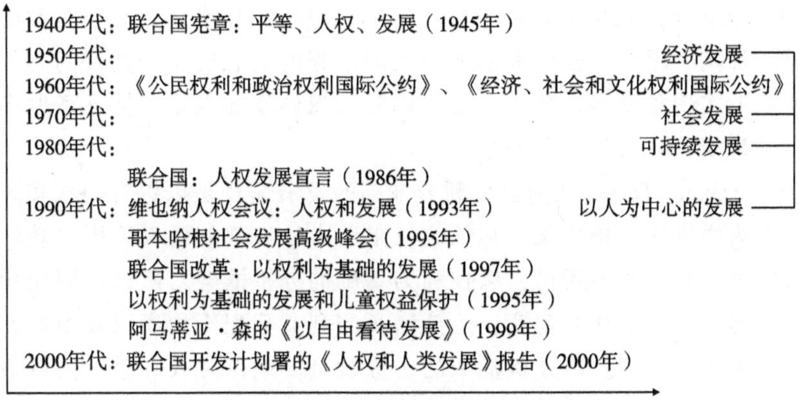

1940年代：联合国宪章：平等、人权、发展（1945年）

1950年代：　　　　　　　　　　　　　　　　　　　　　　　经济发展

1960年代：《公民权利和政治权利国际公约》、《经济、社会和文化权利国际公约》

1970年代：　　　　　　　　　　　　　　　　　　　　　　　社会发展

1980年代：　　　　　　　　　　　　　　　　　　　　　　　可持续发展

　　　　　联合国：人权发展宣言（1986年）

1990年代：维也纳人权会议：人权和发展（1993年）　　　以人为中心的发展

　　　　　哥本哈根社会发展高级峰会（1995年）

　　　　　联合国改革：以权利为基础的发展（1997年）

　　　　　以权利为基础的发展和儿童权益保护（1995年）

　　　　　阿马蒂亚·森的《以自由看待发展》（1999年）

2000年代：联合国开发计划署的《人权和人类发展》报告（2000年）

**图 11-1　以权利为基础的发展的历史演进**

资料来源：根据 Antia cheria（2004）进行整理。

### （二）对以权利为基础的发展途径的界定

#### 1. 概念与基本要素

以权利为基础的发展途径将权利和发展两个领域紧密结合起来，权利是发展的基础，发展是权利进一步实现的途径。目前，以权利为基础的发展途径主要包括以下几种界定。

（1）Saeid Nashat 认为，所谓以权利为基础的发展途径就是在国际人权标准的基础上，有目的地促使人们参与发展过程，从而促进人权的发展和保护，其核心思想和基本特征是：每个人都享有平等的权利，人们必须参与到发展的过程中去。他认为以权利为基础的发展途径有三个关键因素，即社会要认识到权利的存在、赋权和参与。

（2）南亚一些发展实践者认为以权利为基础的发展途径是建立在这样一个共识的基础上：每个人都平等地拥有权利，政府有责任和义务尊重、促进、保护和实现它，权利和政府义务的法律标准建立在国际人权公约和国内有关人权规定的基础之上。因此，以权利为基础的发展途径不仅仅是慈善和经济发展，更重要的是赋权给那些还不能享受和表达其经济、社会、文化和政治权利的群体，让他们能够表达并享有权利。

（3）阿马蒂亚·森认为发展即是自由，指人们能够自由地拥有和实现公民和政治的权利以及经济、社会、文化权利。

（4）联合国人权事务高级专员（UNHCHR）则指出以权利为基础的发展途径是一种基于国家人权标准的人类发展过程的概念框架，其目的是促进和保护人权的实现和发展，其途径是将国际人权体系的规章、标准和原则整合到发展的计划、政策和过程中去。

（5）Amparo Tomas 认为以权利为基础的发展途径是以提升人权实现能力为导向的人类发展分析框架。他认为，阻碍人权实现的两大障碍是政治权利不足和能力不够。他还指出，以权利为基础的分析框架之所以得到应用和发展，主要是基于以下社会现实：经济增长的利益分配不均衡以及由此而导致的大量的矛盾和争端。该分析框架的目标就是要确保穷人和边缘人群最基本的福利，减少发展失败的风险以及减少社会争端。

这些概念尽管在表述上各不相同，但其内涵以及所体现的基本要素都是一致的，它们包括：①权利，包括公民权、文化权、经济权、政治权和社会权利；②责任，权利所有者的表达和责任承担者的回应；③赋权，以人为中心，让人们具有能够改变自己生活、促进社区发展的权利、能力和机会；④参与，社区、少数民族、妇女、当地人和其他群体的"积极、自由和真正"的参与；⑤非歧视和关注弱势群体。

2. "以权利为基础的发展途径"与"以需求为基础的发展途径"的区别

以权利为基础的发展途径与以需求为基础的发展途径是两种不同的发展途径，二者的主要区别有以下三方面。

（1）对发展的理解不同。以权利为基础的发展途径认为发展是一项权利，这就意味着一方可以提出要求或具有法律资格，相应的另一方则应承担义务履行和法律责任。也就是说，政府及其代理人应该向人民负责，履行这些义务。单个国家对自己人民承担的义务以及国际社会承担的集体义务在某些方面是积极义务，即应该做事情或提供物品；在某些方面则是消极义务，即不应该做某些事情。而基于需求的发展则更倾向于将发展看做一种慈善事业和福利。

（2）发展的角色认定不同。以权利为基础的发展途径认为人是发展的主体，而基于需求的发展则认为人是发展的客体和目标。

（3）取得的效果不同。根据基于权利的发展途径，促进发展的行动已从选择性的慈善范畴转入强制性的法律领域，权利和义务以及权利人和义务人都十分明确。事实表明，以权利为基础的发展途径框架更加完整、合理，在解决实际问题时更有效；它通过完善监测和评估职能，为发展项目未预料到的负面影响提供了安全纠偏机制；它还通过强调对权利责任者加强监督和帮助，以使其履行责任，从而保证权利持有者权利的实现。

**（三）以权利为基础的发展途径的框架及其应用**

**1. 以权利为基础的发展途径的框架**

在以权利为基础的发展途径中，主要利益相关者可被分为权利的拥有者和责任的承担者。权利的拥有者通过权利的表达来向责任承担者提出权利和要求，而责任的承担者通过义务的履行来实现权利拥有者的权利。在这个过程中，促进平等、宽容和反歧视原则得以应用。它们之间的联系见图 11-2。

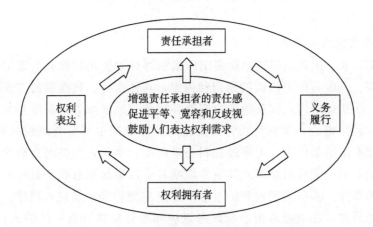

**图 11-2　权利拥有者和责任承担者之间的关系**

将上述权利、发展、责任承担者和权利拥有者综合起来，也就形成了以权利为基础的发展途径框架（图 11-3）。在该框架中，政府是责任的承担者，有义务保证尊重、促进、保护和实现公民的发展权利，尤其是赋权给那些还不能享受和表达其经济、社会、文化和政治权利的群体，让他们能够表达、并享有权利；另一方面，广大的人民群众也应该积极地关注、表达和要求自己的权利，加强自身能力的培养。此外，其他国内和国际机构也应该积极推动公民权利的表达和行使以及政府义务的履行。

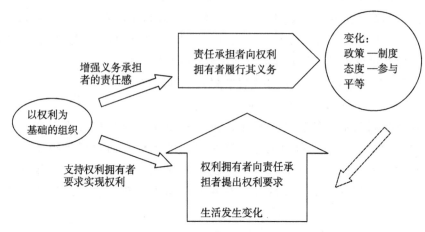

**图 11-3　以权利为基础的发展途径框架**

2. 应用范围和步骤

目前，联合国系统和其他众多国际组织都开始使用以权利为基础的发展途径框架，并将其作为活动的原则和依据。具体而言，该框架的主要应用途径包括：①通过缔结人权条约和协定给各国政府施加压力，促使其在发展行动中以权利为中心，在项目设计、实施和预算分配中充分考虑到权利因素。②在资源有限的条件下，为促进权利公平获取，动员人们提出政策建议和资源分配的需求。③利用媒体或其他手段唤起全社会权利意识，监督和报道侵犯人权的事件。④在实现权利的过程中建立监测标准、规定和程序，评估政府服务的质量。⑤通过政府、非政府组织和各种机构开展广泛的人权教育。⑥将以权利为基础的发展途径框架和法律框架结合起来，利用法律手段促进公平与公正。

以《经济、社会和文化权利国际公约》（ICESCR）为例，以权利为基础的发展途径框架可以通过若干渠道得以落实。该公约规定，针对每个签署协定的国家，政府必须对可获取资源实行最大化利用方式，来保证公民的各项权利实现。以权利为基础的发展项目要求在严格控制预算的同时评价"资源的最大化利用"是否达到了 ICESCR 的要求，是否促进了权利的进步。此外，对于一国履行人权责任的状况可以使用许多指标进行衡量，例如，注射疫苗率、女孩文化程度、少数民族的住房水平等。最后，ICE-

SCR 明确指出，各国政府应寻求国际支持与合作，以便于国际力量协助他们履行协定中规定的尊重、保护和实现公民权利的责任。换言之，当政府不能保证人民的经济、社会、文化权利的实现时，世界银行、国际货币基金组织、双边资助机构等应积极参与，以项目的形式协助权利的实现。

以权利为基础的发展途径的应用步骤主要有五个。①现状评估：评估一个国家或社区人权现状，包括制度和采取的行动、当地法律规定、在实现人权的过程中监测和调整行动的情况。②分析：分析所收集到的关于人权的数据信息与项目目标之间的差距，分析需求未得到满足的本质原因以及相关利益群体的关系等。③项目计划和设计：将国际人权标准整合到项目实施文件中，同时考虑在分配权利时各利益群体关系的协调。④项目实施：依据项目设计采取行动，同时不断调整。⑤项目监测与评估：以国际人权标准为监测与评估的依据。

从上述步骤来看，以权利为基础的发展途径框架和传统的发展框架在程序上没有本质的区别，其不同之处在于，前者是将权利作为项目工作的起点、过程及评估的原则和依据。具体而言，以权利为基础的发展途径就是要根据人权框架确定权利持有者和义务责任者；分析他们的权利和义务状况以及他们权利不能实现的原因；进行能力建设，提高权利持有者表达权利和义务责任者履行义务的能力；以人权标准和原则为项目监测和评估的指南和依据；征求国际人权主体和机构的建议。目前，备受各国际组织和机构认可和赞同并在实际工作中采用的权利标准主要是联合国公布、并通过的一系列人权文件（图11-4）。

由此可见，和传统的发展框架相比，以权利为基础的发展途径框架的运用有明显的创新和扩展。在确认发展问题时，利用人权框架进行分析更能发掘出问题的根源。这是因为，在以权利为基础的发展途径框架中，确认问题和寻求解决方案的过程贯穿了对不同利益群体权利的关注，各群体的责任也由此得到明确，因而也就增强了不同人群对责任的认同及拥有感。在发展项目实施的过程中，权利持有者在发展的受益分配机制中提高了赋权能力和意识，能够积极、自由并真正地参与到发展中来，提高了解决问题的有效性，缩短了解决问题的路径。

值得注意的是，目前以权利为基础的发展途径框架在运用上还面临着一些挑战。联合国单方面倡导将权利置于发展的核心位置是不够的。由于许多

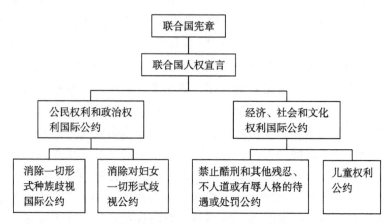

**图 11-4 作为人类发展标准的联合国人权公约体系**

资料来源：新华网（http://news 3. xin huanet. com/ziliao/2003-01/20/cotent 698175. htm）。

现实的原因，各国发展的目标有所不同，许多政府更多关注经济发展，而忽视权利方面的问题；在进行权利教育、提高权利意识和进一步实现权利的过程中，一个主要的问题就是人群的普遍存在与实现人权的高成本投入之间的矛盾。在资源有限的情况下，权利责任者如何分配资源以及如何对权利持有者赋权在长期内都是一个难题。

## 二 权利、反贫困与可持续生计框架

### （一）以权利为基础的发展途径与反贫困

贫困是发展中最重要的问题，从权利的视角看，贫困或不发展状况是由于权利不足（或被排斥在正常权利的实现之外，简称"被排斥"）造成的，这种被排斥通常表现为：①失去生命和安全；②失去获得传统生计资源的能力（主要指土地资源）；③食物缺乏和营养不良；④文化特性和教育的压制；⑤在决策的制定或执行时意见和利益不被表达；⑥历史、语言和文化不被尊重；⑦贫困人口是廉价劳动力，处于被奴役的边缘。

将以权利为基础的发展途径应用于反贫困策略中，需要从以下六个方面考虑。

（1）认识贫困。在制定策略之前首先要辨别什么是贫困，在制定策略时才能有效地利用贫困人口的优势，并克服其劣势。常用的识别贫困的方法是能力方法。该方法认为贫困是由于缺乏基本的权利，或者说是缺乏对资源的支配权。换言之，从权利的视角看，贫困就是在基本能力范围内个人的权利未能得到实现。

（2）对国内和国际标准人权框架的认识。首先应该对国家签署的国际条约给以特别的关注，因为这些条约以法律形式建立了不同政府之间的联系。其次，应该特别关注责任承担者在国际会议中所承诺的义务，这些义务体现了国际人权法则的内容。

（3）平等和非歧视原则。平等和非歧视原则是国际人权法案中最基本的要素。一般来说，对特定群体的歧视待遇会造成他们的贫困，这就是为什么不同社会环境中，贫困往往发生在社会弱势群体或特定的种族、宗教、妇女和老人中。以权利为基础的发展途径要求对这些特定群体给予特别的关注。

（4）参与和赋权。以权利为基础的发展途径要求贫困人口积极和广泛地参与到反贫项目的各个阶段中。国际人权框架规定，个人有权参与公共事务的决策。同时，由于条件所限，参与可以采取多样化的形式，例如，根据决策的特点可以采取直接参与和选举代表间接参与的方式。在反贫困行动中，要特别强调对贫困人口进行赋权，使其能够对自己的权利提出要求，这样才能使他们更有效地参与到决策制定的过程中来。由于现实中还存在很多权利不对称的情况，所以赋权的过程非常复杂。在这种情况下，政府应尽力创造有利的环境来实现人们的公民权利和政治权利以及经济、社会和文化权利。

（5）人权的进一步实现。资源稀缺性限制了人权的进一步实现，但这种限制在短期内是无法消除的。在国际人权法案中明确规定，权利需要逐步地实现。所以，消除贫困是一项长期任务。由于资源条件的限制，各项目标不可能同时实现，政府在决策时需要在各项权利之间进行选择。其中值得注意的是：①权利不可分割性原则。任何一项获得优先发展的权利，也同时推动其他权利的发展，没有哪一项权利比其他权利次要。②在向获得优先权的权利分配资源时，要保证及时性，同时不会损害其他权利的实现。③在资源条件受限的情况下，国际人权体系规定了核心义务，从而限定了各国保证实施各项人权的最低水平。

（6）监测和责任。权利的持有者需要义务的责任者来保证权利的实现。否则，义务只是空谈。"监测"和"责任"是以权利为基础的发展途径中的两个关键词。国际法规定，国家对生活在其权限范围内公民的人权实现负有责任；国际社会也有义务帮助实现世界人权。因此，在监测和履行责任时不仅要扩展到国家的层面，而且要扩展到全球的参与者——志愿社区组织、政府间组织、国际非政府组织等。促进义务承担者履行责任，有司法和非司法的手段，后者包括类似于司法的、政治、行政和公民、社会的制度。世界各国有不同的机制，应保证这些机制的可用性、透明性和有效性。

### （二）可持续生计框架下权利和发展的联系

生计的概念现在被广泛地用在当今关于贫困和农村发展的论述当中，但在不同的语境下，这个术语的内涵和外延是不同的。目前广泛被引用和运用的生计概念是 Chambers 和 Conway（1992）的生计定义。在他们的生计定义中将资产划分为两个部分：有形资产（储备物和资源）和无形资产（要求权和可获得权）两类。在有形资产中，储备物包括食物储备、有价物品的收藏（黄金和珠宝等）以及存款，而资源包括土地、水、树木、牲畜和生产工具等。在无形资产中，要求权的含义是能够带来物质、道德和其他实际支持的要求和呼吁；而可获得权表述为实践中的机会，包括使用资源、储备物的机会和利用服务的机会，此外还包括获得信息、物质、技术、就业、食物和收入的机会。在一般情况下，我们通常用五大资本或六大资本来表示生计资产，即自然资本、物质资本、金融资本、人力资本、社会资本和政治资本。

（1）自然资本（natural capital）：自然资本是指人们所赖以生存和发展的自然资源，分为静态的储备和动态的流量，具体包括生物多样性和可直接利用的资源（如土地、树木等）以及生态服务。农民的生计对自然资源的依赖性普遍很强，一个地方自然资源的禀赋程度和状况决定了当地人们所面临的风险和不确定性。自然资本较缺乏的地方往往容易受到干旱、洪水等自然灾害的影响。

（2）物质资本（physical capital）：物质资本包括维持生计所需要的基础设施以及生产工具。基础设施建设意味着自然环境的改造，即自然和其他类型的资本转化成物质资本，以用于维持生计和提高生产力。物质资本的意义在于提高贫困人口的生产力。

（3）金融资本（financial capital）：金融资本指的是消费和生产所需要的、能够起到交换作用的资金储备或其他流动资产。其中主要指的是资金，但其他实物在某些情况下也能起到资金的积累和交换作用，例如养牲畜往往是农牧民存钱的办法，当农民急需要用现金的时候，如果没有其他的现金收入来源，就可能把非生产性的牲畜拿去卖。

（4）人力资本（human capital）：人力资本包括知识、技能、劳动能力和健康状况。基于这些人力资本，人们能够通过追求不同的生计策略，实现有利的生计结果。在家庭层面上，人力资本取决于劳动力的数量和质量，因此，各家的人力资本又因家庭的大小、能力、健康状况和户主的领导能力等相异。人力资本的重大意义在于它能操纵其他形式的资本。因此，从可持续性生计的角度来看，拥有人力资本是一个必要但不充分的条件。

（5）社会资本（social capital）：社会资本指的是人们为了追求生计目标所利用的社会资源，如社会关系网和社会组织（亲朋好友和家族等），包括垂直的（与上级或者领导的关系）和水平的（与具有共同利益的人）的社会联系。社会资本的作用是增强人们的相互信任和相互之间合作的能力，并使其他机构对他们的需求给予更及时的反应。

（6）政治资本（political capital）：指人们通过参与（参与的方式包括派出正式代表、形成有关组织或利益集团、通过代言人游说等正式和非正式的方式）政治过程获取公共资源（有利的政策、有利的财政分配、有利的项目）的能力。在政府影响比较大的治理框架下，获取公共资源的支持非常重要，政治资本的作用就很大。

生计资本的形成包括不同资产的组合、资产的获得以及资产使用的机会等。权利之所以对于生计资本的形成十分重要，是因为人们的资源只有通过投资建设、投入运用、价值实现、权利维护等途径才能成为发展的资本。对中国农民来说，决定生计资本形成的最重要的具体化的权利包括自然资源的使用权、公平的城乡关系、获得教育等基本的公共服务、参与公共政策的制定和公共资源的分配等。

英国国际发展部的可持续生计框架为分析权利和发展之间关系提供了一个很好的工具：权利的拥有与实现程度决定了人们拥有资本的状况，而资本的拥有情况则决定了其生计策略的特点。在一定的政策和制度的安排下，生计策略会促进生计的发展，人们的资本拥有程度就会上升，这样又能更好地去拥有和实现权利。由此可见，权利和发展通过生计/资本过程被联结成一个封闭的循环，这种循环是螺旋上升的。

图 11-5 是一个经过调整的生计框架，其中权利体系是政策与制度体制中

的一个重要部分，权利体系包括权利的确认、权利的实施和权利的实现三个部分。此三部分可以提高人们的生计资本，从而增强人们抵御脆弱性风险、选择更有利的生计策略的能力。同时，随着人们生计资本的加强（发展水平的提高），人们的权利意识、实践和维护自己权利的能力也会得到提高。

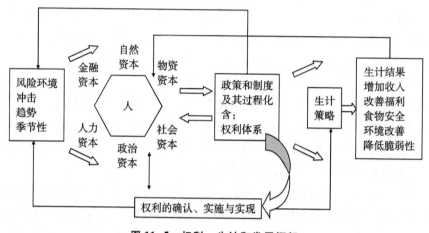

图 11-5　权利、生计和发展框架

资料来源：左停等（2004）。

# 第三节　以权利为基础的发展实践

## 一　国际层面的实践

联合国是推动以权利为基础的发展实践的主要力量，例如，联合国秘书长在多次公开讲话中声明，将"人权"纳入整个联合国的工作中；联合国人权和发展主要机构也将以权利为基础的方法应用于发展项目中；联合国开发计划署公布了一份关于如何将人权应用于发展工作的纲要；联合国卫生组织发行了一份便于操作的手册，题为《25 个关于健康和人权的问题和答案》；联合国儿童基金会、联合国妇女发展基金（UNIFEM）、联合国人权委员会（UNHCR）、粮食计划署和其他联合国机构通过几次集会认为，以权利为基础的发展实践是最有效的；同时，许多双边机构，例如加拿大国际发展署（CI-DA）、瑞典国际开发署（SIDA）、英国国际发展部、丹麦国际开发署（DANI-DA）等在实践中优先采用以权利为基础的发展方法，并获得了成效；国际非政府组织，例如牛津饥荒救济委员会等，也在实际工作中采用了以权利为基础的发展方法。

以权利为基础的发展方法在应用中有过许多成功的案例，秘鲁案例就是其中之一。在秘鲁，长期以来对人权问题最富挑战力的是对安地（Andean）高地本土居民的歧视问题。传统发展方法将注意力主要放在降低当地居民居高不下的生育死亡率上，原因是该地区妇女生育死亡率是国家平均水平的3倍。多年以来，发展机构认为这一问题纯粹是由卫生保健的不足所造成的，因而试图通过促使政府加大医疗卫生投入，并对当地妇女进行现代医疗的宣传来解决问题。但从多年的实效来看，尽管许多努力的初衷很好，但成效甚微。

基于上述教训之上，以权利为基础的发展方法采用综合的方法，考虑了多方面的因素，例如，卫生、教育、本土的文化权利、广大妇女状况以及排外性等，并在项目的实施中采取了改革性的方式。首先，联合国儿童基金会和地方项目参与者通过对当地妇女和医务人员的集中咨询，对当地的问题进行因果分析。通过分析，他们认为导致当地妇女生育死亡率高的主要原因是严重的性别不平等，当地的社会、文化因素阻碍了妇女就医，医疗机构在文化上也排斥这些妇女。换言之，当地妇女在人权上未得到应有的尊重，在传统观念和习俗的影响下，医务人员也缺乏对这些妇女的理解。因此，在缺乏卫生保证条件的家中进行生育自然会导致高死亡率。在弄清上述状况之后，联合国儿童基金会和地方非政府组织及医务人员采取了相应的行动，例如，与妇女会面并征询她们的需求和意见；同时，与作为义务责任者的当地政府和地方医务官员碰面，在尊重当地妇女和文化习俗的基础上设计了卫生保健生育机制。

在上述案例中，通过以权利为基础的发展途径，项目达到了双重目标：一方面，帮助权利拥有者了解医疗保健是一项权利，增强她们的权利意识，并帮助他们制定了坚持和要求这项权利的方法；另一方面，提高了义务责任者履行责任的能力。该项目通过促进医务专家和传统接生人员的合作，逐渐形成合适的方式以提供文化上可以接受的生育服务、妇女教育服务和社区教育服务。其中建立医务人员与传统接生人员之间的联系是项目成功的关键，这就要求政府改变培训的方式、调整卫生保健的预算，并及时评估当地的妇女群体是否进一步实现了健康权。总而言之，该项目采用参与式方法，分析了当地问题发生的本质原因，并通过交叉部门的合作，在能力建设的基础上，实行了改革性的方法，提高了卫生保健设施的利用率，从而大大降低了生育的死亡率。

## 二　中国农村发展中的农民权利维护*

### （一）发展中的人权维护概况

改革开放以来，中国在维护人权方面的工作取得了显著的成绩，尤其是最近十几年，中国政府的一系列动作更加快了中国人权事业的进步。1997 年后，中国共产党的十五大与十六大两次相继提出"尊重和保障人权"，这表明，人权越来越受到党的重视。2001 年 11 月 1 日，国务院新闻办公室发表的《中国的人权状况》白皮书是中国共产党与政府在人权观念与人权实践上发生根本性转变的主要标志，该白皮书指出，享有充分的人权，是长期以来人类追求的理想，生存权与发展权是中国人民的首要人权。2004 年 3 月 14 日，"国家尊重和保障人权"终被写入宪法，这是我国人权发展史上一个重要的里程碑，不仅标志人权意识新的发展阶段的到来，也表明中国当代人权法治化的大幕已经徐徐拉开，人权的制度化时代已经来临。① 2009 年 4 月 13 日，国务院新闻办公室发布《国家人权行动计划（2009—2010 年）》，这是中国第一次制定的以人权为主题的国家规划，行动计划明确了未来两年中国政府在促进和保护人权方面的工作目标和具体措施。2011 年 7 月 14 日国务院新闻办公室公布了《〈国家人权行动计划（2009—2010 年）〉评估报告》。全面回顾了中国政府在 2009～2010 年间在维护人权方面所做的努力，真实客观地评估了《国家人权行动计划（2009—2010 年）》在这两年内的执行情况，并对接下来的人权行动进行了展望。中国的人权维护事业进入一个循序渐进的良性循环之中。

---

\*　以下部分根据左停等《农村发展中的农民权益维护——当前中国农民公民和社会经济权益的若干问题研究》整理，《中国农业大学学报》（社会科学版）2005 年第 1 期。

①　陈佑民：《中国人权意识三十年发展回顾》，《广州大学学报》2008 年第 7 期。

中国政府将人民的生命健康和基本人权放在首位，以对人民负责、为人民服务、受人民监督的态度，提出了"执政为民"和"权为民所用、情为民所系、利为民所谋"的执政思想，形成了以人为本、促进社会和人的全面发展的科学发展观，确立了确保宪法实施、建立法治政府、建设政治文明的治国理念，并在实践中采取了一系列具有鲜明时代特点的、尊重和保障人权的措施，在了解民情、反映民意、减轻民负上做了大量工作，使人权状况得到了明显改善，赢得了国际社会的普遍好评。

新中国人权事业的进步主要表现在以下五个方面（国务院新闻办公室，2002）。

（1）生存权、发展权和经济、社会、文化权利的巨大改善。改革开放以来，中国政府始终把解决人民的生存权和发展权问题放在首位，坚持以经济建设为中心，大力发展社会生产力，使经济和社会发展突飞猛进，综合国力显著增强，人民生活水平大幅度提高，实现了从贫困到温饱、从温饱到小康的两次历史性跨越。

（2）公民权利和政治权利得到有效保障。新中国成立以来，中国的法制建设取得重大进展，人民的公民权利和政治权利依法得到维护和保障。中国宪法明确规定："中华人民共和国的一切权力属于人民。"全国人民代表大会和地方各级人民代表大会作为人民行使国家权力的机关，由人民民主选举产生，对人民负责，受人民监督。在中国，除依法被剥夺政治权利的人以外，凡年满18周岁的公民，不分民族、种族、性别、职业、家庭出身、宗教信仰、教育程度、财产状况和居住期限，都有选举权和被选举权。宪法明确规定，公民有言论、出版、集会、结社、游行、示威和宗教信仰的自由；公民的人身自由、人格尊严和住宅不受侵犯；公民的通信自由和通信秘密受法律保护。近年来，为严格执法，加强在司法各个环节中对人权的保护，人民法院深入开展审判方式改革，全面推进依法公开审判，强化对审判的社会和舆论监督，确保司法公正。

（3）妇女、儿童权利的保护。妇女的健康状况大大改善。据统计，新中国成立初期，卫生水平落后，旧法接生相当普遍，孕产妇死亡率高达1500/10万，到2008年，全国孕产妇死亡率降至34.2/10万；妇女的预期寿命已由1949年的36岁提高到2008的75.25岁，比男性高3.3岁。中国还采取切实措施，发展儿童卫生保健事业，保障儿童的生命健康。中国5岁以下儿童死亡率由2000年的39.7‰下降到2005年的22.5‰，2006年和2007年则进一步下降到20.6‰和18.1‰。这一指标不仅远低于2004年发展中国家的平均水平（87‰），也低于2004年东亚和太平洋地区的平均水平（36‰）（摘自《中国人类发展报告2007/08：惠及13亿人的基本公共服务》）。儿童接受早期教育的水平也迅速提高，1990年，全国3～6岁幼儿入园率为32%，到2010年底，学前教育毛入园率达到56.6%（数据摘自《2010年全国教育事业发展统计公报》）。

（4）少数民族的平等权利和特殊保护。新中国成立后，少数民族人民同汉族人民一样成为国家的主人，平等地享有宪法和法律赋予的全部公民权利，同时还依法享有少数民族特有的权利。①各少数民族平等参与管理国家的权利得到充分保障。在历届全国人大和全国政协中，少数民族代表和委员所占的比例均超过了少数民族在全国人口中所占的比例。在第十一届全国人民代表大会中少数民族代表411名占代表总数的13.76%，在第十一届全国人大常委中少数民族委员25人占委员总数的15.5%，均大大超过少数民族占全国人口8.49%的比例；55个少数民族都有自己的代表和委员。目前，全国共有少数民族干部290多万人，在中央和地方的国家权力机关、行政机关、审判机关、检察机关中都有相当数量的少数民族工作人员。②中国在少数民族聚居地区实行民族区域自治制度。根据法律规定，各民族自治地方的人民代表大会常务委员会由实行区域自治的民族的公民担任主任或副主任，各自治区主席、自治州州长、自治县县长由实行区域自治的民族的公民担任。自治区、自治州、自治县的人民政府的其他组成人员，也都要尽量配备实行区域自治的民族和其他少数民族的人员。自治地方的人民代表大会有权依照当地民族的政治、经济和文化特点，制定自治条例和单行条例。截止到2004年底，民族自治地方共制定自治条例133个，单行条例418个。民族区域自治地方依法有权在报经上级国家机关批准后，变通执行、停止执行不适合民族自治地方实际情况的上级国家机关的决议、决定、命令和指示。民族区域自治地方还依法享有经济自主权、财政自主权、自主发展教育科技文化的权利和使用、发展民族语言文字的权利。③少数民族的优秀传统文化受到保护。中国法律规定，各民族都有使用和发展自己语言文字的自由。民族自治地方的自治机关在执行职务的时候，使用当地通用的一种或几种文字；同时使用几种通用的语言文字执行职务的，可以以实行区域自治的民族的语言文字为主。

（5）中国十分重视人权知识的普及和教育。近年来，中国国务院新闻办公室先后发表了《中国的人权状况》、《西藏的主权归属与人权状况》、《中国改造罪犯的状况》、《中国妇女的状况》等文件来介绍中国的人权现状。除此之外，国家还通过多种形式的人权教育和传播普及人权知识。首先国家有重点地展开了针对公职人员的人权教育培训。国务院新闻办公室先后举办了多期人权知识培训班，对各级党政干部和司法系统干部等进行人权知识培训，中央党校和各级党校也普遍把人权纳入教学内容，对各级领导进行人权知识教育。其次，中国把人权的宣传教育与国家的法制建设密切结合起来。在《妇女权益保障法》、《未成年人保护法》、《残疾人保障法》、《劳动法》、《行政诉讼法》、《国家赔偿法》等法律颁布实施时，都开展了以增强公民的权利意识和法制观念为核心的宣传教育活动。再者，国家还通过学校教育普及人权知识，在九年义务教育中增加了法律和人权方面的教学内容，高中阶段的《思想政治》等课程中，介绍了宪法规定的公民权利和义务及国际人权公约的有关内容，高等院校则深入开展人权理论研究与教育。最后，国家也积极展开面向大众的人权教育与宣传。中国人权研究会等人权机构编写了《中国人权在行动》、《中国人权建设60年》等书籍。《人权》杂志、中国人权网等媒体也积极促进人权知识的普及。通过这些年的教育和传播，中国公民的人权意识和维权能力都有了明显的提高（根据国务院新闻办公室《〈国家人权行动计划（2009—2010年）〉评估报告》整理）。

中国还是一个发展中国家，受自然、历史和经济发展水平的影响和制约，国家的法制建设、社会的文明程度和人民的生活水平都还需要进一步改善。第一，实现充分的人权是中国跨世纪发展的基本目标。依法治国方略的实施和建设法治国家的目标的实现，对于从法律和制度上保障人权，推进中国人权的跨世纪发展，具有重大的实质性意义。第二，改革开放以来，中国找到了一条适合自己国情的促进和发展人权的道路，这就是：将生存权、发展权放在首位，在改革、发展、稳定的条件下，全面推进人权。这条道路的特点是：在发展人权的基本方向上，坚持发展生产力和共同富裕的原则，立足于改善全国人民的生活和促进全国人民人权的发展；在促进人权的轻重缓急上，强调生存权、发展权的首要地位，同时兼顾公民的政治、经济、社会、文化权利和个人、集体权利的全面发展；在促进和保障人权的方式方法上，强调稳定是前提，发展是关键，改革是动力，法治是保障。20多年来，由于中国坚持了这条正确的发展道路，不仅使全国人民的生活状况和精神风貌大为改观，而且形成了一整套比较完备的保障人民权利的政治制度和法律体系，从而使人权建设在制度化、法律化的轨道上取得了长足的进展，人权状况呈现出不断改善的良好态势。实践证明，建设中国特色社会主义是一条符合中国人民根本利益的发展道路，也是一条促进中国人权的行之有效的必由之路。

**（二）中国农村发展中的农民权利维护**

中国政府历来关注农民权益的保护，到目前为止中国已经签署并且批准了《经济、社会和文化权利国际公约》，签署了并正在考虑批准《公民权利和政治权利国际公约》；在 2004 年修订的宪法中明确指出"国家尊重和保障人权"；在 2003 年生效的新的《农业法》中又增加了有关保护农民权益的内容，这些都凸显了农民权益问题的重要性。中国近期在农民权益方面发展较快的领域包括村民委员会的选举、对重大项目（如扶贫项目）的决策参与、公共信息的获得、择业自由、土地等财产长期使用权的保障、基本生活条件（基础设施和基本服务）的获得、农村社会保障的获得（特困人口的最低生活保障、贫困人口的医疗救助）等。以下将从农民的受教育权利、医疗和健康服务以及就业权利等六个方面分别对中国近年来农村发展领域内在维护农民权利方面所取得的成就和存在的问题进行论述。

1. 维护农民权利的实践和成就

（1）对教育权利的维护。自新中国成立以来，农村教育就被作为现代化的一环和实施强国战略的手段受到高度的重视，从毛泽东时代"培养有社会主义觉悟的、有文化的劳动者"，到邓小平时代的"三个面向"和"四有新人"的指向，都始终遵循这一逻辑。"两基"目标的实现（即基本实现"义务教育"和基本扫除文盲）在我国一直备受重视。

2003 年 9 月 19 日，新中国成立以来第一次由国务院召开专门研究部署农村教育工作的全国农村教育工作会议在北京召开，国务院总理温家宝在会上发表重要讲话，指出要以"三个代表"重要思想和党的十六大精神为指导，切实加强农村教育工作。要充分认识农村教育在全面建设小康社会中的基础性、先导性、全局性作用，充分认识农村义务教育在整个国民教育体系中举足轻重的地位。2005 年底，国务院颁发了《关于深化农村义务教育经费保障机制改革的通知》，通知中明确规定，要在两到三年内全部免除农村义务教育阶段学生的学杂费，对贫困家庭学生免费提供教科书并补助寄宿生生活费；

要逐步将农村义务教育全面纳入公共财政保障范围，建立中央和地方分项目，按比例分担农村义务教育经费的保障机制。中国义务教育真正从"人民办"走向了"政府办"的历史转折。2006年6月29日，全国人大常委会正式审议通过了新义务教育法，修订后的义务教育法，更加注重义务教育机制的均衡发展，更加注重对农村地区义务教育的投入。新义务教育法的出台以法律的形式为义务教育经费保障机制改革保驾护航。同时，中宣部、教育部、团中央和全国学联组织开展的大中专学生科技、卫生、文化"三下乡"的社会实践活动，有利于提高农民的教育科学文化素质。

（2）对医疗和健康服务权利的维护。2002年，全国农村卫生会议召开，颁布了《中共中央、国务院关于进一步加强农村卫生工作的决定》；党的十六大精神也强调了要加强农村卫生建设，深化农村卫生改革，体现出党中央、国务院对这一问题开始高度重视。2003年，国务院办公厅转发了《关于建立新型农村合作医疗制度的意见》，新型农村合作医疗试点工作在全国陆续展开。2006年，卫生部、民政部、财政部联合颁布了《关于加快推进新型农村合作医疗试点工作的通知》，调整了相关政策，加大了投入力度，进一步加快了新农合推进的速度。新型农村合作医疗制度是一种由政府组织、引导和支持，农民自愿参加，个人、集体和政府多方筹资，以大病统筹为主的农民医疗互助共济制度。它与过去的合作医疗制度显著不同的是，政府承担了合作医疗基金中2/3的出资比例，农民获保障的层次更高，对农村贫困人口的医疗救助意义重大。

全国各地也广泛开展了新型农村合作医疗试点工作。截至2009年底，全国开展新农合的县（市、区）达到2716个，参加新农合人口8.33亿，参合率达94%，[①] 同时国家对新农合医保补助标准也由最初的每人每年20元提高到2011年的200元，极大地改变了农民因病致贫、因病返贫的状况。

（3）对就业权利的维护。2003年农民的就业务工问题成为焦点。温家宝总理亲自为农民工追讨工资，反映了国家对这一问题的特别关注和攻克决心。年初，引人注目的国务院办公厅"一号文件"也提出，要取消对农民进城务工的就业限制和歧视，并且提出了更加积极的鼓励性政策措施。国务院发布《关于做好农民进城务工就业管理和服务工作的通知》，要求各地区改变观念，

---

① 摘自廖朝明《新农合审计——为了医疗普惠的承诺》，审计署网站，2011年6月8日。

彻底取消对农民进城务工就业的不合理限制，切实解决拖欠和克扣农民工工资问题，改善农民工的生产生活条件，做好农民工培训工作，多渠道安排农民工子女就学等。2006 年 3 月，国务院发布了《关于解决农民工问题的若干意见》，对国家统筹城乡发展，保障农民工合法权益，改善农民工就业环境，引导农村富余劳动力合理有序转移提出了若干意见。该《意见》重申了解决农民工问题的重要性，提出了做好农民工工作的指导思想和基本原则，指出院国家在接下来一个时期内所需重点解决的农民工问题。该《意见》的出台进一步提高了各级政府对农民工问题的重视程度。2007 年 6 月 29 日，中华人民共和国第十届全国人民代表大会常务委员会第二十八次会议正式通过了《中华人民共和国劳动合同法》，2008 年 1 月 1 日起实行。《劳动合同法》的出台，对用工单位不与劳动者签订劳动合同的现象进行了更加严厉的惩罚，还有效地遏制了以前因无劳动合同而引起的拖欠农民工工资，损害农民工权益的现象。同年 8 月 30 日，《中华人民共和国就业促进法》由中华人民共和国第十届全国人民代表大会常务委员会第二十九次会议正式通过。2008 年 1 月 1 日起实行。该法明确规定进城务工农民工享有与城镇劳动者平等的劳动权，不得对进城就业的农民工设置歧视性的限制。《就业促进法》的出台，将农民工的平等劳动权以法律的形式确定下来，为对歧视农民工行为进行惩罚提供了法律依据。虽然这两部法律并不是完全针对农民工问题而出台的，但是其中的一些法律规定有效地保护了农民工的合法权益，改善了农民工的就业环境，为解决农民工问题提供了法律依据。

在实践中全国各地取得了显著的成效。黑龙江、新疆、陕西、山东等地相应出台了新的农民工管理办法，以解决拖欠农民工工资问题。为了更好地保护农民工的权益，中华全国总工会于 2003 年 8 月 21 日明确表示：所有离开家乡进城务工的中国农民均可以加入其在务工地的分支机构，成为工会会员。天津市有 20 万农民工加入了工会，有力地维护了自身的合法权益。重庆市安排了近 400 万专项资金，2003 年一年就帮助了近 2 万农民坐上转岗培训就业"直通车"。广西出台了《2003～2010 年全区农民工培训规划》，拟将培训 1000 万农民工。此外，南京等 11 个城市职业介绍所，为农民工求职提供免费职业推介，免收进场费、求职登记费等中介费用，同时降低农民工进场求职的门槛——凭《身份证》或《外出务工就业登记卡》任一有效证件，即可入场求职，享受同等的"市民待遇"，这些经验都值得在全国范围内推广。

（4）对土地财产权利的维护。2003年，修订后的《农村土地承包法》开始实施，农民的土地承包经营权正在向规范化、法制化的道路迈进。同时，配套法规建设也有了进一步的发展，《农村土地承包经营权证管理办法》紧跟重要法律的需要应运而生，符合实践的需求。此外，与农民息息相关的《农业法》中，"农民权益保护"和农业"执法监督"首次作为专章写入，体现出中国农村立法在人权层面的一大飞跃。《农村土地承包法》把党的农村土地政策明确为对土地承包经营权的保护，并具体化为国家依法保护农民的土地承包权利、流转权利、收益权利和获取补偿权利等，通过对承包方式、双方权利义务、承包原则和程序、承包经营权的流转、争议解决和法律责任等内容的规定，使农村土地承包政策有了法律保障，体现了稳定、规范、维权、发展四个重点。尤为值得关注的是，《农村土地承包法》首次将承包经营权界定为物权，这使得承包权的长期化、固定化有了明确的法律依据，从法律上保障了农民的土地权益，是实现真正意义上农民自愿自主的土地流动的必要条件。

2009年3月15日，第十届全国人民代表大会第五次会议正式通过了《中华人民共和国物权法》。作为新中国成立后第一部详尽规定如何保护私有财产的法律[1]，《物权法》以专章的形式规定了农村土地承包经营权、建设用地使用权和宅基地使用权，并将它们物权化。可以说《物权法》对中国土地权利制度作了完整的反映[2]，它界定了农村土地的性质和权益，对农村土地承包经营权的权能完整和农民利益的保护都有重大意义[3]。2008年10月12日，中国共产党十七届三中全会正式通过了《中共中央关于推进农村改革发展若干重大问题的决定》。该决定明确提出要赋予农民更加充分而有保障的土地承包经营权，允许农民以转包、出租、互换、转让、股份合作等形式流转土地承包经营权，发展多种形式的适度规模经营。[4] 并指出要按照产权明晰、用途管制，节约、集约、严格管理的原则，进一步完善农村土地管理制度。该《决

① 邢勤锋：《论〈物权法〉对农民权利保护的加强——基于加强农民权利保护的重要性的视角》，《绵阳师范学院学报》2009年第9期。
② 胡杰：《〈物权法〉实施对国土资源管理部门的影响》，《中国矿业》2007年第11期。
③ 邢勤锋：《论〈物权法〉对农民权利保护的加强——基于加强农民权利保护的重要性的视角》，《绵阳师范学院学报》2009年第9期。
④ 刘傅海：《赞"新土改"》，《源流》2009年第1期。

定》是农村改革里程碑式的文件，不仅保护了农民的利益，也改善了农村土地资源的配置。①

（5）对政治权利的维护。村民自治是中国现阶段农民直接行使权利，依法自我管理的形式，是农民权利实现的核心。自 1978 年改革以来，随着人民公社的解体和家庭承包责任制的推行，村民委员会应运而生，村民自治也逐步得以实行。1982 年 12 月通过的新宪法，正式确立了村民委员会作为农村基层群众性自治组织的法律地位。1998 年，全国人大常委会修订并正式通过了《中华人民共和国村民委员会组织法》，对村民自治的规则和程序规定得更为具体和明确。10 多年来，中国内地的各省、自治区和直辖市内，总共组建了92.8 万个村民委员会。

最近几年，中国对农民政治权利的维护主要体现在以下三个方面。①利益表达机制方面。长期以来，在各级人大代表的选举上，中国实行的是"四个农民等于一个市民"的"四分之一比例条款"（有一段时期，甚至是"八个农民等于一个市民"）。这种权利上的高度不平等，直接造成了在国家的资源分配和政治生活中农民的弱势地位。中国拥有庞大的农村人口，但在各级人大代表中农民人大代表的人数却极为稀少，尤其是农民工代表的缺失。2003 年中国在农民利益表达上取得了突破性的进展，已经进城转变为产业工人的农民工允许组建和加入工会组织，工会组织可以代表农民工表达自己的合法权益要求。2008 年，三亿农民工终于拥有了一位他们自己的全国人大代表——在广东佛山打工的四川籍打工妹胡小燕。2009 年全国人大常委会开始着手《选举法》的修正，并制定了《选举法（修正案）》草案。2010 年 3 月15 日，十一届全国人大三次会议正式通过了该草案，正式删除了农民在选举权上的"四分之一条款"，终于实现了城乡按相同比例选举人大代表。②参与公共事务方面。1998 年 4 月，中共中央办公厅、国务院办公厅发布了《关于在农村普遍实行村务公开和民主管理制度的通知》，详细规定了村务公开的内容、方法、方式、时间等细节，借此保证农民对公共事务的知情权，让村民真正参与公共事务。尽管还存在许多问题，但这是维护农民权利的重要体现。③选举权方面。1998 年 11 月 4 日颁布了《中华人民共和国村民委员会组织法》以法律的形式保证村民的选举权。2010 年 10 月 28 日，中华人民共和国

---

① 刘傅海：《赞"新土改"》，《源流》2009 年第 1 期。

第十一届全国人民代表大会常务委员会第十七次会议正式通过了对该法的修订。修订后的村委会组织法着眼于规范程序，完善制度，从村民委员会成员的选举和罢免程序、民主议事制度、民主管理和民主监督制度等方面进行了进一步细化完善，进一步保障了村民的自治。

（6）农民的社会保障权利的维护。随着农村经济的发展，为了保证改革的顺利进行，发挥社会保障"调节器"和"稳定器"的作用，中国对在计划经济体制下形成的保障体系进行了一系列的改革，并取得了令人鼓舞的成绩。到 1994 年全国建立农村社会保障网络的乡镇达 14854 个，比 1991 年的 13322 个增加 1532 个，增长 11.5%；社会保障基金会 195276 个，比 1991 年 186631 个增加 8645 个，增长 4.6%；社会保障基金会积累资金额 28.1 亿元，比 1991 年的 16.7 亿元增加 11.4 亿元，增长 68.3%。其中农村社会养老保险从 1991 年试点，到 1994 年，有 27 个省、市、自治区的 1100 多个市县开办，共有 5000 多万农民（包括乡镇企业职工）参加了保险。农村集体开办的敬老院到 1994 年末收养人数达 345406 人，比 1985 年的 261669 人增加 83737 人，增长 32%。得到国家定期定量救济和集体给予补足的散居五保户人数占散居五保户人数的比重由 1985 年的 80% 提高到 1994 年的 93%。然而由于多种原因，农村社会养老保险在 1998 年以后进入衰退阶段。全国除经济发达地区的少数大中城市郊区或少量乡村集体经济实力较强的地区农村社会养老制度仍正常运行外，大部分地区农村社会养老保险均出现了参保人数下降、基金运行难度加大等困难，部分地区甚至处于停滞状态。[①] 统计数据表明，自 1999 年开始，农村社会养老保险的参加人数由 1999 年的 8000 万人锐减到 2007 年的 5171 万人。面对农村养老保险的困境，党和国家展开了积极的探索，2002 年，中共十六大提出"在有条件的地区探索建立农村养老、医疗保险和最低生活保障制度"。据《2008 年全国社会保险情况》显示，截至 2008 年，全国已经有 464 个县开展了由地方财政支持的新型农村养老保险试点，参保农民达到 1168 万人。为了进一步确保农村居民基本生活，推动农村减贫和逐步缩小城乡差距，2009 年 9 月，国务院颁布了《关于开展新型农村社会养老保险试点的指导意见》，着手对农村社会养老保险进行改革，新型农村社会养老保险制度采取社会统筹与个人账户相结合的基本模式和个人缴费、集体缴费、

---

① 杨立雄：《新型农村养老保险制度及其改革思路》，《重庆社会科学》2009 年第 12 期。

政府补贴相结合的筹资方式。年满 16 周岁、不是在校学生、未参加城镇职工基本养老保险的农村居民均可参加新型农村社会养老保险。年满 60 周岁、符合相关条件的参保农民可领取基本养老金。新农保制度将农民纳入到我国社会保障体系范围之内，给农民养老以制度化的保障，使得农民"老有所养"，增强了农民的安全感，一定程度上缓解了农村"老无所养"的问题，维护了农民享受社会保障的权力。以村级合作医疗为重点的医疗保险取得了突破性的进展。农村扶贫取得了举世瞩目的成就。

2. 中国农民权利中存在的问题

（1）教育权利。全国每年为数不多的教育经费大多用在城市，农村还有相当部分的教育经费需自筹。无论学校的数量还是质量，农村都远不及城市。拥有人口 70% 的农村，却只有 10% 的学校；农村学龄儿童的入学率只有80%，而城镇则达到 99%；农业劳动者中的文盲占全国文盲总数的 94%。中国农村教育在初步实现普及教育目标后，面临着一系列由新体制、新政策和新的农村经济环境所带来的挑战：财政体制改革改变了中央和地方政府的财政收支结构，农村税费改革以及农村经济和农民收入增长减缓等，这些因素都影响了农村教育经费的投入，从而延缓了农村教育的发展。

（2）医疗和健康服务的权利。中国农村卫生投入不足是制约农民充分享有医疗服务权利的根本原因。从卫生部的《中国卫生统计年鉴》看，不难发现，政府的卫生投入支出比重由 1980 年的 36.2% 下降到 2000 年的最低点15.5%，然后又逐渐上升到 2009 年的 27.5%，而个人卫生支出却在不断加大，1980 年的个人卫生支出仅占卫生总投入的 21.2%，而到 2001 年却高达60%，之后随着国家一系列政策的出台，个人支出又逐渐下降，降到 2009 年的 37.5%，但这仍比 1980 年时高出 16.3%。而在农村地区，国家卫生投入减少的情况更加严重。农村卫生总费用中政府投入的比例在逐年下降，由 1991年的 12.54% 下降到 2002 年的 6.23%，而农村个人卫生支出比重由 1991 年的80.73% 上升到 2002 年的 89.11%，而同期农村卫生费用占卫生总费用的比例一直低于 40%。可见占中国总人数 70% 的农村人口享受到的公共财政少之又少，绝大部分医疗费用要自己承担（白贵、周婷婷，2010）。

中国农村卫生投入不足的直接后果就是农村医疗体系非常薄弱，农村公共卫生和预防保健服务难以保证，这主要表现在两个方面。①农村医疗卫生基础设施差，医疗条件简陋，没有完整的高质量的县、乡、村分级服务网络，

"农民生病无处求医"的问题比较突出，而这一点在贫困地区表现尤为严重。②农村合格的医疗人员严重缺乏，"农民生病无医可求"的问题也同样十分严重。此外，安全饮用水的供给系统、免疫等公共卫生服务体系等在我国农村地区都非常薄弱，地方病、传染病的防治也基本处于空白状态，农村地区部分疾病的感染率远高于城市，如乙肝、结核病、艾滋病、血吸虫病等严重危害了农民的身体健康。

（3）就业的权利。目前，在中国某些城市仍然存在"职业保留法"，即对于某些行业和工种限制使用外来人员。这种现象最先出现在上海，后来扩散到其他地方，即使在开放程度比较高的广州、深圳和北京也不例外。以北京市为例，其限制外地人员从业的行业、工种与上海市基本相同，仅有 12 个行业的 200 个工种对外来人员开放。2000 年初，北京市又增加限制使用外地务工人员的行业和职业：限制行业由过去的 5 个增加到 8 个，限制职业由过去的 34 个增加到 103 个。2000 年 3 月，广州市劳动和社会保障局发布了《关于报送 2000 年异地招工计划的通知》，其中第三条明确规定，禁止使用外来劳动力的行业和工种包括：①党政机关、事业单位、社会团体工勤人员；②金融、保险业初级文员、业务及勤工人员；③商场、百货业初级管理人员、营业员、送货员、仓管员、记账员、收银员；④各类企业的初级职员、秘书、会计、出纳、财务人员、计算机文字录入处理员、打字员、统计员、各类中介业务员；⑤各类售票员、检票员、话务员；⑥信息咨询服务业、各类推销员、导游、车场调度、电梯工、低压电工、无线电安装工、检验工、计量工、调试工、中级以下车工、钳工、抄表工、描绘图工、文印工（包括打字、复印、电传、电报、电话）、物业管理员、无线电业务寻呼员。

农民在择业上普遍受到限制，大多数农民工从事着最苦、最累、最脏、最险及城市人最不愿意干的"五最"行业。此外，农村流动人口在城务工需要办理就业（务工）证和上岗培训证，这也在一定程度上限制了农民的就业权利。使农民工就业状况进一步恶化的还包括工资的拖欠和克扣、随意遭到罚款、工伤事故得不到有效补偿、居住环境恶劣、工作时间过长等。

（4）土地财产权。土地财产权是中国农民的一项基本权利，长期以来，中国都实行最严格的耕地保护政策。然而，农民该项权利受到侵犯的案例仍然不胜枚举，大量的失地农民正在成为"无地、无业、无保障"的"三无"人员。实践中，农民土地财产权受到侵犯的表现主要包括以下几种方式。

①干涉承包方依法享有的生产经营自主权。例如，干涉农民自主安排的生产经营项目，强迫农民购买指定的生产资料或按指定的渠道销售农产品。②违法收回农户的承包地。例如，强行收回外出务工就业农民的承包地，收回承包地抵顶欠款，违法收回进入小城镇落户农民的承包地，以划分"口粮田"和"责任田"等为由收回承包地搞招标承包，用收回农民承包地的办法搞劳动力转移等。③违法调整农户承包地。例如，承包期内用行政命令的办法硬性规定在全村范围内几年重新调整一次承包地，借颁发农村土地承包经营权证书之机重新承包土地等。④未落实二轮承包政策。例如，对适合实行家庭承包的耕地，第一轮耕地承包合同到期后，不执行延长土地承包期 30 年政策、不与农户签订土地承包合同、不发放农村土地承包经营权证书、超额预留机动地等。⑤利用职权变更、解除土地承包合同。例如，因承办人或负责人的变动而变更或解除承包合同，因集体经济组织分立或者合并而变更或解除承包合同等。⑥强迫承包方流转土地承包经营权。例如，强制收回农民承包地搞土地流转，乡镇政府或村级组织出面租赁农户的承包地再进行转租或发包，假借少数服从多数强迫承包方放弃或者变更土地承包经营权而进行土地承包经营权流转等。⑦阻碍承包方依法流转土地承包经营权。例如，对承包方合法流转土地承包经营权做出限制等。⑧侵占承包方的土地收益。例如，小调整时随意提高承包费，截留承包方土地流转收益等。⑨违法发包农村土地。例如，未经本集体经济组织成员的村民会议 2/3 以上成员或者 2/3 以上村民代表的同意，将农村土地发包给本集体经济组织以外的单位或者个人，将机动地长期用于对外发包，侵吞土地发包收入，泄露土地招标承包标底秘密等。⑩侵害妇女依法享有的土地承包经营权。例如，承包时对妇女实行有别于男子的歧视性土地承包政策，承包期内违法收回出嫁女承包地等。⑪行政、司法机关和村级组织不受理行为。例如，基层法院不受理农村土地承包纠纷诉讼，农村土地承包仲裁管理机关不受理农村土地承包纠纷仲裁请求，乡（镇）人民政府不受理农村土地承包纠纷调解，农业行政主管部门不受理农民群众有关农村土地承包纠纷的来信来访，村级组织不执行仲裁司法结论或名义上执行实际上拖延不办等。⑫地方制定的政策有违反国家农村土地承包政策法律的情况。

此外，有些地方为了社会生态效益强制剥夺农民对土地的经营权和受益权。例如，在未给予有效补偿的情况下，地方强行将农民的土地划为自然保护区、公益林和其他生态保护功能的区域。农民土地财产权上所受的侵害大大削弱了其自然资本的拥有程度，破坏了其生存和发展的基础，极大地影响了农民生计的改善和农村社会的稳定。

（5）政治权利。从政治体制的设计上而言，中国农民的政治权利具有一系列制度性的保障措施，但在现实生活中，却仍有很大的改善空间，主要表现在三个方面。①农民缺乏利益表达机制。1998年《村民委员会组织法》颁布以后，村民自治组织成为农民基本的集体组织化形式，但实际上，村民组织在更多意义上是乡政府的派生机构，他们在表达农民利益方面的能力是薄弱的；人民代表大会制度是我国的基本制度，各级人民代表大会是我国各级最高的权力机构，虽然修正后的《选举法》规定了城乡按相同比例选举人大代表，但是在各级人民代表中农民所占比例和其所占总人口的比例仍是极其不相称的。②参与公共事务权利实现不足。虽然村委会组织法明确规定，村内集体事务必须召开村民大会讨论，经全体农户2/3表决同意方可通过，但在很多情况下，这种法律规定并不能得到很好的贯彻。此外，村务公开制度在实践中也存在很多问题，主要表现为公开的时间和次数随意性大、公开的项目不规范以及公开内容不真实、制约监督机制不健全等。③选举权和被选举权不能完全充分地实现。村委会组织法颁发以后，农民的选举权在一定程度上得以实现，但在很多地方也出现了贿选、拉票、黑恶势力控制选举、国家权力过多干预等种种不符合法律规定的现象，从而导致农民只有形式上的参与，而并没有实现其真正意愿的表达，这也某种程度上削弱了农民对选举结果的满意程度。

（6）社会保障的权利。我国农村社会保障处于刚刚起步的阶段，农村合作医疗在中断了10多年以后，从2003年起又开始进行试点，虽然，这两种保障所覆盖的农村人口在近两年不断增多（截至2010年底，新农合覆盖人数超过8.36亿，参加新农保的人数达1.4亿），但是在资金管理、筹资机制以及报销比例上存在的问题，使得一些参保人的社会保障权同样得不到有效维护，农村人口看不起病、老年人口的贫困问题也越来越严重（数据来源于《〈国家人权行动计划（2009—2010年）〉评估报告》）。

在传统的二元制结构下，尽管农民工在职业上已成为产业工人，但由于没有改变其农民的身份，因而仍被以工人为对象的社会保障体系排除在外，农民工的工伤补偿问题、医疗保险问题以及养老保险等问题仍迫在眉睫、急需解决。

## 思考题

1. 请描述权利的概念。
2. 如何认识权利与发展的关系？
3. 什么是以权利为基础的发展方法？
4. 请描述中国农民权利的现状及进一步在农村发展中应用以权利为基础的发展方法的思路。

## 参考文献

1. 左停、李小云、于华江、任大鹏：《农村发展中的农民权益维护——当前农民公民和社会经济权益的若干问题》，《中国农业大学学报》（社会科学版）2005 年第1 期。

2. 左停、李小云、唐丽霞、王伊欢、于华江、刘林、李鹤：《从生计的视角来看中国农村农民权利与发展的关系》，中国农业大学人文与发展学院/国际农村发展中心，2004。

3. 于华江、金磊、马三喜、李占英、卢岩熠、吴君茂、范秀丽：《当前中国农民权益保护状况》，中国农业大学人文与发展学院法律系，中国农民维权中心，2004。

4. 唐丽霞：《以权利为基础的发展方法（Right-based Approach to Development）》，工作稿，中国农业大学人文发展学院。

5. 中华人民共和国国务院新闻办公室：《中国人权事业的进展》，1995 年12 月。

6. 中华人民共和国国务院新闻办公室：《中国人权事业的进展》，2004 年3 月。

7. 中华人民共和国国务院新闻办公室：《2004 年中国人权事业的进展》白皮书，2005 年4 月。

8. 国务院新闻办公室：《中国人权发展50 年》，2000 年2 月。

9. 马文兴：《论农村社会保障制度》，浙江大学学生网，2004 年5 月24 日。

10. 中国签署的人权公约。

11. 联合国人权事务高级专员办事处：《人权培训》，1999。

12. 鲁慎：《城乡差别与城乡关系——一个不容忽视的社会问题》，《西北第二民族学院学报》（哲学社会科学版）1995 年第3 期。

13. 杨立雄：《我国农村社会保障制度创新研究》，《中国软科学》2003 年第10 期。

14. 王春光：《农村人口的国民待遇与社会公正问题》，中国城市化网，2004 年2 月

6 日。

15. 马文兴：《论农村社会保障制度》，浙江大学学生网，2004 年 5 月 24 日。

16. 陈佑武：《中国人权意识三十年发展回顾》，《广州大学学报》2008 年第 7 期。

17. 联合国开发计划署：《中国人类发展报告 2007/08：惠及 13 亿人的基本公共服务》，中国对外翻译出版公司，2008。

18. 教育部：《2010 年全国教育事业发展统计公报》，中国教育新闻网，2011 年 7 月 6 日。

19. 国务院新闻办公室：《〈国家人权行动计划（2009—2010 年）〉评估报告》，新华网，2011 年 7 月 14 日。

20. 廖朝明：《新农合审计——为了医疗普惠的承诺》，审计网网站，2011 年 6 月 8 日。

21. 邢勤锋：《论〈物权法〉对农民权利保护的加强——基于加强农民权利保护的重要性的视角》，《绵阳师范学院学报》2009 年第 9 期。

22. 胡杰：《〈物权法〉实施对国土资源管理部门的影响》，《中国矿业》2007 年第 11 期。

23. 刘傅海：《赞"新土改"》，《源流》2009 年第 1 期。

24. 杨立雄：《新型农村养老保险制度及其改革思路》，《重庆社会科学》2009 年第 12 期。

25. 白贵、周婷婷：《我国农村医疗卫生保障的公共财政支持研究》，《会计之友》（下旬刊）2010 年第 1 期。

26. 中华人民共和国卫生部：《2010 中国卫生统计年鉴》，卫生部官网，2010 年 10 月 8 日。

27. David Gordon, Paul Spicker. *The International Glossary on Poverty*. The University Press Ltd., 1999.

28. Anita Cheria, Sriprapha Petcharamesree, Edein. *A Human Rights Approach to Development Resource Book*. Books for Change, 2004.

29. Office of High Commissioner for Human Rights, United Nations. *Draft Guidelines：A Human Right Approach to Poverty Reduction Strategies*, 2002.

30. The Office of the High Commissioner for Human Rights. *Human Rights，Poverty Reduction and Sustainable Development：Health，Food and Water，World Summit on Sustainable Development*, Johannesburg, 2002.

31. Department for International Development（DFID），*Realizing Human Rights for Poor People*, 2000.

32. Caroline Moser & Andy Norton. *To Claim our Rights：Livelihood Security，Human Rights*

and *Sustainable Development.* Overseas Development Institute，2001.

33. William G. O Neil. *An Introduction to the Concept of Rights-Based Approach to Development：A Paper for InterAction*，2003.

图书在版编目（CIP）数据

普通发展学/李小云，齐顾波，徐秀丽编著.—2版.—北京：社
会科学文献出版社，2012.4（2025.1重印）
（发展学专业系列教材）
ISBN 978-7-5097-3115-4

Ⅰ.①普…　Ⅱ.①李…　②齐…　③徐…　Ⅲ.①发展经济
学-高等学校-教材　Ⅳ.①F061.3

中国版本图书馆 CIP 数据核字（2012）第 016701 号

普通高等教育"十一五"国家级规划教材
·发展学专业系列教材·

## 普通发展学（第二版）

编　　著／李小云　齐顾波　徐秀丽

出 版 人／冀祥德
项目统筹／宋月华　张晓莉
责任编辑／于占杰　孙以年
责任印制／王京美

出　　版／社会科学文献出版社·人文分社（010）59367215
　　　　　地址：北京市北三环中路甲 29 号院华龙大厦　邮编：100029
　　　　　网址：www.ssap.com.cn
发　　行／市场营销中心（010）59367081　59367083
印　　装／河北虎彩印刷有限公司

规　　格／开　本：787mm×1092mm　1/16
　　　　　印　张：29　字　数：488 千字
版　　次／2012 年 4 月第 2 版　2025 年 1 月第 9 次印刷
书　　号／ISBN 978-7-5097-3115-4
定　　价／69.00 元

本书如有印装质量问题，请与读者服务中心（010-59367028）联系